U0522755

中国法律史学文丛

中国近代民事司法变革研究
——以奉天省为例

张勤 著

商务印书馆
The Commercial Press
2012年·北京

图书在版编目(CIP)数据

中国近代民事司法变革研究：以奉天省为例/张勤著.
—北京：商务印书馆，2012
（中国法律史学文丛）
ISBN 978-7-100-09335-4

Ⅰ.①中… Ⅱ.①张… Ⅲ.①民事诉讼—司法制度—体制改革—研究—辽宁省—近代 Ⅳ.①D927.310.511.02

中国版本图书馆 CIP 数据核字(2012)第 167171 号

所有权利保留。
未经许可，不得以任何方式使用。

本书得到广东省哲学社会科学
"十一五"规划 2010 年度项目
李嘉诚基金会、汕头大学出版基金资助

中国法律史学文丛
中国近代民事司法变革研究
——以奉天省为例
张勤 著

商务印书馆出版
（北京王府井大街36号 邮政编码 100710）
商务印书馆发行
北京瑞古冠中印刷厂印刷
ISBN 978-7-100-09335-4

2012年8月第1版　　开本 880×1230　1/32
2012年8月北京第1次印刷　印张 14¼
定价：39.00元

总　序

随着中国的崛起,中华民族的伟大复兴也正由梦想变为现实。然而,源远者流长,根深者叶茂。奠定和确立民族复兴的牢固学术根基,乃当代中国学人之责无旁贷。中国法律史学,追根溯源于数千年华夏法制文明,凝聚百余年来中外学人的智慧结晶,寻觅法治中国固有之经验,发掘传统中华法系之精髓,以弘扬近代中国优秀的法治文化,亦是当代中国探寻政治文明的必由之路。中国法律史学的深入拓展可为国家长治久安提供镜鉴,并为部门法学研究在方法论上拾遗补缺。

自改革开放以来,中国法律史学在老一辈法学家的引领下,在诸多中青年学者的不懈努力下,这片荒芜的土地上拓荒、垦殖,已历30年,不论在学科建设还是在新史料的挖掘整理上,通史、专题史等诸多方面均取得了引人注目的成果。但是,目前中国法律史研究距社会转型大潮应承载的学术使命并不相契,甚至落后于政治社会实践的发展,有待法律界共同努力开创中国法律研究的新天地。

创立已逾百年的商务印书馆,以传承中西优秀文化为己任,影响达致几代中国知识分子及普通百姓。社会虽几度变迁,世事人非,然而,百年磨砺、大浪淘沙,前辈擎立的商务旗帜,遵循独立的出版品格,不媚俗、不盲从,严谨于文化的传承与普及,保持与学界顶尖团队的真诚合作始终是他们追求的目标。遥想当年,清末民国有张元济(1867—1959)、王云五(1888—1979)等大师,他们周围云集一批仁人志士与知识分子,通过精诚合作,务实创新,把商务做成享誉世界的中国品牌。

抗战风烟使之几遭灭顶，商务人上下斡旋，辗转跋涉到重庆、沪上，艰难困苦中还不断推出各个学科的著述，中国近代出版的一面旗帜就此屹立不败。

近年来，商务印书馆在法律类图书的出版上，致力于《法学文库》丛书和法律文献史料的校勘整理。《法学文库》已纳入出版优秀原创著作10部，含盖法史、法理、民法、宪法等部门法学。2008年推出了十一卷本《新译日本法规大全》点校本，重现百年前近代中国在移植外国法方面的宏大气势与务实作为。2010年陆续推出《大清新法令》（1901－1911）点校本，全面梳理清末法律改革的立法成果，为当代中国法制发展断裂的学术脉络接续前弦，为现代中国的法制文明溯源探路，为21世纪中国法治国家理想追寻近代蓝本，并试图发扬光大。

现在呈现于读者面前的《中国法律史学文丛》，拟收入法律通史、各部门法专史、断代法史方面的精品图书，通过结集成套出版，推崇用历史、社会的方法研究中国法律，以期拓展法学规范研究的多元路径，提升中国法律学术的整体理论水准。在法学方法上致力于实证研究，避免宏大叙事与纯粹演绎的范式，以及简单拿来主义而不顾中国固有文化的媚外作品，使中国法律学术回归本土法的精神。

何 勤 华

2010年6月22日于上海

目 录

导论　研究趋势、方法和材料 …………………………………… 1
 第一节　学术史回顾 ………………………………………………… 2
  一　"新政"和司法改革 …………………………………………… 2
  二　民国初期的司法 ……………………………………………… 5
 第二节　研究方法 …………………………………………………… 10
  一　意识形态—制定法研究法 …………………………………… 10
  二　案例研究法 …………………………………………………… 12
  三　比较研究法 …………………………………………………… 15
 第三节　研究材料 …………………………………………………… 16
  一　辽宁行政和司法档案 ………………………………………… 17
  二　其他原始文献 ………………………………………………… 23
 第四节　主要观点概述 ……………………………………………… 27
  一　法院系统和调解机制的官僚化 ……………………………… 28
  二　民事诉讼的形式化 …………………………………………… 29
  三　习惯的现代化 ………………………………………………… 30
  四　两性不平等差距的缩小 ……………………………………… 34

第一章　州县衙门及其司法职责 ………………………………… 35
 第一节　旗民司法管辖权的变迁 …………………………………… 35
  一　从"旗民分治"到"旗民合治" ………………………………… 35

二　实施状况 …………………………………………… 38
　第二节　州县衙门司法人员剖析 ……………………………… 44
　　一　知县 ………………………………………………… 46
　　二　幕友 ………………………………………………… 51
　　三　代书 ………………………………………………… 53
　　四　书吏和衙役 ………………………………………… 58
　第三节　结语：国家、官僚政治和清代司法 ………………… 67

第二章　变革前的民事诉讼制度 ………………………………… 70
　第一节　样本概述 ……………………………………………… 72
　　一　案件类型 …………………………………………… 72
　　二　审理知县 …………………………………………… 74
　第二节　起诉 …………………………………………………… 77
　　一　抱告 ………………………………………………… 77
　　二　呈控、喊控、禀控 ………………………………… 81
　　三　受理日期的限制 …………………………………… 83
　第三节　审理 …………………………………………………… 84
　　一　不准 ………………………………………………… 84
　　二　差传和关传 ………………………………………… 90
　　三　堂讯 ………………………………………………… 94
　第四节　和息 …………………………………………………… 99
　　一　概述 ………………………………………………… 99
　　二　三种类型 …………………………………………… 100
　第五节　判决 …………………………………………………… 107
　　一　判决格式 …………………………………………… 107
　　二　判决依据 …………………………………………… 113

三　具结 ……………………………………………… 123
　　四　执行 ……………………………………………… 125
　第六节　结语 …………………………………………… 126

第三章　新式法院的建立 ……………………………………… 129
　第一节　清末"新政"期间的新式法院建设 ………………… 131
　　一　提法司和新式法院的创设 ……………………… 131
　　二　司法官专业化程度 ……………………………… 134
　第二节　民国初期新式法院和司法公署建设 ……………… 137
　　一　新式法院改组和审检所的短暂设立 …………… 137
　　二　张作霖时期的司法机构和变迁 ………………… 139
　　三　司法官专业化程度 ……………………………… 146
　第三节　推动司法变革的影响因素 ………………………… 148
　　一　奉系军阀统治下的地方政权建设和司法变革 … 148
　　二　收回治外法权和司法变革 ……………………… 152
　第四节　司法官惩戒制度的形成 …………………………… 155
　　一　惩戒组织 ………………………………………… 156
　　二　惩戒事由和惩戒处分方式 ……………………… 157
　　三　惩戒程序和惩戒原则 …………………………… 159
　第五节　新式法院辅助人员的专业化 ……………………… 162
　　一　书记官 …………………………………………… 162
　　二　承发吏 …………………………………………… 166
　第六节　结语 …………………………………………… 170

第四章　民事诉讼程序 ………………………………………… 172
　第一节　民事诉讼法的知识史考察 ………………………… 173

一　近代西方民事诉讼法的输入……………………………173
　　二　《大清刑事民事诉讼法草案》…………………………176
　　三　《大清民事诉讼律草案》………………………………178
　　四　《民事诉讼条例》………………………………………185
第二节　法院体系和管辖………………………………………188
　　一　初级审判厅和简易庭…………………………………188
　　二　地方审判厅、县知事兼理司法法庭、司法公署………190
　　三　高等审判厅……………………………………………194
　　四　大理院…………………………………………………198
第三节　诉讼程序………………………………………………200
　　一　普通诉讼程序…………………………………………201
　　二　上诉程序………………………………………………211
　　三　再审程序………………………………………………217
　　四　特别程序………………………………………………219
第四节　民事诉讼程序基本原则………………………………223
　　一　概述……………………………………………………223
　　二　基本原则………………………………………………224
第五节　结语……………………………………………………226

第五章　法律职业………………………………………………228
第一节　资格和义务……………………………………………232
　　一　律师资格………………………………………………232
　　二　律师义务………………………………………………234
第二节　律师公会………………………………………………237
　　一　概况……………………………………………………237
　　二　基本职能………………………………………………242

第三节 职业操守和惩戒 …………………………………… 245
　　一　律师受惩戒行为的构成 …………………………… 246
　　二　裁判机构和程序 …………………………………… 249
　　三　惩戒处分的种类和实践 …………………………… 251
　　四　比较法视野下的惩戒制度 ………………………… 253
第四节 结语 ………………………………………………… 260

第六章 习惯和地方司法裁判 …………………………………… 262
第一节 典权制度的基本特征和国家法律调整 …………… 265
　　一　典权制度的基本特征 ……………………………… 265
　　二　国家制定法调整 …………………………………… 269
第二节 清末时期的典习惯与司法裁判 …………………… 272
　　一　典主先买权 ………………………………………… 273
　　二　宗族成员先买权 …………………………………… 275
第三节 民国初期的典习惯与司法裁判 …………………… 277
　　一　典主先买权 ………………………………………… 278
　　二　七、八月通信，大小雪交价 ……………………… 279
　　三　伐树留根 …………………………………………… 281
第四节 习惯的适用机制 …………………………………… 283
　　一　习惯与契约 ………………………………………… 283
　　二　习惯与制定法 ……………………………………… 286
　　三　习惯确立的证明机制 ……………………………… 287
第五节 结语：成因和意义 ………………………………… 290

第七章 离婚诉讼和司法裁判 …………………………………… 295
第一节 婚姻的成立 ………………………………………… 296

一　婚姻成立之礼俗……………………………………… 296
　　二　订婚的法律意义…………………………………… 304
第二节　清代离婚法的基本特征………………………………… 307
　　一　"七出"和"三不去"………………………………… 307
　　二　"义绝"制度………………………………………… 309
第三节　《大清民律草案》和大理院判例解释例中的离婚法…… 312
　　一　《大清民律草案》中的离婚规定…………………… 312
　　二　大理院判例解释例中的离婚法…………………… 315
第四节　离婚诉讼和地方司法裁判……………………………… 321
　　一　协议离婚…………………………………………… 324
　　二　判决离婚…………………………………………… 326
第五节　结语：评价………………………………………………… 335

第八章　乡村组织与基层调解……………………………………… 338
　第一节　清代基层调解的基本形态……………………………… 340
　　一　乡约调解…………………………………………… 340
　　二　其他调解人………………………………………… 343
　第二节　近代乡级政权的早期变迁：自治活动中的乡镇和
　　　　　区制的出现………………………………………… 345
　　一　清末民初的乡镇自治……………………………… 345
　　二　区制的出现………………………………………… 350
　第三节　区村制和区长评议制度………………………………… 353
　　一　区村制大概和性质………………………………… 353
　　二　区村制和调解的制度化、官僚化…………………… 358
　　三　调解方法和特征…………………………………… 361
　第四节　结语……………………………………………………… 369

余论　变革的动力和遗产 ……………………………………… 371
第一节　地方政治和法律现代性的探寻 …………………… 373
　　一　地方政治和地方精英 …………………………………… 373
　　二　法律现代性的探寻 ……………………………………… 375
第二节　民初司法变革的遗产 ……………………………… 380
　　一　新式法院 ………………………………………………… 381
　　二　民事诉讼法 ……………………………………………… 382
　　三　典习惯和法典化 ………………………………………… 383
　　四　离婚法 …………………………………………………… 384
　　五　基层调解 ………………………………………………… 386

参考文献 …………………………………………………………… 388
案例索引 …………………………………………………………… 403
附录：知县、司法官、书记官履历 ……………………………… 408
后记 ………………………………………………………………… 438

图表目录

表1.1:海城县知县出身统计一览表 ·················· 48
表1.2:宽甸县衙各房书吏数目统计一览表 ············ 63
表2.1:宽甸县民事案件年度和月份分布一览表 ········ 73
表2.2:民事案件分类一览表 ························ 75
表2.3:案件处理方式分类表 ························ 86
表2.4:和息方式细分表 ··························· 100
表2.5:民间调处调解人分类一览表 ················· 100
表3.1:清末奉天省各级审判厅名称和创设时间一览表 ··· 133
图3.1:1916年和1926年全国各省新式法院比较 ······ 145
表3.2:惩戒事由和惩戒处分方式对应关系表 ········· 158
表4.1:《法国律例》和《法国六法》民事诉讼法部分译文对照表 ··· 174
表4.2:德日民诉法和《大清民事诉讼律草案》《民事诉讼条例》
　　　结构比较表 ······························· 179
表4.3:营口地方审判厅简易庭民事案件分类表 ······· 190
表4.4:营口地方审判厅简易庭民事案件处理分类表 ··· 190
表4.5:营口地方审判厅一审民事案件分类表 ········· 192
表4.6:营口地方审判厅一审民事案件处理分类表 ····· 193
表4.7:营口地方审判厅上诉审民事案件分类表 ······· 193
表4.8:营口地方审判厅上诉审民事案件处理分类表 ··· 194
表4.9:奉天高等审判厅上诉审民事案件处理分类表 ··· 195

表 4.10：奉天高等审判厅民事案件上诉类型分类表 …… 196
表 4.11：奉天省知县兼理司法各县初级管辖案件上诉区域划分表
……………………………………………………… 197
图 4.1：奉天省法院结构示意图 …………………… 200
表 5.1：奉天律师公会会员情况一览表 …………… 241
表 7.1：《大清民律草案》第 1362 条和《日本民法典》第 813 条比较
……………………………………………………… 313
表 7.2：大理院依据《大清现行刑律》所作与离婚有关判决例 …… 316
表 7.3：宽甸县民初离婚诉讼处理分类表 …………… 323
表 7.4：原告主张离婚理由和法庭裁判理由分类表 …… 327
表 8.1：复县各区区长履历（截至民国十四年 6 月）…… 355
表 8.2：海城县各区区长履历（截至民国十二年 12 月）…… 356
表 8.3：第四区区长评议民事案件分类统计表 …… 362

导论　研究趋势、方法和材料

"万事开端最紧要"（the most important part of anything is its beginning），罗马古典时期的法学家盖尤斯（Gaius）以此评论来强调他的有关罗马法起源的研究工作的重要性。① 其实，以同样的评论来强调中国近代法研究的意义一点也不为过。如果把光绪二十八年（1902年）4月清廷下诏沈家本、伍廷芳主持修律，作为中国近代法的源头的话，近代法也已经历了一百余年的历程。② 回顾总结已走过的历程，尤其是最初的起步阶段，是十分必要的。在本书的导论部分，首先通过学术史的回顾，阐述本领域中的重要的研究问题，强调研究中国近代法及其实践的重要意义。无论是从更好地了解二十世纪前期中国的国家和社会，还是从了解中国法发展脉络和未来展望来讲，对这一阶段法制状况的关注都具有特别意义。导论的第二部分主要考察法律史研究的基本方法。将依次介绍和讨论意识形态—制定法研究法、案例研究法、比较法研究法三种主要方法的优劣，并联系本书的研究实际，探讨完善研究方法的可取之道。第三部分将讨论本书所依据的主要原始资料，对这些材料的来源、特性、长处和短处逐次剖析和评价，其中重点探讨司法档案在法律史研究中的作用和所蕴含的巨大研究潜力。在最后部

---

① Donald R. Kelley, "Ancient Verse on New Ideas: Legal Tradition and the French Historical School," *History and Theory* 26, no. 3 (1987): 326.

② 本书所指的近代法，约对应于英文的 modern law，在中国的语境下，跟现代法所指向的内容基本一致，因此两词不作严格意义上的区分。

分,将围绕二十世纪初期奉天省(今辽宁省)在民事司法领域的制度和实践,归纳总结其主要特征。这些主要特征可归纳为四点:法院和民间调解的官僚化趋势,民事诉讼程序的形式化,习惯在司法实践中的现代化,在离婚诉讼领域,男女两性的日趋平等化。

第一节 学术史回顾

"义和团"拳变和八国联军的入侵(1898年10月—1900年12月)使清廷痛定思痛,走上了以制度变革为主要内容的改革之路,这种改革的最终目标是试图建立一个宪政政府。通过对"新政"时期司法改革研究现状的回顾,我们发现以往的研究侧重于对当时新修订的一系列法律内容及这些新法律引起争论的研究,而未充分关注到这些法律是否被实施以及如果被实施,它们的实施效果如何等问题。而考察民国时期的司法研究现状,笔者发现学者们较多地关注到了最高法院大理院在实现从帝国法向近代法转变过程中所扮演的重要角色,以及对二十世纪三四十年代国民党民法典和地方司法实践关系的研究,但对民国初期的地方司法活动却缺乏应有的关注。针对目前的研究现状,笔者相信,从一个省的区域角度出发,本书的研究将展示出法律表达和法律实践之间细致而又复杂的关系,本书的研究还将阐述在清末和民国初期这一历史的转型时期,法律和司法的现代性是如何被当时的地方政府和精英们所理解和实践的。

一、"新政"和司法改革

在经历了"义和团"拳变的困扰以及八国联军入侵后所签订《辛丑条约》的羞辱之后,光绪二十六年12月10日(1901年1月29日),光绪皇帝在慈禧太后的安排下发布谕令,表示要更法令、破痼习、求振作、议更张，宣布实行变法，上谕道："世有万古不易之常经，无一成不变之治法。""盖不易者三纲五常，昭然如明月之照世；而可变者令甲令乙，不妨如琴瑟之改弦。""各就现在情形，参酌中西政要，举凡朝章国故，吏治民生，学校科举，军政财政，当因当革，当省当并，或取诸人，或求诸己。"①要求大小臣工就改革各抒己见，以推行变革。变法诏的下达标志着后来所称的"新政"的开始。这样在满清统治的最后十年里，一系列的变革措施被推行开来，这些变革措施涉及政治、军事、财政、教育、交通、法律等各个方面。就清末"新政"的研究现状而言，在英语世界自卡梅伦（Meribeth Cameron）在二十世纪三十年代初发表她的研究成果后，已有大量的研究作品问世，其中不乏优秀之作。②

"新政"的一个重要内容是法律改革，主要包括修订新律和司法改革两方面。相关的较早的研究当推梅杰（Marinus Meijer）于 1950 年出版的《近代中国刑法导论》一书。③ 正如该书的书名所表示的那样，梅杰的研究侧重于刑事法律方面。在书中他详细考察了修订法律馆的

---

① 《清实录》第五十八册，卷四百七十六《光绪二十六年十二月上》，中华书局 1987 年版，第 273—274 页。

② Meribeth Cameron, *The Reform Movement in China, 1898 – 1911* (Stanford：Stanford University Press, 1931). 其他的总体性的研究包括了 Mary Wright's Introduction in *China in Revolution：The First Phase, 1900 – 1913* (New Haven：Yale University Press, 1968), 和 Chuzo Ichiko, "Political and Institutional Reform, 1901 – 1911," in *Cambridge History of China*, vol. 11, part 2, ed. John K. Fairbank and K. C. Liu (Cambridge：Cambridge University Press, 1980), pp. 375 – 415. 其他一些研究则侧重"新政"的某一方面，如 Roger Thompson 的对省谘议局的研究，见 *China's Local Councils in the Age of Constitutional Reform, 1898 – 1911* (Cambridge, Mass.：Harvard University Press, 1995)；Douglas R. Reynolds 的日本模式对"新政"影响的研究，见 *China, 1898 – 1912：The Xinzheng Revolution and Japan* (Cambridge, Mass.：Harvard University Press, 1993)；和 Kristin Stapleton 对都市改革的研究，*Civilizing Chengdu：Chinese Urban Reform, 1895 – 1937* (Cambridge, Mass.：Harvard University, 2000), chapters 2 – 5, pp. 46 – 180.

③ Marinus Meijer, *The Introduction of Modern Criminal Law in China* (Batavia：De Unie, 1950).

创办过程,《大清新刑律》和《大清刑律草案》的内容以及围绕《刑律草案》所引发的争论。梅杰采用了法律研究中较为传统和普遍的意识形态—制定法研究方法(稍后将对该方法作详细讨论)。至于这些新法律是如何被施行的以及如何影响原有的司法实践等问题,则没有给予应有的回答。

不同于梅杰集中于刑事法律方面的研究,郑约瑟(Joseph Cheng)于1976年完成的博士论文《转型中的中国法:晚清的法律变革》,则在更广泛的范围内考察清末的法律变革:从刑法到民商法,从程序法、法律教育到新式法院。① 郑约瑟的研究有不少值得肯定之处,但也有不足。通过把清末的法律变革放在一定的历史背景下,他指明了在哪些领域,清末的法律改革者们是如何在旧有的体制内修订新法,这样,他为我们描绘了一幅全方位的法律变革画卷,就此而言,他远远超越了梅杰的研究。不过,我们也必须看到,由于郑约瑟的研究只局限在中央层面,对法律变革如何在省和州县被推行则没有给予应有的考虑。跟郑约瑟的讨论在时段和主题上较为接近的有李贵连和巩涛(Jérôme Bourgon)的研究,但他们是从当时法律变革的主要领导者沈家本这一个人的角度来展开讨论。② 前者长期致力于沈家本生平的考察,资料搜集颇丰,对沈家本的法律改革工作也有中肯和公允的评价。后者以沈家本生平为其博士论文的选题,研究也颇全面和独到,是法语世界研究清末法律变革的难得之作。日本学者岛田正郎对清末修律内容和过程的细致研究,则是日本学者在该领域研究成果的优秀代表。③ 和上

---

① Joseph Kai Huan Cheng, "Chinese Law in Transition: The Late Ch'ing Law Reform, 1901-1911" (Ph.D. dissertation, Brown University, 1976).

② 李贵连:《沈家本传》,法律出版社2000年版;Jérôme Bourgon, "Shen Jiaben et le droit chinois à la fin des Qing" (Ph. D. dissertation, École des Hautes Etudes en Science Sociales, Paris, 1994).

③ [日]岛田正郎:《清末における近代法典の编纂》,創文社1980年版。

述从中央层面出发所作的研究有所不同的是,李启成博士在其博士论文基础上完成的对清末各级审判厅的研究,从筹设各级审判厅的原因、设立和运作、法官考试、判决书研究等角度重现了清末各级审判厅的成立和活动的全过程。① 但受制于研究材料,其研究对法官的构成、学历背景等缺乏深度的剖析,对各级审判厅的裁判活动以概述为主,缺乏具体的深度探讨。

上述研究大大地增加了我们对清末法律变革的了解,使我们对变革的来龙去脉、主要内容等有了较为清晰的把握,但同时也必须看到,若干重要的问题还没有被回答,有待进一步的研究。这些问题包括,在什么程度上省和州县一级法律变革被推行了? 这种变革对一般民众的诉讼活动产生了什么影响? 以及从总体上考虑,清末的变革是否如某些历史学家所称的那样,是一项失败的事业?②

依据档案材料,本书将从区域的角度出发来阐述新式法院是如何在省和州县一级创办的。关注的内容涉及新式法院的人员结构和运作机制,更为重要的是通过历史事实来说明"新政"期间的法律变革是如何被北洋政府所继承。本书将把清末和民国初期联系起来进行考察,强调在法律领域的连续性和继承性。尽管清末的法律变革是短暂的,但其对民国初期的影响却是不可低估的。

二、民国初期的司法

就民初司法制度的研究而言,有多位学者把研究重点放在从帝国法向近代法转型过程中大理院所扮演的重要角色。个别学者还注意到

---

① 李启成:《晚清各级审判厅研究》,北京大学出版社2004年版。
② 有关这种的观点见 Chuzo Ichiko, "Political and Institutional Reform, 1901 – 1911," in *Cambridge History of China*, vol. 11, part 2, ed. John K. Fairbank and K. C. Liu, pp. 375 – 415.

了当时的司法部在司法变革过程中所起的作用。

早在1924年,在将大理院1919年至1923年间的判决例翻译成法文时,爱斯嘉拉(Jean Escarra)已经意识到了大理院在司法体系中所起的中枢作用。① 稍后在他的《中国法》一书中,进一步肯定了大理院在法律变革过程中所扮演的重要角色,他指出,"他们(大理院的法官)以一种巧妙的方式,成功地在古代范畴和现代要求之间找到平衡,同时在有点僵硬的古代法概念里植入了原本所缺乏的灵活性和平等性"。② 其他一些学者在二十世纪二十年代对大理院的表现也给予了肯定和赞赏。③ 而对大理院的作用和功能进行更全面的分析工作则由范德尔沃克(van der Valk)来完成。在《北京大理院解释例,1915—1916》一书中,范德尔沃克强调了大理院为适应时代需要,通过判决例和解释例在调整法律概念,实现法律现代化方面所起的重要作用。④

新近对大理院进行全面研究的学者首推黄源盛教授。他对大理院活动的研究成绩卓越,给人留下深刻印象。通过对收藏在第二历史档案馆的几乎全部大理院判决以及其他和大理院有关的司法行政信息的搜集,黄源盛把其研究建立在坚实的材料基础之上。他的研究发现可归纳为三点:一是大理院的推事接受过良好的法律教育,其中的绝大部分曾留学于日本、法国、德国以及其他西方发达国家,他们是经验丰富

---

① Jean Escarra, *Recueil des Sommaires de la Jurisprudence de la Cour Suprême* (Shanghai: Imprimerie de la mission catholique, 1924).

② Jean Escarra, *Le Droit Chinois* (Pékin[Beijing], 1936). 同时见英文版 *Chinese Law: Conception and Evolution, Legislative and Judicial Institutions, Science and Teaching*, trans. Gertrude R. Browne (Seattle: University of Washington, 1961), p. 371.

③ Y. W. Chan, "The Supreme Court," *The Chinese Social and Political Science Review* 8, no. 1 (January 1924): 54 - 67; Shao Hua Tan, "Legal Progress in China," *The Chinese Students' Monthly* 21, no. 2 (December 1925): 16 - 20.

④ M. H. van der Valk, *Interpretations of the Supreme Court at Peking: Years 1915 and 1916* (1949; reprint, Taibei: Chengwen chubanshe, 1968), p. 43.

的专业人士。二是大理院的推事能抵挡住外面世界的影响,能独立地履行起职责,司法独立的意识浓烈。三是就大理院推事对待习惯的态度而言,黄源盛注意到,大理院的推事们在承认习惯具有法源性的同时,又从西方法理学中的"公序良俗"等原理出发,认定有些习惯是"恶俗",从而宣布为无效。① 应该说,到目前为止,在大理院研究这一领域,在中文世界里黄源盛的研究是最为全面和深入的。与黄源盛的研究几乎相平行,在英语世界杨玛丽(Mary Buck Young)的博士论文也选择大理院为研究主题。她的论文重点关注大理院审判过程中需斟酌的各种法律渊源,这些法律渊源包括了制定法、习惯和惯例、中国固有价值和西方法律概念。另外她还考察了法院系统和程序规则。在理论层面,杨博士认为,民初大理院的积极作为,实际上是近代民族国家建设在司法领域的具体体现。② 跟黄源盛一样,杨博士由于把她的研究重心放在中央一级的大理院上面,从而忽视了下级法院的司法活动。

除了关心大理院的司法活动外,近年来有些学者把目光投向了民初的司法部,另一个对法律变革起重要作用的组织。徐小群(Xu Xiaoqun)在他1997年的一篇文章中注意到了绝大部分的司法部长是受过良好法律训练的专业人士,"在1912年到1927年这一时期,除两人外,所有的司法部长在日本或西方国家接受过法律训练"。他同时认为,考虑到民初的许多司法改革措施是由司法部所推动的,他们的作用应该被承认。徐小群还对司法部的中下层职员的工作给予肯定。尽管

---

① 黄源盛:《民初大理院司法档案的典藏与整理》,《政大法学评论》第59期(1998年6月),第1—31页;《民初大理院,1912—1928》,《政大法学评论》第60期(1998年12月),第85—140页;《民初大理院关于民事习惯判例之研究》,《政大法学评论》第63期(2000年6月),第1—46页。同时见黄源盛:《民初法律变迁与裁判》,(台湾)政治大学2000年版。

② Mary Buck Young, "Law and Modern State-Building in Early Republican China: The Supreme Court of Peking (1911 – 1926)" (Ph. D. dissertation, Harvard University, 2004).

司法部长和次长曾走马灯式地被更换,但司法部的职员队伍是稳定的,在时局动荡的年代,他们的工作对维持司法机器的运转,推动司法改革起了不可忽视的作用。①

与对大理院和司法部的深入研究形成鲜明反差的是,学者们对中央以下的地方各级,尤其是县一级司法活动的了解是相当有限的。遗憾的是,不仅仅是了解有限,甚至误解不少。比如张耀曾(曾任司法部长)在其于1926年发表的一篇文章中称,司法部曾计划废除县知事兼理司法制度,②并由地方分庭和县司法公署取代之,但由于经费的限制,直到1926年这项计划也并没有被真正地推行。③依据张耀曾的观察,在七十年后,徐小群在其1997年的一篇文章中表露出相似的观点。④然而,正如本书第三章的研究所表明的那样的,这种观点是不符合历史事实的。来自奉天的司法档案为我们展现的基本历史事实是:在奉天省司法公署和地方分庭从民国十二年(1923年)和民国十三年(1924年)分别开始设立,到民国十五年(1926年)为止,已经有10个司法公署,4个地方分庭。这只是奉天的情形,其他省份的情形应多少具有相似性。

除了误解以外,大陆学者如张国福、范明辛、雷晟生等则倾向于认为,与清代的情形相比,在地方一级尤其是县一级,民初的司法实践没有发生显著的变化。他们还认为,民初地方司法机构的表现是可怕和

---

① Xu Xiaoqun, "The Fate of Judicial Independence in Republican China, 1912 - 1927," *The China Quarterly* 149 (March 1997): 5-9.
② 县知事兼理司法制度肇始于民国三年(1914)4月,跟清前清的知县一样,在县一级仍采取司法行政混合的体制。本书第三章将作更详细的阐述。
③ Chang Yao-tseng, "The Present Conditions of the Chinese Judiciary and Its Future," *The Chinese Social and Political Science Review* 10, no. 1 (January 1926): 172-173.
④ Xu Xiaoqun, "The Fate of Judicial Independence in Republican China, 1912 - 1927," *The China Quarterly* 149 (March 1997): 19.

无法令人接受的。① 因此,在一些学者看来民初的司法没有变化,对其的评价也是负面多于正面。

上面是对民初中央层面司法研究现状的简短回顾,再转到对地方司法的研究上来。严格说来,英语世界对民初地方司法所进行的研究尚不能完全称为空白,黄宗智(Philip C. C. Huang)和白凯(Kathryn Bernhardt)在他们民国法律和司法的研究项目中,对民初的情形也曾给予了一定程度的关注,只是程度非常有限而已。在探讨国民党民法典和各种习惯(如典、地面权等)关系时,作为研究背景,针对从清末最后十年到民国初年这一段时期,黄宗智为我们描述了这两个时段在制度和程序方面的延续性,并对地方司法情形给予一定的介绍。② 然而,我们也必须看到,黄宗智对这一阶段的研究是简单和不深入的,并存在一定的事实认识错误。其简单性表现在对当时地方司法机构如何适用法律,以及判决的理由等方面缺乏深度分析,而事实认识错误则具体体现在对民初民事诉讼法的事实认定上。他认为在 1930—1931 年国民党民事诉讼法颁布施行以前,并没有一部民事诉讼法颁布和实施。③ 而本书第四章的研究则不以为然:具有民事诉讼法典性质的《民事诉讼条例》于民国十年(1921 年)7 月 22 日颁布,并于次年 7 月 1 日付诸实施。显然,黄宗智的事实认定与史实不符。细究起来,黄宗智对民初地方司法的相对不重视是可以理解的。他的研究重心是二十世纪三十年代和四十年代的司法实践,研究目标是展现国民党民法典(1929—1930年)和地方习惯的复杂关系,因此对民法典颁布以前阶段的关注就显得相对次要和边缘了。白凯对民国时期离婚法律和实践的研究也表现出

---

① 张国福:《中华民国法制简史》,北京大学出版社 1986 年版,第 174—182 页;范明辛、雷晟生:《中国近代法制史》,陕西人民出版社 1988 年版,第 171—173 页。

② Philip C. C. Huang, *Code, Custom, and Legal Practice in China* (Stanford, Calif.: Stanford University Press, 2001), pp. 31-48.

③ Ibid., p. 31.

跟黄宗智相似的研究态势。依据来源于上海北京两都市,生成于二十世纪三十年代和四十年代的司法档案材料,白凯关注的是以民法典为载体的法律表达和以法庭为场域的法律实践(这种实践活动包括了妇女、法庭、社会因素之间的互动)之间的关系,①因此,民法典颁布以前的司法实践对白凯来说,其重要性也是属于相对次要的。

通过对以往学术研究的梳理,到目前为止,我们发现对民国初期司法制度和实践的研究具有很大的不平衡性。也就是说,一方面,很大部分的研究重心放在最高法院大理院上面,这些研究包括了大理院内部的结构、法官的素质以及大理院在整个司法体系中的作用。另一方面,学者们对民国初期中央以下的地方司法活动的研究很不够,目前仅有的研究不仅数量有限,而且缺乏深度。出于上述考虑,本书把研究的范围限制在奉天一省,从区域的角度出发,着力考察在民事领域所体现的司法转型以及由此而展现出的法律现代性。本书中所称的法律现代性是一个开放的概念,一般包含着这样一些核心特征:司法和行政分离、刑事和民事分离、以程序正义为追求的近代诉讼程序、法律职业群体和法律专业精神的出现等。这种法律现代性具有明显的时代特征,它被二十世纪初期的社会现实所制约和限制,并不时地与社会现实发生冲突。

第二节 研究方法

一、意识形态—制定法研究法

在中国法律史研究领域,过去比较流行的研究法是意识形态—制

---

① Kathryn Bernhardt, "Women and the Law: Divorce in the Republican Period," in *Civil Law in Qing and Republican China*, ed. Kathryn Bernhardt and Philip C. C. Huang (Stanford, Calif.: Stanford University Press, 1994), pp. 187-214.

定法研究方法,这种研究方法主要以制定法为主要材料依据,因此研究所反映的往往是代表国家意志,体现一定阶层的主流意识形态。以这种研究方法研究中国法律史,往往得出这样的结论:传统中国法以行政法和刑法为主,"户婚田土钱债"一类的民事纠纷被官方认为是"民间细故",一般由族长、行会领袖、乡保等民间或半民间力量来处理,国家很少介入。① 这种研究方法往往只能揭示制定法本身体现的原理,而这些原理只代表着法律制定者的意识形态和他们所代表的社会阶层。因此,法律事件和法律现象的全貌无法通过这种方法揭示出来。针对这种研究方法的局限性,霍贝尔(Adamson Hoebel)曾进行过入木三分的批评。他认为,制定法中体现的意识形态内容本身,在绝大多数情况下,只是对理想状态规范的被动接受,无论从何种程度上讲,这种方法既不考虑跟理想规范不一致时产生的变化情况,也不通过案例来检验现实生活中这些规范的可行性和可操作性。霍贝尔进而认为,这种方法会导致研究的高度抽象化。"这种方法忽视一个基本事实,即理想状态的规范常常被认为是真实的规则,结果是规则虽被表达出来但常常跟现实脱节"。② 在论述中国法律史领域这种意识形态—制定法研究

---

① 代表这种研究方法的主要作品有:A. F. P. Hulsewé, *Remnants of Ch'in Law: Annotated Translation of Ch'in Legal and Administrative Rules of the Third Century B. C. Discovered in Yun-meng Prefecture, Hu-pei Province, in 1975* (Leiden: E. J. Brill, 1985); Liu Yongping, *Origins of Chinese Law: Penal and Administrative Law in Its Early Development* (Hong Kong: Oxford University Press, 1998); Ch'ü T'ung-tsu, *Law and Society in Traditional China* (Paris: Mouton & Co. 1961); Paul Heng-chao Ch'en, *Chinese Legal Tradition under the Mongols: The Code of 1291 as Reconstructed* (Princeton: Princeton University Press, 1979); Edward L. Farmer, *Zhu Yuanzhang and Early Ming Legislation: The Reordering of the Chinese Society Following the Era of the Mongol Rule* (Leiden: E. J. Brill, 1995); Geoffrey MacCormack, *Penal Law in Tradition China* (Edinburgh: Edinburgh University Press, 1990), and by the same author, *The Spirit of Traditional Chinese Law* (Athens: University of Georgia Press, 1996).

② E. Adamson Hoebel, *The Law of Primitive Man: A Study on Comparative Legal Dynamics* (Cambridge, Mass.: Harvard University Press, 1967), p. 29.

方法的缺陷时,安守廉(William P. Alford)曾提醒到,由于过多地集中在以儒家思想为内容的"大传统"上面,学者们较不注意法律是如何在一般普通中国民众生活中发挥作用的。①

二、案例研究法

针对意识形态—制定法研究方法的局限性,近十多年在中国法律史研究领域,通过对清代和民国时期司法档案的爬梳,学者们开始对法律是如何被实施的以及它是如何跟其他社会要素发生冲突等问题给予关注,如黄宗智和白凯等学者的研究工作大大改善了我们对清代和民国两个时期法律制度的了解。② 通过这种研究方法,他们探讨通过法典表现出来的意识形态和一般民众实践之间的关系。从单纯地研究法典,到把研究的注意力转移到更加有活力的、由多种主体参与的关系网络中去。新的研究方法不再把国家看成是唯一的主体,而是同时关注其他参与者,包括知县和法官、书吏和书记官、衙役和承发吏、讼师和律师、当事人等等。

---

① William P. Alford, "Law, Law, What Law? Why Western Scholars of Chinese History and Society Have Not Had More to Say about Its Law," *Modern China* 23, no. 4 (October 1997): 403.

② 其他跟黄宗智和白凯的研究方法较为接近的学者有,Mark Allee, *Law and Local Society in Late Imperial China: Northern Taiwan in the Nineteenth Century* (Stanford, Calif.: Stanford University, 1994); Melissa Macauley, *Social Power and Legal Culture: Litigation Masters in Late Imperial China* (Stanford, Calif.: Stanford University, 1998); Bradly Reed, *Talons and Teeth: County Clerks and Runners in the Qing Dynasty* (Stanford, Calif.: Stanford University, 2000); Mattew H. Sommer, *Sex, Law and Society in Late Imperial China* (Stanford, Calif.: Stanford University, 2000); Margaret Kuo, "The Handmaid of the Revolution: Gender Equality and the Law of Domestic Relations in Republican China, 1912–1949" (Ph.D. dissertation, University of California, Los Angeles, 2003). 除 Mark Allee 外,其他均为黄宗智和白凯的学生。对黄宗旨和白凯所指导学生研究成果的介绍,见黄宗智、尤陈俊主编:《从诉讼档案出发:中国的法律、社会与文化》,法律出版社 2009 年版。

将研究的视野从制定法转移到法律实践，从"纸上的法"到"生活中的法"，要实现这种研究方法的转换，一个很重要的前提条件就是有可供研究的案例材料，而案例材料的重要来源就是司法档案。法律史学家张伟仁教授曾对如何利用司法档案有过提醒，他认为如利用司法档案进行程序法的研究，对案例数量的要求相对较低，如进行实体法研究则数量要求较高，"用审判记录研究法制有一个重要的先决条件，一定要有很大数量才能挑选出确实具有代表性的案例，否则便不免有偏颇之虞"。① 因此，利用档案材料进行法律史尤其是实体法方面的研究，要注意研究材料选取上的科学性，避免对材料的选择性利用。

一般来讲，通过以下方法可在最大程度上避免选择性利用档案情况的出现。首先以留存档案反映的区域为空间范围，常常是以县为单位，确定研究区域（地域），如奉天省宽甸县、海城县等等。其次，以类型研究为主要方法，选择继承、离婚、典当、租佃、买卖等纠纷类型中的一种或数种，从而确定研究对象（对象）。再次在确定对象的基础上考察现存档案的年代分布数据，再选择档案分布集中的年代进行定量分析。由于档案留存现状具有不规律性，人为的销毁、战争、自然灾害、虫蛀等因素都可能使得这部分档案得以保留而那部分档案缺失。如里赞教授在谈到四川清代档案的遗存情况时认为，四川巴县档案虽比较完整，但仍断缺康、雍两朝；而四川南部县档案，虽较巴县完整，各朝均有档案留存，但各个朝代档案数量差别很大，顺治朝仅存一件地契，光绪前历朝内容远远少于光绪和宣统两朝。② 如本书第二章所统计的宽甸县光绪二十八年（1902年）到三十二年（1906年）县衙受理案件中，光绪三十年

---

① 张伟仁：《清代法制研究》，中央研究院历史语言研究所专刊之七十六，1983年版，第63页。
② 里赞：《中国法律史研究中的方法、材料和细节——以清代州县审断问题研究为例》，《法学》2009年第3期，第128页。

(1904年)的案件数量明显少于其他年份,很有可能就是档案缺失所致。

对过去的研究常常注定是一门"遗憾之学",面对史料的不完整,必须通过方法论的完善来克服。在掌握某一类型案件档案的年代分布的基础上,选取分布相对集中的年代进行分析,选取的年代宜以五年为最下限,上限的设定视档案的分布密度而定(时间)。最后,在界定研究总体的前提下(包括了上述的地域、对象、时间),确定调查方法。调查方法以普查为最优选,以抽样调查为下策。这里的普查对象,仅仅是档案中留存的反映一定时期的一定地域范围内某一类型案件的总数(不妨称为n1),跟历史上发生的该时期州县衙门或县公署、审判厅受理案件的全部并不完全一致(不妨称为n),n1和n的关系可以表示为n1≤n。受制于档案留存不完整这一属性,在绝大部分情况下,n1和n的关系表现为n1<n,因此这里所谓的普查,也只是在n1=n的情况下才有意义,而在绝大部分情况下,普查则变成了抽样调查。再说抽样调查,严格意义上的概率抽样调查,也须建立在n1=n的前提之下。概率抽样调查的第一步是编制抽样框,对所研究的所有的同类案件编制序号,然后采取简单随机抽样或系统抽样的方法取得其中一定数量的案件作为抽样样本,[①]最后对选取的样本进行分析,由样本调查所得的结果推论到所有与研究的案件相关的结论。不难发现,无论是普查还是概率抽样调查,一个重要的研究前提是n1=n。如果n1=n只是一种理想状态的话,那就要求我们在搜索和确定n1时,使其尽可能地接近n,唯

[①] 简单随机抽样方法也称为纯随机抽样方法,它是直接从总体中完全随机地抽取样本,是概率抽样的最基本形式,具体方法有两种,即抽签法和查对随机号码方法。系统抽样方法也称机械抽样或等距抽样,它将总体各单元或元素按序编上号码后,计算抽样间距,然后从间距以内的任意一个数字开始,按这个间距抽取样本,直到抽满规定的样本为止。参见仇立平:《社会研究方法》,重庆大学出版社2008年版,第122—124页。

有如此,误差才会尽可能地降低,结论的可信度才会提高。

建立在司法档案基础上的案例研究法,如充分注意研究样本选择上的科学性,避免对材料的选择性利用,将能较为客观地揭示法律实践的本来面目,从而提高研究结论的说服力。当然,在承认这种新的研究方法重要的同时,也不应该将意识形态—制定法研究方法完全抛弃,后者仍然是有效的分析手段和工具。法典和法规不仅仅为分析提供概念性基础,同时也是进行案例分析和研究时可以参考和比较的标准。出于上述考虑,在本书中一方面档案将会被广泛地采用来回答这样一系列问题:变革前的州县衙门是如何运转的?民事(自理)案件是如何审理的?新式法院是如何创设的?内部结构如何?人员是如何配置的?司法官的薪水和惩戒制度如何?审判程序如何?法律是如何适用,判决是如何作出的?民事纠纷又是如何被基层调解组织所调解,以达到"息讼定争"的目的?在另一方面,将依据各种法律法规来考察法律制度的来龙去脉,特别是在清末和民初的社会背景下,它们是如何被创设和发展的。更为重要的是,将法律法规跟司法实践相比较和对照,从而展现两者之间既冲突又一致的关系。

三、比较研究法

在本书中采用的第三种研究方法是比较法。对法律和司法制度的比较研究被学术界看作是了解世界上不同法律制度的重要方法之一。[①] 勒内·达维德在其《当代主要法律体系》一书中对比较法的意义进行了全面阐述,认为比较法不仅可以展示法律概念本身的差异,而且

---

① 这方面的研究成果,参见 H. Patrick Glenn, *Legal Traditions of the World: Sustainable Diversity in Law*, 2nd ed. (Oxford: Oxford University Press, 2004); Konrad Zweigert and Hein Kötz, *Introduction to Comparative Law*, 2nd ed., 2 vols., trans. Tony Weir (Oxford: Clarendon Press, 1987).

可以更好地了解本国法律并通过比较法的研究来改进本国法。① 在法律史研究领域,引入比较研究的方法,我们将能确定法律制度的来源——它们从哪里来,又是如何被其他国家所移植和改进的。比如说,第四章在讨论二十世纪二十年代奉天省民事诉讼法是如何被施行时,将《民事诉讼条例》和1877年的德国《民事诉讼法典》、1891年的日本《民事诉讼法典》和1895年的奥地利《民事诉讼法典》进行比较,发现中国当时的民事诉讼法不是简单地不加区别地吸收德日的民事诉讼法,而是根据当时民事诉讼理论的新发展,吸收了奥地利《民事诉讼法典》中的一些新的原理,放弃纯粹的自由主义原则,限制当事人的控制权,以增强法官的权力。又如在第五章考察民国初期的律师惩戒制度时,通过比较法研究发现,德国的律师惩戒制度表现出一定程度的国家干预性,但律师协会仍有较大的自主权,而日本二战前的律师惩戒权完全由国家司法机构控制,虽然律师协会曾作出努力,要求将律师惩戒权由司法机构移交给律师协会,但对于律师惩戒事宜,律师协会最终无权行使惩戒权。跟德日两国的律师惩戒制度相比较,北洋时期的律师惩戒制度基本上是对日本制度的借鉴,这种相似性则是由律师行业在近代国家中的地位所决定的。

第三节　研究材料

在简短地讨论了研究方法之后,在这一节将介绍本书所采用的主要原始资料。除了收藏于图书馆有关这一时期的各种法律法规外,本书大量地利用了收藏于辽宁省档案馆的档案资料。接下来便对这些档

---

① René David and John E. C. Brierley, *Major Legal Systems in the World Today* (London: Stevens & Sons, 1985), pp. 4 – 7.

案资料的形成过程、保存状况以及如何和为什么利用这些档案资料的理由一一加以阐述。除此之外,也将对奉天调查局主持完成的《习惯调查报告》和南满铁路公司负责调查而完成的《满洲旧惯调查报告》以及报纸、地方志等原始资料作一简要的介绍。

一、辽宁行政和司法档案

收藏于辽宁省档案馆的晚清和民初档案总数约有 1,100,000 卷,在 1931 年以前这些材料分布在全省各地的政府部门、法院以及其他各部门(这些材料中约有 68,700 卷,占总数的 6%左右来自于当时的热河省)。这些档案的内容涉及外交和军事事务、政府行政、教育、财政、司法等方面。从形成时期来分,其中有 100,000 卷,约占总数的 9%,形成于晚清时期,大致分布在光绪宣统两朝。

按档案的性质来分,总数中的一半约 545,200 卷直接和政府行政相关,这些档案涉及 37 个县,以县公署档案的名称分布在 34 个全宗中。在新式法院还没有设立的县,跟司法有关的档案也被归入县公署档案全宗中。到 1931 年为止新式法院已经设立的地方,司法档案则被分别归入 29 个法院和检察厅全宗中,其中法院全宗 18 个和检察厅全宗 11 个,总数约有 136,000 卷。① 本书所利用的档案材料主要来源于上述两个类别,即县公署档案和法院、检察厅档案。上述两类别约占辽宁省档案馆馆藏的 1932 前档案总数的三分之二。接下来主要依据辽宁省档案馆赵焕林发表在《中国档案报》有关日占期间旧记整理处的文章,②并结合其他资料来源对这些档案的形成过程、保存现状等作一介绍。

---

① 李晨生主编:《辽宁档案通览》,档案出版社 1988 年版,第 7—16 页。
② 赵焕林:《日本侵华期间对中国档案的掠夺机构——旧记整理处》,《中国档案报》2001 年 9 月 10 日第 5 版。

"九·一八"事变后,日本在东三省实行军事占领的同时,逐步将分布在东三省各处的档案材料加以搜集,以便为日后的殖民统治服务。1932年3月,伪满洲国在日本关东军的策划下正式成立,由此,以1932年为界,被日本称为新旧两个政权,"旧记"即指1932年伪满洲国成立以前的东北各官署的档案。对"旧记"的全面搜集和整理开始于1937年春,该年5月28日,伪满洲国国务院总务厅长星野直树以国务院总务厅的名义下达国务院训令,通知奉天图书馆馆长西田实,要求将伪满洲国成立以前的文书资料,统一集中起来,以便满足施政参考和学术研究的需要。同时还通知各官署和地方自治团体,将保存的旧记按提供的目录要求送奉天图书馆集中保管和整理。约一年后到1938年5月4日时,已经搜集到档案4,000,000件,这些档案除各官署送来的1932年以前清末、民国时期档案外,还有原国立奉天图书馆从沈阳故宫接收的盛京内务府档案等。这些搜集来的档案均存放在张作霖官邸的17个房间里。1938年3月中旬,在国立奉天图书馆内设立了国务院旧记整理处,专门负责对旧记档案的整理。当时有职员、打字员等28人,后人数增加到56人,最多时有档案整理人员达120多人,其中有若干名日本人参加。这批档案按搜集时的送付机关为单位编制案卷目录,到1945年日本投降伪满洲国失败时,共整理出2,200,000卷。①

东北解放后,这批"旧记"档案移交给了辽宁省图书馆历史文献部。1960年又再次被移交,接收方是当时的东北档案馆。"文革"爆发后不久,当时的辽宁省革命委员会随即解散了东北档案馆,并将其中约一半的档案给了吉林和黑龙江两省,剩余的另一半档案留给了位于沈阳的

---

① 根据赵焕林提供的数目,到1945年日本投降时有1,500,000卷档案被整理出来,但实际整理的案卷数似乎被低估了,实际数目详见辽宁省档案馆编:《辽宁省档案馆指南》,中国档案出版社1994年版,第2页。

辽宁省档案馆。① 从 1992 年开始，一些保存在辽宁省档案馆的地方档案开始移交给原档案送付地。按照这一安排，《沈阳地方法院》、《辽阳地方法院》、《营口地方法院》三个全宗被先后分别移交给了沈阳市、辽阳市、营口市三个市的档案馆。后考虑到地方档案馆保管条件的有限，这一计划被搁置下来。② 因此"文革"期间东北档案馆移交给辽宁省档案馆的另一半"旧记"档案材料基本上仍保留在沈阳的辽宁省档案馆中。

辽宁省档案馆现存的反映清末和民初时期辽宁乃至那时东北社会的档案材料无疑是非常珍贵的，不仅数量巨大，而且年代分布均匀，但和第一历史档案馆和第二历史档案馆馆藏档案的利用来比，相对来说，学者们还没有将辽宁省档案馆所藏的这批档案进行充分利用。就英语世界研究者的利用情况来讲，据统计，在 1982 年和 1995 年，大约有三位来自美国的研究人员访问了辽宁省档案馆，其中的一位利用了三个全宗。③ 进入新世纪以来，樊德雯（Elizabeth R. VanderVen）关于清末民初海城县教育改革的博士论文，对县公署档案进行了充分利用。④ 她依据《海城县公署》档案，对当时教育的方方面面进行了考察，利用档案涉及的内容有，新式学堂的创设过程和经费、教师聘请、学生注册、学校设备添置、课程设置、考试、毕业生名单、学生投诉等等。通过对县公署档案的利用，樊德雯能够从实际运行的角度，了解清末民初这一转型

---

① 辽宁省档案馆编：《辽宁省档案馆指南》，中国档案出版社 1994 年版，第 2 页。
② 上述信息系来源于个人访谈，2003 年 3 月 27 日，采访营口市档案馆工作人员王惠芳；2003 年 4 月 15 日，采访辽宁省档案馆工作人员孙乃伟。
③ Joseph Esherick and Ye Ma, *Chinese Archives: An Introductory Guide* (Berkeley and Los Angeles: Institute of East Asian Studies, 1996), p. 219.
④ Elizabeth Ruth VanderVen, "Educational Reform and Village Society in Early Twentieth-Century Northeast China: Haicheng County, 1905–1931" (Ph.D. dissertation, University of California, Los Angeles, 2003).

时期教育改革是如何被推行的。然而在司法领域,国内外学者利用辽宁省档案馆所藏的司法档案材料进行研究的非常有限。郑秦在研究清代司法制度时,曾利用过《兴京县公署》档案,但利用数量有限。李启成博士在其研究晚清各级审判厅创设的专著中,也曾利用了辽宁省档案馆所藏的司法档案材料,但数量同样非常有限。①

辽宁省档案馆丰富的馆藏和目前的挖掘利用现状形成了明显的反差,正是因为这个原因,本书选择辽宁省档案馆所藏的珍贵司法档案作为主要材料来源,以对这种反差有所矫正。但限于资料数量的庞大,不可能对所有的资料都进行利用,因此,将利用的数量和规模进行了适当的限制。根据研究主题的需要,选取了四个全宗的案卷进行重点分析,以考察本书所要探讨的三个主要方面:司法机构、裁判、调解。

1)奉天省长公署司法行政和诉讼档案

以《奉天省长公署》命名的全宗,计有 33,559 卷,大都形成于清光绪三十二年至民国二十年(1906—1931 年)间,少数形成于同治年间。②奉天省长公署及其沿革机关,是综理全省政务的行政机关,主管全省民政、司法、教育、警务、实业和财政等各项事宜。全宗中保存了大量跟司法行政相关的案卷,为了解这一时期奉天省全省的司法活动提供了宝贵的资料。这些案卷涉及的内容有:各年度高等审判厅、检察厅和地方审判、检察厅、司法公署、知县兼理司法各县年度支出计算书、单据簿;审检所和新式法院的筹设报告、司法官履历;高等审判厅和检察厅给省长公署的司法报告书和各司法机关月份诉讼报表;律师公会章程和社会人士对违纪律师向省长公署的检举信等待。全宗还收录了少量的诉讼案卷,由高等审判厅于民国十七年(1928 年)3 月编辑的《奉天各级法

---

① 郑秦:《清代司法审判制度研究》,湖南教育出版社 1988 年版,第 68 页;李启成:《晚清各级审判厅研究》,北京大学出版社 2004 年版。

② 辽宁省档案馆编:《辽宁省档案馆指南》,中国档案出版社 1994 年版,第 49 页。

院裁判录》收录了民国十六年(1927年)7月1日到12月底的50件民刑事判决、裁决,是了解当时司法裁判活动的珍贵资料。在本书的第三章、第四章和第五章对上述材料进行了充分的利用。

2)营口地方法院司法行政档案

以《营口地方法院》命名的全宗有1,440卷,现存于营口市档案馆。除了少量民国二十年(1931年)和民国二十一年(1932年)上半年受理的诉讼案卷外,其余的案卷均为司法行政卷,跨越的时段有近四分之一世纪,即从创办之年宣统元年(1909年),到民国二十一年(1932年)日本人占领东三省后重组法院为止。和其他几乎同时设立的新式法院相比,无论从档案材料的年代分布还是从内容的丰富程度来说,《营口地方法院》档案均堪称优异。在本书的第三章和第四章,利用档案中保存的司法官履历、司法官考试报名表、考试成绩、案件处理统计表等信息,对清末民初地方法院的结构和运作情形进行分析和讨论。

3)宽甸县公署诉讼档案

本书第六章和第七章讨论的典和离婚纠纷案件来源于《宽甸县公署档案》,该全宗约收入有4,279卷民事纠纷案件。除民事纠纷案件外,另有刑事案件、税收、教育、商会等其他主题的档案,把民事纠纷案件一起计入,总数有16,522卷,民事纠纷案件约占总数的26%。

为了考察民国初期在县一级民事纠纷是如何裁判的,笔者分析比较了各地方县公署和新式法院裁判档案后,决定选取宽甸作为主要的裁判材料来源地。主要是基于以下考虑:在对《宽甸县公署》档案进行认真阅读后,发现该县档案保存得最完整和系统。形成于光绪二十八年(1902年)到民国二十年(1931年)之间的4,279件民事诉讼档案中,约有4,000件(占总数的95%)跨越了民国初期(1912—1931年)。按照奉天高等审判厅民国十五年(1926年)所作的统计,在民国九年(1920年)宽甸县受理的民事案件数是241件,在民国十四年(1925年)

是311件。① 如果假设案件量是以递增的趋势逐年增加,那么我们可以得出这样的结论,即当时受理案件的绝大部分在档案中保存下来。这种高保存率使得我们在研究样本比较全面的基础上,对样本进行类型化分析,从而准确地反映当时案件处理的真实情形。②

基于上述考虑,本书的实体法研究主要选取《宽甸县公署》档案为主要材料来源,同时以《安东地方审判厅》和其他地方的档案材料作为补充。在选取宽甸作为研究对象后,接下来需要决定的是以哪些类型的纠纷为具体研究领域。我们知道民事领域涉及买卖、租赁、担保、典当、婚姻、继承等等,因此需要对研究领域进行进一步的限定,以避免研究领域的过分宽泛。在综合比较不同领域后,决定以典权和离婚为两主要领域,其理由大致有三点:一是典权和离婚分别代表了民事领域的两大类型,即财产和人事。二是因典权是中国固有的制度,在民初欧洲法广泛影响的背景下,对其研究更能揭示在财产相关的领域里法庭的裁判理念和态度。三是离婚诉讼不仅反映出男女两性关系,同时揭示出更深层次的文化内涵,这些文化内涵包括了家庭结构和价值。研究离婚相关的诉讼将揭示男性主导的法庭是如何对待那些常常由妇女提起的离婚诉讼。由于上述三点考虑,搜集了全部126件典权纠纷的案件作为第六章的案例材料,另搜集了全部56件离婚纠纷的案件(另加11件和订婚有关的纠纷)作为第七章的案例材料。

4)海城县公署行政档案

本书第八章关于二十世纪二十年代区村长制度下基层调解的原始

---

① 奉天高等审判厅:《奉天司法简明报告书》,《奉天公报》第5014期,1926年3月13日。

② 最理想的研究对象应是新式法院的裁判材料,在研究之初也确实发现《安东地方审判厅》全宗的裁判案卷保存相当完整,年代分布也很均匀,总数在10,000卷左右。然而,在抽样调取并阅读了约100卷档案后,发现其中约有80件,80%左右案卷的判决书被分离,下落不明。在缺少判决书的情况下,很难对裁判理由等作出分析,最后不得不放弃这个方向的努力。

资料来源于《海城县公署》档案,该全宗约有 32,000 卷。① 在第八章中我们将看到,为改造和强化基层政权,奉天省于民国十一年(1922 年)末开始推行区村制,作为该计划的一部分,区长被赋予了对辖区内的民事纠纷进行调解和评议的职责。为更好地推行和监督这项工作,省长公署要求各区将评议的内容和数量按月呈报给县公署。在认真阅读各县区长评议报告后,发现绝大部分保存的报告缺乏系统性,年代断层严重,无法提供可供系统分析的信息。唯一例外的是,来自海城县第四区区长李贵彬的报告基本保存完好,除民国十三年(1924 年)5 月到 12 月的报告缺失外,其他月份的报告都较完整地保留下来,涉及的年度从民国十二年(1923 年)到民国十六年(1927 年),这些珍贵的档案资料为我们研究区长评议制度的运行提供了很好的原始资料。

二、其他原始文献

除大量利用档案材料进行分析探讨外,本书还利用了其他一些原始文献,以补充档案材料的不足。这些原始文献包括了清末奉天调查局《习惯调查报告》,满铁《满洲旧惯调查报告》,当时奉天省的主要报纸《盛京时报》以及《奉天通志》和相关各县的地方志。

1)奉天调查局《习惯调查报告》

奉天调查局成立于光绪三十四年(1908 年)12 月,下辖法制、统计两科。奉天调查局成立后便展开调查活动,调查分为表格式调查和问答式调查两个阶段。第一阶段表格式调查从光绪三十四年底开始到宣统元年(1909 年)夏结束,共下发了 49 种表格,涉及民事习惯、商事习

---

① 早先已经提到,Elizabeth Ruth VanderVen 曾利用《海城县公署》档案进行过近代教育改革的研究,见"Educational Reform and Village Society in Early Twentieth-Century Northeast China: Haicheng County, 1905–1931"(Ph.D. dissertation, University of California, Los Angeles, 2003)。

惯、诉讼事习惯等。但因表格过于简单，无法反映复杂的调查内容，因此从宣统元年秋开始转入问答式调查阶段，本书利用的《习惯调查报告》便形成于该阶段。问答式调查分为六项，即"民情风俗"、"民事习惯"、"商事习惯"、"诉讼习惯"、"绅士办事习惯"和"行查府厅州县司法行政上之沿习利弊"。州县府一级的习惯调查均按照调查局拟定和增补续拟的调查问题分别进行了两次，一次在宣统元年（1909年），一次在宣统二年（1910年）。在辽宁省档案馆所藏的各县公署档案中，搜集整理了来自海城的两次民事习惯调查、来自复县的第二次商事习惯调查和第一次绅士办事习惯调查、来自昌图和复县的两次司法行政和诉讼习惯调查、来自昌图的第一次民情风俗调查和来自昌图和复县的第二次民情风俗调查。①

清末由奉天调查局组织，由各州县完成的习惯调查报告，为我们了解当时的社会秩序提供了宝贵的资源。民事习惯、商事习惯、诉讼习惯资料的保存对法律史研究的意义不言而喻，而民情风俗、绅士办事习惯资料为我们在更宽广的社会背景下了解当时的法律活动提供了可能，其价值已超越了法律史学科界限。在本书的第一章、第二章、第六章、第七章，对上述习惯调查报告均进行了充分的利用。

2)《满洲旧惯调查报告》

日俄战争日本人打败俄国人后接管了从长春到大连之间的东清铁路，并随即成立了南满铁路公司。1907年4月在满铁第一任总裁后藤新平的推动下，满铁成立了独立的调查部，与之并列的还有总务部、运输部、矿业部、地方部。后藤新平在任满铁总裁以前曾担任台湾民政长官多年，在他任内推动了台湾的旧惯调查，并最后形成了旧惯系列报

---

① 参见张勤、毛蕾：《清末各省调查局和修订法律馆的习惯调查》，《厦门大学学报》（哲学社会科学版）2005年第6期，第84—91页。

告：台湾私法、清国行政法、台湾蕃族惯习研究。到满铁履新后,后藤新平邀请了台湾习惯调查的主要参与者冈松参太郎到满洲,担任满铁理事兼调查部主任,参与组织相似的调查。1908年12月,调查部被缩编为调查课,并于1914年5月起被置于总务部之下。从1908年12月到1917年9月,调查课长是川村铆次郎。《满洲旧惯调查报告》就是在川村铆次郎任课长期间完成的。①

满铁确定的最初调查对象分为土地的旧惯调查和其他一般法制调查。其调查的目的,山田豪一认为,是在熟悉习惯和现行法以后"将满铁会社和'清国官民'的争执,在法庭之外解决,即不通过由领事馆干预的国际审判,满铁调查部当初就是为了这个目的而设立的"。② 但和台湾旧惯调查不同,满铁真正完成的只有东北土地关系调查,法制和其他习惯调查并没有展开。按照解学诗的解释,大致原因有二：一是当时的东北仍由中国政府行使主权,在当地遇到了民众的抵制,实地调查不易展开；二是满铁设立以后,不仅其自身有扩张铁路、工矿,侵吞中国官民土地的需要,而且还要支持日本商社和个人从事土地的窃租和盗买,因此土地调查具有优先性。③ 由于受条件的限制,土地调查采取的也是文献主义方法,以搜集古籍史料和当地契约为主。

《满洲旧惯调查报告》初版时有十一册,在1909年至1915年间陆续出版。伪满时期曾有再版,不过再版时去掉了其中的两册只出版九册。④

---

① 苏崇民：《满铁史》,中华书局1990年版,第412—413页。
② 〔日〕山田豪一：《满铁调查部——容光と挫折る四十年》,日本经济新闻社1977年版,第33页。
③ 解学诗：《隔世遗思——评满铁调查部》,人民出版社2003年版,第83—84页。
④ 初版时有《安奉线土地一斑》(1909年)、《典的习惯》(1913年)、《押的习惯》(1913年)、《蒙地》(1914年)、《内务府官庄》(1914年)、《皇产》(1914年)、《租权》(1914年)、《一般民地》(上中下)(1914年)、《关东州土地一斑》(1915年)。1935年再版时,将《安奉线土地一斑》、《关东州土地一斑》删除,并将《皇产》、《内务府官庄》、《一般民地》(上中下)作为前篇,将《典的习惯》、《押的习惯》、《租权》作为后篇。见解学诗：《隔世遗思——评满铁调查部》,人民出版社2003年版,第87页。

调查报告基本围绕土地展开,如按土地所有者不同,分为一般民地、内务府地、皇庄、蒙地,按土地转移方式的不同,分为典、租、抵押。因此,可以这么认为,《满洲旧惯调查报告》是满铁为了一旦和当地中国民众产生土地纠纷,能使纠纷通过法庭外解决目的而展开的土地关系调查。

《满洲旧惯调查报告》中的一册,即后篇第一卷《典の惯习》,由宫内季子完成。宫内季子是冈松的门弟,也是台湾旧惯的参加者。在这份报告中宫内季子搜集了 58 份跟典相关的契约,这些契约均来自奉天省。这 58 份契约为我们了解清末民初的典习惯提供了很好的材料基础,这一部分内容安排在本书的第六章。

3) 报纸和地方志

日俄战争后,日本人除攫取关东租界地、南满铁路和附属地的权益外,在其他领域也积极向满洲渗透,《盛京时报》便是在新闻文化领域积极扩张渗透的一个典型例子。《盛京时报》创办于光绪三十二年(1906年),终刊于民国三十三年(1944 年),该报以中国国内时事报道和评论为主,其中报道了东三省的商贸、金融、交通、教育等许多信息,同时还记录了众多官府档案与私家著述不能详细指明的史实。《盛京时报》的编辑对清末的宪政改革表现出浓厚的兴趣,对其中的法律和司法改革报道颇详。从光绪三十四年(1908 年)到宣统三年(1911 年)的四年时间里,登载了由当时各级审判厅裁判的约 1,000 份判词,从中笔者选取了全部约 100 份跟典纠纷有关的判词,对这些判词的讨论分析安排在第六章。《盛京时报》上登载的当时新颁布的法律法规以及对重大司法事件的报道,对于了解清末民初的司法改革提供了很好的线索,本书第三章给予了充分的利用。

除报纸外,地方志常常是了解地方信息不可或缺的另一材料来源。完成于民国二十三年(1934 年)的《奉天通志》对清代和民国初期奉天各县建制的演变有过详细介绍,对于了解这一时期县级政府的演变有着相当重要的价值。民国四年(1915年)出版的《宽甸志略》载有民初设立和废除审检所的具体时间,对其内部结构也有详细介绍。1993年出版的《宽甸县志》对宽甸县的历史以及二十世纪一十年代和二十年代的人口数等信息有详细记载,所有这些信息都对了解当时纠纷发生的原因、类型等具有参考意义。来自其他县的地方志也非常有价值,如民国十三年(1924年)出版的《海城县志》对清末民初乡村组织的演变过程有清晰的记载,同时对清代知县衙门的内部分工也有介绍,这些信息无疑对了解二十世纪二十年代的区长民事评议制度提供了很好的背景信息,因此具有相当的价值。

第四节 主要观点概述

本书主要探讨二十世纪前三十年奉天省在民事司法领域发生的变革。奉天是清末"新政"期间少数首先推行近代司法改革的省份之一。民国初期在奉系军阀张作霖的统治下,司法改革继续被推行开来。这种军阀政治中所包容的司法改革以及所体现的法律现代性,是各种力量和势力不断碰撞、博弈的结果,这些力量和势力包括了地方精英、民族主义、共和思想等等。

本书的主题是在三个层面探究清末民初民事司法领域所经历的变革:(1)法院组织、民事程序和法律职业;(2)实体法;(3)基层调解。这部分将侧重于对本书所运用的主要理论概念进行阐述,提纲挈领地将主要研究发现作一介绍,这些发现有:一是法院系统和调解机制的官僚化趋势;二是民事诉讼程序的形式化;三是习惯在司法实践中被"发现"和现代化;四是在离婚诉讼领域,男女两性的日趋平等化。

法院系统的官僚化不仅表现为司法和行政分离的趋势,同时也表现在法官和法院辅助人员的专业化方面。调解的官僚化指在区村制中区长所承担的调解职责,以及由此所体现的国家意志。民事程序的形式化是指从一简单的建立在习惯基础上的发现事实、适用法律的法庭实践,过渡到复杂的建立在制定法基础上的新模式,而制定法的内容则以德日民事诉讼法为蓝本,是法律移植的结果。习惯在司法实践中被"发现"指的是民间习惯被受过现代法律训练的法官所"发现",从而有意识地被采纳成为裁判依据,从而具有法源性;习惯的现代化则是说在民初大理院的导引下,在"公序良俗"等现代西方法学原理的影响下,对某些"恶俗"的抛弃和否定,从而实现习惯的现代化。在离婚诉讼领域,男女两性的日趋平等化则是指在离婚法领域,在大理院判决例和解释例指引下,地方法院在司法实践中,一定程度上矫正了清代离婚法中明显的男女不平等性。

一、法院系统和调解机制的官僚化

为更好地展示变革前地方司法制度的特性,第一章介绍了州县衙门中包括州县官在内的参与司法活动的主要人员的概况。通过对历史事实的剖析,笔者认为,尽管州县官管理的司法事务庞杂,集警察局长、检察长、法官于一身,但从其专业训练来看他并不是一位法律专家。受限于专业技能和精力,州县官把很大部分的司法事务委托给幕友,幕友只是州县官的私人助手,是州县官的"宾客",以"束脩"为其收入,幕友不是国家的正式官员。尽管书吏和衙役是处理日常司法事务不可缺少的人员,但国家基本上不负责他们的薪水,因而他们并没有被国家看成是正式的工作人员。运用韦伯的科层官僚制理论,笔者认为,尽管州县官通过科举考试选拔,经由国家任命,无论是升迁还是处分都受到国家的监督,但就专业训练来讲,他不是专业人士,这些因素无疑削弱了司法系统的官僚制属性。

从以上理论视角出发,第三章着重讨论了从清末"新政"开始以来新式法院的创办历程。对这一历程的分析显示,尽管这一历史时期政治形势风起云涌,变幻莫测,但在奉天省创办新式法院的努力则持之以恒并有新的发展。在创办新式法院的同时,民国初期更见证了司法官的专业化过程。尽管在全国范围内司法官考试没有定期举行,但对司法官需要接受至少三年法政教育的要求并没有放松,而且这种要求被进一步延伸到了司法公署中的审判官、检察员。和前清相比较,发生在新式法院的另一变化是,书记官和承发吏被正式承认为法庭中的职员,跟衙役等不同的是,他们是编制内国家官僚机器的一员。他们通过考试产生,如果表现优异,则有被提拔的可能;而如果行为失检,他们则会受到惩戒。在第三章,还从因果关系的角度探讨了这种变化发生的原因,这种原因至少可归结于收回治外法权的追求和地方精英的支持。

与法院系统的官僚化过程相平行,另一变化发生在调解领域,对此的讨论安排在第八章。到民国十一年(1922年)底,区一级的行政设置在奉天省基本上被建立起来,区长的一项重要职责是评议民事纠纷。跟前清时代的乡保不同,区长此时已是国家官僚机器的一员,不仅他的薪水由国家支付,而且其工作还要接受县公署和省长公署的监督。这种新的调解类型,无疑挑战了一般所认为的民初的调解形态跟前清相比没有变化的传统观点。

二、民事诉讼的形式化

近代司法变革以前,在州县衙门司法中所运用的民事程序简单而多样,在制定法缺位的情况下,不同的州县往往由不同的地方诉讼惯例所调整。在州县地方司法中,刑事和民事有一定的分工,总的来说是合中有分,分中有合。"户婚田土"一类的民间细故,属于州县自理案件,因此上诉程序并没有充分发展起来,技术上还不够发达。对清代民事诉讼程序的讨论安排在第二章。跟清代的司法制度和实践相比较,体现于二十世纪二十年代初《民事诉讼条例》中的民事诉讼程序则要更加发达和复杂。在第四章所讨论的近代民事诉讼程序是移植多国法律的结果,吸收了1877年德国《民事诉讼法典》、1891年日本《民事诉讼法典》和1895年奥地利《民事诉讼法典》中的诸多合理成分,其所包含的原则有公开性、言词性、直接性、有限的当事人主义等。在民初的历史背景下,民事诉讼领域对欧洲大陆法中民事诉讼原则的吸收和采纳,显示出民事司法领域裁判方式和正义实现方式的大转变。

三、习惯的现代化

习惯这一概念,目前在中国法律史领域还没有将它与习惯法进行严格的区分,有些学者把两者看成是可以相互替换的概念,如科里(Anton Cooray)在他的研究1841年到1980年代中国习惯在香港的命运的论文中,他描述了当地的一些习惯性做法,如婚姻、收养、继承、土地信托、遗嘱继承等等,在文中他并没有将习惯和习惯法两个概念进行明确的区分。[①] 同样是以香港习惯为主题,苏亦工在他的研究中国法律传统和习惯的著作中指出,习惯应该跟习性、惯例、做法等有所区别,因为习惯具有规范性特征。[②] 但在其论述中他并没有指明习惯和习惯法的区别所在。

和上面的概念取向所不同的是,王泰升在他的研究日占时期台湾习惯法的演变过程时将习惯和习惯法做了清楚的区分。他认为,"台湾的地方习惯常涉及一些深刻的法律关系,包括近现代意义上的当事各

[①] Anton Cooray, "Asian Customary Laws through Western Eyes: A Comparison of Sri Lankan and Hong Kong Colonial Experience," in *Law, Society, and the State: Essays in Modern Legal History*, ed. Louis A. Knafla and Susan W. S. Binnie (Toronto: University of Toronto Press, 1995), pp. 150–172.

[②] 苏亦工:《中法西用:中国传统法律及习惯在香港》,社会科学文献出版社2000年版,第120—180页。

方的义务,以及违反义务后的救济"。① 在日占时期,只有那些被法庭和其他执法当局承认的习惯才构成习惯法。② 很显然,王泰升对习惯和习惯法的区别,明显受到了实证法学派的影响,实证法学派的鼻祖奥斯汀便是这一观点的拥护者。③

概言之,在讨论香港和台湾在殖民时期的习惯适用情形时,学者们要么将习惯和习惯法两概念不加区分地交叉使用,如科里;要么从实证法学派的角度出发,将两概念加以清楚地区分如王泰升。讨论完港台,现把注意力转向中国大陆。在研究清代和民国时期习惯规范的时候,有学者倾向于用习惯法这一概念来代替习惯,以描述流行于地方的一些习惯性规范和做法。梁治平在其《清代习惯法》一书中将乡例、俗例、乡规、土例等纳入习惯法的范畴。④ 他把习惯法分为两类:"法语"和"法谚"。前者指一般性的概念,如典当、买卖、借贷、抵押、租赁、田面权等等,而后者则是一些调整双方关系的实在性规范。⑤ 尽管梁治平用习惯法这一概念来涵括清代的一些习惯性做法的处理方式是否合适还在争论中,但他的"法语"和"法谚"两分法还是很有启发意义。另一方面,黄宗智在其研究清代和民国时期习惯和法典的关系时,则使用了习惯而不是习惯法这一概念来讨论各种习惯性的做法,如典、田面权、养老等等。⑥ 如将黄宗智所使用的习惯一词细加考察,我们发现,其内涵

---

① Wang Tay-sheng, *Legal Reform in Taiwan under Japanese Colonial Rule*, 1895–1945: *The Reception of Western Law* (Seattle: University of Washington Press, 2000), p. 141.

② Ibid., p.142.

③ John Austin, *The Province of Jurisprudence Determined*, edited by Wilfrid E. Rumble, Lecture 1 (Cambridge: Cambridge University Press, 1995), pp. 35–36.

④ 梁治平:《清代习惯法》,中国政法大学出版社1996年版,第38页。

⑤ 同上书,第40—41页。

⑥ Philip C. C. Huang, *Code, Custom, and Legal Practice in China* (Stanford, Calif.: Stanford University Press, 2001).

更接近梁治平所用的"法语"一词,调整双方关系的一些实在性规范则很少被关注。

从目前有关习惯和习惯法的学术现状出发,本书在术语使用上,抛弃实证法学派以国家为中心作出的对习惯法的狭隘定义,而是从社会和一般民众的实践角度出发,将一些调整双方关系的反复实行的行为界定为习惯。这里的习惯分为"非争讼性习惯"和"争讼性习惯"两类。本书第六章所选取的是清末民初的广泛流行于民间的典权制度。首先讨论的是典权制度的基本内涵和构成要素及其与买卖和抵押的区别。典权制度的基本内容包括了出典期限、转典、找价、有益费用、国家捐税、回赎办法和日期。同复杂的典权实践相比,无论是在清代还是民初,国家制定法的调整是相当有限的。由于制定法的不足,对典关系的调整基本上由契约和相对稳定的习惯来完成。

近代司法变革以前,当"户婚田土"一类的案件被起诉到州县衙门,需要州县官裁判时,现有的证据表明,州县官并没有有意识地、系统地将习惯作为裁判的依据来对待。在近代以前,习惯更多地发挥着"非争讼性习惯"的作用,滋贺秀三认为,当纠纷出现时,"却不能说非争讼性习惯或惯行已经为处理解决问题、纠纷而准备好了所需的规则或规范",这里纠纷的处理便转向情理,并以此为裁判依据。"非争讼性习惯"还没有准备好为处理解决问题、纠纷提供所需的规则或规范,但却跟情理有着密切的联系,有时情理便直接以"非争讼性习惯"为素材发挥作用的。[①]

然而,近代新式法院建立以后,受到西方法理学中习惯理论的影响,法官开始有意识地承认习惯的法源性地位,将其作为裁判的依据而

[①] 〔日〕滋贺秀三:《清代诉讼制度之民事法源的考察——作为法源的习惯》,王亚新、梁治平编《明清时期的民事审判与民间契约》,法律出版社1998年版,第81—82页。

运用于审判实践中,这时的习惯便具有了"争讼性习惯"的特征,成为滋贺秀三所称的实定性规则。在第六章所考察的典权纠纷案件中,在清末盛京地区的新式法院中有两种习惯被采纳为裁判依据,它们是典主先买权和宗族成员先买权。

民国初期在大理院的导引下,习惯的法源地位受到了限制,需满足四项条件:"(一)有内部要素即人人有确信以为法之心,(二)有外部要素即于一定期间内就同一事项反复为同一之行为,(三)系法令所未规定之事项,(四)无背于公共之秩序及利益"。① 前面两项条件说的是所称的习惯确实存在,并且存在了一定时间,是一种实质性要求。而后两项条件则是形式性要求。第三个条件说的是在没有制定法调整的情况下,习惯才有可能成为裁判的依据。最后一个条件则是说,只有所称的习惯没有跟"公序良俗"或公共利益发生冲突,习惯才有可能从事实转化成为裁判依据的法律。按照最后一个条件的要求,有些习惯性规范因为和"公序良俗"原则相冲突而被大理院宣布为无效,广泛流行于民间的"宗族成员先买权"便是一例。该习惯说的是,在出卖土地、房屋一类的不动产时,宗族成员有优先购买的权利,但是因为有碍于商品流转和地方经济发展,该习惯被大理院宣布为无效。② 正如范德尔沃克(van der Valk)所指出的那样,大理院引入经济和社会原因来宣布某些习惯无效,从这个层面上将,"公序良俗"便是一种新的经济秩序了。③

因此,可以这么说,从法庭裁判的角度看,在清末"新政"和民国初

---

① 郭卫编:《中华民国元年至十六年大理院判决例全文》,法学编译社 1932 年版,第 29 页。
② 同上书,第 180 页。
③ M. H. van der Valk, "Custom in Modern Chinese Private Law," *Monumenta Serica* 30 (1972–1973): 231.

年,习惯开始有意识地被采纳成为裁判依据,是在新的法学理论指导下的新发现。而且,到了民国初期,习惯是否有效受到了"公序良俗"等原则的检验。因此,习惯不仅仅被发现而具有法源地位,而且被进一步"现代化"了。

四、两性不平等差距的缩小

本书第七章从离婚诉讼的角度探讨男女两性之间的关系。从帝国时期离婚法的演变入手,继而考察清代离婚法跟民初离婚裁判的关联性。"七出"和"三不去"这样一些离婚原则继续被民国初期的法庭所采纳。与此同时,由于这一阶段大理院的推事们在裁判中从西方法理中引进了一系列新概念,如离婚理由中的"不堪同居虐待"、"重大侮辱"、"恶意遗弃"和离婚赡养费、子女监护权概念的提出和运用,使离婚法逐步向近代法转轨,并对基层司法审判机构的审判活动产生了深远的影响。在夫妻双方经济收入、社会地位、身体力量等都不对等的情况下,这些概念的导入和运用,无疑在离婚领域为实现男女平等的目标迈出了一大步。然而,这种在离婚领域所发生的进步是渐进式的,而不是革命性的。离婚领域男女两性的不平等性继续存在,直到民国二十年(1931年)国民党民法典第四编亲属编的实施,才在理论上消除了这种不平等性。

第一章 州县衙门及其司法职责

在对新式法院和近代民事诉讼制度深入探讨以前，了解把握变革前的民事司法制度无疑很有必要。清末以来司法制度改革的动因何在，近代司法制度具有哪些现代性特征等问题的探讨都离不开对变革前司法制度的了解，对后者的把握是了解前者的基础和出发点。

本章从奉天在满清政权中所具有的特殊历史地位这一历史事实出发，首先分析司法体制所经历的从旗民分治到旗民合治的变化过程。汉人从十九世纪后半叶开始大量涌入盛京地区，自鸦片战争后，尤其是太平天国起义后，清廷统治的不稳和所带来的满人地位的相对下降，导致了旗民司法管辖权由分到合的转变。随后，本章将着重考察州县衙门的主要司法人员，包括知县、幕友、代书、书吏、衙役等群体。这些人员的来源、社会地位、收入和在司法活动中的作用是分析的重点。最后将对州县衙门的司法活动作一总结归纳，揭示其基本特征。

第一节 旗民司法管辖权的变迁

一、从"旗民分治"到"旗民合治"

奉天是满清王朝的发祥地，清灭明以后定都北京，盛京被确立为陪都，但仍有大批旗人居住。清政权迁入关内后，在盛京逐渐恢复设立五部，以示尊崇。顺治十五年（1658年）设立礼部，十六年（1659年）复设户部、工部,康熙元年(1662年)复设刑部,康熙三十年(1691年)又设兵部。同时从康熙朝开始设立盛京将军管辖盛京地区,但盛京将军和五部互不统辖,①而在民人较多的地区则设立州县一级的政府机构进行管辖,州县衙门受辖于顺治十四年(1657年)设置的奉天府府尹。这种多元化的管理体制表现在司法体制上则是司法管辖权的多元化和不统一。盛京刑部和奉天府府尹对诉讼案件均有管辖权,盛京刑部所辖的肃纪左司"掌治十五城旗人之狱及其与民交涉者",②奉天府府尹专管民人案件。另外盛京户部对户婚案件也有听讼之权。③ 在基层如旗人和民人产生纠纷,则采取州县衙门和旗署会审的办法。对此,民初修订的《海城县志》曾有这样的记载,顺治元年设海城县以后,以知县为地方长官,掌一县之民政、财政兼理司法。牛庄防守尉为军政长官兼管八旗行政、旗地征收事宜。遇有旗民田房争讼,知县须请旗署会审。④

清中叶以后,随着大批汉人迁往关外定居,人口大量增加,清廷原有的封禁政策难以维持。在乾隆四十一年(1776年)盛京地区的人口数约为900,000,而到同治十三年(1874年)则增加到3,400,000,在旗人人口基本稳定的情况下,人口的增加基本上是由于民人的大量迁入而引起的。⑤ 与此同时,满汉杂居的现象更为突出,导致旗民之间的诉讼大量增加。当旗民之间的纠纷出现后,民人欲将案件送到州县衙门审理,而旗人却要请旗署解决争端,因此常常形成僵持局面,原来的分

---

① 《清朝通典》卷二十五《职官三》,(台湾)商务印书馆1987年版,第2273页。
② 《钦定大清会典》卷五十七,(台湾)新文丰出版公司1986年版,第607页。
③ 同上书,第258页。
④ 《海城县志》卷六《政治·行政》,民国十三年(1924年)版。
⑤ 林士铉:《清季东北移民实边政策之研究》,(台湾)政治大学历史系2001年版,第378—379页。另据马平安的统计,1881年盛京、吉林两地人口数约在4,550,000左右,其中主要集中在盛京地区。见马平安:《近代东北移民研究》,齐鲁书社2009年版,第40页。

治体制已不适合新形势的需要。① 在光绪元年(1875年)夏,当时的盛京将军兼奉天府尹崇实提出了《变通奉天吏治章程》七款,对奉天地区军政管理机构有所变革,并获得清廷的批准。② 对司法体制的变革具体体现为,盛京将军管理兵、刑两部,兼管奉天府府尹,所有刑部及奉天府旗民一切案件悉归总理。奉天府府尹准加二品衔,以右副都御使行巡抚事,旗民词讼命盗案件悉归总理,以便"与将军相承一气,不致两歧"。对于刑部,则规定"如京中刑部体制,嗣后惟旗民交涉,罪在犯徒以上者,方准该部按律定拟,其余一概不得干预"。③

在基层,各厅州县等官均加理事同知或通判衔,旗民案件悉归管辖,"嗣后奉省地方一切案件,无论旗民专归同通州县等官管理,其旗界大小各员,只准经理旗租,缉捕盗贼,此外不得丝毫干预"。这里所说的同知或通判原为知府的佐贰官,协助知府处理某方面的事务,同知、通判前加理事二字,特指办理旗人事务。据郑秦的研究,在京师附近的通州、遵化州,清廷专门设立了理事通判一类的"无地方之责",专理旗务的官员,处理旗、民之间的刑名词讼是其重要职责。④ 而在盛京地区,在乾隆嘉庆年间也曾在个别地区设立过类似的官职,如乾隆二十八年(1763年)在旗人聚居的兴京地区,嘉庆十八年(1813年)在北部的昌图

―――――――

① Robert H. G. Lee, *The Manchurian Frontier in Ch'ing History* (Cambridge, Mass.: Harvard University Press, 1970), pp. 151-152.

② 《清实录》第五十二册,卷十四《光绪元年七月下》,中华书局1985年版,第249页。参见赵云田:《清末新政期间东北边疆的政治改革》,《中国边疆史地研究》2002年第3期,第31页。其实在乾隆四十四年(1779年)刑部便奏定盛京地区旗民词讼悉归州县审理,在道光元年(1821年)复经军机大臣会同刑部议奏,无论单旗单民交涉与会旗查勘之案均令州县自行审理,见《兴京县公署》26385,光绪二十三年(1897年)。只是这些规定的执行效果非常有限而已。

③ 蔡冠洛编纂:《清代七百名人传·崇实》,香港远东图书公司1963年版,第504—505页。

④ 郑秦:《清代旗人的司法审判制度》,《清代法律制度研究》,中国政法大学出版社2000年版,第304—305页。

地区分别设立过理事通判。① 给盛京地区的州县官统一加理事同知或通判衔,省去了另设专门处理旗民词讼事务如理事同知或通判一类专官的必要性,减少了冗官,统一了事权。

通过这一变革,实现了从基层厅州县到省一级的将军、府尹对旗民诉讼案件管辖权的统一,限制了盛京刑部对旗人和旗民交涉案件的管辖权,并禁止八旗军官干预词讼。司法体制的变革是盛京地区在清后期实行的政治变革的重要组成部分,这一变革的核心是完成从军府体制向行省制度的转变。

二、实施状况

从现存的各县公署档案材料看,光绪二年(1876年)《变通奉天吏治章程》施行后,各州县地方官加授理事同知或通判衔后,旗民案件逐渐开始归其管辖。② 但在实践中旗署受理词讼的事件仍时有发生,因此光绪二十三年(1897年)六月清廷又发布上谕强调,"所有奉天州县,旗民事件悉归审理,旗员不得干预"。盛京将军转发这道上谕时通饬属下旗员不准"擅受呈词",也"无庸会同审讯","所有人命、斗殴及钱债、户婚、田土一切旗民词讼,无论有关罪名与否,悉归各厅、州、县审断"。否则,"一经查出或别有发觉,定即据实查参不贷"。③ 总的来说,清廷关于盛京地区旗员不准干涉词讼的要求基本上得到了执行,但从《兴京县公署》档案中,笔者发现了一些由兴京副都统衙门、协领衙门在光绪二年后(甚至光绪二十三年重申定例后)受理的民事案件,这些案件中,

---

① 《奉天通志》卷五十八《沿革八·各县沿革表》,民国二十三年(1934年)。
② 如在《海城区法院》中保留的由当时的海城县知县受理的旗民纠纷的案卷中,既有旗人告旗人的案件,如全宗第1701号,也有旗人告民人的案件,如第9371号,另有民人告旗人的案件,如第2392号。
③ 《兴京县公署》26385,光绪二十三年(1897年)。

既有旗人互控案件，也有旗人控告民人或民人控告旗人案件。清廷在兴京地区设置旗署军事机构始于康熙二十六年(1687年)，于该年设置城守尉，光绪元年(1875年)又添设副都统，光绪三年(1877年)改城守尉为协领衙门，受辖于副都统。① 这些旗署机构继续受理词讼，说明了"旗员不准干预词讼"原则在执行中的有限性。现将副都统衙门、协领衙门受理的不同类型的案件分别举例说明如下。

案例一(旗人互控)：旗人宋安控旗人石玉堂等霸砍坟树一案

光绪二十六年(1900年)四月初八日兴京正白旗闲散，居住于厢红旗界蓝旗庄子的宋安向副都统衙门控告正红旗闲散石玉堂、石玉成，兵石玉秀以及正白旗闲散夏宝会将其祖坟树木砍尽。宋安在讼状中称，在发现祖坟树木被砍以后，与他们理论，不但不服，反而依仗当差，百般殴辱，因此请求"惩其豪霸之罪"。四月十三日，厢红旗蓝领防御恩铭奉副都统衙门谕将被控应讯之石玉堂、石玉成、石玉秀、夏宝会等呈送该衙门。在审讯中，石姓三人称，他们是在公共的会山上砍树，目的是修理庙宇和井口，所砍之树在会山上，而非在宋家祖坟内。夏宝会则称，"从外处搬移去的，居住年浅，砍的那树是否会山，或是宋安的坟茔树株，小的不知底细"。是非难断，副都统衙门命耆老佟得兴阿、赵国树、严福文、原告宋安、被告石玉成等往现场勘查，发现所砍之树在宋姓坟茔南坡距坟五十至六十弓，共有十棵。基于以上事实，副都统衙门断令所砍的树株归宋安照数经理收取，嗣后该处山场各守各业。六月初二日原被双方立下结呈完案。②

此案因在坟茔附近砍树而起纠纷，最后派耆老数人伙同原被赴现场勘查，最后判所砍之树归原告所有，对被告并无特别的处罚，只令双

---

① 《兴京县志》卷二《官制》，民国十四年(1925年)。
② 《兴京县公署》13408，光绪二十六年(1900年)，同时见杨丰陌、赵焕林主编：《兴京旗人档案史料》，辽宁民族出版社2001年版，第119—122页。

方各守其业而已。案中的原被告均为旗人,除被告中一人为兵以外,其余均为闲散。

案例二(旗人控民人):旗人张钦德控民人刘世元匿契霸产、擅毁坟茔一案

旗人张钦德于光绪十六年(1890年)正月二十八具呈控告民人刘世元,谓先祖张凤信置有领民册地一段计地十一天,坐落在孙大夫沟,早年出典于刘世元名下耕种,地内有张氏坟茔一座,于嘉庆年间葬埋。但近发现刘世元将坟前明堂开刨,伤毁地脉。为保护坟茔,便欲备价取赎,但刘世元匿契不吐,因此控告。副都统衙门受理以后,饬管界旗官传集人证呈送核办。二月初七日署正白旗骁骑文惠上呈副都统衙门,同时将被告刘世元呈送到署。在审理中,验明由刘世元呈出的契纸有杜绝字样,依此断定为一卖契而非典契。副都统衙门因此断定双方不得争执,其坟茔埋葬年久亦不得刨移。双方于闰二月初九日立下结呈遵断完案。①

此案旗人张钦德因民人刘世元在典地中刨坟而将后者控告于副都统衙门,欲将地赎回,但经查明地已经绝卖,并非出典。虽然原告张钦德赎地的请求没有得到支持,但同时判决刘世元不许刨坟。副都统衙门不仅受理了此案,而且作出了判决,其拥有的对旗人控告民人案件的管辖权不言而喻。

案例三(民人控旗人):民人马耐永等呈控催领双惠增租撤佃一案

光绪十五年(1889年)十一月初二日原属登州府莱阳县现年五十三岁的马耐永代表民人马凤舞等向副都统衙门控告催领双惠增租撤佃,其喊供状的全文是这样的:

---

① 《兴京县公署》13405,光绪十六年(1890年),同时见杨丰陌、赵焕林主编:《兴京旗人档案史料》,辽宁民族出版社2001年版,第94—97页。

据喊供状民人马耐永、马凤舞、于魁、董玉琢、董福、邵玉堂、于凤盛、田士礼、官成、王义德,小的们均在治属正白旗界居住耕地为生,情因小的们于早年承种正蓝旗兵缺官地,按年交纳租钱不欠,耕种多年。忽于去年春间有领催双惠到小的牌内逼撤地段,彼时小的们情急在案呈控,蒙恩讯办断令小的们照旧耕种纳租,不准撤佃,小的们完结回屯,去年秋间正蓝旗承催照旧收办。不意今年四月初间领催双惠传小的马耐永,那时小的染病,(叫)小的儿子去的,①声称要撤地另佃。经大德堂孙先生说合许钱六百吊,开写冬月初一日期票,又于六月初四日孙先生说是小的应摊店钱一百四十吊,拉去小的骡子一头。迨至今秋双惠前去催收地亩,小的们闻信都去交纳,双惠声称所有各地今年、去年每日地加增钱一吊,各佃户均已照数呈交,惟小的们亦甘愿照数交纳,双惠声言业已扣册不收,硬要撤地,小的们求人央恳,双惠不容,致令小的们万出无奈才赴

大人案下喊诉,只求施恩传讯,仍令小的们照旧纳租不撤地段就是恩典了,所具喊供是实。

据喊供人马耐永、马凤舞、于魁、董玉琢、董福、邵玉堂、于凤盛、田士礼、官成、王义德

十一月初二日

此案由副都统派令充当司员的防御依兰泰承审,后又调骁骑校英奎帮同讯问,但双方各执一词,最后副都统亲行同堂讯问,始有端倪。十二月十八日,副都统衙门将判决的结果晓谕于民:

为出示晓谕遵照事,案据界属小那尔吽等处居民马耐永、于魁

---

① 本书原始文献中如有错字、讹字或别字,即在该字后[ ]内标识正字予以纠正;如有缺漏之处,在该处位置用()标识,并在其内填补;如有无法辨识之字,在该处位置以□标识。

等喊控正蓝旗领催双惠增租一案派员讯问数次,未能核实清理,兹本副都统亲行同堂讯问,始有端倪。但查斯案去年亦系因伊增租起衅,断以每地一日交租钱四吊,不许多收,而该佃等亦不得私行盗典,行令完结在案。孰料双惠桀骜性成,不知悛改,反撄其忿。今岁又复蒙混本管求充催承之差,希图报复,并不遵断,违谕增租,以致该佃等纷纷控诉,质之众口,情实不虚,罪无可逭。除将领催双惠同差兵书春、凤山等分别惩办外,其马耐永等十名应纳地租钱文如未交者,按每日四吊交后,省释安业,为此谕示,各该等佃户等遵照,嗣后务须按照定章呈交,亦不得籍口□□,本副统言出法随,各宜恪遵勿违,特示。①

此案由副都统衙门受理后,仍判每日地交租四吊,不许多收,最后以马耐永等十名佃户胜诉而完案。副都统衙门受理此案,可能是由于佃户所耕种的土地是兵缺官地的原因,而原告是民人还是旗人并不在其考虑之中。

除副都统衙门受理词讼外,档案材料显示,其下属的协领衙门有时也理讼断案。

案例四(旗人控民人):旗人倪春宝控佃户施振山恃强霸产不容回赎一案

光绪二十八年(1902年)正月二十三日,住厢红旗界庄家沟的正蓝旗汉军倪春宝向协领衙门控告民人施振山,谓:"身有祖遗倪常智领名册地三段八日,荒场二处,坐落在本旗界石厂处,于光绪九年间,经身伯父倪国祥出典于民人施振山名下耕种,接受典价市钱三千八百七十吊,至今二十余年。身伯父病故,经身承重发殡,身备足原价即向佃户施振山抽赎此地,伊称此地系绝产,不应身抽赎,"因此请求协领衙门裁判以

---

① 《兴京县公署》13404,光绪十五年(1889年)。

便"祖遗得以备价回赎"。不久协领衙门出票"饬该界派差前赴该处,协同乡牌即将被控之施振山传带来案,以凭核办"。

协领衙门收到倪春宝控状后,即派人将被告施振山差传到衙以后,加以收押,最后于三月十五日由施振山的亲戚郭永新出具和息结,请求释放归农。①

旗人倪春宝因佃户施振山恃强霸产不容回赎而向协领衙门提出诉讼,协领衙门受理后将被告差传到案,只是因为郭永新的出面调处,才以和息的方式结束此案,但协领衙门对该案的管辖权毋庸置疑。

上文已提及,兴京地区旗署机构始于于康熙二十六年(1687年),先设置城守尉,后又添设副都统,并改城守尉为协领衙门,受辖于副都统。清廷在兴京设立具有军事性质的旗署机构以外,于乾隆二十八年(1763年)设置理事通判一员,专理词讼。光绪三年(1877年)改理事通判为抚民同知,移住新宾堡,同时设经历一员,教谕一员。抚民同知辖通化、桓仁两县,光绪二十九年(1903年)添设临江、辑安二县。宣统元年(1909年)改抚民同知为兴京府。② 可见,从乾隆二十八年在兴京地区设置理事通判开始,这一带便有了专管词讼的官员,这说明,副都统衙门、协领衙门受理词讼,并不是因为当地没有管理词讼的官员,而是由其他一些因素所致,比如兴京是清廷的发源地,旗署较其他地区的同类机构享有更高的地位,旗人的特权尤需保护等因素都可能是这一现象发生的原因。

综上所述,自光绪二年(1876年)实行崇实奏定的《变通奉天吏治章程》后,盛京地区的司法体制实现了由旗民分治到旗民合治的转变。从此以后,不仅盛京刑部的权限大大缩小,"惟旗民交涉,罪在犯徒以上

---

① 杨丰陌、赵焕林主编:《兴京旗人档案史料》,辽宁民族出版社2001年版,第131—133页。

② 《兴京县志》卷二《官制》,民国十四年(1925年)。

者,方准该部按律定拟,其余一概不得干预",而且所有奉天州县,旗民事件悉归地方官审理,旗员不得干预。从执行效果来看,这一原则基本上得到了执行。档案材料显示,从光绪二年以后,州县地方官不仅开始受理旗民互控案件,也受理旗人互控案件。在清末奉天调查局组织的习惯调查中,关于旗民司法管辖权的调查条目,在复州的回答册中便有"旗民争讼应归民署办理"的答复,①对州县衙门的司法管辖权给予了肯定的回答。事实上,"旗员不准干预词讼"的原则在执行中也有一定的有限性,兴京地区的副都统衙门、协领衙门继续受理词讼便是明证。不过兴京地区的情况只是例外,而非一般通行情况,这一现象的产生有其特殊的历史原因。郑秦先生认为,清廷基于八旗军官不善于听讼的考虑,禁止他们介入纠纷的审理。② 应该说,郑秦的论述基本上跟历史事实相吻合,但也需作一定的修正,即"旗员不准干预词讼"这一原则在清代经历了一个发展的过程,在光绪二年改革以后,这一原则才得以全面推行,然而即使在这以后,这一原则的推行也有一定程度的局限性:在旗人聚居的地方如兴京地区,受理词讼显然仍是八旗官员的重要职责之一。

第二节　州县衙门司法人员剖析

盛京地区旗人聚居,但经光绪二年的改革后,州县衙门被授予了对旗民的统一管辖权,基本上完成了旗民分治到旗民合治的转变。这一过程的完成,使该地区的司法体制更多地具备了关内其他实行行省制省份的一般特征。一般认为,分析地方司法制度,州县衙门是研究重

---

① 奉天调查局:《调查诉讼事习惯条目》第6条"旗民争讼或两造管辖之第不同,其案件应归何官厅办理?"《复县公署》4652,宣统元年(1909年)。

② 郑秦:《清代司法审判制度研究》,湖南教育出版社1988年版,第67—68页。

点,而对州县司法的分析,必须从对这一制度参与主体的考察开始。这些参与者的出身、教育程度、收入和社会地位等因素程度不等地影响到司法的质量和正义的实现方式。在州县衙门中,这一制度的参与者由各群体组成,他们包括位于金字塔塔尖的知县和知州(下面统称为知县)、他的私人助手幕友或称师爷、附属于州县衙门以撰写诉状为业的代书,和位于金字塔塔底的书吏和衙役。近代以前在州县一级政府中,司法和行政不分,这些参与司法事务的人员同时还参与行政事务,因此严格意义上的司法专门人员并不存在,这是我们在对他们展开分析探讨前必须注意的。

学术界对清代州县司法人员关注较早的是瞿同祖先生,瞿先生在有关州县衙门的研究中,对司法主体州县官、书吏、衙役等做了全方位考察,涉及职能、地位和招募、经济待遇、纪律控制等方面。[1] 二十世纪九十年代以来,随着地方司法档案的不断发现和利用,以及对其他研究材料的重视,学者们对州县衙门司法主体的研究更加深入和细致,其中进行全方位考察的有郑秦、吴吉远、李凤鸣等的研究,[2] 对书吏和衙役进行专门研究的有白德瑞(Bradly W. Reed),[3] 对官代书进行专门研究的有吴佩林、邓建鹏等,[4] 郭润涛、郭建、王振忠、高浣月等则对幕友

---

[1] Ch'ü T'ung-tsu, *Local Government in China under the Ch'ing* (1962; reprint, Cambridge, Mass.: Harvard University Press, 1988);中文版见瞿同祖著:《清代地方政府》,范忠信、晏锋译,法律出版社 2003 年版。

[2] 郑秦:《清代司法审判制度研究》,湖南教育出版社 1988 年版,第 105—143 页;吴吉远:《清代地方政府的司法职能研究》,中国社会科学出版社 1998 年版;李凤鸣:《清代州县官吏的司法责任》,复旦大学出版社 2007 年版。

[3] Bradly W. Reed, *Talons and Teeth: County Clerks and Runners in the Qing Dynasty* (Stanford, Calif.: Stanford University Press, 2000).

[4] 吴佩林:《法律社会学视野下的清代官代书研究》,《法学研究》2008 年第 2 期,第 149—160 页;邓建鹏:《清代官代书制度研究》,《政法论坛》2008 年第 6 期,第 123—137 页。

进行了深入的分析和讨论。① 所有这些研究都大大丰富了我们对州县司法人员的认识,为后来的研究奠定了扎实的基础。在上述研究的基础上,本节主要依据来自奉天省的材料,对清后期奉天省州县衙门司法主体进行考察。

一、知县

清前期在盛京地区,仅设有奉天府一府,下辖辽阳和海城两县,②因此州县一级的政府机构很少。从清后期尤其是十九世纪后半叶开始,由于民人人口的大量增加,州县一级的政府也不断添设,到光绪十九年(1893年),奉天府尹已管辖了3个府,22个厅州县。在此后的近20年时间里,其数量继续增加,到清统治结束时,已有8个府,47个厅州县。③ 与此同时,知县一类地方官的数目也同步增加。从十九世纪后半叶开始,盛京地区州县一级政府无论是在形式还是本质方面跟关内其他省份相比已经没有很大的差别了,尽管在省一级,到光绪三十三年(1907年)才撤销盛京将军设立奉天省,最终实现从军府制到行省制的彻底转变。

县一级衙门的主管为知县,有时又称父母官,来源有两类,一是通过"正途"即科举考试的方式出任这一职位。一般来讲,"正途"是指由科甲、五贡(恩、拔、副、岁、优)和荫生出身者。④ 二是通过"异途",即通过捐买的方式而获得。清代实施捐纳制度的主要目的是为了缓和财政

---

① 郭润涛:《官府、幕友与书生:"绍兴师爷"研究》,中国社会科学出版社1996年版;郭建:《绍兴师爷》,上海古籍出版社1995年版;王振忠:《绍兴师爷》,福建人民出版社1994年版;高浣月:《清代刑名幕友研究》,中国政法大学出版社2000年版。
② 《奉天通志》卷五十八"沿革八·各县沿革表",民国二十三年(1934年)。
③ 杨余练等著:《清代东北史》,辽宁教育出版社1991年版,第223、300页。
④ 参见张研:《清代知县的"两套班子"——读〈杜凤治日记〉之二》,《清史研究》2009年第2期,第86页,注第19。

危机。这两类人员在担任知县职务人员中的比例,可以通过分析岫岩通判和海城县知县两个职位人员的背景而获得一大致的印象。通判一职虽低于知县或知州,但岫岩在光绪二年(1876年)正式设立州以前,其履行的职能跟知县或知州相比并无二致。据《岫岩县志》记载,从乾隆五十二年(1787年)到咸丰五年(1855年)这68年中,共有35人出任通判一职,平均任期接近两年。在这35名官员中,除两人的教育背景不明外,其中的四人,约12%通过捐买获得(一人捐得贡生资格,三人捐得监生资格),其余29人约88%则通过科举考试获得任职资格(其中四人获得进士)。① 另外编纂于民国初期的《奉天通志》对清代奉天各州县知州、知县的籍贯、资格、任职日期等均有记载,这里选取在奉天设县较早的海城县举例说明。在顺治十一年(1654年)到宣统三年(1911年)近260年的时间里,海城县总共有95任知县,平均每任的任期为2.7年。在95任知县中,有出身信息的74任,没有信息的21任,更详细的统计信息见下表1.1。

该表显示,在海城县同治朝以前,绝大部分的知县为正途出身,其比重占到了有出身信息知县总数的三分之二以上。但从同治朝开始,异途出身的知县占到了总数的52%—75%,说明了清后期为了缓解财政困难,捐纳制度已经相当流行。但就整个清代而言,在海城一县担任知县一职的仍以正途出身的居大多数,占到了总数的66%,其中举人24人,占总数的32%,进士16人,占总数的22%,两项相加,占到了总数的54%。总的说来,异途出身担任知县的仍是少数。

岫岩和海城的个案说明担任父母官一职的人员基本上还是通过科举考试获得任职资格的,通过捐买获得资格的人数毕竟有限,这一发现

---

① 《岫岩县志》卷二,民国十七年(1928年)初版,辽宁民族出版社1999年影印版,第51—52页。

表 1.1:海城县知县出身统计一览表

	顺治	康熙	雍正	乾隆	嘉庆	道光	咸丰	同治	光绪	宣统	合计	%
进士		1	1		1	4	1		8		16	22
贡士	2										2	3
举人		5	2	11	1		2	1	2		24	32
拔贡									1	1	2	3
副贡			1						1		2	3
副榜		1									1	1
荫生		1							1		2	3
正途合计	2	8	4	11	2	4	3	1	13	1	49	
%	100	89	100	85	67	100	75	25	48	25		66
文童									1		1	1
供事								1			1	1
贡生				1		1			1		3	4
监生		1		1	1		2	8	3		16	22
附贡									1		1	1
附生									3		3	4
异途合计	0	1	0	2	1	0	1	3	14	3	25	
%	0	11	0	15	33	0	25	75	52	75		34
不详		3	1	4	1	1	1	4	5	1	21	
总计	2	12	5	17	4	5	5	8	32	5	95	

资料来源:《奉天通志》卷一百三十六《职官十五》,民国二十三年(1934年)初版,沈阳古旧书店1983年新1版,第3102—3104页。

跟徐忠明、里赞、张研三位教授的研究结论也基本一致。①

艾尔曼（Benjamin Elman）曾对科举考试的演变过程和基本特性进行过深入的分析，他认为，在帝国后期通过对候选人儒家经典和诗文能力的测试，科举考试更侧重于对官员候选人道德水准的考察。乾隆二十六年（1761 年）在乡试和会试中取消判语的考试科目（documentary and legal questions）后这种对道德的要求更突出了。② 可以说，通过科举考试踏入仕途的地方官所接受的更多的是一种道德和诗文方面的训练，无论是行政管理方面的还是司法方面的技能培养，在训练阶段都是欠缺的。当然在训练阶段行政和司法技能的欠缺，并不等于说这些技能不可能通过实务锻炼而逐渐培养，中国官僚文化中的经世思想常常是踏入仕途后的官员们获得这种技能的思想源泉。历史事实也表明，不少科举功名获得者入仕以后，在经世思想的影响和启发下通过实际锻炼显示出卓越的管理技能。如罗威廉（William Rowe）对十八世纪前中叶的清朝著名官员陈宏谋的研究表明，在陈宏谋半个世纪的为官生涯中，先后担任过知府、布政使、巡抚和总督，他在水利工程、农学、财政管理和军事后勤保障方面表现出卓越的才能。③ 因此，在看到科举考试制度对培养官员候选人行政和司法技能具有局限性的同时，我们也必须看到，官员出仕后在经世思想影响下在实践中培养和发展这些技能的巨大潜力。

---

① 徐忠明、杜金：《清代司法官员知识结构的考察》，《华东政法学院学报》2006 年第 5 期，第 74 页；里赞：《晚清州县诉讼中的审断问题：侧重四川南部县的实践》，法律出版社 2010 年版，第 36 页；张研：《清代知县的"两套班子"——读〈杜凤治日记〉之二》，《清史研究》2009 年第 2 期，第 76—77 页。

② Benjamin A. Elman, *A Cultural History of Civil Examinations in Late Imperial China* (Berkeley, Calif.: University of California Press, 2000), pp. 239 - 294, 545.

③ William T. Rowe, *Saving the World: Chen Hongmou and Elite Consciousness in Eighteenth-Century China* (Stanford, Calif.: Stanford University Press, 2001).

在收入上,在雍正年间建立"养廉银"制度以前,知县的年薪大概在 45—80 两之间,相当潦倒,至少理论上这样。"养廉银"制度建立后,知县可领取的"养廉银"大概在 500—1,200 两左右。①《宽甸县公署》档案中保留了自光绪三十三年(1907 年)11 月到宣统二年(1910 年)11 月间五任知县向东三省总督和奉天巡抚支领薪俸的呈文底稿,从中可了解清末奉天省普通知县的收入情况。该县知县等的薪俸按季申领,如按年统计,知县的养廉银为 800 两,但实际上那时按半支给,称为半廉银,实支 400,另外全俸银 44 两,办公银 200 两,各役公食银 445 两。如是代理知县,只支养廉银,也减半支给,不支全俸银,其他办公银、各役公食银等照支。② 可以说。较雍正前,知县的收入已稍有改善,但这些收入仍无法满足他的日常支出。知县的支出包括了办理修桥筑路一类的公共工程,救灾,办理慈善事业,支付他聘请的私人幕友以及养家糊口等等,支出范围广泛,基本上入不敷出。③ 为了满足日常的支出,收取各种规费成了必不可少的财政来源。而规费的多少,因地而宜,随人而不同,并没有具体的法律规定可循。

对于一名知县来说,正像瞿同祖先生所指出的那样,司法和征税是他的最重要的职责,这两项职责履行的好坏直接影响到对他的奖惩。④ 如果表现优异,他可能被记录或加级,如果他失职或犯罪,他则会受到纪律乃至刑事处分。纪律处分轻则罚俸,重则降级或免职。在司法过程中,尤其在刑事司法过程中,如果他所作的判决轻于罪犯应受的处

---

① Ch'ü T'ung-tsu, *Local Government in China under the Ch'ing* (1962; reprint, Cambridge, Mass.: Harvard University Press, 1988), pp. 22-24.

② 《宽甸县公署》8479,光绪三十三年(1907 年)。

③ John R. Watt, *The District Magistrate in Late Imperial China* (New York: Columbia University Press, 1972), p. 41.

④ Ch'ü T'ung-tsu, *Local Government in China under the Ch'ing* (1962; reprint, Cambridge, Mass.: Harvard University Press, 1988), p.16.

罚,该知县则可能面临着从罚俸到降级程度不等的纪律处分,而如果他所作的判决重于罪犯应受的处罚,他则面临着罚俸到免职程度不等的处分。① 为了在司法、征税和其他事务中更好地履行职责,一名知县想要在职场上获得成功离不开他的私人助手即幕友的帮助。

二、幕友

幕友又称师爷,他是知县聘请的私人助手,往往是行政管理或财政税收方面的专家。探究师爷这一职业出现的原因,至少可归结为两点,其一,正如上文已分析的那样,当一名候选人成功通过科举考试而出任知县一职时,他拥有的只有儒家经典知识和赋诗作文的能力,履行职责所需的行政和司法技能则很缺乏,因此他需要这方面的专家提供帮助。其二,即使对于一位为官多年富有行政和司法方面经验的知县来讲,其下属的辅助人员非常有限,由于事务缠身,为了及时履行职责,他也需要师爷这样的专家提供协助。一般来讲,知县聘请的师爷主要分为两种:一种是专责刑名案件的刑名师爷,另一种是专司财税的钱谷师爷。管辖区域广人口多的县,往往同时聘请刑名师爷和钱谷师爷,否则的话,仅聘请刑名师爷,并由其兼司钱谷师爷一职。

师爷主要来源于两个群体,一是科举考试的失意者,名落孙山后以师爷为业;二是初级科举功名获得者,即通常所说的生员。在清代由于人口增加,获取生员资格的人数大增,但官员的位置基本没有增加,这样导致了大量生员成为在乡士绅,终其一生跟仕途无缘,为了养家糊口,有些人选择了师爷这一职业。② 师爷并不是官僚队伍的一员,完全

---

① 《钦定大清会典事例》卷八十五,光绪二十五年(1899年)初版,(台湾)新文丰出版公司1976年再版,第6185页。

② Ch'ü T'ung-tsu, *Local Government in China under the Ch'ing* (1962; reprint, Cambridge, Mass.: Harvard University Press, 1988), p. 107;同时见高浣月:《清代刑名幕友研究》,中国政法大学出版社2000年版,第120—129页。

不食国家俸禄,而是基于合约关系由地方官聘请的私人助手,是主官的师友宾客,接受主官赠与的"束脩"。师爷这样的称呼,表明了这一群体所享有的令人尊敬的地位。一知县如对其聘请的师爷不满意,可随时解约另请他人,而一师爷如对他服务的知县不满,也可请求"辞馆",另谋出路。

就师爷在司法领域的职业特性而言,如果知县同时聘请了刑名师爷和钱谷师爷,前者负责刑事案件,后者负责"户婚田土"一类现代法律归入民事纠纷的案件。宣统元年(1909年)奉天省的一项统计有助于我们了解刑名师爷和钱谷师爷两类人员在州县衙门中的分布比例。在光绪三十四年(1908年),除承德和抚顺两县因已设立新式法院而取消师爷这一职位外,全省共有 45 位刑名师爷,几乎每州县均有一名,而钱谷师爷仅有 15 名,只为前者的三分之一。这项统计还提供了刑名师爷和钱谷师爷两类人员的收入情况,刑名师爷的平均年薪约为 1,600 两,而钱谷师爷则为 600 两,不及前者的一半。① 比较两类师爷,不难发现,刑名师爷不仅分布广,而且薪水也高于钱谷师爷,前者对于每一名知县来说都是必不可少的。

在司法过程中,知县和师爷有一定的分工,当然这样的分工常常是约定俗成,而不是法定的。瞿同祖认为,"一般的规则是,知县坐堂听审,负责逮捕,审问嫌疑犯,宣判和执行以及其他一些必要的勘查和调查工作,而师爷则负责阅看法律文件,拟批、撰写向上级衙门的报告,向知县提供具体法律意见"。② 柯尔教授(James H. Cole)在分析绍兴师爷这一群体时,对知县和师爷之间的分工也作过相似的分析。③ 总的

---

① 《奉天司法统计第二次报告书》,宣统元年(1909年),沈阳市图书馆藏。
② Ch'ü T'ung-tsu, *Local Government in China under the Ch'ing* (1962; reprint, Cambridge, Mass.: Harvard University Press, 1988), pp. 126 – 127.
③ James H. Cole, *Shaohsing: Competition and Cooperation in Nineteenth-Century China* (Tucson: The University of Arizona Press, 1986), pp. 118 – 119.

来说,在司法过程中,师爷居于辅助的地位,既不允许他坐堂听讼,即使在知县听审过程中,也不准他同堂参与。

无论是对于一名缺乏行政和司法技能训练刚出道的新知县,还是对于一名从政经验丰富但事务缠身的老父母官来讲,来自师爷的帮助都是必不可少的。这种必要性是由科举考试选拔官员的方式,帝国时代政府的运作方式和官僚队伍的结构等因素所决定的,本章的最后还将作更深入的理论探讨。

三、代书

代书是附属于州县衙门以撰写诉状为业的人。《大清律例》对此群体的选拔方式和执业要领做了具体规定:

> 内外刑名衙门,务择里民中之诚实识字者,考取代书。凡有呈状,皆令其照本人情词,据实誊写,呈后登记代书姓名,该衙门验明,方许授受。如无代书姓名,即严行查究,其有教唆增减者,照律治罪。①

代书一般来自科举落第者,经由书吏等推荐,由知县考验合格以后,方准执业,因此需满足一定的程序性要求。宽甸县录用代书孙有庆的经过便是一个典型的例子。

光绪二十九年(1903年)5月16日,宽甸县衙吏书高歧山向知县荣禧具禀,该县"向章系有代书三缺,现时代书二名,因呈词日多,二人调写不及"。该城"孙有庆素以训蒙为业,今春失馆,情愿投充代书,常川伺候",并称"孙有庆为人稳练,文字颇顺",因此建议"大老爷案下恩准验放膺差施行"。经吏书推荐后,该知县决定"提堂验夺",但在堂验以

---

① 田涛、郑秦点校:《大清律例》卷三十《刑律·诉讼》,法律出版社1999年版,第490—491页。

前,知县令孙有庆"照目下情形以筹济民食办法作论一篇,用楷清写呈阅,以便查其能否胜任",并告诫"不准代替,恐当面考问出丑"。保存于档案中的由孙有庆撰写的《筹济民食办法论》,书写于文童考试用的方格试卷纸上,约有530字,字体工整。

孙有庆的《筹济民食办法论》上呈以后,知县做了如下的评语,从中我们可以一窥知县眼中理想代书的标准:

> 文理尚属明顺,充当代书一差,自然有余,但代民书呈,以文言道俗情,尤以言必从实,无扭捏无灵架,平心静气。公是公,非为上,不以将无化有昧假乱真为能,乃好代书也。而代书之利在与百姓立言,理短者能说到理长,讼可取胜,笔资方可加厚,正与官设代书杜弊之意相反耳。论当差则应如彼论,谋利则应如此。事本相需而利义两背,顾在本人存心如何耳?孙生其试之不为利动不首祸□,乃可自存。谋生要紧,阴骘尤要紧,勉旃!①

好代书的标准是"言必从实,无扭捏无灵架,平心静气",为百姓立言,不为利所惑,以义为重,这是父母官眼里好代书的标准。孙有庆以训蒙为业,然不幸失馆,转而谋一代书之位糊口,孙的背景应具有一定的代表性。

虽知县告诫代书从业以义为重,然谋生糊口毕竟是其初衷,作代书的目的是挣钱。实际上,在一人口中等以上的县执业,其收入应该不菲。如在奉天南部的海城县,在光绪三十二年(1906年),代书撰写一份诉状收费大洋一元,在海城这样人口约在700,000左右,一年官司在数百起的县份,代书的收入是相当可观的。② 当然这些收入很有可能

---

① 《宽甸县公署》16212,光绪二十九年(1903年)。
② 海城县于光绪三十四年时人口为698,822,据《海城县志》,宣统元年(1909年)初版,辽宁民族出版社1999年影印版,第16页。笔者没有发现海城县清末时的年度刑民案件数,但民国初年的数字有一定的参考价值。民国九年(1920年)县公署收到刑事案447件,民事案296件,见奉天高等审判厅:《奉省司法简明报告书》,《奉天公报》第5013期,1926年3月12日。

不是他独享,而是与衙门中人数众多的书吏和衙役分摊。

在一县或一州,一般都有两到三名的代书。跟当代的律师业一样,同行之间的竞争在所难免,而彼此竞争的结果常常是向州县官互控,指责对方有架词唆讼的情形,最终希望借州县官之手将对方斥革。发生于光绪二十六年(1900年)宽甸县三位代书曲九如、张仁政、朱麟章之间的互控事件,为我们提供了一则典型的同行之间恶性竞争的例证。光绪二十六年3月15日,代书曲九如以禀的形式将同行代书张仁政告到了知县那里,下面是禀文的全文:

> 具禀代书曲九如为藐视堂谕包揽架讼事。切因蒙马天谕饬,原被两造不准出一代书之手,又不准包揽,设有此弊,定行严惩,户房有卷可查。则张仁政自充代书不遵谕饬,专包揽架唆,经郑得第以架唆等情将张玉亭即张仁政呈控在案。又包揽陈得有、崔延方、陈得奎、陈得盛等之呈,又颠倒王起福之呈,则王起福声诉欠张振海银四十两,伊捏写四十五两。又颠倒孙仁、孙义之呈,伊捏写赵仁、赵义,户房俱有卷可查。又架唆李秉林,将张仁政记大过一次,刑房有卷可查。又架唆丛郝氏,经丛智珠以捏写和息等情将张仁政呈控在案。蒙前天讯明将张仁政责押求保开释,礼房有卷可查,并有伊书之呈稿可凭。又揽去于天章之呈,有朱麟章可证。且代书之差,理宜正直之人,家门清白,毫无过犯可以充当,只可以直代写,不准颠倒。况伊充差年余,屡次弊端包揽颠倒,不思法纪,实属民间之害。伊之等弊书始知情,已知实据者禀明,未知全情者许多,不敢虚禀,为此伏乞

> 大老爷案下 恩准查究施行。
> 光绪二十六年三月十五日

曲九如对张仁政的指控,集中在其同时替原被告代书、错写当事人

主张给付数目、错写当事人姓名、捏写和息等方面。知县读毕曲九如的禀文,做了这样的批词,"尔等当差,自应守分,岂可同室操戈。争写呈词为利而已,汝之具禀,与伊之兜揽生意皆属非是。近来刁风渐长,同事相争,层见迭出,若不振(作)以挽恶习,何由可止?尔之禀张仁政等均候提堂严究法办。该房即开点单,听(命)过堂。"知县认定曲对张的指控为同室操戈,为彻底了解事情的曲直,决定堂讯当事双方。3月17日,原禀曲九如,被禀张仁政,干证朱麟章接受堂讯,这是知县堂讯后在堂单上的批词:

> 代书曲九如禀张仁政包揽呈词各情,现经提讯,两词各执,互相狡展。其实曲九如因自己写呈甚少,不能多得钱文,张仁政写呈较多,妒其而生恨,始行具禀,希图自高(其)价。而张仁政多写呈词属实,亦因其写呈明白,是以来讼之人均愿求其代书。究之两造同当一差,互相禀控,曲九如之不安本分,与张仁政之逾格多写,均有不合。刁风不可渐长,该二人着即一并斥革追缴戳记,存立案据。倘自革之后仍复在宽逗留不安本分,架唆生事,一经查出,即照于得任之案办理。饬该承办房另觅考究,限十日出境。

知县为遏刁风,决定各打五十大板,将曲九如、张仁政双双斥革,并限其十日内离开宽甸,以免在宽甸架唆生事。但事情并没有到此结束,六天后也就是在3月23日,由吏房经书高歧山出首,并由其他六房共八位经书联署,向知县递交了联名公保张仁政的禀文,认为"张仁政多写呈纸,实因写呈明白。来讼之人皆愿求伊代具,其无包揽可见。且伊家贫,亲老惟恃笔耕糊口,今被革,生机中绝,情殊堪悯"。九位经书愿意出具保结,恳请知县保留张仁政的代书资格。最后知县同意了经书们的请求,"既据尔等公保,加恩姑留充差,以观后效"。① 但事隔八个

---

① 《宽甸县公署》10074,光绪二十六年(1900年)。

月,剩下的两位代书张仁政和朱麟章之间产生了争端,这次的发端者是八个月前被知县"加恩姑留充差"的张仁政,下面是张仁政控告朱麟章的禀文:

> 具禀代书张仁政为禀陈伙奸事,窃以朱麟章现禀书与城隍庙住持张丹文同宗舞弊等情在案。当此时事纷纭,日无暇隙,书曷敢不论缓急不避琐屑,动辄妄渎;第不禀明则朱麟章专利之心终不能泯。前有已革代书曲九如不识圈套,听伊窜(撰)捏词禀书,至干斥革。书由此知伊利害,凡事罔不惟命。近伊给张丹文写呈,因眼昏手颤,字多不能跨写,求书代笔,已允所求。嗣伊向张丹文索笔资捌拾吊,先经役满库书高子善说合,垫给伊银钱两圆,伊执坚不允,张丹文又凑钱两圆,托书息事,讵仍未满,其欲使书调停必如数以偿而后止,书梗未给办。适因张丹文被索无奈,扬言要喊伊。并嫌书写呈价廉,有碍与伊,不得以专大利,遂又逞其捏妙之手,希书与曲九如同出一律。书思同室,若可相尤?即如伊奸霸孔庆塘妻,刑房有案;未充代书时架唆词讼,被杨尊责办递籍,礼房有案。违谕擅写白呈有笔迹可验。虽其劣迹多端,书从未敢妄呈一字,实逼处此,不得不禀陈一二,叩乞
>
> 大老爷案下 鉴核施行。
>
> 光绪二十六年十一月二十日　具禀　张仁政
>
> 　　　　　　　　　　　　　被禀　朱麟章①

张仁政从朱麟章设圈套陷害前代书曲九如,眼昏手颤不能胜任工作,向张丹文硬索笔资等方面来揭露朱麟章职业能力和操守的瑕疵,同时还从其奸霸孔庆塘妻、未充代书时架唆词讼等方面来贬低朱的人品。

---

① 《宽甸县公署》10073,光绪二十六年(1900年)。

不过,这次知县对于代书之间互控的事件并没有很上心,只是对双方进行了严厉驳斥,并做了如下的批词:"案经驳斥,毋庸(析)辩,嗣后着各谨慎膺差,是非(难)逃洞鉴,如互相攻揭,定行并革示惩。"①只是警告而已,并没有被斥革。

就属性而言,代书是附属于州县衙门以撰写诉状为业的具有半官方身份的人,他跟近代意义上的以提供包括撰写诉状等服务内容的律师不同。代书的存在只是为了方便地方衙门的司法活动,并不是当事人的代理人,因而不可能也不能在捍卫当事人权利方面有所作为。但总的说来,正如吴佩林博士所分析的那样的,"官代书制度在地方行政资源严重不足以及行政兼理司法的体制下,对清代地方司法秩序的稳定与发展起到了有益的作用"。②

四、书吏和衙役

州县衙门事务繁杂,州县官一人不能独揽躬亲,一定要有助手帮办。在司法领域,州县官的帮办除上述的幕友和代书外,另有人数较多的书吏和衙役,在广义上常常合称为胥吏。吏出现的时间应跟官同步,有官必有吏大概说的就是这个意思。从魏晋时期尚书分曹治事开始,官事无不分六曹,中央有六部,州县衙门便有"六房"。除吏、户、礼、兵、刑、工六房外,从地方志和档案材料看,还常常设有仓房。每房设攒典一名,又称典吏或经承或经书,属下有帖书若干名,典吏和帖书等常合称为书吏。按房的不同,典吏分别称为吏书、户书、礼书、兵书、刑书和工书等,有些事务繁忙的房,典吏的名额则不止一名,如海城县在光绪朝后期,刑、户两房因事务繁忙,各设三名,其他各房各设一名;③而宽

---

① 同上页注。
② 吴佩林:《法律社会学视野下的清代官代书研究》,《法学研究》2008年第2期,第160页。
③ 《海城县志》卷六《政治·行政》,民国十三年(1924年)版。

甸县在光绪三十年（1904年）刑、户两房各有两名典吏，而其他各房各设一名。① 典吏的员额在《大清会典事例》中有专门规定，盛京地区各州县"经制吏"即编制内典吏的名额在6名到15名不等，视州县的规模不同而不等。② 比较《大清会典事例》中规定的员额和地方志及档案中的实际数目，我们发现，两者基本是一致的，这说明《大清会典事例》的规定并不是具文，而是在实际中得到了较为严格的执行。③

各房中典吏和贴书不是在官之人，却在办在官之事，公文拟稿、缮写、笔录、收发文书、保管档案、图籍、账册，无不经其操办。在处理跟司法相关的事务时，各房之间有一定的分工。以海城县为例，七房中跟诉讼有关的有四房，吏房"掌胥吏之任免及收受呈词等事"；户房"掌户籍及征收田赋等事，凡诉讼涉民事者归之"；刑房"掌命盗各案及监狱等事，凡诉讼之涉刑事者归之"；工房"掌衙署城垣关津桥梁营缮等事，凡诉讼之涉商务者归之"。④ 从以上文字记载看，吏房有收受呈词之职，户房管民事案件，刑房管刑事案件，工房管商务案件。但档案材料显示，以上四房的分工，除刑房专管刑事案件较为明确外，其他三房的分工并不是很明确，吏房除收受呈词外也分管一些民事案件。另外礼房也受理词讼，主要是一些跟"礼"有关的事件，如刨挖坟地，死人不葬，跟僧人有关的纠纷等等。⑤ 从以上各房分工，我们可以发现，除兵房外，刑房掌刑事，其余各房掌民事，吏房兼管收受呈词，刑事和民事之间的

---

① 《宽甸县公署》16176，光绪三十一年（1905年）。

② 《钦定大清会典事例》卷一百四十八，光绪二十五年（1899年）初版，（台湾）新文丰出版公司1976年再版，第7026页。

③ 这是笔者依据《海城县志》卷六《政治·行政》和《宽甸县公署》16176的记载跟《大清会典事例》所记载员额比较后得出的结论。

④ 《海城县志》卷六《政治·行政》，民国十三年（1924年）版。

⑤ 如光绪二十二年的孙占一控杜本身刨挖坟地案，《海城区法院》7743，光绪二十二年（1896年）；董氏控于允有等夫故未葬案，《海城区法院》7762，光绪三十四年（1908年）；僧人空岳控李长城等欺僧霸产案，《海城区法院》7785，光绪三十二年（1906年）。

分工还是比较明确的。

各房的负责人典吏多为本地人士，其任期为五年，如逾期留任，一旦查出，州县主官须为此承担责任。① 清廷要求担任典吏的人士须为当地的普通粮户，而在实际执行中，典吏往往从在役的贴书中选任而非从当地粮户中直接录用。以四川巴县档案为基础，白德瑞（Bradly W. Reed）在对胥吏所进行的专题研究中，曾对典吏的录用过程有过较为详细的探讨。当一典吏去世或退休或被免职后，知县在县衙的告示栏上公布这一空缺的职位，邀请帖书等低一级别的书吏向吏房申请。申请人须将年龄、籍贯、三代姓氏情况和在衙门服役期间没有过犯情弊的声明，连同其他在任典吏担保其品德和业务能力的保状交给知县。该书吏获任命后，须在一月之内赴省会当面接受布政使的考查，然后被授予执照，同时报北京吏部备案。白德瑞同时指出，布政使当面考查新任典吏的法律程序在实践中得到了严格的执行。在1884年到1899年这十五年时间内，布政使平均每年向巴县衙门下达了十一份命令，要求新任典吏赴省会接受考查。② 笔者在档案中搜集到一些光绪后期宽甸县衙录用典吏的一些资料，将宽甸县的情况跟巴县相比较，两者既有一致的地方，也有差别。现以刑房书吏李逢春的录用经过为例进行说明。

光绪三十年（1904年）初，刑房原有典吏高殿魁五年役满回家，该缺待补。5月29日，由吏房典吏高歧山领衔推荐五十岁的刑房帖书李逢春充补高殿魁所遗之缺，以下为七房典吏签名的联名保呈：

  具联名保呈，七房经书高歧山等为公保补充刑承事。窃因刑承高殿魁业已役满禀明在家，缺悬月余，现募得该房贴书李逢春，

---

① 《钦定大清会典事例》卷九十八，光绪二十五年（1899年）初版，（台湾）新文丰出版公司1976年再版，第6366页。

② Bradly W. Reed, *Talons and Teeth*: *County Clerks and Runners in the Qing Dynasty* (Stanford, Calif.: Stanford University Press, 2000), p. 37.

为人老诚,公事谙练,委系土著民户,身家清白并无过犯情弊。可否应充高殿魁所遗之缺鸿,恩出自上裁,书等情愿公保,嗣后倘有违(误)公务情事,惟书等是问,伏乞

大老爷案下恩准批示遵行。
光绪三十年五月二十九日联名保呈
吏房经书高歧山
户房经书吴文山、杨锦荣
礼房经书李鸿锡
兵房经书包云汗
刑房经书蔡熙载
工房经书卢云生
库房经书董复成

知县荣禧收到保呈后,原则上同意了对李逢春的保荐,在保呈后批有"既据公保,当堂考验充补,如有违误并究保人"。由吏房当日开有验单,当堂考验,结果较为满意,在验单上知县批有:"当堂考验李逢春,充差年久,公事熟习堪以接充遗缺,即具保可也。"此后宽甸县衙门分别向其上级机关凤凰直隶厅同知、东边道道台、奉天府尹和盛京将军上报了李逢春的个人材料,其中包括了年貌、籍贯、三代姓氏册和由知县出具的印结,由乡约张成基、右邻朱强、左邻崔富庭分别出具的甘结,以及由李逢春本人出具的亲供。亲供的内容为"具亲供人李逢春现年 50 岁,系宽甸县城里土著民籍,前充刑房贴书,今蒙选充刑房典吏高殿魁役满遗缺,实系身家清白,并无重役过犯违碍等弊端,所具亲供是实"。在宽甸县衙将上述材料上报后的近一年时间内,凤凰直隶厅同知刘、东边道道台张、奉天府尹增和盛京将军廷分别批复同意录用李逢春。[①] 在录

---

① 以上李逢春的录用过程见《宽甸县公署》16176,光绪三十二年(1906 年)。

用李逢春之后,宽甸县随后又录用了24岁的刑房帖书武振东,补充因为家务繁冗而退差的刑房典吏蔡熙载和31岁的礼房帖书王兴东,代替因母老多疾而辞差的礼房典吏李鸿锡,就程序而言,跟录用李逢春的过程完全一致。①

跟四川巴县录用典吏的情况相比,两者在运作上有一致的地方,即新任典吏往往须由在任典吏出具担保其品德和业务能力的保状,候选人须提供本人年龄、籍贯和三代姓氏的情况,新任典吏常常从已经在役的贴书中选任;不同的地方则表现为,在宽甸县典吏的任用过程中,并没有要求到省会(盛京)当面考查的程序,并在保证程序中增加了乡约和邻居的甘结。比较结果说明了清政府对典吏一类人员的录用还是较为慎重,并在程序上有所规定,但在全国范围内,在具体执行上有一定的差别。

除典吏外,还有人数众多的包括帖书在内的一般书吏。因材料的限制,我们还不清楚盛京地区一般书吏群体的构成情况,有关他们的来源、任用程序等方面的信息很有限。据郑秦对顺天府档案和白德瑞对巴县档案的研究,这一群体包括了在省里备案的散书和没有记录的白书等。一般书吏在任期上没有限制,常年服役的老吏并不少见,而对他们的任用似乎没有如录用典吏那般严格和正规。

尽管对这一群体的来源和任用程序等了解有限,但幸运的是,《宽甸县公署》档案保留的一份光绪时期的经书、帖书、代书名册,为我们在总体上了解这一群体的人数提供了很好的线索。这份档案的全称是

---

① 分别见《宽甸县公署》16044,光绪三十二年(1906年);《宽甸县公署》16045,光绪三十二年(1906年)。这种录用典吏的程序在光绪三十二年(1906年)秋发生了变化,九月十八日,盛京将军赵尔巽发布通饬,"嗣后各衙门书吏役满,无庸仍旧报充,即于帖书中或本地士人内选择人品谨慎,文理通顺者作为稿生以供缮写"。以前繁琐的报送程序取消了,录用的权力完全交给了各州县衙门,见《宽甸县公署》16042,光绪三十二年(1906年)。

《移交印信并各房经书帖书代书姓名造册移送稿》,是从光绪二十七年(1901年)至宣统元年(1909年)这八年多时间里,七任知县间前后移交时所留下的文稿。移交的知县和时间分别是这样的,光绪二十七年7月间兰维烜知县向荣禧知县移交,约五年后,光绪三十二年(1906年)4月荣知县向马梦吉知县移交,马知县在位仅仅一年半后,于光绪三十三年(1907年)11月间向赵学治知县移交,赵知县因丁忧请假离职,在位仅半年后于光绪三十四年(1908年)5月向朱元炯知县做了移交,朱为代理知县,任期不长,在位仅七个月,于年底去职,将印信移交给了姚诗馨知县,姚知县在位一年后,于宣统元年12月向萧鸿钧知县移交了印信。根据这六次移交时录下的名册,现将各房经书帖书数目统计如下:

表1.2:宽甸县衙各房书吏数目统计一览表(光绪二十七年—宣统元年)

房	类别	光27.7	光32.4	光33.11	光34.5	光34.12	宣元.12
吏房	经书	1	1	1	1	1	1
	帖书	0	2	1	0	0	1
户房	经书	2	2	2	2	2	2
	帖书	25	15	12	16	16	15
礼房	经书	1	1	1	1	工兼	工代
	帖书	2	2	2	1	0	工代
兵房	经书	1	1	1	1	1	归吏
	帖书	5	5	3	3	3	归吏
刑房	经书	2	2	2	1	1	1
	帖书	12	11	8	10	10	9
工房	经书	1	1	0	0	1	1
	帖书	3	4	5	5	3	2
库房	经书	1	1	1	1	1	1
	帖书	5	3	3	4	3	3
总计	经书	9	9	8	7	7	6
	帖书	52	42	34	39	35	30

资料来源:《宽甸县公署》1031,光绪二十七年(1901年)。
注:在光绪三十三年11月6日的稿册上,经书的名称被稿生所取代,为保持统一,在表格中仍保留经书的称谓。

通过上表我们发现,在这八年的时间里,帖书的总数在30名到52名之间波动,总体呈下降趋势。其中户房的帖书数量最多,在12到25名之间波动。尽管在光绪三十二年4月移交时,较五年前减少了9位,减幅约四成,但在各房中一直居首。其次是刑房,人数在8到12名之间波动。户房掌田赋的征收,田房契约的交割也需经其手办理,在内部分工上,自理案件的传谕、调查等也是其职责的一部分,职责最广,人数也就最多。命盗一类的重案由刑房掌管,勘验等任务繁重,因此也需配备相当数量的人员。

另外,在《兴京县公署》档案中保留了兴京厅同知孙在光绪三十三年(1907年)5月向新任同知马移交时留下的书吏名册底稿。根据这份名册,兴京厅有六房,每房各有经书一人,除礼房外,每房还配有一名副书。各房帖书从少到多依次为:工房6人,吏房12人,礼房13人,户房23人,兵房24人,刑房29人,①共有帖书107人,约是同期宽甸县帖书总数的三倍。跟宽甸一样,刑房和户房的帖书人数占了相当比例,但有所不同的是,在宽甸兵房帖书仅仅有3名,不到总数的9%,而在兴京有24人,占了总数的22%。

与书吏同时存在的还有衙役这一处于官僚机器最下层的群体。同书吏相比,衙役的社会地位低劣,他们中的一些人以及他们的后代,被禁止参加科举考试。② 他们在司法中的职责包括了在庭审中担任相当于现代法庭中的庭丁和司法警察一类的角色等。③ 他们有时跟书吏一

---

① 《兴京县公署》48209,光绪三十三年(1907年)。
② 吴吉远:《清代地方政府的司法职能研究》,中国社会科学出版社1998年版,第298页。
③ 有关衙役职责的一般讨论,详见 Ch'ü T'ung-tsu, *Local Government in China under the Ch'ing* (1962; reprint, Cambridge, Mass.: Harvard University Press, 1988), pp. 60-61,以巴县档案为基础所作的讨论,见吴吉远:《清代地方政府的司法职能研究》,中国社会科学出版社1998年版,第296-298页;Bradly W. Reed, *Talons and Teeth: County Clerks and Runners in the Qing Dynasty* (Stanford, Calif.: Stanford University Press, 2000), pp.122-159.

起下乡调查案件，调处纠纷。衙役一般分为三班到四班，如在光绪三十一年（1905年），当时海城县的衙役分为头班、二班和三班，每班有总役1名，普通衙役20名。①

在《宽甸县公署》档案中保留了从光绪二十三年（1897年）到宣统元年（1909年）这十三年间各班总役领取津贴时留下的收据，从中可一窥衙役群体的内部结构和收入情况。在这一时期，宽甸县衙衙役共分为四班，头班总役一直由王起明担任，二班总役从光绪二十三年至二十八年间（1902年）由邹成德担任，从二十九年（1903年）起改由姜得龙担任，三班总役一直由孙振东担任，四班总役在光绪二十三年由张文卿担任，光绪二十四年（1898年）空缺，从光绪二十五年（1899年）到光绪三十四年（1908年）则由曹学文担任，而到了宣统元年则改成了蔡景春。由此可见，二班和四班总役的人较不稳定，尤其四班，在十三年间换了三人，而头班和三班总役则一直分别由同一人担任，表现出很强的稳定性。除四班外，另有皂班，其总役一直由张廷远担任。就各班津贴而言，头班和二三四班每年有津贴1,000吊，皂班有津贴200吊，津贴在征收地粮时以马差附征，因此其名目也就称为马差津贴，发放时间在每年的11月或12月。在同一份档案材料中，同时保留了从光绪三十三年（1907年）到宣统元年（1909年）由户房稿生韩景阳、武文章领取津贴的记录，当时户房的办公津贴为6,000吊，也是征收地粮时以马差附征，领取的时间跟衙役相同，但其数量远远超过每班衙役的份额。②

无论是书吏还是衙役都是维持官僚机器运转所不可缺少的组成部分，但他们又都不是被朝廷认同的国家官僚队伍的正式成员，不是在官之人，却在办在官之事。除通过征收差费，如宽甸县征收地粮时所征收

① 《海城县志》卷六《政治·行政》，民国十三年（1924年）版。
② 《宽甸县公署》8481，光绪二十三年（1897年）。

的马差,①和有限的役公食银外,很大一部分收入来自于司法活动:包括了起诉时的状纸费、堂讯时的铺堂费、给传案差役的路费、两造和息和结案时的差费、相验尸伤时的厂费、踏勘各种案件时的出差费等等。在《宽甸县公署》档案中保留着一份知县要求仵作前往验伤时不得索要车脚规费的小纸片,可从一侧面说明书役需索规费的严重程度。知县接到四道沟乡约刘福兴的报告,称民人杨孟芝家被贼诓开房门,事主被缚,用铁锹烙伤,钱物被抢等情,知县荣禧随即命仵作王世瑛前往验伤,同时提醒不得索取规费:"民户被抢,身有烙伤,不能不勘验,(填)验伤单,该刑仵前往,勿得索要车脚规费。缘民之被抢已受深冤,若因勘验再向要钱,是二次被抢矣。"最后警告道:"如有丝毫滋扰,重办!"知县留下的这一纸片,从一侧面告诉我们,索要车脚规费已不是很偶然的做法。② 从司法活动中收取的规费大都约定俗成,并没有规定在律例、会典或则例一类的成文法律之中。那么收取这些规费是不是腐败的一种表现呢?白德瑞认为这些规费是经过深思熟虑后收取的,在法理上是经得起推敲,因此并不是一种没有原则的腐败。③ 在清政府没有给他

---

① 发生在光绪三十二年6月宽甸县张澄海等呈控户书任德馨不遵新章苦累乡愚一案,为我们了解费的来源提供了很好的线索。案情的经过是这样的,居住在该县安平河和毛甸子的张澄海和谢永清曾在该年2月代亲邻到户房办理契约过户,每张更名被索要十元、二十元,甚至五六十元。在4月份张、谢等看到了《奉天省公报》刊登的财政局公示,该公示规定买卖田房税契以五分三为定例,外收户管银一两,项外分文不许勒索。看到公报后两月,张、谢两人在6月14将户书任德馨告到了知县那里。任德馨在堂供中称,"户房经书任德馨供,年三十三岁,情因去年腊月初五日接充户房经承,所有房中籍资办公规费章程当合本房经承吴文山说明,仍照已退经承杨锦荣们所定旧章办理。于本年2月间,有张澄海们拿着安平河牌内买地花户张钦等十四张文约来房更名,核在一处,伊共给笔墨钱八十四元"。任德馨还说,这些是他们情愿给的,而且收取笔墨费一项,是宽甸县设立之初就定的章程,相沿已久,"本房薪水、纸张都从此出"。从任德馨的供述中,我们可知,笔墨费是户房的重要收入,也是薪水等来源渠道,该费沿习已久,似乎已约定俗成,尽管说是情愿给的,但后面的强迫性似并不难揣测。见《宽甸县公署》16048,光绪三十二年(1906年)。

② 《宽甸县公署》16010,光绪二十八年(1902年)。

③ Bradly W. Reed, *Talons and Teeth*: *County Clerks and Runners in the Qing Dynasty* (Stanford, Calif.: Stanford University Press, 2000), p. 226.

们提供薪水或薪水有限的情况下,规费的收取有一定的合理性,但在给规费"正名"的同时,白德瑞无疑忽视了问题的另一方面,即这种建立在习惯而非制定法基础上的征收办法,往往给腐败的滋生提供了方便,不公开或不透明的,仅为内部知道的"规矩",无疑给弄权者和敲诈者提供了机会。如果说规费本身不是腐败的表现,那么它存在的方式无疑为腐败提供了方便。

从知县、幕友、代书到书吏和衙役,地方政府司法活动的展开离不开这些人的参与。这些人的教育背景、选用过程、收入等因素影响着州县政府的司法质量和司法水平。在衡量州县一级地方政府司法活动的质量和水平时,理讼的程序同样又是一个值得考虑的重要因素。在下一章,将对此进行专门的讨论。

第三节　结语:国家、官僚政治和清代司法

韦伯(Max Weber)曾将帝国时期的中国归入世界上少有的在程度上相对较为发达,在数量上较为庞大的官僚政治国家。在韦伯看来,帝国时期中国官僚政治具有这样一些基本因素:通过以人文和儒家经典为内容的科举考试选拔官员,官员每任的限期约在三年左右,有等级明显的官僚结构,有维持官僚机器运转的持续的财政收入。[①] 韦伯关于帝国时期中国官僚政治这一特点的把握为我们了解清代司法的本质提供了很好的切入点。

清代作为帝国政治发展的最后阶段,官僚政治达到了较为成熟的程度。清代跟前代一样,在州县一级政府司法和行政合一,即使在司法

[①] Max Weber, *Economy and Society: An Outline of Interpretive Sociology*, ed. Guenther Roth and Claus Wittich (Berkeley, Calif.: University of California Press, 1978), pp. 964–1005.

领域知县既是警察,又是检察官,同时又是法官,集诸角色于一身。从官僚制政治理论的角度看,清代的司法运转无疑具有明显的官僚制特征。这种官僚制特性可以从以下三个方面把握:一是知县作为县衙门中的唯一一位法官,是由国家通过科举考试的方式选拔出来的,这样做排除了其子孙通过继承获得这一职位的可能;二是知县以国家官员的身份升堂断案,是国家利益和皇权的代表,他从国家那里领取俸禄,这一点将他和有时履行法官职权的宗族长老和行会领袖区别开来,后者更多地代表着特定团体的利益,更接近于一种民间司法;三是由知县所作的判决,尤其是刑事判决,必须接受上级的层层监督,因此等级性特征明显。

与此同时,我们也须看到清代司法的这种官僚制特征是不全面的,有限的。通过本章的分析我们可以将之归纳为以下三点:

一是知县并不是专业性法官。他拥有的是赋诗作文的能力,而没有接受过专门的法律训练,因此他的法律知识和技能有限。在儒家经世思想的影响下,不排除如陈宏谋这样的官员在实践中逐步培养这方面能力的可能,但在踏入仕途之初,知县作为法官所应有的专业知识和能力是缺乏的。

二是地方衙门除知县外,幕友、代书、书吏和衙役均不是在官之人,却在办在官之事。尽管对他们的录用、奖励和惩罚之权操之于知县,但他们并不领取国家的俸禄,国家律例、会典和则例对他们的规定也非常有限,可以说他们并没有被完全官僚化。

三是国家财政收入的有限,使得给予知县的俸禄远远无法满足其支出需求,知县和其属员的收入主要来源于规费的收取,而规费的很大一部分来源于司法过程中向原被告收取的规费。建立在习惯而非制定法基础上的规费,往往给腐败的滋生提供了方便。不公开或不透明的,仅为内部所知道的"规矩",给弄权者和敲诈者提供了机会,规费的大量存在无疑影响着司法的可预知性和确定性。所有这些无疑又都有悖于官僚政治的基本特性。

针对这一现象,王国斌(R. Bin Wang)认为,满清政府不可能通过增加政府官员的办法来获得国家管理的成功,如果这样做,不但会导致财政支出的增加,而且会导致因整合垂直性的管理体系和加强人员控制而引起的成本增加。另外中央政府为管理庞大帝国而获取的信息也很有限。① 可以说,财政和管理信息的有限制约着国家将这一部分人员彻底官僚化的努力。除成本因素外,以世袭主义为特征的皇权统治决定了政府机构尽可能地保持简约,"否则的话,地方官员和皇帝本人将会被过多的中间阶层隔开,由此威胁到赖以编织这个体系的官员对皇上的个人忠诚,促使地方(世袭制)统治的分权倾向压倒官僚制的中央集权"。② 因此,满清政府的世袭主义特征决定了其不可能进行完全官僚化的努力。

清代司法中的官僚制特征和并存的诸多制约性要素,是二十世纪初司法变革的基础和出发点。除此以外,变革前民事诉讼程序的基本内容以及运转模式,同样也是变革的基础和前提,而对后者的探讨则是下章的重点。

---

① R. Bin Wong, *China Transformed: Historical Change and the Limits of European Experience* (Ithaca, New York: Cornell University Press, 1997), p. 108.

② 黄宗智:《经验与理论:中国社会、经济与法律的实践历史研究》,中国人民大学出版社 2007 年版,第 425 页。

第二章 变革前的民事诉讼制度

学术界对清代诉讼制度的研究,较侧重于刑事方面,对从州县到中央的各个层次的审判程序,学者们已给予了相当的关注。大陆学者郑秦、吴吉远,台湾学者陶希圣、那思陆,美国学者如布迪(Derk Bodde)和莫里斯(Clarence Morris),日本学者如滋贺秀三等都在这方面进行过深入研究,并取得了一定的成果。① 跟绝大部分刑事案件不同,"户婚田土"一类民事纠纷的裁判权操在州县一级地方政府手中,民事案件毋需向上级衙门层层审转。由于"户婚田土"一类案件重要性的缺乏,加之现代意义上的民事审判程序在《大清律例》中规定甚少,学者们一般倾向于认为在清代不存在一套相对独立的民事审判程序。但制定法的缺乏并不能作为否认民事审判程序存在的依据。

其实,对于程序法领域民刑不分的论断,著名法史学家陈顾远先生约在半个世纪前就曾给予了反驳,"所谓程序法上之民刑不分,即否认讼狱有其划分之论。谓小曰'讼',婚姻田土之事属之;大曰'狱',贼盗请赇之事属之,非因争财争罪而别,乃由罪名大小而殊。但无论如何,

---

① 郑秦:《清代司法审判制度研究》,湖南教育出版社1988年版;吴吉远:《清代地方政府的司法职能》,中国社会科学出版社1998年版;陶希圣:《清代州县衙门刑事审判制度及程序》,(台湾)食货出版有限公司1972年版;那思陆:《清代州县衙门审判制度》,(台湾)文史哲出版社1982年版;〔美〕D.布迪、C.莫里斯著:《中华帝国的法律》,朱勇译,江苏人民出版社2003年版。〔日〕滋贺秀三:《清代中国の法と裁判》,创文社1984年版。

两事在历代每有管辖或审级不同,各有诉讼上之相异"。① 陈顾远先生主要是从管辖和审级上的不同来反驳程序法上的"民刑不分"。随着司法档案资源的挖掘和利用,在诉讼程序领域,学者们开始在司法实践层面考察民刑案件区别对待的情形,从而对"民刑不分"的观点提出质疑,如包恒(David Buxbaum)在二十世纪七十年代初通过对淡新档案的考察发现,在州县一级存在着一套相对独立的民事诉讼制度。而且,他的研究还发现,一般民众通过向地方司法机构(州县衙门等)提起诉讼,从而通过裁判的方式解决纠纷是地方司法活动的重要方面。包恒的发现修正了过去法史学界根据儒家"无讼"、"好人不见官"思想而推导出的调解是地方司法的主要方面,而诉讼裁判不被重视的主流观点。②

在二十世纪九十年代初,法史学界前辈张晋藩先生等也曾撰文对民事诉讼制度的历史沿革、主要内容(包括管辖、起诉和受理、审理、判决、执行、法律适用)、主要特点等方面进行过全面阐述。③ 新世纪以来,廖斌、蒋铁初通过对巴县档案的分析,进一步证明了民刑案件在受理上存在着区别对待的情况。他们认为,总体而言,对民事案件的受理制约较多,对刑事案件则较少。民事案件以当事人提起诉讼为主要启动方式,而刑事案件启动方式多样。证据在民刑事案件中的作用也有所不同:前者的价值在于证明案件事实,而后者则只能保证诉讼不会有

---

① 陈顾远:《中国文化与中华法系》,(台湾)三民书局1969年版,第52页。转引自杨一凡,《中华法系研究中的一个重大误区——"诸法合体、民刑不分"说质疑》,《中国社会科学》2006年第6期,第85页。

② David C. Buxbaum, "Some Aspects of Civil Procedure and Practice at Trial Level in Tanshui and Hsinchu from 1789 to 1895," *Journal of Asian Studies* 30, no. 2 (February 1971): 255–279.

③ 张晋藩、汪世荣、何敏:《论清代民事诉讼制度的几个问题》,《政法论坛》1992年第5期,第70—76页。

诬告的出现。①

在前人尤其是包恒等人的研究基础上,继前一章对州县衙门司法主体及其司法活动的考察之后,这一章将对变革前的民事诉讼制度展开探讨。这里所说的民事诉讼,约相当于因"户婚田土钱债"一类纠纷而起的案件,也包括了一些轻微刑事案件,如斗殴、赌博、敲诈勒索等等,跟"命盗"一类的重案相对,它们属于自理案件,处理结果一般无须向上级转详报告。因此,这里所说的民事案件跟自理案件的范围大体相当。在讨论开始之前,先对本章采用的研究样本进行概述。

第一节 样本概述

一、案件类型

在本书的导论部分,曾对研究材料进行过简要的介绍,由于篇幅的限制,没有展开详细说明。本章的分析样本主要来源于《宽甸县公署》档案中清末从光绪二十八年到三十二年(1902年—1906年)这五年的民事案件,案件的总数为114件,约占该全宗保存的清末280件民事案件总数的41%。没有将清末其他年份的案卷一并纳入讨论的主要原因是,从光绪三十三年(1907年)开始,随着"新政"的持续推进,州县衙门在裁判方式上产生了细微的变化,比如在责任承担方式上更多地改为罚款,以便为当时刚刚起步的新式学堂筹办经费。因此,为了使样本更接近清末的一般实践,这里只采用了光绪二十八年到三十二年这五年的民事诉讼材料。下表2.1是案件的年度和月份分布情况:

---

① 廖斌、蒋铁初:《清代州县刑事案件受理的制度与实践——以巴县司法档案为对象的考察》,《西南民族大学学报》(人文社科版)2008年第5期,第152—154页。

表 2.1：宽甸县民事案件年度和月份分布一览表（光绪二十八年—三十二年）

月份＼年度	二十八年	二十九年	三十年	三十一年	三十二年	合计
1	1	2	1	1	－－	5
2	－－	3	1	－－	2	6
3	4	2	－－	1	2	9
4	2	2	－－	2	5（闰月）	11
5	3	3（闰月）	1	4	5	16
6	－－	1	1	1	3	6
7	－－	2	－－	5	1	8
8	－－	－－	2	2	4	8
9	3	1	－－	2	2	8
10	－－	2	1	1	3	7
11	－－	3	1	2	6	12
12	1	－－	1	5	11	18
总计	14	21	9	26	44	114

资料来源：《宽甸县公署》，光绪二十八年—三十二年。

从年度分布来看，光绪二十八年（1902年）和光绪三十年（1904年）的案件数量相对较少，分别为14件和9件。从案件受理的月份来看，在光绪二十八年2、6—8、10—11共6个月的案卷缺失，在光绪三十年，3—4、7、9共4个月的案卷缺失。跟此形成对比的是，其他三年即光绪二十九年（1903年）、三十一年（1905年）、三十二年（1906年）则相对较为完整，仅有个别月份缺失。这些案件经办的部门涉及刑、礼、吏、兵、户共五房，分别是刑房62件，礼房30件，吏房18件，兵房3件，户房1件，刑房经办的案件占到了总数的一半左右。

在案卷分类方法上,本章将所有相关案卷分为土地、债务、婚姻家庭、继承、会务、轻微刑事案等六类。这种分类法跟学者们常用的土地、债务、婚姻、继承的分类基本一致,①以便跟传统的所谓"户婚田土钱债"的分类相统一。在分类上略有不同的是,这里还增加了会务这一类别。会是华北和东北地区农村的一种自我管理的自治组织,从看守禾稼为目的的青苗会发展而来,有一定的经费,其经费往往由会户缴纳而来,一般一年按两期抽摊。有些公会还拥有自己的武装力量,成员称为会勇。若干村落联合起来组成一公会,一公会有若干名会首,多则五六名,少则三四名,视公会的会界和会员人数而定,会首一般由公举产生。会务纠纷往往跟缴纳会费和确定会首人选有关。因会务纠纷其属性类似于行政纠纷,跟单纯的私人主体间的纠纷有所不同,故单纯列出(详细分类见表 2.2)。

对光绪二十八年至三十二年这五年间宽甸县衙审理的 114 件民事案件进行统计分析,如从现代民法的分类标准来看,债类所占数量最大,有 31 件,占总数的 27%,而其中欠债不偿所占比例又最高,有 25 件,占 64%。其次是轻微刑事案件和治安案件,如赌博、敲诈勒索、斗殴逞凶等,有 30 件,占总数的 26%。接下来是婚姻家庭案,有 24 件,占总数的 21%;然后是会务纠纷,有 13 件,占总数的 12%。最后是继承类和土地类各有 8 件,分别占总数的 7%(详见表 2.2)。

二、审理知县

宽甸县位于奉天省东北部,与朝鲜隔鸭绿江相望,处于长白山余脉千山山系,地貌以山为主,可概括为"八山半水一分田"。在清代宽甸县

---

① 一般的分类方法见黄宗智:《清代的法律、社会与文化:民法的表达与实践》,上海书店出版社 2001 年版,第 24、47 页。

表 2.2：民事案件分类一览表（光绪二十八年—三十二年）

类别	案由	二十八年	二十九年	三十年	三十一年	三十二年	小计
土地(8)(7%)	侵犯祖坟	0	1	0	0	0	1
	侵占邻地	1	1	0	0	1	3
	典卖房地	0	0	1	1	2	4
婚姻家庭(24)(21%)	串卖嫁女	1	1	0	3	0	5
	归宁不返	1	1	0	0	0	2
	悔婚罢婚	3	2	0	0	1	6
	一女二聘	0	3	0	0	1	4
	拐霸妇女	0	0	0	3	4	7
继承(8)(7%)	继承分产	2	2	2	1	1	8
债务(31)(27%)	欠债不偿	1	6	2	5	11	25
	践踏庄稼	0	1	0	0	1	2
	借用财物	0	0	0	0	2	2
	遗失财物	0	0	0	1	1	2
会务(13)(12%)	会务纠纷	4	2	2	2	3	13
轻微刑事(30)(26%)	诬良为盗	0	1	1	1	1	4
	敲诈勒索	1	0	0	6	10	17
	赌博	0	0	0	0	3	3
	斗殴逞凶	0	0	1	2	2	5
	破坏城墙	0	0	0	1	0	1
114	合计	14	21	9	26	44	114

资料来源：《宽甸县公署》，光绪二十八年—三十二年。

受东边道和凤凰直隶厅管辖,从光绪二十七年(1901年)7月到光绪三十二年(1906年)闰4月由荣禧担任知县,在任时间近五年。继任者为马梦吉,在位时间为光绪三十二年闰4月到光绪三十三年(1907年)11月,在任时间仅有一年零六个月,本章所分析的案件即为荣禧和马梦吉所审理,其中由荣禧所审理的又居绝大多数。

荣禧,字筱峰,生于咸丰四年(1854年),系满洲正黄旗人,监生,先后担任过承德县知县、宁远州知州、铁岭县知县,中日甲午战争期间任安东县知县,因守土不力,地方沦陷被免职,后因组织民团收复宽甸等地立有战功被开复原官,在光绪二十五年(1899年)12月至二十六年(1900年)6月间曾署理宽甸县知县。① 荣禧后又回任宽甸县知县一职,本章所分析的正是荣禧第二次担任宽甸知县期间审理的案件。荣禧的继任者是马梦吉,字熊古,出生于同治七年(1868年),直隶天津县人,应光绪丁酉科(光绪二十三年)顺天乡试,中式举人,光绪二十九年(1903年)受盛京将军赵尔巽委派办理巡警事务,光绪三十四年(1908年)4月被委署为宽甸县知县,闰4月8日接印任事。② 本章分析的光绪三十四年闰4月后的案件即为马梦吉所审理。

本章除主要采用清末宽甸县的诉讼材料进行定量定性分析外,还利用了来自海城县、安东县、兴京厅等地的诉讼档案,以更全面地反映和揭示这一时期民事诉讼程序的内容和特点。清代的民事诉讼程序包括了起诉、审理、和息、判决、执行等各个环节,接下来依次进行阐述和分析。

---

① 《奉天省长公署》JC10-1-15356,光绪三十一年(1905年)。继任者为兰维烜,在任时间为光绪二十六年(1900年)6月至二十七年(1901年)3月。

② 《奉天通志》卷一百三十六《职官十五·表十二》,民国二十三年(1934年)。《奉天省长公署》JC10-1-15356,光绪三十一年(1905年)。马梦吉在任时间仅一年半,于光绪三十三年(1907年)11月向赵学治交印,见《宽甸县公署》1031,光绪二十七年(1901年)。

第二节 起诉

一、抱告

诉讼俗称"打官司",它是帝国时代一般民众跟官府交往的非常有限的几种方式之一。起诉无疑是"打官司"的第一步,它标志着民众跟官府交往的开始。起诉包括了自诉和他诉两种方式。跟"命盗"一类的重案由乡保等出首报告不同,民事纠纷大都由当事人自己或其家人提起诉讼,少量案件由乡约等一类人物提起。不是所有当事人都能提起诉讼,相反有一定的限制,也就是说在司法实践中有些当事人的诉讼权利受到限制。限制诉讼权利的人必须遣抱,由抱告者进行诉讼,这里的抱告者即为被遣抱替人代理诉讼之人。

追溯抱告制度的源头,《唐律疏议》中开始有限制年老、年幼、废疾之人的诉讼权利的规定,但还没有出现遣人抱告的制度。《唐律疏议》第30条"老小及疾有犯"有这样的规定:"诸年七十以上、十五以下及废疾,犯流罪以下收赎;八十以上、十岁以下及笃疾,犯反、逆、杀人应死者,上请;盗及伤人者亦收赎。"对此条文,疏议的解释是"为矜老小及疾,故流罪以下收赎"。① 具体说来就是,老人以其年老,小儿以其年幼,疾人以其处于精神错乱状态或其他病态之中,为体现体恤和照顾他们,虽然犯罪,得免负或减轻刑事责任,免予或减轻处罚。基于老幼及笃疾之人所享有的司法上的优遇,为避免其滥用这种特权,《唐律疏议》第352条对其诉讼权利进行了限制:"年八十以上,十岁以下及笃疾者,听告谋反、逆、叛、子孙不孝及同居之内为人侵犯者,余并不得告。官司受而为理者,各减所理罪三等。"② 也就是说,除对"谋反、逆、叛、子孙不

---

① 刘俊文撰:《唐律疏议笺解》卷四《名例》,中华书局1996年版,第298—299页。
② 刘俊文撰:《唐律疏议笺解》卷二十四《斗讼》,中华书局1996年版,第1650页。

孝"和自己受到侵犯的罪行可以告发外,老幼笃疾之人是不允许告发别人,其诉讼权无疑受到了限制。据徐忠明、姚志伟两位学者的考证,到了元代,对老幼、废疾之人诉讼能力的限制被放开,但由于在实践中老幼残疾之人利用司法特权诬告他人,因此在元代引入了抱告制度的原型——代诉制度,允许其同居亲属人代诉,如有诬告则反坐原告之人。除了年老、笃疾、残疾之人外,在元代增加了"闲居官"(退休官员)、在任官员和妇人不准诉讼的规定,要求闲居官员和在任官员遣子孙弟侄或家人代诉,妇人遣宗族亲人代诉。而到了明代又增加了生员,将其纳入到抱告之中。这样,明代抱告制度涉及的主体包括了年老、笃疾、残疾、妇女、官员(退休和在任)、生员。①

清代的抱告制度基本上是明代的延续。《大清律例》律文是这样规定的:"其八十以上,十岁以下,及笃疾者,若妇人,除谋反、叛逆、子孙不孝,或己身及同居之内为人盗诈,侵夺财产及杀伤之类,听告,余不得告。官司受而为理者,笞五十。"②对于老幼、笃疾、妇女而言,除谋反等罪可以告发外,其余情况下不许告发,该四类主体的诉讼能力受到了限制。但跟明律有所不同的是,该律文所附条例只规定了年老及笃疾之人可以遣人抱告,删除了自元代便设立的妇女遣抱制度。③ 除年老及

---

① 徐忠明、姚志伟:《清代抱告制度考论》,《中山大学学报》(社会科学版)2008年第2期,第146页。作者将明代抱告制度涉及的主体归纳为五类:年老、残疾、妇女、官员、生员,而没有将笃疾纳入。严格说来,残疾和笃疾有所不同,前者强调因心理、生理、人体结构方面的不正常导致全部或部分丧失正常功能,而笃疾则专指重病和不治之病,侧重生理、心理方面,其程度处于严重状态,因此两词所指的内容有所不同。

② 田涛、郑秦点校:《大清律例》卷三十《刑律·诉讼·见禁囚不得告举他事》,法律出版社1999年版,第489页。

③ 条例的规定是这样的:"年老及笃疾之人,除告谋反、叛逆,及子孙不孝,听自赴官陈告外;其余公事,许令同居亲属通知所告事理的实之人代告。诬告者,罪坐代告之人。"见田涛、郑秦点校:《大清律例》卷三十《刑律·诉讼·见禁囚不得告举他事》,法律出版社1999年版,第489页。

笃疾之人须遣抱外,《大清律例》卷三十"官吏词讼家人诉"条还规定了官吏遇到婚姻、钱债、田土等事,"听令家人告官对理,不许公文行移,违者,笞四十"。① 概言之,从《大清律例》的规定看,清代抱告制度涉及的主体有三类,即年老、笃疾和官吏。

然而,依据地方惯例和司法实例看,抱告主体的范围要更宽些,在清末的奉天省大致有五类人的诉讼权利受到限制,即绅衿、官员、妇女和老疾之人。具体到各州县,对于诉讼权利的限制范围,各州县在实践中略有差别。如海城县在光绪二十九年(1903年)的状纸例规中规定,"绅士、生监及有职人员控词无抱告者不准,妇女呈诉无抱告者不准"。② 而奉天省东部安东县在状纸例规中则规定,"绅衿及妇女、老疾之人无抱告者不准"。③ 安东县附近的宽甸县也有着相似的规定,强调绅衿、妇女和老疾之人不能亲自提起诉讼,须有抱告者。④ 以上三县在限制诉讼权利人的范围规定上有所出入,但有一点是共同的,即均强调妇女呈诉需有抱告者。至于其中的原因,戴炎辉先生在分析清时台湾的诉讼制度时有过精辟的分析,对于理解清后期奉天省的相关制度同样具有启发意义,他认为"一因重其名节,二因鉴于其不晓事理,三因其在刑法上享有特典"。⑤ 戴先生所指出的前两点较易理解,而第三点称妇女在刑法上享有特典,是指在某些情况下妇女犯法享有纳赎

---

① 田涛、郑秦点校:《大清律例》卷三十《刑律·诉讼·官员词讼家人诉》,法律出版社1999年版,第493页。
② 《海城区法院》1347,光绪二十九年(1903年);《海城区法院》1348,光绪二十九年(1903年)。
③ 《安东地方检察厅》8830,光绪二十九年(1903年)。
④ 《宽甸县公署》16007,光绪二十九年(1903年);《宽甸县公署》16019,光绪二十九年(1903年)。
⑤ 《台湾省通志稿》卷三《政事志·司法篇》第一册,台湾文献委员会1955年版,第41页。

的特权。①

至于什么人可以充任抱告者,奉天省调查局在清末所作的诉讼习惯调查报告为此提供了很好的线索。对于这样的问题"案有应行倩〔请〕人抱告者,究系何等人方准为抱告之人?"来自昌图府的回答为,"凡绅衿递呈须有抱告,仆役、工人皆可;妇女递呈,其弟、男子侄、亲丁人方准为抱告人"。②而复州的回答则较为笼统,没有将绅衿和妇女进行区分,"凡案应抱告者如子孙、本族、雇工等人均准倩〔遣〕抱"。③ 可见担任抱告者的范围较广,家族成员,亲戚、仆役、工人皆可。事实上,在档案中也不乏由抱告者递呈控告的案例。如光绪二十八年(1902年)在海城县发生的钟景槐禀控戴庚尧霸地不交、抗租不偿一案中,因钟景槐系七品委官,没有自己禀控而是遣抱王福升到县衙禀控戴庚尧。④ 以上限制诉讼权利的做法,主要是等级观念、"敬老怜幼"道德伦理、性别差别在诉讼程序上的反映,具体说来,对绅衿、官员而言,是为了顾及他们的体面;对老疾而言,则是因年龄和身体原因而对他们的体恤和照顾;对妇女而言,则是为了维护风纪,维护她们的脸面,同时,又因"女流无知",需要加以保护,显示出既保护又歧视的尴尬态度。当然,除这些主要目的外,抱告制度的设立也有其他的考虑,如对绅衿、官

---

① 《名例律上·工乐户及妇人犯罪》规定:"其妇人犯罪应决杖者,奸罪去衣留裤受刑,余罪单衣决罚,皆免刺字。若犯徒流者,决杖一百,余罪收赎。"另案律文后的条例规定:"妇人有犯奸盗、不孝并审无力者,各依律决罚。其余有犯笞、杖并徒、流、充军、杂犯死罪,该决杖一百者,审有力,与命妇、官员正妻,俱准纳赎。"田涛、郑秦点校:《大清律例》卷四《名例律上·工乐户及妇人犯罪》,法律出版社1999年版,第102—103页。从档案和判牍材料出发,对清代妇女诉讼权利的详细讨论见吴欣:《清代妇女民事诉讼权利考析:以档案和判牍资料为研究对象》,《社会科学》2005年第9期,第153—162页。

② 奉天调查局:《行查府厅州县司法行政上之沿习利弊条目》第11条,《昌图县公署》3900,宣统元年(1909年)。

③ 奉天调查局:《行查府厅州县司法行政上之沿习利弊条目》第11条,《复县公署》4690,宣统元年(1909年)。

④ 《海城区法院》1354,光绪二十八年(1902年)。

员而言，设立抱告制度可以防止或减轻他们对司法活动的干扰，对老疾和妇女，则可防止他们滥用诉讼权利。

二、呈控、喊控、禀控

自诉在形式上大致可分为两种，因自诉者的身份不同而有别。普通百姓用呈，按递呈的时间不同又可分为期呈和传呈，在放告日（即受理告状之日）所递之呈谓期呈；事关紧要，不能久持者，可随时递呈，称为传呈。期呈或传呈，是按递呈的时间所作的划分，而按呈的载体形式划分，还有一种所谓的喊呈，控告者因为不识字或其他原因，并没有以书面的形式将控告内容和请求记录下来，而是到州县衙门后由书吏照其口头陈述而形成的书面文书，喊呈书写在普通纸张上，并没有用格式化的状纸。跟一般百姓所用的呈相平行，绅衿或官员所作的控告称为禀。呈、禀的差别体现在状纸格式上就是一般百姓必须用格式化的状式纸，由官代书抄录，并加盖戳记，而绅衿或官员一般用红禀。上引海城区法院档案中钟景槐禀控戴庚尧霸地不交、抗租不偿一案中，钟景槐系七品委官，其所用的便为红禀，用红色纸张书写，中间并无横格，也没有代书的戳记。呈禀的差别再次说明了在诉讼程序上官民的不平等和绅衿、官员等所享有的诉讼特权。据对光绪二十九年（1903年）宽甸县衙受理的21件民事案件的统计（见上表2.1），其中呈控案件12件，喊控案件6件，禀控案件3件。从自诉的形式来看，以呈控方式为主，其他方式为辅。

一般百姓用呈，而呈有一定的规格，须用格式化的状纸。对海城、安东和宽甸三县诉讼档案中留存的光绪二十八年、二十九年两年所用状纸进行比较分析发现，三县所用的状纸格式基本一致，均为八折，第一折上端中间有状纸的标题，称"呈"或"正状式"，下端有代书戳记。第二、三折为诉状的正文，为网格状，约有320格。第四、五折有知县所作批词的内容,或不准,或命书役查实汇报,或命书役带回原被、证人等。第六、七、八折载有原被、干证、该管乡约姓名以及状纸例规等内容。各县所规定的状纸例规内容不尽相同,光绪二十九年海城县的状纸例规有7条,①而安东县则有12条,②宽甸县的状纸例规则有18条之多,条数的差别反映了各地对诉讼程序的要求也不尽相同。现将宽甸县的状纸例规抄录如下,以窥一斑:

状纸例规

(1)以赦前事告禀人罪者不准;

(2)告人命无凶器、伤痕确证者不准;

(3)告强窃盗不开地邻及月日失单者不准;

(4)告婚姻无媒妁婚书者不准;

(5)告田土无地邻契据,钱债无中证券约者不准;

(6)告斗殴无伤痕者不准;

(7)告赃无证见过付者不准;

(8)呈告赌博无赌具,具告奸情无确据者不准;

(9)呈告谋叛、大逆,无确据者不准;

(10)词讼如事不干己并罗织多人及控见证过五人者不准;

(11)词内只须据情直书,不得混扯别项,发人隐私者不准;

(12)细事株缠老幼妇女者不准;

(13)呈内不开明年岁、籍贯、住址及所告事件无实在年岁者不准;

(14)旧事不叙明原呈案由者不准;

(15)绅衿及妇女老疾无抱告者不准;

---

① 《海城区法院》1347,光绪二十九年(1903年);《海城区法院》1348,光绪二十九年(1903年)。

② 《安东地方检察厅》8830,光绪二十九年(1903年)。

(16)不遵告期及词状违式者不准；

(17)以上宪批结之事具控者不准；

(18)无代书及歇家暨无副状者不准。①

状纸例规为州县衙门在司法实践中所形成的一套有关诉讼程序的规章制度,具有明显的地方性特征,它涉及何项事项可以呈控,以及呈控的时间、呈控的证据原则等等,这为我们了解州县衙门的诉讼制度提供了很好的视角。

三、受理日期的限制

州县衙门不是常年受理案件,而是有一定的季节性,一年之内,农忙时节禁止受理词讼,对此《大清律例》有这样的规定：

> 每年自四月初一至七月三十日,时正农忙,一切民词,除谋反、叛逆、盗贼、人命及贪赃坏法等重情,并奸牙铺户骗劫客货,查有确据者,俱照常受理外,其一应户婚、田土等细事,一概不准受理；自八月初一以后方许听断。若农忙期内受理细事者,该督抚指名题参。②

除重大刑事案件外,属于户婚田土一类的民事纠纷不准在春夏农忙季节受理。在农忙季节以外,受理词讼也有一定日期,一般由各地自行决定。就昌图府而言,旧有三、八放告之例,即在每月的初三、初八、十三、十八、二十三、二十八日由吏房受理词讼。③ 而海城县在光绪三十二年(1906年)牌示的《呈告词讼章程》则规定："每逢三、六、九午后

---

① 《宽甸县公署》16007,光绪二十九年(1903年),序号原无,为作者所加。

② 田涛、郑秦点校：《大清律例》卷三十《刑律·诉讼·告状不受理》,法律出版社1999年版,第479页。

③ 奉天调查局：《行查府厅州县司法行政上之沿习利弊条目》第1条,《昌图县公署》3900,宣统元年(1909年)。

二点钟准其随堂递呈。"①农忙时停讼反映了农耕社会的基本要求,司法活动尤其是跟民事相关的司法审判跟农业生产相比无疑居于从属地位;而放告日的确定,又在一定程度上起到遏止民间健讼风气的作用。

除一般规定外,有些特殊的日期也被禁止受理词讼,如已故皇帝和孔子的诞辰日等。在《兴京县公署》档案中保留了多份同治年间盛京礼部的札饬:"查得八月十三日高宗纯皇帝诞辰,此一日虔诚斋戒,不理刑名,禁止屠宰。"②另规定在8月27日先师孔子诞辰日也不理刑名,禁止屠宰。③ 这些日子禁止受理词讼,跟官方文化中对词讼的价值评判有关。词讼被理解为是对和谐和平衡关系的破坏,因而是非正面的、不积极的、不吉利的,是"凶"的体现,是需要尽量避免的。

概括起诉阶段的诉讼程序,有两点值得注意,一是在诉讼主体上,当事人的地位没有完全平等。绅衿、官员、妇女和老疾之人不许自赴衙门控告,须有抱告者;在状纸格式上,普通百姓用呈,须购买格式化的状纸,加盖代书的戳记后方被受理,而对于绅衿和在职官员,用红禀,无须代书戳记。二是诉讼活动尤其是民事诉讼,具有明显的季节性特点,农忙时停讼,放告日受理词讼等等,都是这一特点的具体反映。

第三节 审理

一、不准

清代法律要求州县对于百姓"告诉"必须受理,"有告必理"是案件受理的基本原则,对于不受理者将承担相应的法律责任,对此,《大清律

---

① 《海城县公署》11889,光绪三十二年(1906年)。
② 《兴京县公署》42882,同治五年(1866年)。
③ 《兴京县公署》42889,同治五年(1866年)。

例》是这样规定的:

> 凡告谋反叛逆,官司不即受理差人掩捕者,虽不失事,杖一百徒三年。因不受理掩捕,以致聚众作乱,或攻陷城池,及劫掠人民者,官坐斩监候。若告恶逆,如子孙谋杀祖父母、父母之类,不受理者,杖一百。告杀人及强盗不受理者,杖八十。斗殴、婚姻、田宅等事不受理者,各减犯人罪二等,并罪止杖八十。受被告之财者,计赃,以枉法罪与不受理罪,从重论。①

对于州县来说,虽然有"有告必理"的要求,但受理后则不一定都进入下一步的审理程序,因此这里所谓的"受理"只是州县衙门对告诉人词状的接受。里赞教授认为清代"有告必理"原则不仅体现了父母官意义上的理想主义诉求,而且也是清代特定社会制度基础的一个必然表现,清代州县不可能像现代法官根据社会分工和法律规定来决定受案范围,在他们身上不可能存在社会责任的免除。② 在百姓眼里,全能型的父母官式的政府没有理由将他们的"告诉"拒之门外。

词状受理后案件能否进入下一步审理程序,则涉及"准"和"不准"的标准问题。不准的理由很多,如上引的《宽甸县公署》档案中保存的光绪二十九年间的《状纸例规》罗列的事由均可构成"不准"的理由。考察这些"不准"事由,以程序性的居多,第二项到第十项说的是"告诉"时须有证据和证人;第一项和第十七项说的是"一事不再理",如事已赦免或已被上级批结,不许再"告诉";第十一和十二项说的是"告诉"的内容须不得发人隐私和株缠老幼妇女;其余则跟"告诉"的格式有关,如要求诉状内注明年岁、籍贯、住址,须有代书,须遵告期等等。

---

① 田涛、郑秦点校:《大清律例》卷三十《刑律·诉讼·告状不受理》,法律出版社1999年版,第478页。
② 里赞:《晚清州县诉讼中的审断问题:侧重四川南部县的实践》,法律出版社2010年版,第65页。

裁判档案所体现的"不准"事由既有《状纸例规》程序性规定的反映，也有根据具体案情，知县从案情内容出发所作的实体性判断。在展开进一步讨论以前，先看看受理的114件中有多少被打入冷宫列为"不准"。如表2.3所示，归入"不准"之列的共有16件，占了总数的14%。这16件中因单纯证据问题而不准的有6件，因诉讼行为或诉讼内容不符合"情理"而被驳为不准的也有6件，兼有程序性证据问题和实体性"情理"问题的有4件。

表2.3：案件处理方式分类表（光绪二十八年—三十二年）

年度方式	二十八年	二十九年	三十年	三十一年	三十二年	小计
不准	2	2	2	5	5	16(14%)
和息	6	10	4	7	8	35(31%)
判决	2	6	2	9	20	39(34%)
无下文	4	1	0	4	6	15(13%)
销案	0	2	1	1	5	9(8%)
总计	14	21	9	26	44	114

资料来源：《宽甸县公署》，光绪二十八年—三十二年。

首先分析知县如何将证据不足的"告诉"驳为不准。先看一个案例。光绪三十年（1904年）5月通化道士张永寿来县衙喊控保正王昭海砍伐坟树（案件由礼房经办）。该道士在通化县城隍庙出家，原在宽甸居住，后迁往通化，将地出卖，留出一茔盘，上有树木。近回宽欲埋先人灵柩，后发现树被保正砍伐做了木料烧柴。知县荣禧在道士张永寿的诉呈上做了"不准"的批词，内容是这样的："王昭海所砍木料是否坟茔树株，殊无证据，该坟果系有主之冢，坟树被伐，岂无人出首，查理何待该道士远来追究，况尔是否后人更无稽考，难保非倚恃同姓籍坟讹诈，不准。"①

---

① 《宽甸县公署》16271，光绪三十年（1904年）。

知县的疑问集中在两点,一是没有证据证明保正王昭海所砍的木料是否是坟茔上的树株;二是原告道士张永寿是否是该坟茔的后人也无从证明。疑窦丛丛,因此被批为"不准"。再看另一个案例。光绪三十二年(1906年)6月的一天,孙强到县衙呈控萧克谦逼奸不从捏赌诈财(案件由刑房经办),在呈状中孙强称,光绪二十八年(1902年)总办萧克谦贪婪其妹之色,欲纳为妾,不从,后妹另嫁他人。后总办称喜事之日有赌,要罚钱300元。知县对孙强的呈控不以为然:"事隔多年,无据空言,一纸空言,无凭取信。不准!"①上述两案均因证据不足被知县驳为"不准"。当然,如原告将证据补齐后再来县衙"告诉",不排除下次获"准"的可能性。

对于因诉讼行为或诉讼内容不符合"情理"而被驳为"不准"的情形,则远较证据缺乏驳为"不准"的情形复杂。这里先对"情理"作一大略的解释,下文还将作更详细的讨论。情往往指人情世故,既包含为人之常情,也常涉及乡土民情。理则指一般道理,在清代又跟儒家的以"大经大义"为基础的伦理紧密相连。接下来回到具体案例中来看"情理"是如何诠释的。光绪二十九年(1903年)5月陈克有来到县衙呈控于增耀卖产绝嗣(案件由礼房经办)。陈克有在诉呈中称:他八岁随母改嫁到于连水家,改嫁时随带房地一分、吉兴永号生意一处。于连水的前一段婚姻曾留子两人。后于连水去世由他陈克有主掌生意,并用自己的钱财垫付欠款,但后来被两兄弟逐出。知县先是对陈克有随母改嫁到于连水家时带有产业却又不分劈表示疑惑,认为其行为有悖人之常情。随后荣知县又从理的角度推导出陈克有肯定有所不端才被于家逐出:"要知尔果为于姓维持家业并无积弊,人各有良(知),岂能以怨报

---

① 《宽甸县公署》16158,光绪三十二年(1906年)。

德,今既被逐出,可见有所不端,激人忿怒所致,何容饰渎,不准!"①如果陈克有真的诚心诚意替于家打点生意,于家人怎么会以怨报德,做出有悖伦理的行为?既然陈克有行为不端,那么其"告诉"行为也必然值得怀疑,被批为"不准"也就成为自然不过的事情了。

和前一案例略有不同的是,另一案例则带有些许幽默,读来让人捧腹,但背后一以贯之地渗透着"情理"两字。光绪二十九年(1903年)10月塾师童生王殿臣来县衙禀控乡约张增等坚抗学费共700吊(由礼房经办)。但该禀呈不久被驳为"不准",主要原因是王殿臣不慎将具禀写作举禀,成了白字先生,"读书人教授学生本文人之雅事,亦恒业也",知县因其白字,怀疑其学问之真假,"王殿臣自命为人受业之师,姑无论其素日教书如何,即以此禀看来,开首第一字具禀某人并未写对,误作举禀,白字当头,岂不可笑,乃不知自耻,尚敢指控束家,其平日教书错误之处不之凡几矣"。②"具禀"写成了"举禀",白字先生的业务能力成了问题,竟然不以此为耻还敢向人家催讨学费,岂不成了无耻之徒了?显然童生王殿臣的行为违背了读书人应有之伦理。这里的伦理既是执业之理,也是为人之理,两者兼而有之。

如家族成员间争讼,知县常认为有伤和睦之情而不准,这可视为不符合"情理"的情形之一。例如,光绪二十八年(1902年)在宽甸县有一起因家庭成员争产而引起的纠纷,知县便批示"不准",其理由为"因以滋讼,是不敦雍睦而辄事操戈,尔之过也,退而省之,尚慎旃哉!"③又如发生在光绪三十二年(1906年)的栾王氏呈控栾立恒一案,呈控人栾王氏(抱告人栾守江)之夫栾立基于6月去世后欲安葬在祖坟,五叔之子栾立恒则认为该坟茔离其住宅太近,于是便阻拦不准下葬。9月8日

---

① 《宽甸县公署》16103,光绪二十九年(1903年)。
② 《宽甸县公署》16215,光绪二十九年(1903年)。
③ 《宽甸县公署》16019,光绪二十八年(1902年)。

栾立恒到栾王氏家商量此事,不幸将栾王氏的产媳惊亡。经过乡保和栾王氏叔侄等的调说,栾立恒同意给两人丧葬费800元,于11月1日如数交清。但由于栾立恒内弟吴连顺的阻挠,栾立恒并没有履行诺言。于是栾王氏于12月2日将栾立恒、吴连顺告到了县衙。但知县马梦吉并没有核准该案,而是做了如下的批词,阐述了大致的理由:"既据经人调处,仍找同原中理论。况家庭骨肉之间,有何嫌怨?该氏又年届七旬,尤当深明礼义,何必以些须之事擅自兴讼,不准。"① 透过批词,马知县"不准"的理由有两点,一是曾经经人调处,有调处的基础,无须通过诉讼解决;二是当事人系家庭骨肉,争讼有伤和气,不应鼓励。家族成员相争,有悖儒家敦宗睦族的伦理,应加以遏制。

知县同时根据程序性证据原则和实体性"情理"原则而将"告诉"驳为"不准"的情形则相对较少,这里仅举一例加以说明。光绪三十一年(1905年)5月的一天,侯永禄来县衙呈控张文林,谓因为马贼袭扰,张文林着派他往探虚实,结果被马贼绑去,花钱赎回后张文林不认(由刑房受理)。具体经过是,该年2月马贼来绑票,房东张文林染病不能移动,托其打听虚实,许诺如被绑去,由张赎回。但张文林没有履行诺言,而是由他人出首花钱250余元将其赎回。"保正张文林命尔探贼许尔(回)赎,尔即应允冒昧前往,事后食言,尔又控追,幸而有钱可赎可以追钱,设若贼伤尔命,难道保正能偿还尔命乎?且尔又如何?尔之此控所谓得命思财者是也。所控不情,且无证据,从何着追,不准"。② 侯永禄得命思财,不符合人之常情,加之又缺乏证据,因此被驳为"不准"。

以上大致分析了"告诉"被驳为"不准"两种情形,证据不足的程序性原则和有悖"情理"的实体性原则,这种两分法大体能涵括和说明"告

---

① 《宽甸县公署》16054,光绪三十二年(1906年)。
② 《宽甸县公署》16126,光绪三十一年(1905年)。

诉"被驳为"不准"的情况,个别案例因当事人多次"告诉",知县往往会以"架词构讼"为由直接批为"不准",①我们不妨也可将之归入有悖"情理"的行为。

对一些"告诉"案件以证据不足和有悖"情理"等理由驳为"不准",既有审理技术方面的考虑,也有更深层次的原因,那就是州县衙门资源的短缺。"一人政府"除处理词讼外,还要对邮驿、盐政、保甲、警察、公共工程、仓储、社会福利、教育、宗教和礼仪事务负责,其手下的属官不仅人员少,而且职责琐碎,扮演的角色低微。除人力资源短缺外,州县的经费也相当紧张,无法应付繁杂的社会事务。人财的短缺决定了清代的州县是个简约政府,简约政府无法应付大量的词讼,以证据不足和有悖"情理"等为理而驳为"不准"不失为一种有效的策略。

二、差传和关传

呈状受理后,如知县认为准予者,则发交相关各房承办,由该房书吏创稿制作"谕"或"印票",经幕友查阅,呈请知县批阅,知县将批阅修改后的"谕"或"印票"交付书吏和衙役。该"谕"或"印票"注明书役的姓名,系何房何班,说明其所承担的任务。其任务包括查明事实禀复知县,或者在查明事实的同时伙同乡保等调处息讼,或者将原、被证人等带回县衙讯究。在"谕"或"印票"的结尾往往强调书役等不得骚扰地方,从速禀复等警告语,如"去役毋得扰延干咎,速速"等等。② 在某些情况下还会限制完成任务的时间,或五日或十日。如光绪二十九年(1903年)闰5月宽甸县小雅河民人徐冯氏呈控张洛三倚势赖婚,指控

---

① 如于吉成呈控邵玉盛等串卖嫁女案,于吉成在光绪二十八年(1902年)9月呈控一次,被驳为"不准",该年冬月再次呈控,还是被驳为"不准",理由是"欲为构讼滋蔓地步耳,殊属刁巧"。见《宽甸县公署》16027,光绪二十八年(1902年)。
② 见刘志信呈控张士荣案,《海城区法院》1348,光绪二十九年(1903年)。

其强接其女童养。知县荣禧收到呈状后，即谕派吏书张书绅到小雅河，协同该管乡保查明事实。下面是该谕的全文：

  为谕饬事，据县属小雅河民妇徐冯氏遣子拴柱子抱告，呈控张洛三买粮抗价，又因议姻不遂，将伊女强接童养请传究等情。据此除批示外，合行谕饬。为此谕仰该书前往该处，协同该管乡保，查明张洛三有无童养，买徐冯家苞米八石抗价不交，并因议姻不允，将徐冯氏之女强行接去童养情事，逐节确查，回县据实禀复以凭核夺。该书毋得扰延，含混偏袒，需索干咎，切速。特谕

  右谕吏书 准此

光绪二十九年闰五月二十二日 吏承

  署正堂 荣

两天后书吏张书绅将了解所得的事实原原本本地向知县做了汇报。他的禀覆是这样的：

  具禀吏书张书绅为禀复事。窃书奉谕查理驰抵该处，协同乡保并两造人等均言，徐冯氏之女二岁，经伊家父冯士发为媒，许给张洛三次子为妻，彩礼八十吊，当交。今春二月间徐冯氏意欲悔婚，张洛三甘愿收回彩礼，与子另妻。又经伊家兄冯茂出为阻拦，仍将甥女许给张姓，彩礼洋钱十四元，彩布八匹。本年四月十六日在冯茂家过礼，立有婚书。同会徐冯氏之夫徐祥将彩礼布匹俱已领去。冯茂声称，其妹久习疯癫，即与张姓向商，恐甥女流于下品，将女送至张家童养属实。至于苞米八石，徐冯氏欠张洛三钱一百四十吊，去岁冯士发商议，以粮抵债，每石作价洋钱三元，除还账外，下余洋钱三元四角，交冯士发之手，各无异说。讵保正王盛令声称，徐冯氏疯癫复发，任意妄控，伊出首百般解劝，两造各自追

悔,不失亲戚之义,甘愿息讼。嘱书代为禀肯,书未敢擅便,理合将查理理处各节,并原谕带案缴销,伏乞

　　大老爷案下　　恩准息讼施行。

张书绅在报告中认为徐冯氏有疯癫病,其女许配给张洛三之事由其父冯士发一手操办,并得到了徐冯氏之兄冯茂、徐冯氏的丈夫徐祥的同意。因此认定订婚有效。在保正等的调处下,双方和解息讼。至于吏书张书绅的汇报是否属实,知县并没有深究,而是批示同意了息讼的请求:

　　徐冯氏之女许给张洛三次子童养为妻,既由其父徐祥主婚,且有婚书聘礼,媒证分明,系属两相情愿。至徐姓卖给张洛三苞米,该价除抵欠外,交付一清,均无不合。徐冯氏何得捏词妄控,本应惩处,姑念该氏衅起因疯,一经查理,深知忏悔。两造各归和好,甘愿息讼,准予销案。如再翻狡,定究不贷,谕销。①

视案情的不同,知县在"谕"或"印票"中对书役会提出不同的要求,有时会要求前往原被处协同乡保一起调处,有时则不下达调处的命令,而是要求书役将案情调查后回县如实禀复,有时则命令书役前往原被处将案件的原、被告及证人、乡约或邻佑等被传回县衙候审。

如案件中的中证等没有居住在知县所管辖的区域内,那么他便会发关文给该中证居住的州县,要求该州县代为差传,这种形式一般称为关传。关传的道理很简单,就是每个知县都有他的管辖区域,其他州县同级官员无权在他的区域内行使权力。在《宽甸县公署》档案中有两则安东县和宽甸县之间有关传唤证人的关文。首先是安东县正堂关文给宽甸县知县要求差传订婚诉讼的媒证人:

---

① 《宽甸县公署》16099,光绪二十九年(1903年)。

关传事,案据民人单吉祥喊称伊系宽甸县人,前经凭媒定本邑裤裆沟王富之女王嫚子给伊子留成子为妻,择日迎娶。讵王富先行携眷潜逃,伊到镇街寻见王富理论,不服,无奈将王富之子王狗盛子揪送案。又据民人李梧桐喊控王富私领伊甥女于花子同逃各等情,并据王富等投案前来,当经集讯两造供词各执据单,吉祥坚称议婚之时有聂景山及百家长高全江等可证,李梧桐亦称有唐福珍为媒,除将该原被取保候讯合行并案关传,为此合关

贵县请烦查照希将单吉祥供出案内之媒证聂景山、高全江、张仪,并李梧桐案内之媒证唐福珍,及于花子之父于姓等,饬差一并传齐关送过县,以凭集讯核断,悬案以待,望速施行,须至关者。

计关传聂景山、高全江、唐福珍、于花子之父于姓、张仪均系

裤裆沟人

右　　关

宽甸县正堂荣

光绪三十一年八月十六日关

约二十天后宽甸县知县荣将媒证饬传到县后,向安东县知县发去关文,就关传媒证一事做了通报:

为关送事案准

贵县关开案据云云须至关者等因准此,弊县随即饬差前往裤裆沟地方协约传唤,旋据原差禀称,原开关传人证五名,惟张仪一名已于去秋即回山东原籍,去讫无凭传唤,其余聂景山等四名均已传获来案,合将原票呈缴禀夺等因前来。除将原票查销外,拟合将传获人证备文关送,为

此合关

贵县请烦查收集讯核夺施行,须至关者。

计关送

聂景山、高全江、唐福珍、于姓

右　关

安东县正堂

光绪三十一年九月初四日　礼承

署正堂荣①

除关传外,还有一种称为会传的传唤方式,由案件管辖地县衙和被差传人所在地衙门共同创稿,由被差传人所在地衙门的衙役持票将被差传人带到衙门,再由所在地衙门将被差传人移关到案件管辖地衙门。②

差传是主管知县直接命令他的属下书役将案中的原被、中证、乡约等带至县城候审,而关传和会传则是他县的知县因案件审理的需要,委托本县知县将居住于其管辖区域内的中证人或案犯等传到他县,是一种委托差传。

三、堂讯

如原被干证等被带回县城,往往首先令其取具妥保,"候讯不误",保人往往须是店铺等的执事人(相当于现在的经理一类的人物)。原、被告及证人等被带回县衙后是否立即审讯,各地情况不一。在北部的昌图府如原被告经传齐后,由承办房差具禀注到,但是"没有当日审讯

---

① 《宽甸县公署》16303,光绪三十一年(1905 年)。此文为关文的底稿,云云之处,疑为底稿省略之笔。
② 有关会传的案例,参见光绪三十二年(1906 年)怀仁县和宽甸县会传居住在宽甸的斗殴案犯王奎德、王洛四、王洛五、王洛六一案,《宽甸县公署》16171,光绪三十二年(1906年)。

者,亦有迟二三日审讯者,纯视案情之重轻,诉讼之繁简"。① 而在南部的复州,"凡原被告既经传齐报到,立即审讯"。② 审讯开始前由承办房制作"堂单"或"点到单",上书原被、证人的姓名。审讯开始后,先传唤原告,审讯其所控告事实是否虚捏,认为有必要时,可与被告对质。原告如带有契约、婚书等书证,可令其当堂呈验。传唤完原告后,传唤被告,如有书证等也令其当堂呈验。随后再传证人,在审讯过程中,如经原被当堂供出新的证人,允许添传,在昌图府"凡案中要证,经原被告当堂供出,虽于案内未载,亦准随时添传被质,以成信谳";③同样在复州,"凡原被当堂供明,确系要证(若)票内未载,亦准添传"。④ 在审讯过程中,由承办房差将口供记录下来成为供状,以上各方均需在供状上画押认可。昌图府在审讯录供后,"当堂由承办房书对面念给本人听,如有错误,本人绝不画押,如下堂于事经过之后,不准其另行改正"。⑤ 复州的程序几乎完全一样,"凡录供高声朗诵,必令本人自观认可,如有错误,即行改正"。⑥

审理程序所体现的一个显著特点是,在重视原被和证人口供的同时,对书证给予了相当程度的重视,审讯过程中要求原被当堂呈验婚书、典契、卖契、借帖等书证就是很好的证明。勘查在"命盗"一类的刑

---

① 奉天调查局:《行查府厅州县司法行政上之沿习利弊条目》第18条,《昌图县公署》3900,宣统元年(1909年)。
② 奉天调查局:《行查府厅州县司法行政上之沿习利弊条目》第18条,《复县公署》4690,宣统元年(1909年)。
③ 奉天调查局:《行查府厅州县司法行政上之沿习利弊条目》第21条,《昌图县公署》3900,宣统元年(1909年)。
④ 奉天调查局:《行查府厅州县司法行政上之沿习利弊条目》第21条,《复县公署》4690,宣统元年(1909年)。
⑤ 奉天调查局:《行查府厅州县司法行政上之沿习利弊条目》第28条,《昌图县公署》3900,宣统元年(1909年)。
⑥ 奉天调查局:《行查府厅州县司法行政上之沿习利弊条目》第28条,《复县公署》4690,宣统元年(1909年)。

事案件中经常使用,勘查后往往写有"勘单",跟"验单"和"供词"一起,成为裁判的重要依据。在涉及田土一类的民事纠纷时,州县衙门往往派书役伙同乡约等勘查,可以说勘查结果也是审理中所依赖的重要证据。如光绪二十九年(1903年)闰5月马清仁呈控都本善侵损茔基一案,马清仁购得马清富三角地为坟地,后马清富将剩余地卖于都本善。都本善以为马清仁无据,想侵占。吏书奉知县之命下乡按照契据四至,协同乡保将界址划清,立下界石。最后双方甘愿息讼。[①] 以往的研究往往强调口供在清代司法审判中的作用,并以此作为刑讯逼供这一现象产生的主要原因。这样的观察其实只注意到了清代司法实践的一个方面,即只注意到了口供所起的举足轻重的作用而忽视了书证和勘查在案件审理中的重要性,只有全面考察,我们才能对清代司法中的证据类型和作用有一正确的认识。

为深入了解审理程序,现以光绪二十九年发生在海城县的刘志信呈控张士荣捏契昧良、以租作典一案举例说明。

光绪二十九年4月3日家住腾鳌堡的刘志信向县衙递呈了由代书抄录并盖戳的呈控状,其内容为:

> 其告呈人刘志信,年二十八,民人,为捏契昧良以租作典恳恩断事。窃身外祖母胡蔡氏(子)胡恩波早往边外,外祖母身家奉养,遗有腾街地基一段,南北一丈五,东西二丈,门面外有间地三尺,租伊近邻张士荣经理,立有租帖。身舅去后外祖母往讨租项,伊言身舅去时在伊手借钱七十吊,以利作租历三十余年。及外祖母病故,身家叔舅胡恩奎同族公议,将此地给身家以报奉养之情,当给身写立字据。今正胡恩仲同身向张士荣还钱索地,伊称早典身舅之地,有典契并有租帖,向要租帖,伊言有南北六尺,东西一丈,门外三尺

---

① 《宽甸县公署》16098,光绪二十九年(1903年)。

之租帖。伊因瞖目,令伊孙去取,及伊孙取出租帖,南北一丈五,东西二丈,门面外另有地基三尺,实系真租帖,伊因其孙错误当将其孙恶骂,硬言不是强取去就撕,幸遇伊邻胡姓拦阻,未被焚毁。三日后伊子又取出南北六尺,东西一丈,门外三尺租帖,实系捏造,复将买身舅同族之契纸取出,尺丈涂抹不堪,遂将此地侵占在内,硬不情理,有该会保正高泮纯、王树兰、胡姓作中作证,叩乞

仁天大老爷案下恩准传讯主追,时为大德。
原告:刘志信,住腾鳌堡,距城五十五里
被告:张士荣,住高力堡
干证:高泮纯、王树兰、胡姓均住高力堡,胡恩仲、胡恩奎住张中堡
字据当堂呈阅

同日,张士荣之子张仁发向县衙递上了相当于答辩状的诉呈,大意谓,早年租有胡占后人之地九尺,每年租价二十吊;后来胡占后人将此地典于王殿发管业,后王殿发又将此地典于张仁发家。近来刘志信欲将此地卖于张家,作价太高,没有接买等等。知县在阅其诉呈后认为,"验尔红契,确有挖改情事,契三纸存卷候讯",显然,张家所作的书面答辩并没有使知县信服。

4月5日,由户房创稿,经幕友修改,知县批准后,令头班原差冯岳文协同乡保将住高力堡的高泮纯、王树兰、胡姓和住张中堡的胡恩仲、胡恩奎立传赴县以凭讯究。4月13日冯岳文具禀上报称,已将干证高泮纯、胡恩仲和胡恩奎带到县城候讯,另外两名干证王树兰和胡姓外出未回。知县在差役的禀复条后批令已带回县城的干证取保候讯。4月19日户房开列点到单,将原告刘志信、被告张仁发、干证高泮纯、胡恩仲和胡恩奎带堂讯问。在审讯中,刘志信的供词跟呈状中所说的几无

二致。而据保正高泮纯供称:"伊见撕毁之租契南北一丈五尺,东西两丈,门外三尺,于献出典契同年同月同日,唯字迹不一样,丈尺不一样。"又据胡恩仲称,伊同去赎地,所见租帖丈尺及被毁各情均相符,胡恩奎则称自己虽然没有亲去,但确知张姓有改撕租帖情事。最后,知县依据证人口供、挖改的契据以及被告拒不呈献被毁坏的租贴等事实,判决张仁发败诉。但在考虑到张家已经在侵占的土地上盖房,采取一变通办法,断令"张仁发找刘志信市房地基钱腾钱两千四百吊,饬刘志信书字立契过税,至张仁发擅改红契据,罚腾钱一千吊以示惩,具结完案"。4月21日,户房再开点到单,传原告、被告和干证画结结案,在点到单后知县批有"结画,张仁发取切保限十日缴价及罚款,如违提比,余均省释,钱缴后文契发还张仁发,着另立卖契交张仁发收执"。5月2日,刘志信立下具领钱呈,称已领到张给腾市钱2,400吊,并同时已立卖契给张仁发。①

此案因刘志信欲收回其舅出租的一小块土地而跟承租人张士荣、张仁发父子产生纠纷,该土地的具体数目成了争执的焦点,而租帖和证人无疑成了断明事实的主要依据。该案由户房分管,从创稿制作谕,令衙役传讯原被和证人,到审理中多次开列点到单,都由其经办。在审理中,当事人的口供、租帖、卖契等书证,证人的证言是知县最后判决的主要依据。有一点需要注意的是,刘志信在4月3日向县衙门控告张士荣,随后县衙受理了此案,显然在清后期,《大清律例》所规定的在4月1日至7月30日农忙时停讼的规定并没有被严格执行,至少在奉天南部的海城县是这样的。

---

① 《海城区法院》1348,光绪二十九年(1903年)。

第四节 和息

一、概述

和息结案还是堂断结案曾被看做认识清代州县诉讼活动属性的要素之一。学界以往通常认为县官更像是一个调停人而非法官,因此纠纷的处理更多地秉承着滋贺秀三所说的"教谕的调停"(didactic conciliation)原则。① 随着司法档案资料的挖掘和利用,上述观点受到了质疑。黄宗智教授通过对来自巴县、宝坻和淡新的 628 件案卷分析后认为:"一旦诉讼案件无法在庭外和解而进入正式的法庭审理,他们总是毫不犹豫地按照《大清律例》来审断。换言之,他们以法官而非调停者的身份来行事。"② 黄宗智的研究纠正了以往对民事纠纷处理模式的误解,指出了裁判在纠纷处理中的重要性,在突出裁判的作用的同时,他认为官方几乎不从事独立性的调处,调处只存在于民间非正式领域和官方和民间交集的第三领域。③ 接下来我们便来分析来自宽甸的案例,看看这些新的材料呈现给我们的又是一幅什么样的画卷。

上节表 2.3 的数据曾显示,在总数 114 件案件中,以判决结案的有 39 件,占了 34%,以和息方式结案的有 35 件,占总数的 31%,这说明了判决和和息在案件处理方式中占到了同样重要的比重。在以和息方式结案的 35 件案件中,由乡约、保正、中证等出面调处结案的占到了

---

① 黄宗智:《清代的法律、社会与文化:民法的表达与实践》,上海书店出版社 2001 年版,第 12 页。
② 同上书,第 13 页。
③ 他将法庭仲裁和法庭裁判的案件同时归入法庭裁决类,法庭仲裁跟法庭调处的关系则不得而知。同上书,第 227 页。

19件,超过了一半。由知县和书吏出面调处而和息结案的有7件,占总数的20%;而和解结案的则有9件,约占26%,和解结果的出现,可能多少跟第三方的介入和促成有关,但较之调处这一方式,似乎更少以中立第三者的面目出现,而往往以当事一方的代理或帮忙者身份从中斡旋而促成纠纷的解决(详见表2.4)。

表2.4:和息方式细分表(光绪二十八年—三十二年)

方式\年度	二十八年	二十九年	三十年	三十一年	三十二年	小计
民间调处	4	3	3	3	6	19(54%)
知县调处	0	1	0	3	0	4(11%)
书吏调处	0	3	0	0	0	3(9%)
和解	2	3	1	1	2	9(26%)
总计	6	10	4	7	8	35

资料来源:《宽甸县公署》,光绪二十八年—三十二年。

二、三种类型

1)民间调处

上述统计数据告诉我们,非官方的民间调处占到了一半之多,民间力量在州县纠纷解决中的作用可见一斑。对这些调解主体进行进一步的分析后还发现,档案材料涉及的主体有九种之多,包括了保正、乡保、乡约、戚友、乡耆、乡邻、民人、巡长、中人等,具体数据见表2.5。

表2.5:民间调处调解人分类一览表

主体	保正	乡约	乡邻	乡保	戚友	乡耆	民人	巡长	中人	不明	合计
数量	4	4	2	1	1	1	1	1	1	3	19

资料来源:《宽甸县公署》,光绪二十八年—三十二年。
注:有些情况下两种或两种以上主体会同时作为调解人出现,如保正和甲长,见《宽甸公署》16006,光绪二十八年(1902年);保正和公会,见《宽甸县公署》16007,光绪二十八年(1902年);乡邻亲族,见《宽甸县公署》16035,光绪二十八年(1902年);乡约和乡耆,见《宽甸县公署》15976,光绪三十一年(1905年)等,这里只选取排序在前的第一位调处人纳入统计。这里的巡长,是指清末新政期间创办的州县巡警中的基层管理官员,在两百人左右的巡警中设置巡二员,正副巡长六名。

从制度渊源讲,保正始于宋代王安石推行的保甲法,规定五百家设都保正一人,副都保正一人,下有大保长、保长。他们的职责包括了户口、治安、训练壮勇等事。保甲制度的目的在于加强对民间的管理和控制。后代沿用保甲法,并有所损益,保正的称谓也从专指都保正扩展到了保长等。

另一调处人乡约的内涵丰富,最初是指州县官讲读圣谕的活动,侧重于教化。在清代,乡约讲读圣谕一类的教化职能减弱,行政管理职能加强。① 这里所指的乡约,主要是指乡约长、约长、约正一类的负责乡约这一组织的个人。据段自成先生的考证,奉天地区乡约的出现应在雍正四年(1726年)以前,但普遍推行乡约则是在光绪年间。② 乡约一般由乡村社会中的中下层人士担任,他们先由地方士绅保荐,然后由地方官发给印谕,规定其职责。

无论是保正还是乡约(两者合称便是乡保),他们跟官府有着千丝万缕的联系,他们职位的合法性需要知县发给印谕给予确认。因此,严格说来,他们是半官方的调处人。这样算来,单纯的民间调处人只有戚友、乡耆、乡邻、民人等。至于中人,往往在买卖、典当、借贷、租赁和雇佣等交易中起到沟通者、协助者的作用,契约签订时也会要求有中人签名画押,此时,中人不但是契约成立的促成者、见证人,而且往往也是以后纠纷出现时的调解人。在法律资源不足的情形下,中人这一角色本身已经内置了某种调解或缓冲机制,正如有学者指出的那样:"中人的在场补偿了国家的不在场。"③中人以单纯的民间人士居多,但也不排除由保正、乡约等担任,因材料的有限,无法进一步证明,这里只能做些

---

① 段自成:《清代北方官办乡约研究》,中国社会科学出版社2009年版,第1—2页、第271—275页。

② 同上书,第31—32页。

③ 吴向红:《典之风俗与典之法律》,法律出版社2009年版,第26页。

推测而已。

　　如果将上面的民间调处从另一角度进行分析的话,还将发现少部分的由民间力量介入的调处实际上是受知县之命,当事人寻求民间调处人帮助来调解完案的,这时调处人的身份也往往由知县指定。这种情形下的调处不妨称为指令型或委托型调处,在数量上有五件,约占总数的四分之一。如光绪二十八年(1902年)4月刘兆仁来县衙呈控刘兆才在分家析产过程中"欺幼吞产",要求知县支持公道。知县认为只是一面之词,而且"告诉"行为系"自戕手足",因此要求当事人回乡"邀乡邻亲族理处"。① 在个别情况下,知县并不指定调处人,而是要求当事人下堂后"自相调处,两归和好"。② 指令型或委托型调处数量较少并不常见,更加多见的情形是案件进入审理阶段后,民间调处力量主动介入,要求知县允许他们充当纠纷的调处人,以便双方息讼和好,这样的案件有14件之多,占了民间调处类案件的四分之三,这里不妨将这种情形下的调处称为主动型调处,以示跟指令型(委托型)调处相区别。黄宗智认为民间调处力量的主动介入,跟知县对案件的批谕有关,"如果州县官把他们的初步反应批在告状、诉词或呈文上面,这对亲友邻里的调解努力要起很大的影响"。③ 纵观各种可能性,不排除知县批谕对调处所起的作用,但其他的可能性也不能排除,如乡保等调处人因当事人打官司,自感没有尽到管理地面的职责,也会主动介入进行调处。例如有这样的一件案件,光绪二十九年(1903年)4月太平川民人丁书利来县衙呈控保长王永生舞弊苛派,招匪设赌。经堂讯查明公会账本,没

---

① 《宽甸县公署》16035,光绪二十八年(1902年)。
② 如花户张景阳喊控练长、乡约刘长龄等主谋苛派多收会费案中,知县堂讯后查明,被告略有多收,系在正款之外,加收盘川,决定不予深究,要求当事人"下堂自相调处,两归和好"。见《宽甸县公署》16033,光绪二十八年(1902年)。
③ 黄宗智:《清代的法律、社会与文化:民法的表达与实践》,上海书店出版社2001年版,第121页。

有舞弊行为。后在乡约等的调处下,双方立下甘结和息完案。① 又如,光绪三十年(1904年)7月刘忠升喊控孙连福等将伊孀嫂价卖希图肥己反欲行殴一案中,刘忠升称,他有兄弟三人,其行三,二十七年大哥忠悦病故,孀嫂孙氏和侄儿润胜相依为命,然6月孙氏之父孙连福将孙氏价卖辛姓为婚,得洋钱630元,希望知县将孙连福传案究办。知县派二班李云豹将原被传来(谕中并没有要求理处),传唤间乡约孙德新同该处乡耆等出面调处,双方甘愿息讼。② 上述两案乡约的主动介入便是主动型调处的例证。

半官方调处和纯民间调处,以及指令型(委托型)调处和主动型调处的区分,展现了民间调处的多元性。从民间调处的多元性中还看到了半官方力量的广泛性和影响力,半官方调处、指令型调处以及主动型调处中乡保等半官方力量的介入,都是广泛性和影响力的具体体现,这一点在把握州县衙门民间调处的属性时必须给予足够的注意。

2) 书吏调处

书吏调处指的是如果双方争讼的程度不是很激烈,知县判断委托书吏大体可解决纠纷,于是便会要求书吏下乡协同乡保一起调处。例如,光绪二十九年(1903年)2月16日,宽甸县东小荒沟民人马贵清来县衙控刘长禄霸地不吐,马贵清在呈状中称:他于光绪二十七年(1901年)欠刘长禄粮钱五百吊,无钱偿还,以地作保,二十八年(1902年)秋又无钱使,商议将地全典于刘,刘同意,但一时无钱价典,请求拖延至腊月十三,但没有履行诺言,马贵清便托中人将地典给胜华山、由日升二人名下,正月典主招佃,刘从中阻拦。知县于同月28日派吏书高岐山前往调查理处,"谕仰书差前往该处协同该管乡保齐集原被,按照控情

---

① 《宽甸县公署》16234,光绪二十九年(1903年)。
② 《宽甸县公署》15976,光绪三十年(1904年)。

秉公查理允服以息讼端"。3月5日,吏书高岐山禀复,称原告所称属实,"经书并乡保等出为劝解,两造各自追悔,甘愿息讼"。① 再看一案,光绪二十九年3月的一天,郑席氏遣抱告人来县衙呈控刘显贵倚势欺孀。在呈状中郑席氏道明了原委:郑席氏为儿子成婚,聘礼不够,向保正刘显贵借宝银一锭,二分半利息,以地作保,因未能按时还债,地被刘显贵收种,而刘显贵捏称为出典。知县即派吏书前往调查理处,"如两造不服狡展,即禀请传讯"。经吏书和乡保等苦劝,郑席氏将地抽回,甘愿息讼。② 又如,光绪三十二年(1906年)11月17日和24日,王振山两次向宽甸县衙门喊控,称张伦欠租不给,要求知县主持公道。同月26日,由吏房创稿后颁发谕给吏书邹日升,要求其前往现场确查,然后秉公调处,以息讼端。次月初六日,该吏书禀复,称经调处后,双方甘愿息讼。③

在所考察的宽甸县案卷中,书吏调处的案件仅有三件,约占和息方式结案案件总数的9%,其中两件案件知县要求书差前往乡下理处时要"协同该管乡保"秉公理处。很显然,受命于知县的书吏,要取得调处的成功,离不开管区内乡保的协助。可以说,官方性和半官方性结合,是书吏调处的重要特性之一。黄宗智通过对巴县、宝坻、淡新的司法档案研究后认为,知县交给衙役办理的案子,没有一件得到解决,其原因与其敲诈当事人和收受贿赂等不法行为有关。④ 本章对书吏调处的考察结果跟他的发现有所不同,三起案件书吏均成功地进行了调处,最后当事双方甘愿息讼。成功的原因,可能跟书吏的身份高于衙役有关,毕

---

① 《宽甸县公署》16102,光绪二十九年(1903年)。
② 《宽甸县公署》16211,光绪二十九年(1903年)。
③ 《宽甸县公署》16052,光绪三十二年(1906年)。
④ 黄宗智:《清代的法律、社会与文化:民法的表达与实践》,上海书店出版社2001年版,第126—128页。

竟书吏不同于衙役,不仅其收入高于衙役,录取的条件也更苛刻和严格些。调处人的身份决定了其权威性,因此也较衙役更容易取得调处的成功。

3) 知县调处

除民间调处和书吏调处外还有知县调处,展开具体讨论前首先须区分在清代背景下调处和判决的区别。通过对案卷的仔细阅读后发现,调处和判决的差别更多是程度上的不同。这种程度上不同的主要区分标准是强制性的强弱。现代意义上的调处(也称调解),将当事双方的自愿性或合意性看成是这一制度的基本属性,第三人的作用在于促进当事人进行协商,友好解决纠纷。在这里,第三方的角色是从旁协调指导,控制程序,以免各方坚持各自立场,无法达成一致。调解的结果取决于当事人。上述定义强调的是当事人的自愿性和合意性,以及调处人的协商、沟通的作用。如以现代意义的调处为标准,以自愿和强制为两端进行中间刻度的话,那么知县调处所处的刻度位置,应在两端之间,兼有一定程度的强制,但总的说来略偏向自愿一端,具体的区位视个案而定,有所不同。

所分析的宽甸县案卷中可归入知县调处的有四例,占和息方式结案案件总数的11%。光绪三十一年(1905年)10月王通来县衙喊控葛春荣,称其扭死伊家小鸡反行殴打。王通是葛春荣家的租户,租葛的房屋开店经理生意。一天王通养的小鸡跑至葛院内啄食米谷,被葛春荣扭死。知县受理后认为双方"比邻而居其事甚微……,葛春荣因此随到王通家争执打闹尤属非理强横",认为这是街邻纠纷,属于细微小事,双方不必太较真,同时对葛春荣争执打闹的行为提出批评。接下来知县利用到当地的机会,剖析是否,劝双方重归于好,在批词中知县写道:"本县行临其地当将原被唤齐质问,一经将是否剖析,该原被等均自知愧悔,平心气息互相引咎并称彼此各自约束各自家人,不敢再相狡闹。

葛春荣并愿同堂与王通磕头赔礼……。两造既均允服,不必(具)结,各自回家……。"通过知县的劝说,双方自知愧悔,葛春荣向王通磕头赔礼,双方言归和好。①

上面的案例知县通过剖析是非,引导双方进行反思,一方向另一方赔礼,最后双方自愿和好,当事双方的自愿性较好地体现出来。另一案则多少带有以判促调的味道,调处的强制性也就更明显些。光绪三十一年(1905年)4月,李长璧来县衙喊控吕成吉,称吕成吉向李长璧借钱洋票15元,李向吕屡次讨要不给,今年再讨时反被其殴打。知县认为双方是儿女亲家,不必为小忿互争,要求双方和好,否则将予究办,"李吕两家儿女至亲,因小忿互争,本应重惩各责百板,姑念两下至亲,本年十月其女过门,若以刑发落,则两家均有芥蒂矣,姑免深究言归和好,如不知体恤一并究办"。② 知县从情理出发,儿女亲家不应为小忿互争,况且媳妇即将过门。同时知县也不忘举起手中的大棍,称儿女亲家相争,本应各责百板,只是考虑到媳妇即将过门的情况才没有惩罚,如不听从调处,言归和好,将新旧相加一并究办。

在自愿—强制这一维度上,知县调处中两者体现的程度有轻有重,上述两案便是程度变化的体现。如果强制性过于明显,纠纷解决过程和结果更多地体现了知县的权力和权威,那么,对此解决方式的合适界定应是堂断判决,而不是调处了。

实现和息的另一途径是原被双方之间的和解。在所考察的35件以和息方式结案的案件中,和解结案的案件有9件,占总数的26%(见表2.4)。原告将被告呈控或喊控于县衙,县衙受理呈状后,如准予理处,便会派书役下乡协同该管乡保查明事实,据实禀复。书役的下乡调

---

① 《宽甸县公署》16124,光绪三十一年(1905年)。
② 《宽甸县公署》16132,光绪三十一年(1905年)。

查行为，无形中会给原被双方以压力，这种压力很有可能源于对衙门的畏惧。衙门的森严，即将到来的旷日持久的讼累，此时均有可能使原告犹豫起来，而起诉时的一时冲动和冤抑的暂时释放，此时便有可能被畏惧和其他复杂心理所取代。而在被告方，可能的理屈和对衙门讼累的畏惧，也往往促使其让步和妥协。在档案材料中不乏这样的记录，即书吏回到衙门，将调查得来的事实报告给知县，请求销差，同时也会报告说，原被双方已经和好，请求销案。如光绪二十八年（1902年）4月的一天，崔文波到县衙呈控教万良越界霸占邻地，称邻居教万良乘其不在时开垦其家旁的林地。知县派吏书前往调查，吏书回来后报告，崔文波家旁边根本无树株也无平坦地可供开垦，越界霸占邻地的指控不成立，双方只是因牧羊蹂躏禾稼口角而起讼端。吏书称，现在双方各知情愧，甘愿息讼和好。①

第五节 判　决

一、判决格式

跟现代判决书不同，在形式上堂断并没有严格的格式可循，既有批词也有判词，批词和判词交叉，批词往往多于判词。批词或判词往往写于点到单上，大都用红笔，有时也用墨笔。短者寥寥数语，长者百言乃至千语，随知县个人的文风、性格而表现出较大的差异性。有学者认为批词的作用在于推动诉讼的进行，以程序性的功能为主，一般来说，批词并不对案件作出明确的裁决，但有时也对案件中的是非作出判断。②

---

① 《宽甸县公署》16025，光绪二十八年（1902年）。
② 李贵连、俞江：《清末民初的县衙审判——以江苏省句容县为例》，《华东政法学院学报》2007年第2期，第74—75页。

来自宽甸县的档案材料也显示，批词具有推动案件审理程序的作用，如上文讨论将有些"告诉"驳为"不准"，便是批词使用的例证。派书差理处或"协同该管乡保"秉公理处的批词同样具有程序性特点。批词有时也对是非作出判断，如在光绪二十九年（1903年）康玉财喊控胡广连等卖势罢婚案中，在做出判词前总共做了五次批词，其中四次为程序性，一次为实体性。下面以宽甸县的康玉财呈控胡广连等卖势罢婚一案举例说明。

光绪二十九年五月初一日，康玉财到宽甸县衙喊控胡广连，由县衙书吏录下了他的喊供：

> 小的年二十八岁，在这案下台沟岭牌蜂蜜砬子居住，庄农度日。情因去年二月里有小的邻居王广发看小的老实勤俭，种地下力，给小的作媒，将他的妻妹胡广连的妹子就提给小的为妻。当时说妥彩礼钱七百二十吊，布八对，再就有些零碎首饰。两相依允，并没别说。二月二十八日他到小的家看的女婿。三月初二日小的父亲同那媒人王广发拿了一对梅花钉，四吊现钱，到老胡家去定的亲。四月十六日过了五百六十吊钱的彩礼，下欠的彩礼布匹等到今年四月下媒柬的时候再过。赶到五月初九，小的家被那忠义军们抢了，那老胡家看着小的家没有甚么了，就起了悔婚的心思，招留了一个姓郑的木匠在他家，就有了奸淫的事情。没等到今年四月三月（原文如此——引者注）二十七日，他就叫那郑木匠把闺女领去了，不知掩藏在何处。那胡广连屡次到小的家找小的帮他出去找人，要是能帮他去找着，就给小的的人，要是不能帮他去找，就要作为罢论了。闺女本是他们安心打发出去的，反要叫小的帮他找人，卖势罢婚，小的没法，这才来案喊控的，只求把他们传究就是，恩典了。所供是实。

知县看过喊供，在其后做了这样的批词："既过彩礼五百余吊，何得生心悔赖,内中恐有别情。一面之词,未能深信,但此女是否被郑姓领去,抑或别有隐匿,姑(命)差传讯夺。"5月13日,被喊控人胡广连(年二十四岁)向县衙提交了有官代书张仁政代为书写的诉呈,他在诉呈中称,他的父亲并没有收受康的彩礼,只是在去年春天3月间,康的父亲康凤海以小簪一对现钱四吊到胡家提亲,胡的父亲见彩礼不全没有答应,后托乡保等调说,约定以4月为限,如到期不交彩礼,则另行择聘,但到今年春天仍未下聘彩礼,因此订婚取消了。胡广连在诉状中也承认了妹子被郑姓木匠拐走的事实,并称在被拐走之初,其父也曾努力寻找,但最终没有结果。双方对主要事实彩礼500余吊是否转手一事各执一词,知县于是做了如下的批词:"联姻尚未传柬,自不能先交财礼钱文,此事本在将成未成之间,况尔妹被人奸拐同逃,已非完璧。康玉财但知顾名思义,方将恶之不晦,且尔妹至今查无踪迹,而康姓则求之愈急,是非挟制,故难即属,意在图赖所谓先交之财礼钱文也。准传同康玉财质讯,尔着保(候),毋离。"

6月18日知县传集原被双方质讯,该案由礼房负责,堂审后知县在礼房的堂单上做了如下批词:"康胡两姓结,有王广发为媒,康玉财言已过财礼洋钱八十元,合钱五百六十吊,由媒人过付。而胡广连则言,伊妹已为郑姓奸拐,不知去向,并未收到康玉财礼。事属两歧,凡婚以媒保财礼为断,着原告速将王广发找来顶案,三面环质,自有水落石出,而胡姓之女亦可寻找核断矣,此谕。"9月5日,原告康玉财、被告胡广连、媒人王广发被传集质询,结合知县的"三面环质",在堂讯后,知县又在礼房堂单上做了如下批词:

康玉财与胡广连结亲,有王广发为媒,两词各执而原媒当中指称,保媒是实,康家并未给财礼。质之康玉财,则称交洋八十元,系王广发之手,而王广发不认。且胡姓之女已逃,似此媒证游移,何以悬断?惟据王广发称,有传山会上皆知,曾代说合,并无八十元之洋,仅有小簪一对钱四吊等语,是否如(何)?两造各找钱证作质,有公道人(居)中说一二真话,即可了案矣,否则徒狡无益耳!

根据新的线索,为了使案情有个水落石出,知县决定添传新的证人,而新证人的人选,就是媒人王广发提到的山会上人,这里的山会就是当地的青苗会一类基层组织,11月28日,乡保王学保、佟来运将自己所了解到的案情事实做了汇报:

> 具禀罗圈背乡保王学孟、佟来运等为遵谕禀明事。窃以管界花户胡广连被康玉财呈控在案,涉讼已半年余,屡经明讯,是否宜听天裁,曷敢禀渎。但胡广连归乡传谕,找乡保环质,既系身等管界,岂得推委。原康姓托媒题亲,事属情实,其初情形身等未知的确。惟于今春三月间因两造争竞,胡姓经会,身等闻知,往询方知康姓姻事。始则胡姓欲允,继因事延数载,无力筹办彩礼,辞作罢论,而康姓不舍。身等恐激成事端,劝康姓备齐彩礼,仍托原媒说婚,事终未至于成。女即被拐,倘胡姓家规严整,事无难言之隐。诚恐康姓姻事,亦难谐和。然衅无由起,因室家之礼不足,致事不成,自亦无可为词。今胡姓隙由自生,康玉财为求婚未遂怀忿,知其事出妨羞,籍此图赖,以致缠讼至今。身等虽知其故,无屑出首。今既蒙谕质证,只得据实禀明,伏乞
>
> 大老爷案下 恩准鉴核施行。
> 光绪二十八年十一月二十八日

王学孟、佟来运并没有来堂当面作证,而是以禀报的形式,将了解到的胡康因联姻而起争讼之事做了汇报。至此,依据第一次堂审原被质讯,第二次堂审原被、媒人"三面环质",以及乡保王学孟、佟来运的禀报,知县对案件事实有了比较清楚的了解,于是做了如下的批词:"悉胡姓之女既已被人奸拐同(匿),康姓姻事无论彼时成否,亦属例应断离。

而况无成约乎。现所（纠葛）者，惟问财礼钱文一节，准集两造复讯察断，以免久滋讼累，尔等随堂备质。"在这个批词中，知县就案件的处理结果表露了部分意见，也就是康姓姻事"例应断离"。下一步的安排就是调查康玉财是否有交付彩礼500余吊（洋钱80元）给胡家的事实。

光绪二十九年（1903年）2月18日原被告康玉财、胡广连第三次被传集堂审，随后，知县做了下面的带有是非判断性质的批词：

> 康玉财同胡广连结亲及过财一事，为案内要紧关键，乃媒人到案，认保媒不认过付财礼。照例胡家之女被人奸拐，即属找回亦应离异。事已至此，亲事本无可究，而财礼为重，不能令康玉财人钱两空。惟媒人到案，不认付给胡姓之钱，则中证问（虚），岂能凭原被一面之词即向胡家追索耶？余事两造晓之，皆属无异。总之康玉财找不出真证过财礼之据，即不能代追，又何必空费神思耶？①

本案从始至终，知县共做了六次批词，其中三次批词根据书面信息而作，另三次根据堂讯的结果而作出。最后两次的批词较接近现代意义上的判决，知县的审断意见大致为：康胡结亲一事，因未下媒柬，婚约成立的要件没有全部满足，加上因胡家女被奸拐，即使婚约成立，也应该断离。由于原告康玉财无法证明已将彩礼500余吊（洋钱80元）交付给了胡家，因此知县不支持原告的主张，无法帮原告追回财礼。

另一种跟批词并列的形式是判词，判词往往是对案件的终结性法律认定，大多数情况下针对的是实体性问题。在形式上有时会直接使用"……此判"、"断（令）……"、"着……"、"命……"、"……遵断具结完案"等，在39起以判决结案的案件中有上述特定形式的共22起，占总数的56%左右，而以"此判"煞尾的判词仅仅有一例。该案发生在光绪三十年2月的某一天，时傅氏遣抱告人来县衙呈控时来福等驱母夺产

---

① 《宽甸县公署》16029，光绪二十八年（1902年）。

灭绝人伦。大致内容是,时傅氏有三子,长子亡,留遗孀,二子、三子和侄子三股分产。后三子妻子亡故,时氏作主长幼合伙,二子想图占长子的财产。在查明事实的基础上,知县做了如下的判决:

    时傅氏年已六旬,有子三人,按三股分开各过,已无(纠葛),傅氏同长门孤孙过度,有地二日半,欲典出,同傅氏到围荒居住。乃该地被时来福闹索,不准外典,作价百元,长孙得马一匹,约及一半,先走。时傅氏无地无粮不能生活,万分无法告子要债,现杜当堂供明,着时来福交钱五十元交傅氏,以便(随)孙迁居也。此外,不准有一毫勒索,此判。①

  本案中时傅氏三子分家,长子去世留下妻子和儿子,三儿子妻子过世,在时傅氏的主持下长幼合伙。时傅氏要将现有的二日半地出典,跟长门孙子一起生活,但遇到了老二的阻挠。知县命令老二给时傅氏钱五十元,以便跟孙子过度。知县通过"此判"的形式下达判决,丝毫没有商量和讨价还价的余地,增加了几分权威感。

  其他的约近一半的判词并没有出现上面所说的特定形式,如马燕春呈控王盛等归宁不返、勾串隐匿案中,赵王氏首嫁赵家,后夫死,于二十六年改嫁马燕春,马以一百二十两迎娶。二十八年(1902年)春赵王氏归宁,回娘家王盛家。后从亲戚家于福礼家走失。知县在将原被召集当堂对质后做了这样的判决:"能找人交人,不能找人退给马燕春身价……,不交人交钱。……三人分匀,王出一半,于出一半,马吃亏两百吊。……日后逃妇有着落,再向得人之家追觅身价。"②

  上面只是从形式上对批词和判词做了一粗略的区分,正如里赞教授在对清代南部县衙档案分析后所指出的那样,批词和判词的区分并

---

 ① 《宽甸县公署》16183,光绪三十年(1904年)。
 ② 《宽甸县公署》16101,光绪二十九年(1903年)。

不如既有研究中那么清晰,只要有利于纠纷的解决,选择"批"还是"判",以及如何"批"和"判"在知县看来都并不十分重要。① 无论是"批"还是"判",涉及的只是知县审断的形式问题,接下来讨论知县审断的实质问题,也就是州县衙门裁判案件时的法律渊源:知县是如何审断的? 审断的依据是什么? 法律渊源是法学的基本范畴之一,也是法学研究的重要课题,把握清代民事司法的法律渊源,对于了解变革前的民事司法属性具有重要意义。

二、判决依据

知县的裁判风格各异,往往以批词或判词的形式作出,批词和判词可长可短,并无一定的规律。那么,知县们又是依据什么进行裁判的呢? 换句话说,在事实清楚的情况下裁判的法律理由是什么? 我们知道,《大清律例》多为刑事法规,关于民事,律例有明文规定的很少,除《户律·钱债》中违禁取利条,《户律·田宅》中盗卖典买诸条和《户律·婚姻》中关于婚姻各条等特别规定外,可依据的制定法条文非常有限。通过对宽甸县档案中总共39个裁判结案的案件材料的阅读和分析,就审断依据而言,大致可归纳为三种类型:就事论事型、情理型、依律例型,现分述如下。

1)就事论事型(常识型)

就事论事型指的是知县在审断过程中注重对诉争事实的剖析,以查明事实为主,从一般常识出发进行判断,极少进行说理,也不引用律例,这种类型也可称为常识型,以查明事实为主,在此基础上依据生活常识即可断案。上引的马燕春呈控王盛等归宁不返、勾串隐匿一案,知

---

① 里赞:《晚清州县诉讼中的审断问题:侧重四川南部县的实践》,法律出版社2010年版,第164、172页。

县的裁判就较为典型。既然人走丢了,那么就设法去把人找回来,但到堂断时为止人还没有找到,那么就得弥补马燕春的损失,用现代的"法律责任"原理来说,王盛是赵王氏的娘家,赵王氏回娘家后在亲戚于福礼家走失,王盛和于福礼均有"责任",因此要赔偿马燕春的损失。马燕春从这起不幸事件中也须分摊些损失,因此要其承担两百吊,"吃亏两百吊"的说法,透露着对马燕春的同情,也流露出对事件发生的无奈。

发生在光绪二十九年(1903年)的杨殿举控宫大成指妻行诈一案,相对来说,知县的判决就简单明了些。杨殿举之妹嫁给宫大成之子为妻,光绪二十七年过门,二十八年秋其妹过世。其妹生前将手镯存钱等借给娘家。其妹去世后杨殿举不肯将手镯存钱等归还宫家,其妹的婆婆(宫大成之妻)宫时氏向其追索,最后告于县衙。知县最后判决杨殿举将手镯等钱归还给宫家,"断令杨殿举还其手镯等钱二十五元交宫氏领回,各完案安业"。① 此案知县在查明事实后,既不阐述大经大义,也不引用律例,而是直接判决杨殿举将手镯存钱等归还给宫家了事。

对于"田土钱债"类纠纷知县常以就事论事的方式理讼断案,对斗殴等一类的轻微刑事案,知县有时也以同样的方式裁断案件。光绪三十一年(1905年)春天的某一天,会勇张盛林、杨福德、尹国福、国成才四人背负快枪至刘起夏店巡查,查得有陌生人刘中,会勇用马鞭打了两下在店浮住的陈昭。店主刘起夏招呼在店居住的董春林、崔全西、马润和等帮忙并和会勇产生冲突,双方互殴各有损伤。不久,店主刘起夏到县衙喊控,称本牌会勇至伊店籍端讹索并将伊弟殴伤,要求会勇赔偿。知县对斗殴事件的裁断简洁明了,命百户长刘起包补充三元四角,赔偿给董春林等。命刘中等本季地亩收起后离开本境。董等领钱后不得再

---

① 《宽甸县公署》16216,光绪二十九年(1903年)。

到该处滋事。①

就事论事型或常识型的裁断方式,关注的重点在于案件事实的查明,然后知县便会根据"有借有还"、"有失有补"、"有伤有赔"等原则给予相应的处理,几乎不涉及说理和引用律例。这种裁断方式所涉及的案件也更多地跟"田土钱债"相关,在数量上占有相当比例,在以裁判结案的 39 个案件中占了 29 个,达 74%,而情理型的裁断方式则往往跟"户婚"类的纠纷相关联,在这一领域,情理也就更有了其发挥作用的空间。

2) 情理型

上文在讨论词讼受理后的准驳情形时曾对情理的内涵略有阐述,情往往指人情世故,既包含为人之常情,也常涉及乡土民情。理则指一般道理,又跟儒家的以"大经大义"为基础的伦理紧密相连。滋贺秀三将情理理解为一种社会生活中的价值判断,一种衡平的感觉,在他看来,情理的内涵包括了强行性公序良俗,妥协分担损失的折中手法,保持计算上均衡的大致标准,调整社会关系整体的原理等。② 滋贺对情理的阐述较为单薄和笼统,何勤华教授通过对清代判例文献《徐雪峰中丞勘语》、《刑案汇览》、《驳案新编》、《汝东判语》等阅读后认为,在中国清代的司法实践中,作为一种由国家审判机关适用的法律渊源,情理的内涵极为丰富,"既包括国家大法,民间习惯,法律观念,道德规范,儒家的经义;又包含了外部客观世界存在与发展的内在逻辑,事物发展的道理、规律,与国民性相适应的社会公德、职业道德、家庭美德以及人们的共同态度、内心情感、价值取向;还涉及具体案件的案情和法律文书(诉

---

① 《宽甸县公署》15994,光绪三十一年(1905 年)。
② 〔日〕滋贺秀三:《清代诉讼制度之民事法渊源的概括型考察》,王亚新、梁治平编《明清时期的民事审判与民间契约》,法律出版社 1998 年版,第 14、34 页。

状)的用词和行文逻辑等"。① 由此可见,情理的具体内容比较庞杂,类似于衡平法式的一种审判官内心掌握的判断基准。②

在所分析的宽甸县衙档案中以判决结案的 39 个案件中,依据情理判决结案的有 9 个,占总数的 23%。现略举数例加以说明。

光绪三十一年(1905 年)12 月的一天,一位名为吴天德的村民来到县衙,喊控练长程明馨勾串其友张汝霖将伊妻冯氏勾拐逃跑。将原告、被告邀集到案,经过一番堂讯,知县于次年 4 月做了下面的判决:

> 吴天德之妻与革兵张汝霖通奸五年之久,其为奸情,故纵可知。迨张汝霖回原籍,将冯氏带走,乃吴天德不能自找,转向练长要人,实属非理。好在程练长同差领票已将冯氏找回。自应妻归本夫为断,然吴天德事先纵容,事后挟告旁人,其情亦有不合,已当堂讯明,着吴天德领人具结,以后如何不与屯会相涉,各具结完案。吴天德知情纵容,本应罚金,姑念为穷所迫,薄责示惩。③

本案中吴天德的妻子冯氏跟革兵张汝霖通奸,后被张汝霖带回原籍,吴天德找妻子不着,向练长(类似保甲一类组织的头目)要人,知县认为吴天德的行为不符常理,妻子丢失,应该自己寻找而不能归责于他人。再者,吴天德纵容妻子跟人通奸,妻子被人带走后又挟告练长,不合人情。吴天德不通情理,应该被处以罚金,但考虑到其为贫穷所困,故仅略加薄责而已。这里的情理,包含着丈夫应自己对走失的妻子负责这样的基本生活道理。

另一例也跟勾拐妇女有关。光绪三十一年(1905 年)7 月乡约赵振

---

① 何勤华:《清代法律渊源考》,《中国社会科学》2001 年第 2 期,第 127 页。
② "情理"作为分析清代司法的核心概念之一,其内涵的界定和适用的范围等仍有待进一步的研究。徐忠明教授新近提出的"情法两尽"的裁决模式不失为一种新的尝试。见徐忠明:《明清时期的"依法裁判":一个伪问题?》《法律科学》2010 年第 1 期,第 31—39 页。
③ 《宽甸县公署》16096,光绪三十一年(1905 年)。

堂来县禀报,称于成之女被吕振山奸拐同逃,郑有山等寻找没着向其兄吕振海逼要引起纠纷。事情的经过是,于成之女被吕成山奸拐同逃,赌棍郑有山等声称能将该女找回,于成许给钱150元。但郑有山寻找没着,因此向吕振山的兄长吕振海逼要。知县审理后做了如下的判决:"郑有山等以找人为由不将正犯吕振山查访,反将伊兄吕振海绑逼要人,张冠李戴,擅自行绑,殊属非是,着各责四十板驱逐回家不准滋事。如再向吕威逼,定行重办。至吕振山拐人有夫未婚之人亦属非理,吕振海既是胞兄应觅其弟,速将此女送回,以免讼累,不然严拿吕振山究办。"①此案的判决有两要点,第一点跟上案相似,找人不着向别人逼要,知县认为这种行为"张冠李戴"、"殊属非是",不予支持。第二点,则对吕振山拐人有夫未婚之人的行为加以了谴责,认为违背了基本的道德规范,属于"非理"。因此,吕振海作为吕振山的胞兄有义务将弟弟找着并将该女送回。这里理的内涵就是指"不能将有夫未婚之女奸拐"这样的道德规范乃至法律规范。

　　第三例虽因债务引起纠纷,但牵涉师徒之情,因此超于了纯粹的债务纠纷的范围。光绪三十二年(1906年)4月,原宽甸县衙户房吏员宁允迪禀控户承吴文山抗债坑师。吴文山接充宁允迪遗额,与宁有师徒关系,离职时曾借钱给吴文山,但吴坚不承认。知县在审理后认为"况文山昔为弟子认师,今则以吴坑师,核其人情菲薄,殊有负允迪教导之意",②要求其认捐修建学校和城垣的款项。最后吴文山认捐200元完案。本案中的"人情"指"徒弟对师傅的感恩和尊敬"和"一日为师,终身为父"的道德准则和儒家经义。

　　情理的内涵既包括了生活道理,也包括道德规范和准则,还有浸染

---

① 《宽甸县公署》16139,光绪三十一年(1905年)。
② 《宽甸县公署》16039,光绪三十二年(1906年)。

于大经大义中的儒家思想。如果我们将情理的内涵作更广义的理解,上面提及的"就事论事型"或常识型也可归入依情理裁判的类型,因为"有借有还"、"有失有补"、"有伤有赔"等的原则,既是生活常识,也是情理的外在体现。

3) 依律例型

在清代民事司法实践中,对于律例是否得到了适用的问题,在法律史学界存在着两种不同的观点。有些学者认为,在清代的民事审判中,律例是被适用的,但数量很有限。在情、理、法三者中,民事审判的主要渊源是情理,法居于次要地位,这些学者以滋贺秀三为代表。① 另有一部分学者认为,在清代民事司法中,州县官主要依据律例进行裁判,主要代表是黄宗智教授。黄宗智依据淡新、宝坻、巴县三地清代司法档案材料认为,"地方法庭是常规地和一贯地在处理民事纠纷,而县官们事实上是按照法律在审判案件"。② 依情理审判还是依法审判成了滋贺和黄宗智之间分歧之根本所在。针对滋贺秀三和黄宗智的学术争论,国内不少学者提出了自己的看法,其中又以支持黄宗智教授意见的观点占绝大多数。③

考察两人观点差异产生的原因,既跟研究材料的运用有关,也跟各自的理论出发点有密切关系。滋贺秀三以"法治型"西方法为参照模

---

① 〔日〕滋贺秀三:《中国法文化的考察:以诉讼的形态为素材》,王亚新、梁治平编《明清时期的民事审判与民间契约》,法律出版社 1998 年版;《清代中国の法と裁判》,创文社 1984 年版,第 328—371 页。

② 黄宗智:《清代的法律、社会与文化:民法的表达与实践》,上海书店出版社 2001 年版,第 222 页。

③ 认为法律是民事判决主要依据的大陆学者有何勤华、李孝猛、徐忠明等,分别见何勤华:《清代法律渊源考》,《中国社会科学》2001 年第 2 期,第 115—132 页;李孝猛:《中国十九世纪基层司法文化研究——以〈汝东判语〉文本为中心》,《华东法律评论》2003 年第 2 卷,法律出版社 2003 年版,第 271—324 页;徐忠明:《案例、故事与明清时期的司法文化》,法律出版社 2006 年版,第 302—306 页。

式,以清代地方官的判牍为研究素材,认为清代的民事司法不以规则确立为目标,而是根据具体个案进行针对性处理,在规则适用上缺乏确定性,清代司法更多地具有韦伯所称的"卡迪式"司法的特征。黄宗智以司法档案为研究材料,认为清代法和近代法并非完全割裂,清代民事司法在实践上具有"法治型"司法的部分要素,尽管在表达上两者之间存在着矛盾,但实践上存在着延续性,因此两者之间具有转换的可能。"如果我们跨越清代和民国的时期划分来考察问题,就会看到其间的矛盾趋势:一方面是表达结构的显著改变,另一方面是法律实践的基本延续"。①

近年来里赞教授利用四川省南部县的司法档案,对清代州县诉讼进行了深入而细致的研究,他认为州县的全权集中在对地方社会稳定的维护上,"州县的所有作为,包括审断行为,都应当看做是其对地方治理所采取的行动。州县的审断的过程也就不同于法官是一个司法过程,严格依律而断就不会成为其价值取向"。州县考虑的是如何以最便捷的方式了结纠纷,维护地方社会的和谐,"从这个意义上将,滋贺和黄宗智所争论的清代州县是否依律的问题就不是一个值得关注的焦点问题,其理论价值也是有限的"。② 里赞教授试图将清代州县司法看成是州县政务的一部分,并从纠纷解决的角度来理解清代的司法,认为州县审断的依据是情、理、律多元一体的而非单一的,州县的审断具有相当的灵活性。

里赞教授的研究以解构的方式论证了州县诉讼中审断依据争论价值的有限性,从而将研究的眼光不再局限在近现代司法的视野中,跳

---

① 黄宗智:《清代的法律、社会与文化:民法的表达与实践》,上海书店出版社 2001 年版,第 208 页。
② 里赞:《晚清州县诉讼中的审断问题:侧重四川南部县的实践》,法律出版社 2010 年版,第 221 页。

出司法的框框重新检视清代跟司法有关的政务活动,进而了解清代州县诉讼活动的真实图景。然而,我们也须看到,用灵活性来概括清代州县诉讼,似乎还没有涉及问题的根本,灵活性后面是否有一定的规律可循,灵活性这一定性式的概括可否可以通过定量的方式加以具体化和实体化,凡此种种,有待进一步的研究来深化。因此,从档案材料出发,从定量的角度讨论清代州县是否依律裁判的问题仍具有相当的价值。

从宽甸县衙审判档案来看,在所考察的以裁判结案的 39 个案件中依据律例裁判的仅有一例,占 3% 左右。仅有的一案经过是这样的,盖宝富之女嫁张照林为妻,迎娶后不到一年身死,张照林给盖宝富期飞八百吊,约定五七时来买纸钱用。盖提前来支但没有成功,因此便将尸棺挖出,停于张家。张照林无奈来到县衙喊控岳丈盖宝富。知县审理后做了如下的判决:"盖宝富之女嫁与张照林为妻,因病身死,盖宝富受钱八百吊允与死者烧纸,已葬埋无事。后因其钱尚未到手,乃翻悔前情,将尸棺刨出送在张家。律以开坟见棺,有人心者何能办此非理之事。本应(照)法惩治,姑念本日为皇上万寿,不可用刑,着下堂即各录供结认罪悔过,尚可从宽完案,不然均看押,候皇会一过再行提究。双方具完案结。"①本案被告盖宝富开坟见棺,违反了清律的有关规定,即《大清律例》《刑律·贼盗》中的"发塚"条:"凡发掘他人坟塚见棺椁者,杖一百、流三千里。"本应照法惩治,但因为是皇帝生日,才被免于处罚。另有一例,便是上文讨论判决格式时提及的康玉财喊控胡广连等卖势罢婚一案,知县在审理后认为因胡家女被郑木匠奸拐,即使婚约成立,也是"例应断离",这里所说的例是指《大清律例》《户律·婚姻》中的"男女婚姻"条中的规定,双方已经订婚,如果"其未成婚男女,有犯奸盗者,男

---

① 《宽甸县公署》15975,光绪三十一年(1905 年)。

子有犯,听女别嫁。女子有犯,听男别娶"。因该判决以批词的形式作出且跟最终的判决有所不同,更接近于"中间判决"的形式,因此没有将此纳入依律例裁判这一类别。

跟情理在民事纠纷中的法源性地位相比,在所分析的案件中律例几乎很少被适用作为裁判的依据。那么,州县官为什么很少依律例裁判?徐忠明教授通过诉讼和申冤的视角,对明清时期的民间法律意识进行了考察,认为尽管传统中国法律没有将保障"权利"作为核心来规定,但不能否认传统中国社会的民众有比较强烈的"权利"意识,这种"权利"意识既体现于民间法律文书的"权利"安排,也隐藏在和"诉冤"修辞底下的"权利"诉求中。① 日益增长的民间诉讼兴许是这种"权利"意识的很好的注释,但这种"权利"的伸张并没有以律例的形式彰显出来。② 在所考察的诉讼案卷中我们并没有发现"告诉"者引用律例的情形,究其原因,不能不说这跟一般民众对律例的不熟悉有关。既然一般民众对律例并不熟悉,对于知县来说,依律例裁判也就变得不合时宜了,显得多余了。

这里,需要说明的是,尽管两位知县的出身各不相同,一位为通过捐纳"异途"出身的荣知县,另一位是有举人功名的"正途"出身的马知县,但所分析的宽甸县衙堂断案件几乎很少依律裁判,这说明了知识背景的不同,对是否依据律例进行裁判产生的影响甚微。里赞教授在对晚清四川省南部县司法档案进行分析后认为,州县的出身与知识背景不同,表现在审断实践上会有所差别。"进士问案对于是否依照法律可

---

① 徐忠明:《案例、故事与明清时期的司法文化》,法律出版社 2006 年版,第 257 页。
② 徐忠明教授认为,"当帝国法律禁止一种行为(不得偷盗)时,这是一种'义务'性规定;与此同时,也就意味着默许、承认乃至保障一种财产'权利'"。见《案例、故事与明清时期的司法文化》,法律出版社 2006 年版,第 250 页。依此看来,如果当事人引用律例为己申冤,也不失为一种诉讼策略和手段。

以'不十分管它',而捐班知县的问案只能循规蹈矩,原因显然在于:进士不仅是'真正的读书人',且是其中最出类拔萃者"。① 循规蹈矩的可能做法就是依据律例进行裁判,这样更可靠和安全些,但我们在宽甸县两任知县的判决中没有发现因出身不同而表现的差异性。这种趋同性的背后必然有出身以外的原因。

　　在讨论完审断依据的三种类型:就事论事型、情理型、依律例型以后,最后需要回答的问题是,习惯是否是裁判的依据,换句话说,习惯是否具有法源性地位。针对这个问题学术界有两种截然不同的看法,一派以斯普林克尔(Sybille van der Sprenkel)和艾马克(Mark Allee)为代表,斯普林克尔认为除《大清律例》等制定法外,知县们的裁判依据主要是各地流行的地方习惯。② 艾马克认为地方衙门在司法审判实践活动中对地方习惯给予重视和关注,并在判决形成过程中将习惯作为审判的依据之一。在权衡法典、文化和习惯在清时台湾淡水、新竹地方衙门民事审判中的地位时,他认为地方官对于习惯给予了相当重视,并在审判实践中作为审判依据。③ 不过因为证明材料有限,斯普林克尔和艾马克的推断值得怀疑。另一派以滋贺秀三和巩涛(Jérôme Bourgon)为代表,他们倾向于认为,在清代的司法实践中,习惯不具有作为裁判依据的法源性特征。滋贺秀三以清代地方官的判牍为研究素材,认为习惯并没有作为实定性的规范在裁判过程中被地方官所采纳。相

---

　　① 里赞:《晚清州县诉讼中的审断问题:侧重四川南部县的实践》,法律出版社 2010 年版,第 194 页。
　　② Sybille van der Sprenkel, *Legal Institutions in Manchu China* (London: The Athlone Press, 1962), pp. 97–111.
　　③ Mark Allee, "Code, Culture, and Custom: Foundation of Civil Case Verdicts in a Nineteenth-Century County Court," in *Civil Law in Qing and Republican China*, ed. Kathryn Bernhardt and Philip C. C. Huang (Stanford, Calif.: Stanford University Press, 1994), pp. 136–137.

反,地方官们主要依据"情理"寻求对纠纷做出具体妥当的解决。① 巩涛则以刑幕手册、案例汇编和各省省例为研究基础,认为尽管地方官们对当地的风俗习惯给予关注,但他们的判决主要在儒家经典的原则指导下形成。这样的判决不是确认当地已经存在的习惯性规则,而是特定环境下为了百姓方便或迎合当地民情的安排。② 后一派的观点因建立在丰富的实证材料基础上,在没有发现足以推翻其看法的材料以前,仍具有一定的说服力。从所阅读的宽甸县公署档案看,还没有发现知县们有意识地依据地方习惯进行裁判的案例,这一点跟第六章将要讨论的民国初年的情形形成了鲜明的对比。

三、具结

知县作出判决后,须原被双方具结认可后方可结案。可以说,具结成了结案或销案的必经程序,原告、被告,有时还包括干证均被要求具下甘结,认可知县的裁断。上引的光绪二十九年(1903年)在海城县发生的刘志信呈控张士荣捏契昧良以租作典一案,知县在下断后要求"具结完案",两天后原告、被告、干证也确实"画结结案"。上面刚引的光绪二十八年(1902年)发生于宽甸县的康玉财呈控胡广连等卖势罢婚一案,在知县作出判决后十余天,双方具结遵断,下面分别是康玉财、胡广连的甘结:

> 具完案甘结康玉财今于
>   与甘结事。依奉结得,身以卖势罢婚等情将胡

---

① 〔日〕滋贺秀三:《中国法文化的考察:以诉讼的形态为素材》,王亚新、梁治平编《明清时期的民事审判与民间契约》,法律出版社1999年版,第13—14页;《清代中国の法と裁判》,创文社1984年版,第328—371页。

② Jérôme Bourgon, "Uncivil Dialogue: Law and Custom Did Not Merge into Civil Law under the Qing," *Late Imperial China* 23, no. 1 (June 2002): 82–83.

广连喊控在案。蒙恩断明,照例胡家之女被人奸拐,即属找回,亦应离异,而财力为重,令身找出过财礼之真证,即能代追。身思屡找不到,了案无期,情愿完案回家安度。所具甘结是实。

   光绪二十九年三月初八日具甘结康玉财 其
              左手食指

  具完案甘结胡广连今于
         与甘结事。依奉结得,康玉财以卖势罢婚等情将身喊控在案。蒙恩着伊找不出真证过财礼之据,即不能代追。伊觉得碍难,情愿完案。身亦甘愿息讼免累。所具甘结是实。

   光绪二十九年三月初八日具甘结胡广连 其
              左手食指[①]

  甘结有一定的程式可循,往往以这样的抬头开始,"具完案甘结某某今于(另起一行)与(完案)甘结事",结尾则以"所具(完案)甘结是实"结束。中间是对案情事实的简单陈述以及处理结果。滋贺秀三认为原被双方遵断具结是认定清代司法具有调解性特征的主要依据。其实,遵断具结更多的是一种形式性的手续而已,是在仪式上表示双方对官府审断权威的尊重乃至臣服,其形式意义远远大于实质意义。

  如果任何一方不遵堂断,不具甘结,则有被收押的可能。据清末奉天调查局所作的诉讼习惯调查,北部的昌图府和南部的复州在回答"遇有不遵堂断具结者,有无收押勒派之事"时,均认为如案有不遵断具结

---

① 《宽甸县公署》16029,光绪二十八年(1902年)。

者，亦有暂行收押之时。① 毫无疑问，收押成了促使双方具结遵断的有力的威慑措施，其所包含的强迫意味不言而喻。

四、执行

为保证判决的执行，在司法实践中形成了要求败诉人取保并在一定期限内履行义务的习惯做法，如败诉人无法觅得妥保，而到期又无法履行义务的话，则很有可能被收押，投入班房。在上举刘志信呈控张士荣捏契昧良、以租作典一案中，知县在判决中即要求败诉人"张仁发取切保限十日缴价及罚款，如违提比"，要求取保后在十日内交价，如不遵守则有"提比"的危险，这里的"提比"即有收押的意思。又如前面提到的发生在海城县的钟景槐禀控戴庚尧霸地不交、抗租不偿一案，经审理后知县判决戴庚尧败诉，"戴庚尧供称实系欠二年租粮，每年七百吊，共一千四百吊，着取保勒限一月清还，如违提责"，不幸的是戴庚尧在街面无处寻觅妥保，因此知县令将其交兵房看押。一个月后，因戴庚尧病情严重，才由东嬴客栈的执事人姬景山出保在外医治，大约又过了一月，戴庚尧才把所欠租粮款交清，具结完案。② 以上两例均说明了为保证判决的执行，在实践中形成了一定的保证机制，即要求败诉人觅得妥保，如无保可寻，则有被收押的可能。斯普林克尔在分析清代司法判决实际效果时曾认为，"中国法在救济和判决的执行机制方面存在着缺陷和不足"，应该说，斯普林克尔的分析只是从律例出发所作的考察，没有看到在司法实践中形成的习惯做法，因此并不全面。事实上，正如上面两例所表明的那样，在清代司法中为保证判决的执行，实际上存在着一套保证机制。

---

① 奉天调查局：《行查府厅州县司法行政上之沿习利弊条目》第29条，《昌图县公署》3900，宣统元年（1909年）；《复县公署》4690，宣统元年（1909年）。
② 《海城区法院》1354，光绪二十八年（1902年）。

第六节 结语

依据司法档案材料提供的信息,结合相关的制定法,对此进行分析和探讨,对清代州县的民事审判程序的基本特征我们大致可得出以下结论:

不同民事主体由于身份、年龄、性别的差别而导致诉讼权利不平等。绅衿、官员、妇女和老疾之人的民事诉讼权利受到限制。被限制诉讼权利的人必须遣抱,由抱告者进行诉讼。另外,在状纸格式上,普通百姓用呈,须购买格式化的状纸,加盖代书的戳记后方被受理,而对于绅衿和在职官员,则用红禀,无须代书戳记。这些都是等级观念和性别差别在诉讼程序上的具体反映,它既显示了绅衿、官员等所享有的诉讼特权,又表现出对妇女既保护又歧视的尴尬态度。

案件受理后,"告诉"的"准"和"不准",有程序性证据原则的考虑,也有实体性"情理"原则的权衡,背后的深层次原因,除技术层面的考虑外,更多是缓解人财资源短缺导致的对州县衙门的诉讼压力。人口增长和商品经济的发展,导致案件量的大量增加,但州县衙门的规模基本维持不变;两者的紧张,促使州县在消减案件数量上想办法,尽管这样的做法在一定程度有违"父母官式"全能型政府的初衷。

审理程序中在重视原被和证人的口供的同时,对书证给予了相当程度的重视。在涉及田土一类的纠纷时,州县衙门往往还派书役伙同乡约等勘查,勘查结果也是审理中所依赖的重要证据,这在司法实践和状纸例规中都有明显体现。以往的研究往往强调口供在清代司法审判中的作用,并以此作为刑讯逼供这一现象产生的主要原因。这样的观察其实只注意到了清代司法实践的一个方面,即只注意到了口供在刑事审判中所起的举足轻重的作用而忽视了书证和勘查在民事诉讼中的重要性。我们考查证据在清代司法中的作用时,应适当区分民、刑事类别而给予区别对待。

以调处为主要方式的和息结案和判决意义上的堂断结案,均是州县解决民事细故纠纷的重要手段,对任何一种方式的过分强调都背离了历史事实。调处和判决的区分不是现代概念的演绎,更多是从当时的背景出发所作的程度上的区分。调处时当事人的自愿性较强,调处人的强制性较弱;相反,判决时,当事人的自愿性较弱,裁判者的强制性较强。总的来说,说服—心服原则贯彻于州县民事细故解决的不同方式中,只是在不同的方式中,该原则的贯彻程度有所不同而已。半官方力量的介入和参与使得民间调处官方色彩浓厚,与此同时,书吏调处也需要半官方力量的协助。这体现出保正、乡约等半官方力量在纠纷解决中的重要作用,这很可能跟当地的社会结构有密切关系。清代的奉天省属于移民社会,大量人口来自邻近的直隶、山东等华北省份,而清代的华北普遍被认为宗族组织已不如南方的福建、广东发达。宗族组织的弱化,为其他社会力量的生长提供了空间,保甲、乡约组织的出现很好地弥补了权力的空白。跟宗族不同,保甲、乡约等所谓民间组织打上了深深的官方烙印,因而具有明显的半官方色彩。

在审断的依据问题上,我们发现,大部分的案件是通过就事论事的常识方式来结案的,这部分案件以田土钱债类纠纷为主,知县关注的重点在于案件事实的查明,然后便会根据"有借有还"、"有失有补"、"有伤有赔"等原则给予相应的处理,几乎不涉及说理和引用律例。少部分案件依据情理来结案,情理的具体内容比较庞杂,类似于衡平法式的一种审判官内心掌握的判断基准。情理的内涵既包括了生活道理,也包括道德规范和准则,还有浸染于大经大义中的儒家思想。至于律例在裁判中的作用,本章的研究发现,在民事审判中,律例是被适用的,但数量非常有限。其原因跟民众的法律意识有关,总的来说,一般民众对律例是不熟悉的。既然一般民众对律例并不熟悉,对于知县来说,依律例裁判也就变得不合时宜了,显得多余了。从现有的档案材料看,由于反证材料的缺乏,笔者倾向于同意日本学者滋贺秀三的观点,即在清代的司法实践中,习惯不具有作为裁判依据的法源性特征。另外,在自理案件中采取刑罚性的惩罚措施也较为罕见,在这一领域州县官拥有很大的自由裁量权,这说明自理案件和命盗类案件在惩罚方面存在着明显的差别。

最后,就判决的执行情况而言,笔者不同意斯普林克尔认为中国法在救济和判决的执行机制方面存在着缺陷和不足的看法。档案材料证明,清代司法为保证判决的执行,在司法实践中实际上存在着一套保证机制。

第三章 新式法院的建立

清代司法的官僚性特征和与其并存的诸多制约性因素是近代司法改革开展的基础和出发点。近代司法如何在原有的基础上展开变革，这些变革具有哪些现代性特征等问题是本章讨论的重点。具体地说，本章关心的是新式法院如何被当时的掌权者和知识精英所理解和接受，以及通过变革，在一种新的场景下，新式司法制度中的法官、检察官及其辅助人员是如何被新的知识体系训练、塑造和规训的。

在展开深入讨论以前，先作一简要的学术史回顾。我们注意到，对清末新政以来司法制度变革的讨论，自二十世纪九十年代后期以来备受学术界的关注。① 这些研究大都就全国范围展开讨论，而较少关注到当时各地区自然条件、社会经济与文化发展的差异性。就目前的研究现状而言，从区域角度对这一时期司法制度变革进行分析的，仅见对清末民初的广西和民国初期的山东两省的研究。朱浤源通过对当时广西司法组织和制度演变过程的考察，认为广西司法无法完全分立于行

---

① 如张晋藩：《中国法律的传统与近代转型》，法律出版社1997年版；韩秀桃：《司法独立与近代中国》，清华大学出版社2003年版；李启成：《晚清各级审判厅研究》，北京大学出版社2004年版；张培田、张华：《近现代中国审判检察制度的演变》，中国政法大学出版社2004年版；李俊：《晚清审判制度变革研究》，中国政法大学2000年博士论文；台湾学者黄源盛：《民初大理院(1912—1928)》、《民国初年近代刑事诉讼的生成与发展——大理院关于刑事诉讼程序判决笺释(1912—1914)》、《民初大理院关于民事习惯判例之研究》，分别见《政大法学评论》第60期(1998年12月)、第61期(1999年6月)、第63期(2000年6月)。对民国初期司法现代化变革研究现状的分析，见吴永明：《民初(1912—1928年)司法现代化变革研究述评》，韩延龙主编《法律史论集》第五卷，法律出版社2004年版，第589—601页。

政之外;张玉法对民国初期山东省司法改革的探讨,分北洋政府时期和南京国民党政府时期两个阶段进行考察,他认为从清末"新政"开始,尽管有政权更迭,但各个政权是不断在司法改革方面进行努力的。[①] 应该看到,近代中国社会是一个急剧变革的社会,也是国内政治、经济、文化等发展很不平衡的社会,这种不平衡性在北洋政府时期中央政权弱小,各省地方势力相对强大的情况下表现得尤为突出。正因为这种显著的地域性差别的存在,在法律史研究领域引进社会史学者经常运用的地域研究方法,具有相当的必要性和合理性。对近代奉天省司法变革的考察,并对比朱浤源和张玉法两位学者的地域性研究成果,将有助于丰富和修正我们对清末民初司法近代化过程的总体认识。

就时间范围而言,本章将考察奉天省自清末"新政"开始到张作霖统治结束为止这一段时期的变革情况。无论是就政治体制、意识形态还是社会心态而言,这一时期的中国社会经历着剧烈的变革。皇权统治渐趋没落,共和体制的建立艰难而曲折。在这一时空前提下,本章重点从四方面进行探讨,一是新式法院的发展历程和司法官专业化的程度。在时段上,将分清末和民初两部分以比较的方法进行讨论。二是从地方政权建设和收回治外法权运动这两个因素入手,分析以上现象产生的原因。三是司法官惩戒制度的基本内容和特征。四是书记官、承发吏等法院基层辅助人员的官僚化过程和内涵。这四方面的分析讨论,期待能揭示近代司法理念和制度,诸如司法行政分离、法官专业化、司法官惩戒、辅助人员专业化等在二十世纪前 30 年在奉天省的具体实施情形以及所体现出的时代特征。

---

① 台湾学者张玉法:《民国初年山东省的司法改革》,《社会科学战线》1997 年第 3 期;朱浤源:《我国司法现代化的个案研究:广西司法的初期现代化(1907—1931)》,《科际整合学报》1991 年第 1 期。

第一节　清末"新政"期间的新式法院建设

一、提法司和新式法院的创设

　　第一章已经提到,自十九世纪中叶开始,大批民人开始由直隶、山东等地迁入包括奉天在内的东北地区。民人的大量涌入对这一地区的政治、经济和族群关系产生了显著影响。就对司法体制的影响而言,以光绪二年(1876年)崇实的改革为转折,这一地区的司法体制经历了由旗民分治到旗民合治的演变过程。改革后,在司法领域对旗人和民人的管辖趋向一致。如果说光绪二年崇实改革的起因可归结于族群关系的变化和旗人地位的式微,那么发生在二十世纪初的更大规模的变革,则是清廷在列强强势文化的影响和压迫下为图存而做出的抉择。

　　义和团运动后期,八国联军出兵中国,慈禧携软禁中的光绪皇帝西逃西安。辛丑条约签订后,清廷才还政于北京。借助义和团排外拒洋未果,以慈禧为首的满清统治集团不得已走上了改革的道路,以挽救岌岌可危的统治。清廷在其统治最后十年所推行的一系列改革措施便是常说的"新政"。清末"新政"的一项重要内容就是仿效西方和日本,建立起以司法和行政分离为基本特征的近代司法制度。光绪三十二年(1906年)9月清廷下诏改刑部为法部,大理寺为大理院,这一举措标志着清末司法改革的开始。光绪三十三年(1907年)5月27日清廷发布上谕,各省按察使司改为提法使司,分设审判厅,由东三省先行试办。[①]奉天省遂将"原设之驿巡道兼按察使衔查照奏案撤销,并将驿巡道所管

[①] 《筹设奉省各级审判检察厅折》,《东三省政略》卷六《官制》,(台湾)文海出版社1965年版,第3449页。

通省刑名案卷改归提法使接办"。① 将提法司的职掌确定为,一省司法行政上之行政机关并受辖于法部,以保持独立,并由"督抚暂而监督之者,盖以谋行政之便利"。② 提法司成立以后,全省各级审判检察厅的建立便在其直接的管理和监督下开展。此后独立于行政系统的新式法院(各级审判检察厅)在奉天省逐次创设。

奉天省是继天津、北京之后,第三个最早设立各级审判检察厅的地区。光绪三十三年12月1日,东三省总督徐世昌、奉天省巡抚唐绍仪发布告示,宣布盛京地区于该日开办高等审判厅、奉天府地方审判厅,并于奉天府辖的承德、兴仁两县按巡警区设初级审判6厅,各厅均附设检察厅。从该日起承德、兴仁两县概不受理词讼,所有民刑案件均赴各级审判厅诉讼。③ 光绪三十四年(1908年)5月,兴京厅西部部分地区划归兴仁县管辖,兴仁县治移驻抚顺,并改兴仁县为抚顺县。该年12月抚顺地方审判厅和初级审判厅设立,原奉天府第二初级审判检察划归抚顺界内,作为抚顺第一初级审判、检察厅。原兴仁县所辖区域内一切诉讼改归抚顺管理。④ 奉天地方审判厅因此更名承德地方审判厅,其下辖的初级审判厅的数量也由6个减少到3个。⑤

继创设抚顺地方、初级审判检察厅后,徐世昌等于宣统元年(1909年)3月8日上奏清廷,认为奉天通商各埠以营口为最繁盛,中外商民云集,诉讼繁杂;而新民"虽开放较迟,但地方寥廓,户口殷繁,讼狱之

---

① 同上页注,第3429页。
② 同上。
③ 《筹设奉省各级审判检察厅折》,《东三省政略》卷六《官制》,(台湾)文海出版社1965年版,第3449—3453页;《督抚开办各级审判厅告示》,《盛京时报》光绪三十三年(1907年)12月2日。
④ 《筹设抚顺审判检察厅暨开办情形折》,《东三省政略》卷六《官制》,(台湾)文海出版社1965年版,第3455—3456页;《盛京时报》宣统元年(1909年)1月16日。
⑤ 《奏归并奉天府各级审判厅并改拟厅名员缺折》,《东三省政略》卷六《官制》,(台湾)文海出版社1965年版,第3457—3458页。

多,不亚省治",因此这两地"法庭之设均属刻不容缓"。① 宣统元年3月15日和20日,新民和营口地方审判厅及其所辖初级审判厅相继设立。② 该年10月位于中朝边境的商埠城市安东(今丹东市)设立地方、初级两厅。③ 其后宣统二年(1910年)11月和宣统三年(1911年)5月辽阳和锦州分别设立了地方、初级各厅。④ 这样至满清统治结束时,在奉天省共设有高等审判厅1所,地方审判厅7所,初级审判厅9所以及相同数量的各级检察厅,覆盖了奉天省的南部、西部、东南部和中部地区。表3.1具体罗列了奉天省各级审判厅的名称和设立的时间。

表3.1:清末奉天省各级审判厅名称和创设时间一览表*

名称	设立日期
奉天高等审判厅	光绪三十三年12月1日
承德地方审判厅	光绪三十三年12月1日
承德第一、第二、第三初级审判厅	光绪三十三年12月1日
抚顺地方审判厅	光绪三十四年12月1日
抚顺初级审判厅	光绪三十四年12月1日
新民地方审判厅	宣统元年3月15日
新民初级审判厅	宣统元年3月15日
营口地方审判厅	宣统元年3月20日
营口初级审判厅	宣统元年3月20日
安东地方审判厅	宣统元年10月16日

---

① 《奏设营口新民各级审判检察厅折》,《东三省政略》卷六《官制》,(台湾)文海出版社1965年版,第3461—3463页。
② 《盛京时报》宣统元年(1909年)3月26日。
③ 《盛京时报》宣统元年(1909年)10月25日。
④ 《盛京时报》宣统二年(1910年)11月12日;《盛京时报》宣统三年(1911年)5月17日。

(续表)

安东初级审判厅	宣统元年10月16日
辽阳地方审判厅	宣统二年11月12日
辽阳初级审判厅	宣统二年11月12日
锦州地方审判厅	宣统三年5月17日
锦州初级审判厅	宣统三年5月17日

资料来源:关于奉天高等审判厅、承德地方、初级审判厅的创设时间,见《东三省政略》卷六《官制》,(台湾)文海出版社1965年版,第3449—3453页和《盛京时报》光绪三十三年12月2日;抚顺地方、初级审判厅,见《盛京时报》宣统元年1月16日;新民、营口地方和初级审判厅,见《盛京时报》宣统元年3月26日;安东地方、初级审判厅,见《盛京时报》宣统元年10月25日;辽阳地方、初级审判厅,见《盛京时报》宣统二年11月12日;锦州地方、初级审判厅,见《盛京时报》宣统三年5月17日。

*注:跟各级审判厅平行的同级检察厅也同时设立。

奉天由于其特殊的历史地位,在清末新政的司法改革中,起步较早。至满清统治结束时,已有一批新式法院设立,这为民国时期新式法院的建设奠定了一定的基础。但在发轫阶段,新式法院的设立较为仓促,表现之一便是司法官的专业化水平较低。

二、司法官专业化程度

司法官的专业化是指任何成为司法官的人都必须经由严格系统的法律研习训练,并且达到国家认可的业务素质标准。这种专业化的要求源于法律本身的专业化。生产力的进步,社会结构的多元化和复杂化,"社会交往与纠纷的频繁程度比肩共进,法律本身也日益成为控制和协调社会运行的技术系统,从最初人皆可知的习惯规则上升为严密系统的实证规范体系,从而完成了自身的专业化过程"。[①] 司法近代化

[①] 谭兵、王志胜:《论法官现代化:专业化、职业化和同质化——兼谈中国法官队伍的现代化问题》,《中国法学》2001年第3期,第133页。

过程中,司法官的专业化是近代法律技术更加专业化后提出的必然要求。根据韦伯的研究,在欧洲,这一过程约开始于十六世纪。由于当时战争技术的发展需要专家和专业化的官吏,司法程序的细密化也要求有训练有素的法律专家,于是在战争、财政、法律三个领域出现了专业化的官吏。① 专业化的最明显的特征体现于专业技能的训练,而这种训练又常常以系统的理论知识为基础。那么,上述新政期间设立的新式法院中司法官的专业化程度又是如何? 出版于宣统元年(1909年)3月的《奉省同官录》为了解这一问题提供了线索。该《同官录》收录了当时刚设立的新式法院(含审判厅和检察厅)司法官总共67人的简历,包括奉天高等审判检察厅,承德、抚顺地方审判检察厅和所辖的初级审判检察厅,其中推事20人,检察官13人,各类委员(含代理委员、办事委员、学习委员、练习委员)34人。② 拥有各类功名(含捐纳)的有51人,即进士4人,举人10人,副贡1人,拔贡2人,贡生7人,监生17人,廪生4人,附生6人,占总数的77%,只有16人约23%的简历上未注有功名头衔。从接受近代法政教育的背景看,有25人约37%有这样的经历,他们中的9人曾留学日本学习法政,1人曾留学日本学习陆军,3人毕业于当时刚刚创办的法政学堂,3人毕业于巡警学堂,其余10人毕业于一年制的奉天法律讲习所。不难看出,这一时期的司法官主要由拥有科举功名的人士担任,只有约三分之一的官员接受过期限长短不一的近代法政教育。

再看稍后成立的营口地方审判检察厅司法官的专业化程度。档案材料显示,在宣统三年(1911年)3月,营口地方审判、检察厅共有10人,其中推事1人,检察官1人,委员8人(含代理委员、办事委员、学习

---

① 〔德〕马克斯·韦伯:《学术与政治:韦伯的两篇演说》,冯克利译,生活·读书·新知三联书店1998年版,第68页。

② 《奉天省同官录》,宣统元年(1909年)版,《民国资料》第71,辽宁省档案馆藏。

委员、练习委员）。① 其中拥有各种功名头衔的有9人，即监生5人，副榜1人，贡生2人，附生1人。仅1人没有功名头衔，此人曾在江西省担任过刑幕，因而有一定的实践经验。从接受近代法政教育的背景看，以上10人中仅有2人接受过为期一年的速成法政训练，均为奉天法律讲习所毕业生。② 因现存的营口地方、初级审判检察厅的档案资料保留了较为详细的司法官简历，现选其中的三人作进一步的介绍，以窥一斑。当时唯一具有推事头衔的地方审判厅民庭庭长罗鸿宾，原官为候选通判，时年36岁，籍贯为江西南昌府南昌县，监生出身。他于光绪三十四年（1908年）3月由提法司民事科员调署承德地方审判厅典簿兼民一庭审判委员。宣统元年（1909年）3月21日署同一地方审判厅刑二庭推事，二年6月19日补授推事，不再署理，同年底调署营口地方审判庭民庭庭长。时任地方检察厅检察长的王竟松，56岁，原官为留奉补用知县，籍贯为浙江会稽县，附生出身。他于宣统元年11月2日被派充为营口地方审判厅推事兼庭长，宣统二年9月15日代理营口地方检察厅检察长。以上分别出任推事和检察官的罗鸿宾和王竟松均有功名头衔，但似均未接受过近代法政教育。而监生出身的徐彬，原官为候选府经历，年27岁，籍贯山东莱阳县，接受过一年零两个月的法政教育。他从光绪三十三年（1907年）8月1日考入奉天法律讲习所，次年10月毕业，考列中等。他毕业后于宣统二年（1910年）1月被派到提法司练习，不久即被派往营口地方审判厅练习，后被派充为代理民庭学习委员。

上述档案材料显示，就各级审判检察厅司法官的专业化水平而言，绝大部分为科举功名的获有者，有位居金字塔最顶端的进士，也有最底

---

① 此时法官资格考试尚未进行，清廷正式任命的推事、检察官相当有限，大量的审判检察事项由各类委员担任，委员按其级别的高低依次为代理委员、办事委员、学习委员和练习委员。

② 《营口地方法院》15-2-494，宣统三年（1911年），营口市档案馆藏。

层的生员,他们接受的是以儒家经典和诗文训练为内容,以科举为目的传统教育,只有极少数的司法官接受过近代的法政专门训练,而有留学经历的则更少。不难看出,清末"新政"期间,有一批新式法院在奉天迅速设立,但法官和检察官的专业化程度较低,他们所接受的近代法政教育非常有限。司法近代化中新式法院在数量上的不断增长,与司法官非专业化之间的矛盾,是清末"新政"期间奉天省司法变革过程中所体现的突出特点。

第二节 民国初期新式法院和司法公署建设

一、新式法院改组和审检所的短暂设立

1911年辛亥革命成功,满清统治宣告结束,1912年元旦,孙中山在南京宣誓就任中华民国临时大总统。共和制度的建立在理论上为宪政和法治创造了条件。民国政府定都北京以后,7月26日曾在清末任奉天高等审判厅厅丞的许世英继王宠惠后担任北京政府的第二任司法总长。在其任内继续推行新式法院(包括具有过渡形式特征的审检所)在全国的设立。同时对已有的新式法院进行改组,改组的主要原则是要求担任司法官者须毕业于三年制法律学校。

与中央政府的步骤相一致,这一时期奉天省的法院建设主要体现为两点,一是对清末时期设立的审判检察厅进行改组,二是在各县设立审检所。

因清末奉天省设立的新式法院数量颇多,民国建立以后社会各界对法院的前途颇为关注。在司法部下达法院改组的通令以前,民国元年(1912年)9月13日的《盛京时报》登载了关于"制限法官资格之部电",称"闻提法署昨奉部电,略谓各级法官非由专门学校毕业者不能充

任,其资格分为三层,高等推检各官须留学东西洋法科毕业并历有经验者;充地方推检者必须法律学校五年完全科毕业者;充初级推检者则以法律三年别科毕业者,其余书记官暨主簿、录事等亦受有法政一年之教育者方准充任云云"。① 这则报道所称的对法官资格的要求是相当严格的,高等推检各官须留学法科毕业生,地方推检各官须法律学校五年完全科毕业,即使初级推检各官也须法律三年别科毕业。这则报道究竟是确有其事,还是危言耸听,现已无从查考,但奉天省当时社会舆论对民国成立后法院改组的关注程度已不言而喻。当然司法部最后推出的司法官标准,是不分级别一律为三年制法律学校毕业,比《盛京时报》所言显然要宽松许多。

奉天省新式法院的改组在民国二年(1913年)3月结束。根据《盛京时报》的记载,改组后全省的新式法院有高等审判厅1所,地方审判厅6所(分别为奉天、营口、安东、辽阳、新民和锦州),初级审判厅7所,以上各级审判厅均配以检察厅。从人员组成看,当时高等审判厅有推事6人,高等检察厅有检察官3人;奉天地方审判检察厅有推事12人,检察官7人,营口、安东、辽阳审判检察厅均有推事7人,检察官5人,新民和锦州两地审判检察厅则分别有推事6人,检察官4人;以上各地方厅均辖初级厅,均为推事2人,检察官1人,另有抚顺初级审判厅推事2人,检察厅检察官1人。②

和改组新式法院几乎同时,在奉天省其他未设新式法院的县陆续开始设立审检所,作为以后创设新式法院的过渡。审检所负责民刑诉讼的初审案件,裁判权委之于帮审员,而由县知事负责检察事务。凤凰、绥中、盖平、海城4县的审检所于民国二年6月宣布成立。其中盖

---

① 《制限法官资格之部电》,《盛京时报》民国元年(1912年)9月13日。
② 《奉天各级法院新任法官表》,《盛京时报》民国二年(1913年)3月27—28日、4月2日、4月4—6日。

平县设帮审员2员,以1员为监督帮审。① 镇东县于同年7月设立审检所,司法和行政分权,改县署为行政公署。② 宽甸县审检所也成立于同年7月,设监督帮审员和帮审员各1人,掌关于司法行政事务,监督各员,并审理民刑诉讼。另有书记员2人,掌审理文牍和会计庶务;雇员5人,掌缮写事务;检验吏1人,掌检验死伤和命盗案之踏勘;承发吏4人,掌传唤民事诉讼及民事案之执行;司法巡警4人,掌传唤刑事诉讼人;庭丁2人,分值法庭一切杂物;杂役2人,分值审检所内一切杂务。③ 从庄河县知事民国二年(1913年)6月29日呈送给上级公署的《审检所职员姓名清册》来看,人员配置跟宽甸县相似,有监督帮审、帮审各1人,书记员2人,雇员5人,检验吏1人,承发吏4人,司法巡警4人,庭丁2人,杂役2人。④ 从档案材料和地方志记载判断,审检所在奉天省的大部分县陆续设立。在人员配置上大都设监督帮审员和帮审员各一人,人口稠密之县,另增帮审员一人。

可以说,在民国建立后的最初两年,在全新的共和体制下,新式法院的发展有了新的机会。奉天省在这一时期按照司法部令实施法院改组,而未设新式法院的各县大多设立了和行政分离的审检所,为以后新式法院的设立创造了条件。但这种良好的发展趋势因袁世凯的法院裁撤政策而停止。

二、张作霖时期的司法机构和变迁

民国二年夏北京熊希龄内阁组成以后,司法部长许世英离任,不久

---

① 《各审检所成立并启用钤记》,《海城县公署》275,民国二年(1913年);《盖平县志》卷四《政治志》,民国十九年(1930年),第58页;《海城县志》卷六《政治·司法》,民国十三年(1924年)。
② 《奉天通志》卷八十八《建置二》,民国二十三年(1934年)。
③ 《宽甸志略》卷一《司法表》,民国四年(1915年)。
④ 《奉天省长公署》JC10-1-16038,民国二年(1913年)。

梁启超继任。跟许世英加紧建设新式法院的主张不同,梁主张对司法机构进行整顿。在当时政府财力有限的情况下,主张在没有设立新式法院的县级地方,"委任县知事兼理司法,以期变通宜民"。袁世凯于民国二年(1913年)12月28日批准该方案"鉴准施行"。①

几乎跟梁启超提出司法改革建议的同时,民国三年(1914年)3月间,由热河都督姜桂题倡议,会同各省的军政和民政长官,通电中央政府,就司法改革中所存在的问题提出了他们认为最为切实可行的办法。以节约经费为由,主张"地方初级审检两厅,及各县审检所、帮审员,均暂行停办,应有司法事件,胥归各县知事管理,以节经费"。② 袁世凯在稍后颁布的大总统令中,要求各省都督和民政长官,对于各省审检两厅、省城商埠已设地方各厅地方仍其旧;至于初级各厅,如果经费、人才两缺的,可以予以裁撤,归并于地方厅或分厅。

在奉天省从民国三年4月至年底,锦州和新民地方审判检察厅及其所属的初级厅被裁撤,抚顺初级审判检察厅和沈阳、营口、安东、辽阳地方审判检察厅所属的初级厅均被裁撤。至此仅有奉天高等审判、检察厅和沈阳等4个地方审判、检察厅。③ 奉天省各县的审检所也被陆续裁撤,被县知事兼理司法制度所取代。这样,清末新政期间开始的以司法和行政分离,司法独立为目标的新式法院的建设陷于停顿。

袁世凯统治结束后,中央政权随着各派军阀势力的消长处于频繁更迭中,军阀混战,政局动荡。袁世凯死后不久,北京政府任命张作霖为奉天省督军兼省长,从此开始了他在奉天长达约十年的统治。在张

---

① 韩秀桃:《司法独立与近代中国》,清华大学出版社2003年版,第236页。
② 《分别裁留各省司法机关》,《东方杂志》第十卷第12号,《中国大事记》,民国三年(1914年)4月30日。
③ 《各审判厅三至六年收结案件比较表》反映出这一时期奉天省新式法院的裁撤情况,见《政府公报》第953—961期,民国七年(1918年)9月19日、21—28日。

作霖为首的奉系军阀的统治下,关外的政局相对稳定,奉天省地方事务在以王永江为首的"文治派"管理下,经济得到发展,财政出现盈余。跟全国其他绝大部分省份不同的是,在这一时期奉天省的新式法院得到了长足的发展,同时作为向新式法院过渡的司法公署也在大量增加。

具体地说,经过约两年的停滞,在袁世凯帝制运动接近尾声阶段(3月23日宣布取消帝号),民国五年(1916年)3月1日,锦县(已由锦州改为锦县)、铁岭、洮南三个地方审判检察厅宣布成立。① 锦县在清末和民国三年(1914年)裁撤审判厅以前,便已设立地方审判检察厅,此时为恢复设立;铁岭在沈阳附近,人口稠密,诉讼繁多,设立审判检察厅便于百姓诉讼;而洮南则在奉天省的北部,在这一地区设立地方审判检察厅方便了附近各县民刑案件的上诉。一年以后即民国六年(1917年)3月1日,海龙、辽源两地方审判检察厅开庭成立。② 海龙位于奉天省的东北部,毗邻吉林,辽源位于奉天省北部,介于洮南和铁岭之间,这两新审判检察厅的设立使新式法院的分布更加合理。同年7月1日复县地方审判检察厅成立。③ 复县位于奉天省南部,南满铁路贯穿境内,毗邻日本人占领的旅大租借地,在这里设立新式法院有利于收回租借地和南满铁路沿线的司法权。这样到民国六年(1917年)底,地方审判检察厅已达10个,超过了宣统三年之数。

在设立新式法院的同时,作为向其过渡的司法公署也于二十年代初在奉天省设立。司法公署制度的渊源,可溯及司法部于民国六年(1917年)5月1日制定的《县司法公署组织章程》。设立司法公署的目

---

① 《盛京时报》民国五年(1916年)2月23日第6版登载消息谓:"高等厅特派吴文郁为铁岭地方审判厅厅长,赵梯青为锦县地方审判厅厅长,郝延钟为洮南地方审判厅长,并准予三月一日开庭。"

② 《盛京时报》民国六年(1917年)2月6日。

③ 《盛京时报》民国六年(1917年)2月29日。

的是为了克服县知事在司法审判中存在的种种弊端,在权力分配上实行司法和行政的分离。根据该章程,县司法公署由审判官和县知事共同组成。其司法与行政分离的特征体现在以下几个方面:一是司法公署的审判官由高等审判厅长呈请司法部任命,一旦任用即受荐任待遇。这有别于知事兼理司法制度下承审员由知事保举,呈请高等审判厅长审定任用的办法。县司法公署一般设审判官1—2人,书记官、承发吏、司法警察和检验吏若干人。二是为了保证审判官能够独立自主地审理案件,该章程明确规定了在具体事务上,县知事不得干涉审判事务。章程第6条规定,"关于审判事务,概由审判官完全负责,县知事不得干预"。县知事负责办理案件的检举、缉捕、勘验、递解、刑事执行等事务,并负完全责任。三是在所受监督上接受高等审判检察厅的监督,第10条规定,"审判官受高等审判厅长之监督,县知事关于司法事务受高等检察厅检察长之监督"。因此,从性质上讲,司法公署是一个向新式法院过渡的司法机构,在审判上独立,不受县知事的干预。

档案中保留着一份民国十六年(1927年)制定的名为《奉天县司法公署诉讼暂行章程》的材料,可以从制定法的角度更详细地了解司法公署的运作情形。先将《章程》的全文抄录如下,然后作进一步的分析。

第一条 县司法公署受初级及地方厅管辖之民刑诉讼,除依本章程办理外,准用法院编制法、民事诉讼条例、刑事诉讼条例及其他关于法院适用之法令规程。但刑事诉讼条例关于辩护及预审之规定不适用之。

第二条 司法公署审判官之回避,由高等审判厅或分厅裁决;县知事及检察员之回避,由高等检察长或分厅监督检察官核定;县司法公署书记官之回避,依其执行之职务由审判官或县知事分别裁决核定之。

第三条 县知事及检察员侦查刑事案件有羁押被告之权。

第四条　刑事告诉人对于县知事或检察员所为不起诉之处分声请再议，应分别初级及地方厅管辖案件，向地方或高等检察厅检察长为之，但高等分厅所辖各县司法公署之刑事案件声请再议，无论为初级或地方厅管辖均应向高等检察分厅监督检察官为之。

第五条　县司法公署审判官就民刑事诉讼案件所为之判决，应分别记明为初级第一审或为地方第一审。

刑事判决除送达被告及执行检察官职务之县知事或检察员外，如有告诉人时，并应送达告诉人。

第六条　刑事案件告诉人于判决送达后十日内，得向原司法公署执行检察官职务之县知事或检察员呈诉不服，请求提起上诉。

第七条　县知事或检察员接受告诉人呈诉不服，认为有理由而上诉，期限尚未届满并未经舍弃上诉权时，应即提起上诉。

不依前项规定办理时，应即调取卷宗及证据物件移送第二审法院之检察官核办。

第八条　第二审法院检察官接受卷宗及证据物件，除查明告诉人呈诉不服已逾期限或无理由，迳予驳斥者外，应于十日内向第二审法院提起上诉。

第九条　依前二条规定提起上诉时，得将告诉人呈诉不服之书状附上诉书，以代不服原判决理由之叙述。

第十条　本章程自呈部令核准之日施行。①

《章程》重点对刑事案件上诉程序进行规定，在此之前，审判官所为之刑事判决，告诉人不能呈诉不服，即使有错误，往往因为县知事及检察员的疏忽不提起上诉，导致错误无法纠正，《章程》无疑弥补了这方面的不足。

---

① 《奉天省长公署》JC10-1-1594，民国十六年（1927年）。

司法公署在奉天省的设立始于民国十二年（1923年）7月，首先在海城县设立。① 同年9月东丰等10县也都成立司法公署。② 此后两年又有本溪等七县成立司法公署。这样先后共设立过司法公署18处。期间抚顺司法公署改为地方审判检察厅，东丰、昌图、盖平三县的司法公署改为地方分庭，至民国十四年（1925年）底，司法公署尚存14处。③ 就司法公署的组织而言，以当时最早设立司法公署的海城县为例，除有知事负责检察事务外，有监督审判官1名，掌审理民刑诉讼，监督司法行政事务；审判官1名，掌审理民刑诉讼；总务科书记官1员，掌文牍、会计、庶务一切事务；记录科书记官1员，掌法庭笔录，管理卷宗；雇员5名专供缮写；检验吏1名，检验死伤；承发吏3名，传达事件；另有司法警察、庭丁和夫役若干名。④ 在组织上大体与司法部制定的《县司法公署组织章程》的要求相符合。档案材料显示，从民国十四年开始，一些司法公署开始配置检察员，负责检察事务。⑤ 因此在司法公署发展的后期其体制更接近新式法院，只是在规模上小于地方审判厅，并禁止律师参与诉讼事务。新式法院和司法公署的增长趋势在此后的两年多时间内延续下来。到民国十七年（1928年）3月为止，又添设有通化地方审判、检察厅和西丰、义县地方分庭，通化地方厅和西丰地方分庭系由县司法公署改制而来。新增的司法公署有辽中等四县。⑥ 至此，除

---

① 《海城县志》卷六《政治·司法》，民国十三年（1924年）。
② 《海城县公署》28747，民国十二年（1923年）；《昌图县公署》1087，民国十二年（1923年）。
③ 《奉省司法简明报告书》，《奉天公报》第5004—5017期，民国十五年（1926年）3月3—16日。
④ 《海城县志》卷六《政治·司法》，民国十三年（1924年）。
⑤ 《宽甸县公署》12901，民国十八年（1929年）。
⑥ 这两年的变化主要依据奉天省长公署政务厅编辑的《奉天省职员录》上所载机构名录统计而成，但关于通化一县司法机构设置情况的记载估计有误。该《职员录》将之归入县知事兼理司法的类别，实际情况是通化县早在民国十二年（1923年）9月便成立了司法公署。而于民国十五年（1926年）由调查法权委员会编辑的《法权会议报告书》一书的附录四所载奉天

高等审判检察厅外,共有地方审判检察厅 12 所,地方分庭 5 所,司法公署 16 所。在奉天省总共 58 县中(金县位于日本租借地内,不计入),如将司法公署包括在内,已在 33 个县设立了具有司法和行政分离的新式法院,约占总数的 57%。

通过以上的分析,可以发现,这一时期新式法院建设的基本办法是先在诉讼繁多的县设立过渡形式的司法公署,在财力和人才都许可的情况下再改制为地方厅或地方分庭。这一时期前后设立过 22 个司法公署,最后留存 16 所,其中 2 个转制为地方厅,4 个转制为地方分庭。循序渐进,有条不紊是这一阶段的新式法院建设中所体现的显著特点。

将奉天省这一时期设立新式法院的总数和增长速度跟同一时期全国其他省份相比,可以发现,除浙江、福建和四川三省新式法院增长较快并达到一定数量外,其他省份几乎都处于缓慢发展或停滞状态。现将全国 1926 年新式法院数和 1916 年之数比较图示如下:

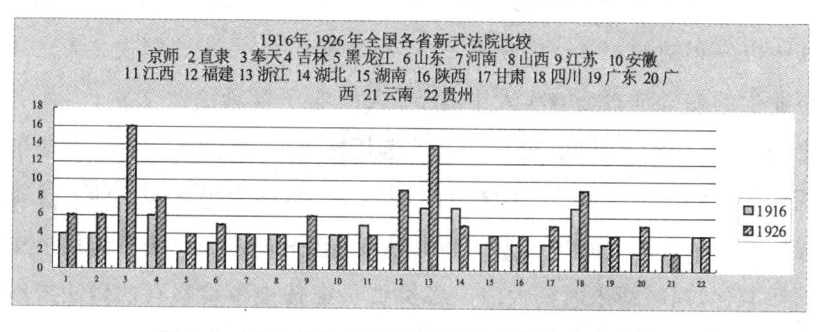

图 3.1:1916 年和 1926 年全国各省新式法院比较

资料来源:1916 年全国新式法院数见当时北洋政府司法部制定的《各审判厅三至六年收结案件比较表》,《政府公报》第 953—961 期,民国七年 9 月 19 日,21—28 日。1926 年之数见 Report of the Commission on Extra-territoriality in China (San Francisco: Chinese Materials Center, Inc. 1975), Appendix IV: Modern Chinese Courts 1926, pp. 118–121.

省新式法院一栏中,也将通化列入,故认为在民国十七年(1928 年)3 月前通化地方审判检察厅已成立。见奉天省长公署政务厅编辑:《奉天省职员录》,民国十七年(1928 年)3 月版和 Report of the Commission on Extra-territoriality in China (San Francisco: Chinese Materials Center, Inc. 1975), Appendix IV.

上图显示,奉天省新式法院在原有相对较大基数的基础上,在这十年的阶段中以较快的速度增长,至 1926 年止,在数量上居于全国之首。

三、司法官专业化程度

跟清末"新政"期间情况不同的是,自民国二年(1913 年)3 月法院改组完成以后,在奉天省的新式法院中,司法官的专业化程度有了很大的提高。许世英在民国初年法院改组时确立的担任司法官者须毕业于三年制法律学校的标准在奉天省基本上得到了施行。

先看法院改组后司法官的专业结构。改组后全省的新式法院有高等审判厅 1 所,地方审判厅 6 所,初级审判厅 7 所,以上各级审判厅均配以检察厅,总共有推事检察官共 105 人。从他们的专业背景看,有留学日本法政毕业生 15 人,约占总数的 14%;有 5 人毕业于一年制的奉天法律讲习所,约占 5%;有 85 人毕业于各地的法政学校,约占 81%,其中以三年制的居多,有 80 人,二年制的有 3 人,一年半制仅 2 人。从毕业生的就学学校看,85 人中有 54 人毕业于奉天法政学堂。① 简言之,改组后的新式法院,就司法官的选用标准看,绝大多数符合司法部规定的毕业于三年制法律学校的专业化标准,尽管仍有一成的人员不达标。比较清末"新政"时期的新式法院,这一时期在司法官选用上更加标准化,同时清末时期大量以各类委员担任推事检察官的做法得以废除,这些都显示着司法官专业化程度的提高。

再以营口地方审判检察厅为例。民国六年(1917 年)2 月时,营口地方审判检察厅有 5 名推事,3 名检察官,全部毕业于三年制以上的法政学校,其中两人有留学经历,分别毕业于日本早稻田大学法科和日本

---

① 《奉天各级法院新任法官表》,《盛京时报》,民国二年(1913 年)3 月 27—28 日、4 月 2 日、4 月 4—6 日。

法政大学。其余6人分别毕业于国内的法政或法律学校。①

不妨再看民国九年(1920年)4月全省新式法院推检人员的专业背景。当时全省有1个高等审判厅、10个地方审判厅和相同数量的检察厅，总共有85名司法官。除3人的教育背景资料缺少外，在82人中，26人约32%为曾留学日本的法政毕业生，47人约57%为毕业于当时国内三年制的法律、法政学校，7人约9%毕业于国内大学的法律专业，另外2人约2%毕业于当时的司法讲习所。② 档案资料显示，曾留学日本的法政学生占了约三分之一，而其余人员均有至少三年法政学习的学历。考察民国十七年(1928年)3月时全省新式法院司法官的素质，档案材料显示出他们接受法政教育的年限也均在三年或三年以上。当时全省的1个高等审判厅、11个地方审判厅(缺通化地审厅资料)，5个分庭和相同数量的检察厅中，共有104名司法官，除一人的教育背景资料缺少外，在103人中有8人约8%为曾留学日本的法政毕业生，74人约72%毕业于国内三年制的法律、法政学校，4人约4%毕业于国内大学的法律专业，另有18人约17%毕业于司法讲习所。③ 同民国九年(1920年)时的情形相比，留学日本的法政毕业生的比例减少明显，而司法讲习所的毕业生所占的比例有较大幅度的增加，但总体上对司法官的接受法政教育的年限要求没有改变。在同一时期的16个县的司法公署中，共有监督审判官、审判官和检察员48人，其中毕业于法律、

---

① 《营口地方法院》229-965，民国六年(1917年)，营口市档案馆藏。对同一时期复县地方审判厅司法官履历的考察也印证了这一点。民国七年(1918年)年3月时，复县地方审判厅有推事3人，其中留学日本1人，于早稻田大学三年制政法科毕业，另两人毕业于国内三年制法政学校。见《复县公署》496，民国七年(1918年)。

② 奉天省长公署政务厅编辑：《奉天省职员录》，民国九年(1920年)4月，《民国资料》第72，辽宁省档案馆藏。

③ 奉天省长公署政务厅编辑：《奉天省职员录》，民国十七年(1928年)3月，《民国资料》第77，辽宁省档案馆藏。

法政学堂的有39人，约占81%，毕业于国内大学法律专业的有9人，约占19%。① 可见，即使在向新式法院过渡的司法公署中，对司法官员法政教育的要求也是要至少在三年以上。

不难看出，对奉天省这一时期司法官履历的研究表明，不管是新式法院还是过渡形式的司法公署，几乎所有的司法官均接受了至少三年的法政教育，其中尤以法政、法律学堂的毕业生居多。因此，从法政教育的角度看，司法官专业化在这一时期已经达到了相当高的程度。

第三节　推动司法变革的影响因素

跟民国初期的其他省份相比，在新式法院的数量和设立速度上，奉天省遥遥领先于全国其他大部分省份，就司法官专业化程度而言，司法官接受至少三年法政教育的要求也得到了较好的执行。这一现象的出现有其深刻的历史原因。

一、奉系军阀统治下的地方政权建设和司法变革

袁世凯死后不久，北京政府任命张作霖为奉天省督军兼省长，从此开始了他在奉天长达十年的统治。在取得政权之初，张作霖积极进行内部整顿，招贤纳士，笼络人才。值得一提的是对王永江的大胆任用。

王永江，大连金州人，出生于小商人家庭，10岁入私塾，17岁应县试名列榜首。为谋生他曾开过药铺，当过日本学校的汉文教员。光绪三十三年(1907年)在同窗好友袁金铠的引荐下出任辽阳警务学堂监督，从此踏上仕途。任职期间他亲自制定并编写警政法规、章程、制度等讲义10种，办学成效显著，遂以能办警察蜚声于辽南。清东三省总

---

① 同上页注③。

督锡良在保荐王永江的奏稿中称王:"该员心知其意而游刃于虚,事不辞难而程功以渐,条理秩然,群推为全省警务之冠。似此心细才长,办事精实,求之侪辈,殆鲜伦比。"①

民国二年(1913年)始,王永江先后出任牛庄、海城、营口及省城税捐局长兼土地清丈局局长、屯垦局局长等职。民国五年(1916年)张作霖为奉天督军后,任命他督军署高等顾问,后又被委任为奉天全省警务处长兼省会警察厅长。他就职后制定规章,整顿警政。王永江不但长于警政,而且擅长理财。民国六年(1917年)5月张作霖任命王永江为财政厅厅长兼东三省官银号督办,他在理财方面的才能得以体现。他上任之后,调查以往财政混乱的原因,研究积弊之所在。经调查,"知历任财政厅长虽口唱整理,然实际却大都浑水摸鱼,以求中饱,层层剥削,到处营私,遂致财政日趋穷困"。针对这一情况,他上任后整顿纲纪,"厉禁中饱",对不称职的税捐局长尽以撤换,一改从前县知事与税捐局长虚报贪污的积弊。②当时奉天省由于政局混乱,税收法规繁多,且相互矛盾之处甚多。王永江用三个月的时间拟定出统一的税收章程二十条,烟酒税章程十五条,木税章程十二条,畜牧章程十五条,使税收不仅有法可循,而且法规清晰,易于百姓遵守和官方稽查。为防止税务官员的舞弊,他还亲自督导,实行相应的奖惩制度。③除积极开源外,王永江还注意节流,对经费的支出严加控制,"各机关预算内用款跌经裁减,预算外用款则绝难邀准,设置员额亦极为精简"。④

民国十一年(1922年)张作霖以一人兼三职难以兼顾为由,让出省长一职,由王永江代理。王永江上任后极力争取将"军政"和"民政"分

---

① 锡良:《锡良遗稿》第二册,中华书局1959年版,第1318页。
② 张伟、胡玉海编著:《沈阳三百年史》,辽宁大学出版社2004年版,第192页。
③ 辽宁省档案馆编:《奉天纪事》,辽宁人民出版社2009年版,第189—191页。
④ 张伟、胡玉海编著:《沈阳三百年史》,辽宁大学出版社2004年版,第192页。

别,以尽可能减少战争对行政事务的影响,以稳定政局,改善民生。同年夏天,张作霖同意将"军政"和"民政"分开,并继续由王担任省长。①至此,以王永江为中心形成了一批由奉天地方精英组成的"文治派",核心人员包括担任政务厅长的王镜寰和担任实业厅长的谈国桓。② 在王永江的组织策划下,"文治派"一方面整顿内务和财政金融,严明纪律,另一方面组织移民,发展工业和农业。主要措施有:废止省内将来没有收益希望的官营事业,使官有财产有归民营必要的,尽归民营,以免损失,而将省内矿山开采完全收为官营。大力兴办实业,当时肇新窑业公司、东兴染织公司、惠临火柴厂、八王寺啤酒汽水有限公司、东三省兵工厂、东大工厂、京奉铁路奉天工厂、奉天纺纱厂等民族实业相继建成投产。纺织业的发展还带动了当时的农业生产,促进了农民生产棉花的积极性。王永江在其所著的《县知事学·开垦边境与殖民》一文中对移民和开垦荒地提出了自己的看法,认为"奉天土地虽然广阔,但西北各县尽属蒙古荒地,此处开放虽然已有年余,但开垦尚未及其丰,而内地荒地亦有开拓未尽之处"。因此拟定《移民垦殖单行章程》,由省库拨出巨款,鼓励劳动人民赴奉省东边地旷人稀的各县去垦殖。③

在一系列正确方针的引导下,奉天的税收不断攀升,财政形势迅速

---

① Ronald Suleski, *Civil Government in Warlord China*: Tradition, Modernization and Manchuria (New York: Peter Lang, 2002), pp. 57–76.

② 谈国桓,字铁隉,沈阳人,生于光绪元年(1875年),举人,曾任奉天税捐总局局长。民国后历任都统总务处秘书、奉天官银号监理官、东三省屯垦局副局长。1919年任奉天实业厅长,同年任东三省巡阅使署秘书处长、政务处长、蒙疆经略使署秘书处长。1923年任东三省保安司令部秘书处长兼东三省屯垦办公处参赞。第二次直奉战争后进关。1926年任北京税务处会办。1932年任热河省政府秘书长兼热河清乡总局局长。见《东北人物大辞典》,辽宁人民出版社1992年版,第883页。

③ 鲁岩:《论王永江的治奉思想》,《辽宁师范大学学报》(社会科学版)2001年第2期,第97页。有关王永江研究代表性的著述有:陈裕光《王永江整顿奉省财政之前前后后》,金毓黻《王永江别传》,均载于吉林文史资料编写组编:《吉林文史资料选辑》第四辑,吉林人民出版社1962年版;〔日〕田岛富穗:《王永江》,胡毓铮译,满洲公论社刊1944年版。

好转,到民国九年(1920年)前后,不仅偿还了内外债,奉省省库尚结余1千余万。① 财政的好转为新式法院的建设和将县知事兼理司法改制为司法公署提供了保障。民国十四年(1925年)底,司法部曾致电各省高等审判检察厅调查司法经费拖欠情况,时任奉天高等审判厅长单豫升在答复电文中称,奉天省的司法经费向由财政厅拨发,另从司法收入截留,对于司法经费财政厅尚无欠发。② 在民国十五年(1926年)2月26日出版的《奉天公报》上,登载了由单豫升撰写的《奉省司法简明报告书》,在谈到奉省新式法院和司法公署得以不断添设的原因时,他认为:"整顿法院各种经常费、临时费为数不赀,均赖有省政府之主持及财政厅之协助,始得有今日之进步也。"③ 从统计数字看,民国十七年度司法经费的支出达24,816,776元(奉大洋),折合现大洋约为1,043,599元,其中新式法院、司法公署和各县兼理司法经费约占一半,折合现大洋约为540,568元。司法经费的支出约占全部支出的3.4%,④较民国五年(1916年)的支出增长了约一倍。⑤ 司法经费支出的大幅增长也从一个侧面反映出奉天司法变革的进程。

可以说,关外相对稳定的政局,和张作霖统治下以王永江为中心由"文治派"推行的包括财政、金融和移民在内地方政权建设成果,是新式法院和司法公署得以在奉天省不断添设的重要决定因素之一。

---

① 崔粲、魏福祥、杜尚侠主编:《辽宁地方史》,辽宁教育出版社1992年版,第394页。
② 《司法部档案》1049-2811,民国十四年(1925年),第二历史档案馆藏。
③ 《奉省司法简明报告书》,《奉天公报》第5000期,民国十五年(1926年)2月26日。
④ 《东北年鉴》,东北文化社民国十九年(1930年)版,第826—829页。现大洋和奉大洋折算值系参照《东北年鉴》所附《民国十年一月份至十九年十二月份现大洋每元均奉小洋价格表》中奉小洋和奉大洋的折算率而得出。见《东北年鉴》,东北文化社民国十九年(1930年),第911页。
⑤ 1916度司法经费为450,000元,系《历年司法费岁出预算表》,见贾士毅:《民国财政史》正编(下),商务印书馆民国六年(1917年)版,第120页。该年度新式法院经费为220,500元,系由笔者据"民国五年度预算司法费分表"奉天省部分计算而成,见前引书第123—124页。

二、收回治外法权和司法变革

废除领事裁判权是清末"新政"期间司法改革的主要目标之一,民国取代满清统治以后,继续将推动新式法院建设和废除领事裁判权联系起来,以期建立起行政和司法分离,司法独立,符合近代法治要求的司法制度,从而达到废除领事裁判权,维护国家主权的目的。在当时的大部分有识之士看来,司法独立,建设新式法院,不仅是近代法治国家的要求,对于当时的中国更具有维护国家主权完整的深层意义。民国五年由奉天高等审判厅和高等检察厅联合撰写的《奉天高等审判检察厅报告书》中,回顾了自民国三年7月到民国五年10月两年多时间里奉天司法取得的进展以及对未来的规划,报告对改良司法对维护国家主权意义有深刻的认识:"自中日新约告成,南满实行杂居司法,为人民生命财产之保障关系甚重,依新约第三项之规定,将来中国司法制度完全改良时,日本臣民之民刑一切诉讼,即完全由中国法庭审判,是奉省司法事务之良窳,实关系国家主权之伸缩,改良精进,诚不容视为缓图,顾所谓改良者,论其程度自以法制修明程度完备为极致。"基于上述认识,《报告书》对于在铁岭、洮南、海龙、辽源等地设立地方审判厅做了明确规划,并提出分年整顿各县兼理诉讼事务的要求:"查开原、复县、海城均沿南满铁路,西丰地僻人稠,新民诉讼较繁,以上五县应列入第一年整顿,业于编定六年度概算时均酌加经费,俾便改良。抚顺、通化、凤城、东丰、西安五县地方繁盛,诉讼较多,应列入第二年。盖平、法库、辽中、怀德、昌图五县诉讼虽多,地方较僻,应列入第三年。本溪、锦西、庄河、义县、梨树五县诉讼较少,应列入第四年。其余各县则均查看地方情形,分年改良,如经费确形富裕,即随时斟酌缓急改设厅署。"[①]

---

① 《奉天高等审判检察厅报告书》,《奉天省长公署》JC10-1-1343,民国五年(1916年)。

民国十四(1925年)年9月18日由奉天高等审判厅下达的给各地方审判厅和司法公署的第402号训令中,特别强调"改良法院于各国领事裁判权之收回关系至为重大",司法改革的重要性不言而喻。① 几乎同时,高等检察厅也收到总检察厅发来的关于收回领事裁判权的训令,要求转饬所属一体遵照办理。现将训令全文抄录如下:

令奉天高等检察厅检察长赵梯青

案奉司法部第618号训令内开,沪案发生违背人道,汉口沙面继起之事更属惨不忍闻,推其原因皆领事裁判权之为害。盖杀人者死,中外所同,外国领事有裁判权者,则可以上下其手。故外国人之杀伤中国人也,不独不予处罚,且从而多方面袒护之,是无异奖励杀人也。若不即时收回,其危险何堪设想。查华府会议,吾国曾请求收回领事裁判权,各国亦允先行派员调查。司法是法权,收回与否全视司法之能否改良。凡属法界人员共同负此责任,而本部职守所在尤愿集思广益,冀收兼听之明,至于奏效收功,端赖群策之力。为此令仰遵照积极进行,并将所属职员认真监督,民刑案件,切实清厘,总期人无旷职,案不拖延。他若推广登记、发行印纸,既可清讼源,亦可增收入,亦应设法整理便应急需,庶几改良计划得以贯彻,而收回法权亦有希望也。此令。等因奉此,除分行外,合函令仰该厅并转饬所属一体遵照办理。此令。

民国十四年九月十二日②

在当时奉天省享受领事裁判权的国家有英、美、法、日等,其中以日本的势力最大。光绪三十一年(1905年)9月根据日俄战争后签订的《朴茨茅斯条约》,俄国让渡了东清铁道南部线中的长春至旅顺间的铁

---

① 《奉天高等审判厅令收回领事裁判权卷》,《复县公署》6868,民国十四年(1925年)。
② 辽宁省地方志办公室编:《辽宁省地方志资料丛刊》第三辑,1988年版,第109—110页。

道以及所附带的一切权利、特权、财产、煤矿等,包括铁路沿线的土地,俗称铁路附属地。附属地内有大批日本人居住,并呈增长趋势,如光绪三十三年(1907年)营口附属地有日本人111户,251人,到1927年增长到558户,2,282人。① 光绪三十三年满铁成立以后,满铁取得了铁路附属地的行政权,而铁路附属地的审判权属于驻满领事官。② 日俄战争后,日本还继承了俄国在关东州的租借权。光绪三十二年(1906年)7月在关东州设立关东高等法院和地方法院及相应的检察局,形成高等、地方两级法院制度。③ 日本法院不仅对租借地内的日本人,而且对中国人也行使管辖权。这样,日本在奉天不仅享有领事裁判权,而且直接在租借地内设立地方和高等法院对居住的中国人行使司法权。

实行司法变革无疑是收回治外法权的有效途径。在奉天省由于日本势力的广泛存在,收回治外法权显得尤其迫切,而司法变革的逐步推进又有助于治外法权的收回,使政府在对外交涉中处于更加有利的地位。历史事实表明,一批新式法院设立后,奉天地方官员和司法界人士确实也将收回司法权作为努力目标并付诸实践。具体行动表现在直接向日本提出收回租借地的司法权,如民国十二年(1923年)初王永江跟

---

① 《营口附属地年度户数人口表》,满史会编《满洲开发四十年史》(下卷)(内部交流),东北沦陷十四年史辽宁编写组译,年代出版地不详,第426页。

② 同上书,第405页。

③ 自1906年至1945年日本战败结束在东北的统治为止,这一时期关东租借地的法院可分为三个时期,即法院时期(1906年9月至1908年9月),地方法院实行独任制,高等法院实行三人合议制,对地方法院作终审裁判;二审法院时期(1908年10月至1924年12月),原属长崎控诉法院和长崎地方法院管辖的不服驻满洲领事馆裁判的上诉案件和经过领事预审的案件,改属关东都督府高等法院和地方法院管辖;三审法院时期(1924年12月至1945年8月),改二审制为三审制,案件依次经过地方法院、高等法院复审部、高等法院上告部,高等法院上告部作出的裁判为终审裁判。见顾明义、张德良等主编:《日本侵占旅大四十年史》,辽宁人民出版社1991年版,第97—100页;《东北年鉴》,东北文化社民国十九年(1930年)版,第691页;滿蒙文化協會编:《滿蒙年鑒》,滿蒙文化協會大正十四年(1925年)版,第48—49页。

日本驻奉天总领事会谈时便提到有意收回租借地的司法权。① 同年，复县地方审判检察厅呈文给奉天高等审检厅，要求将在关东州日本租界地方中国人为被告的民刑事件，实行引渡并交由中国法院裁判。②

应该说，司法变革和收回治外法权运动紧密相连，两者相互推动、相互作用，这种关联性在奉天省显得尤为明显。从这一层面讲，实行司法变革无疑是维护国家主权完整的重要途径。因此，司法近代化不仅是近代法治国家的要求，对于当时中国的有识之士而言，也是为维护包括司法权在内的国家主权完整而须完成的历史使命。

第四节　司法官惩戒制度的形成

伴随着新式法院的建立和司法人员专业化水平的提高，为维持司法官队伍的道德水准和职业操守，维护司法公正，提高司法效率，监督司法官更好地履行职责和义务，针对司法官的一套惩戒制度在民国初期逐渐形成。清末"新政"期间，由法部于光绪三十四年（1908年）底制定的九年统筹司法行政事宜分期办法中，曾有在第二年即宣统元年（1909年）在京师和在第三年即宣统二年（1910年）在全国各省实行法官惩戒章程的规划，③但由于清廷的快速覆亡，法官惩戒章程并没有得到贯彻执行。民国建立以后，当时的北洋政府移植日本1899年颁布的《官吏惩戒令》，于民国三年（1914年）初设立了文官惩戒委员会（内分

---

① 《关东租借地の司法权　支那侧の回收要求》，《大阪朝日新闻》，大正十三（1924年）2月16日，转引自〔日〕澁谷由里：《张作霖政權下の奉天省民政と社會—王永江を中心として》，《東洋史研究》第五十二卷第1号，第99页。

② 《复县公署》106，民国十二年（1923年）。

③ 《法部奏统筹司法行政事宜分期办法折并单》，《政治官报》第533期，宣统元年（1909年）3月5日。

文官高等惩戒委员会和文官普通惩戒委员会),专门负责官吏的惩戒事宜。① 当时由于司法官惩戒法尚未颁布,司法官惩戒事宜暂交由文官高等惩戒委员会管辖。② 但这种兼管的情形并没有维持很久,民国四年(1915年)10月15日颁布的《司法官惩戒法》规定,司法官惩戒事宜由专门的司法官惩戒委员会办理,这样就结束了由文官高等惩戒委员会兼管的局面。除《司法官惩戒法》外,其他与司法官惩戒制度相关的法律法规有,同年11月7日颁布的《司法官惩戒法第三章惩戒委员会施行令》,12月18日的《司法官惩戒审查规则》以及民国十年(1921年)2月17日的《司法官惩戒法适用条例》。这些法律规定构成了北洋政府司法官惩戒制度的基本内容,并成为在实践中推行司法官惩戒制度的基本法律依据。③ 尽管北洋时期政局动荡,以司法部和大理院为中枢的司法行政和审判体系却基本上运转正常,受到外来的干扰较少。作为这一体系的一部分,这一时期奉天省的司法机构也处于司法部和大理院的管理监督之下。因此,这一部分对奉天省司法官惩戒制度的讨论则更多地放在全国的大背景下展开。

一、惩戒组织

北洋时期的全国范围内司法官惩戒事件由司法官惩戒委员会管辖,这里所指的司法官仅限于包括审判厅和检察厅的新式法院推事和检察官,也就是说,审判检察机构中的书记官,司法公署中的审判官和

---

① 《文官惩戒委员会编制令》,(北洋政府)司法部编《司法例规》(上),民国十一年(1922年),第365—366页。

② 《司法部呈法官惩戒事件拟请暂由文官高等惩戒委员会兼办请训示文》,《政府公报》第1170期,民国四年(1915年)8月10日。

③ 上述法律规定见(北洋政府)司法部编《司法例规》(上),民国十一年(1922年),第375—382页。

知事兼理司法制度中的县知事、承审员均没有纳入其管辖范围。[①] 司法官惩戒委员会由委员长1人,委员9人组成。委员长由总统从大理院院长和平政院院长两名候选人中遴选任命,而委员则由总统从平政院评事、大理院推事和总检察厅检察长及检察官中遴选任命。委员长和委员的任期各3年,委员每年改选三分之一。民国四年(1915年)司法官惩戒委员会成立后,除钱能训、周绍昌短暂担任委员长外,至民国九年(1920年)10月为止,惩戒委员会委员长一直由平政院院长夏寿康兼任。此后则分别由王宠惠、罗文干、董康、余启昌等大理院院长先后兼任,其中余启昌兼任的时间最长,从民国十二年(1923年)2月一直到民国十七年(1928年)北洋政府统治结束。[②]

二、惩戒事由和惩戒处分方式

惩戒事由是指司法官在行使司法权,履行司法职能的过程中违背应当遵守的行为规范从而受到惩戒处分的理由。民国四年《司法官惩戒法》对司法官惩戒事由的规定较为笼统,采取的是概括主义的立法方法。其应受惩戒的行为表现为两个方面,一是违背或废弛职务,强调公正和高效地履行职责,更多地侧重于对司法官在"公"的领域如何履行职责提出要求,二是有失官职上威严或信用,侧重于司法官个人操守和修养,相对而言,属于"私"的领域。惩戒处分方式则分为夺官、褫职、降官、停职、调职、减俸和诫饬七种。但总的来说,对惩戒处分的适用情形

---

① 县知事受文官高等惩戒委员会管辖,其他各员受文官普通惩戒委员会管辖,见《文官惩戒条例》(民国十年1月17日)和《司法部文官普通惩戒委员会施行细则》(民国十年8月15日),(北洋政府)司法部编《司法例规》(上),民国十一年(1922年),第367—370页。

② 刘寿林、万仁元、王玉文和孔庆泰编:《民国职官年表》,中华书局1995年版,第78—83页。司法官惩戒委员会应成立于《司法官惩戒法》颁布后不久,民国四年(1915年)11月26日,时任委员长钱能训委任全斌为司法官惩戒委员会事务员长,可认定此时该委员会已成立。见《政府公报》第1286期,民国四年(1915年)12月6日。

并没有作明确的规定,一项应受惩戒行为重则可以被职轻则仅处于减俸、诫饬,畸重畸轻,势所难免。针对这些缺漏之处,司法部将《司法官惩戒法》酌加修正后于民国十年2月颁布了《司法官惩戒法适用条例》(下称《适用条例》)。该条例采取列举主义的立法方法,将惩戒事由具体化、法定化,并将惩戒事由和具体惩戒措施联系起来。与此同时,将惩戒处分方式减少为五种即被职、停职、降等、减俸和诫饬,删除了夺官和调职两项处分措施,在名称上将降官改为降等,惩戒处分的种类趋于简略。

现根据《适用条例》的相关规定,将惩戒事由和惩戒处分方式的对应关系列表如下:

表3.2:惩戒事由和惩戒处分方式对应关系表

惩戒事由	惩戒措施
行为卑污者;汇缘奔竟者;对于管辖诉讼或非诉讼事件沟通律师作弊者;直接或间接购买诉讼案内物产者;从事与报馆有关系之职务者;隶籍党派或虽非隶籍党派而为党派活动者;处刑法上拘役以上刑之宣布者。	被职
旷废职务或擅离职守者;对于诉讼或非诉讼事件为人请托者;擅自处分公款者;漏泄应秘密之文书或消息者。	降等或停职
关于国内具体政治事项发表言论者;从事与商业上有关系之职务者;出入娼寮者;处刑法上罚金刑之宣告者。	停职或减俸
关于署内行政事项未受司法部允准变更定章者;关于簿记表册等项递法不设备者;虽非从事商业上之职务而投资商业者,但为股份公司之股东不在此限。	减俸或诫饬
长官对于属员卷款潜逃失于觉察者;长官知有属员犯渎职罪不举发者;处理案件失于出入者;应回避而不回避者。	诫饬

资料来源:《司法官惩戒法适用条例》,(北洋政府)司法部编《司法例规》(上),民国十一年,第377—378页。

将《适用条例》所列举的惩戒事由进行分类，大致可归纳了以下六类：一是参与党派和政治活动包括担任报馆职务；二是从事商业经营活动；三是与律师沟通作弊；四是生活不检点，出入娼寮；五是违背职务上应履行之职责；六是受刑事处罚者。这些惩戒事由体现了北洋时期对司法官应当遵守行为规范的核心要求，基本上涵盖了《司法官惩戒法》对司法官不得违背或废弛职务和不得有失官职上威严或信用这两个方面。这些要求中的关于司法官不得参与党派和政治活动的规定，是北洋时期司法独立原则的基本内容之一。[①]

三、惩戒程序和惩戒原则

司法官如违反应遵守的道德规范，致使惩戒事由成立，该司法官的监督长官应经由司法总长呈请总统，将该司法官交惩戒委员会审查。这里，司法总长作为指控司法官违纪的一方即控诉方，将应付惩戒司法官呈请总统交惩戒委员会审查时，须胪举事实。惩戒委员会接受到惩戒事件后应将原呈文件的副本交被付惩戒人，并指定期日令其提出申辩书。惩戒委员会受理后，委员长即应指定主任委员2人以上调查，或委托事件发生地的司法官署或行政官署调查。事实调查结束，并且被付惩戒人提出申辩书的10天时效已经完成后，应指定期日令被付惩戒人到会答询，询问由主任调查委员共同进行。被付惩戒人不能到会时可委托代理人到会答辩询问。主任调查委员事毕后应报告于委员长，委员长接受报告后限期令委员各到会所就报告书及调查卷宗进行审查，审查完毕由委员长择期开评议会。惩戒会议须有7人以上列席才得开议，评议会之议事不公开。

---

① 见司法部民国元年（1912年）12月训令第16号《法官不得入党通令》和民国三年（1914年）2月14日大总统令《严查法官入党令》，（北洋政府）司法部编《司法例规》（上），民国十一年（1922年），第336页。

惩戒程序中贯穿了一系列惩戒原则,将之概括,可以分为以下几点:

(1)申辩原则。惩戒程序规定,主任调查委员须将原呈文件的副本交被付惩戒人并指定期日令其提出申辩书,除送件往复日数不计外,提出申辩书期日为10天。提出申辩书期间完成后,应指定期日令被付惩戒人到会接受询问,被付惩戒人也可委托代理人到会答辩询问。

(2)证据原则。主任调查委员开始调查时,应调取司法部及经过官署之原卷和一切证件。原送证件以外另有证件足资考证者应予调取。调查委员认为必要时,得直接传拘证人取得供词或令鉴定人鉴定,有必要时也可实地调查。

(3)评议原则。委员长收到主任调查委员的报告后择期开评议会,惩戒会议非有7人以上者不得开议。评议不公开,评议时各委员均应陈述意见,以过三分之二数意见决定。议决报告书应记载事件之案由,议决处分之措施,议决之理由并应记载说明事实凭证和法律上之理由。

(4)回避原则。惩戒委员会委员长及委员于关于自己或其亲属之事件应自行回避,不得与议。

北洋政府时期的司法官惩戒制度实行一级审理制,司法官惩戒委员会的决议为终局决定,这一点有别于同一时期实行两级审理的律师惩戒制度。[①] 从组织看,司法官惩戒委员会为司法系统内的监督惩戒机构,其成员均为行政法院和最高审判机构和检察机构的现任法官和检察官。

北洋时期的《政府公报》在民国六年(1917年)到民国十七年(1928年)这11年时间内公布了大量的对司法官进行惩戒的案例,这些案例

---

① 设于各省高等审判厅内的律师惩戒会为初审机关,设于大理院内的复审查律师惩戒会为复审机关。下一章对此还将作进一步的讨论。

较为全面地反映了这一制度的实施情形。① 对这些案例进行了搜集整理和统计分析,结果显示,这一时期被提起惩戒处分的司法官有 68 名,分别为推事 42 名,检察官 26 名,其中有 16 人被免于惩戒处分,最后有 52 人受到了不同种类的制裁。在这些被提起惩戒处分的司法官中,有五人来自奉天省的审判检察机构。他们中的两人分别来自安东和营口地方检察厅,两人就职于高等审判厅,另一人就职于营口地方审判厅。从惩戒处分种类看,两人受停职处分,一人受诫饬处分,一人受减俸处分,一人因证据不足被免予处分。现以奉天高等审判厅推事兼民庭庭长刘大魁废弛职务被付惩戒一案举例说明。

民国六年(1917 年)8 月 24 日经由司法总长林长民呈请总统,以积案不判、朦混报告、废弛职务为由将法官刘大魁原案卷宗交惩戒委员会审查,由后者指定一名主任调查委员切实调查,同时要求被付惩戒人刘大魁提交申辩书。11 月 23 日刘大魁将申辩书邮寄到会。12 月 20 日惩戒会召开评议会对刘大魁一案展开审查,并作出减俸六个月,每月减三分之一的裁决。

该案缘起于奉天海城县民人杨正本与魏富兴、魏鸿翎塘地相争一案。民国六年(1917 年)4 月,杨正本因塘地被侵占上诉于奉天高等审判厅,该案由推事兼民庭庭长刘大魁受理。上诉人苦等一年后不见开庭审理,旋即呈请司法部饬令速判。司法部即命奉天高等审判厅彻查。经调查发现,杨正本一案早经报结,但没有拟定判词。同时发现,除杨正本一案外,另有 30 起案件同样属于报结未判。惩戒会在其议决书中认为,虽庭长职务较陪席推事为繁,然庭长兼拟判词核阅稿件,系法定职权,不得以舍己耘人作为辩解理由,因此依据《司法官惩戒法》第一条

---

① 这一时期的司法官惩戒案例登载于民国六年(1917 年)6 月 5 日第 503 期,到民国十七年(1928 年)1 月 18 日第 4209 期各期《政府公报》上,其中民国十四年(1925 年)和民国十五年(1926 年)两年的案例缺失。

第一款和第六条第六款的规定,给予刘大魁减俸六个月,每月减三分之一的处分。①

对违背行为规范的司法官进行惩戒的目的是为维持司法官队伍的道德水准和职业操守,提高司法效率,督促司法官更好地履行职责和义务。较之帝国时代的官员处分制度,建立在共和体制下的司法官惩戒制度更注意对惩戒程序和被惩戒人诉讼权利的规范,它所体现的正是近代司法制度的核心价值。

第五节 新式法院辅助人员的专业化

在变革前的地方司法中书吏和衙役扮演着不可或缺的角色,他们不是在官之人,却在办在官之事,在一定程度上操纵着州县衙门的实际运转。尽管对他们的录用、奖励和惩罚之权操之于知县,但他们并不领取国家的俸禄。换句话说,这一群体身上所体现的官僚性特征很有限。变革后,在新式法院中,书吏和衙役在司法过程中所扮演的角色被书记官和承发吏所取代。那么书记官和承发吏跟书吏和衙役相比,在地位和待遇上是否有所不同?如回答是肯定的话,那么这一群体身上又体现出哪些新的特征?这一部分将尝试着对这些问题进行解答。

一、书记官

书记官这一名称第一次出现在宣统二年制定的《法院编制法》中。以日本1891年《裁判所构成法》为蓝本的《法院编制法》明确规定了书记官的职责,如担任庭审时的记录,负责案卷的管理,从事簿记事务等等(第128条)。同时还对书记官的人数作出了规定,在地方和高等审

---

① 《政府公报》第698期,民国六年(1917年)12月27日。

判厅,书记官的人数应不少于推事的人数,在书记官中选一人担任书记官长,在审判厅长的监督下负责管理和分配书记官的工作(第129条)。至于书记官的选用,则规定于宣统二年(1910年)颁布的《法院书记官考试任用暂行章程》中。该法律规定书记官从那些通过书记官考试的候选人中选用。年龄在20岁以上,获得中学毕业文凭的候选人可以参加考试;其他候选人如修习过一年半的法政,或有生员功名,或担任过九品官,或曾任刑幕,均有资格参加书记官考试。考试的科目包括了国文、公文程式、速记、算术、簿记等。① 由于清廷的快速灭亡,有关书记官考试任用的一套制度仅仅停留于纸上,还没有来得及付诸实施。

民国建立以后,规范书记官考试任用的法律并没有马上颁布,而是到了民国八年才由司法部颁行。跟清末的规定有所不同的是,民国初年的规定提高了候选人的资格门槛,只有那些学习过一年法政,或在大学预科毕业的候选人才有资格参加考试。除非有外语技能,否则中学毕业生不再被允许参加考试。在实践层面,书记官是否通过考试的方式按上述标准录用,由于材料的限制现在还无法了解。档案材料中保留了民国六年(1917年)营口、复县地方审判、检察两厅书记官履历,以及民国九年(1920年)复县地方审判厅书记官的履历,为我们了解当时书记官的教育背景提供了难得的线索,可以从一个侧面了解书记官的专业水准。在民国六年2月时,在营口地方审判、检察两厅有6名书记官,除一人的教育背景资料缺失外,其中的两人为前清生员功名获得者,另两人在法政学校学习过至少一年半的法律,最后一人毕业于师范学院。② 在民国六年6月时,在复县地方审判、检察两厅有4名书记官,两人为前清附生,一人毕业于奉天法政学堂监狱科,另一人毕业于

---

① 《法院书记官考试任用暂行章程》全文见《政治官报》第1192期,宣统三年(1911年)1月28日。

② 《营口地方法院》229-965,民国六年(1917年),营口市档案馆藏。

上海神州法政专门学校别科。① 这里不妨摘录书记官萧德本的履历，从个案的角度了解一书记官的成长史：

> 萧德本，现年四十八岁，奉天兴京县优增生，前清宣统元年经东三省总督徐考试投效人员，蒙取列二等送入奉天法政学堂讲习科肄业，宣统二年经东三省总督锡奏准于法政学堂附设监狱专修，当蒙考取归入专科肄业。宣统三年肄业期满，经东三省总督赵派员会同法政学堂监督王、邵考试毕业（得）有优等文凭，八月蒙东三省屯垦总局长熊考取归入奉天屯垦职员养成所肄业，期满得优等文凭，是年十月二十三日经前奉天提法使汪择尤派赴奉天模范监狱练习以资任用。民国二年三月司法改组，经前奉天司法筹备处处长王询事考言，令委代理辽阳监狱看守长兼办第三科科长事，旋于五月遵照部章应管狱员试，经前奉天司法筹备处处长王录取第二名，委任为洮南管狱员。二年十二月奉文裁缺解职。民国四年二月十七日蒙奉天高等检察厅检察长梁饬委署安东地方检察厅书记官。六年六月奉奉天高等审判、检察厅长委充复县地方厅书记官。

书记官萧德本先入奉天法政学堂讲习科学习，后转入法政学堂附设的监狱科，毕业后历任监狱看守长、管狱员等职。后转入安东地方检察厅任书记官，工作两年后被派往复县地方审判厅任书记官。

同样在复县，在民国九年（1920年）10月时，复县地方审判厅有书记官3名，其中一名为前清监生，一名毕业于安徽私立法律专门学校，另一名毕业于东京警务学堂高等警察科。如书记官方尚道，安徽贵池县人，时年27岁，毕业于安徽省私立法律专门学校。民国四年（1915年）8月时，曾担任湖北省江汉道尹署内内务科科员，民国五年（1916

---

① 《奉天省长公署》JC10-1-1308，民国六年（1917年）。

年)11月因病辞职。民国八年(1919年)7月受前代理奉天高等审判厅厅长秋桐豫委派,担任复县地方审判厅民刑庭代理书记官,同时办理统计事宜。民国九年9月被司法部正式任命为复县地方审判厅书记官。①

从上面的分析,不难发现,在奉天省此时书记官的文化和专业素质已达到了一定的水准,相当一部分具有法政训练的背景。他们中的一些人曾在政府行政、警察、监狱等部门任职,表现出一定的职业流动性。

除以上关于司法官考试任用的规定外,当时的北洋政府还颁布了一系列跟书记官官等、官俸有关的条例。于民国七年(1918年)8月15日颁布的《法院书记官官等条例》将书记官分为八等,每等又分为上下级。从一等到四等经推荐后由总统任命,为荐任官;从五等到八等由司法部任命,为委任官。② 有关书记官的官俸待遇则由同日颁布的《法院书记官官俸条例》加以规范。按照书记官级别的不同,薪水共分为14等,从最低的每月30元到最高的每月360元不等。③ 一个在地方审判厅任职的书记官,其薪水约为同级审判厅推事的四分之一到三分之一左右。如在锦县地方审判厅,在民国五年(1916年)3月成立之初,有推事3人,为荐任官,其中厅长兼推事的俸给为180元,其他两名推事的俸给分别为120元和60元,有书记官长一人,月支60元,书记官4人,每人月支30元。④

上述分析表明,跟变革前地方司法中的书吏明显不同的是,书记官

---

① 《复县公署》496,民国九年(1920年)。
② 《法院书记官官等条例》第1条,(北洋政府)司法部编《司法例规》(上),民国十一年(1922年),第230页。
③ 《法院书记官官俸条例》附表,(北洋政府)司法部编《司法例规》(上),民国十一年(1922年),第223页。
④ 《奉天省长公署》JC10-1-1308,民国五年(1916年)。地方检察厅书记官人数合并统计在内。

不仅在功能上,而且在身份待遇上被彻底纳入到整个司法体系中。无论是在考试任用,还是在级别待遇方面,清末"新政"以来的国家政权都尽量将其规范化,使这一群体走向专业化和官僚化。

二、承发吏

和其前身衙役一样,承发吏处于司法体系这一金字塔的塔底。宣统二年制定的《法院编制法》将承发吏的职责规定为送达传票、判词和裁定,执行判决,在法院的命令下没收当事人的财产等(第144条)。于宣统三年初颁布的《修正承发吏职务章程》将承发吏的职责进一步细分为三类:一是承审判检察厅之命令而发送之事件,包括"发送传票,通知质讯日期,送付判词,发送一切诉讼文书副本,发送登记及其他非讼事件之文件";二是承审判检察厅之命令而执行之事件,包括"执行民事搜查票,执行押交押迁,查封物产拍卖物产,征收罚金没收物产,发交物品,执行判决后之损害赔偿事件,征收讼费";三是受当事者之申请而办理之事件,包括通知和催传两项。① 概言之,承发吏的职责包括了受审判检察厅命令而执行的送达、执行任务和受当事人委托而从事的通知和催传事项。不难看出,承发吏所承担的职责基本上为变革前的地方衙门中的衙役所承担,两者在功能上具有很大的相似性。

尽管承发吏和衙役之间具有功能上的相似性,但对承发吏的任用和监督管理,较之衙役,显示出一种专业化的趋势。宣统三年(1911年)初颁布的《承发吏考试任用章程》规定承发吏须从考试合格人员中选用。年龄在25到50,健康,家计殷实,文理通顺,审判检察厅所在地方的当地居民有资格参加考试(第6条)。考试科目包括了刑法、民法

---

① 《修正承发吏职务章程》第1条,《营口地方法院》154-2-529,宣统三年(1911年),营口市档案馆藏。

和算术等(第9条)。候选人通过规定的考试后,需交纳70元到300元不等的保证金(第24条)。收取保证金的做法显然是变革前对衙役管理办法的延续。就薪水而言,一承发吏的月收入在25元到50元不等(第90条),①约相当于同级审判厅推事薪水的五分之一。以复县地方审判厅为例,在民国五年(1916年)3月成立之初,有承发吏4人,各月支12元,跟警卒的工资一样,但比庭丁9元的工资略高一些。②到民国六年(1917年)7月时,有承发吏3人,各支大洋10元。承发吏任焕章,时年32岁,奉天辽阳县人,辽阳城立高等学校肄业,学习科目有修身、国文、地理、历史、图画、算术等,在来复县地方审判厅任职前在新民县任职。其同事陈凤起,时年26岁,奉天抚顺县人,抚顺县立简易师范学校毕业,曾修习科目有修身、国文、算术、历史、地理、化学、图画等科,任承发吏前曾充国民学校教员。另一名承发吏会文,跟陈凤起的经历较相似,时年32岁,奉天省沈阳县人,沈阳县简易师范学校毕业,修习的科目有国文、修身、算术、历史、地理、化学、图画等,也曾充国民学校教员。③

民国建立以后,北洋政府继承前清的立法实践,通过修正相关法规,规范对承发吏的管理。④ 档案材料显示,在奉天省通过考试任用承发吏的做法在实践中得到了一定程度的推行。继由奉天高等审判厅于民国七年(1918年)举办承发吏考试后,沈阳地方审判厅于民国十五年(1926年)3月举办承发吏考试,薛匡时等15名候选人被录取,分别被派往辽阳、海城等处审判厅和司法公署学习。被派往营口地方审判厅

---

① 《承发吏考试任用章程》全文见《政治官报》第1192期,宣统三年(1911年)1月28日。
② 《奉天省长公署》JC10-1-1308,民国五年(1916年)。
③ 《复县公署》496,民国九年(1920年)。
④ 如北洋政府司法部于民国九年5月27日颁布了《修正承发吏考试任用章程》,见(北洋政府)司法部编《司法例规》(上),民国十一年(1922年),第290—293页。

学习的有邢作民和金玉振。邢作民时年28岁,为抚顺县人,毕业于抚顺县立第二高等学校(原名如此,即为中学——著者注)。从民国九年(1920年)初开始担任抚顺县立小学校教员,两年后辞差。民国十二年(1923年)初开始在抚顺地方审判厅充任收发员,三年后再次辞差,稍后被抚顺县李知事派任为县公署第一科科员兼收发,不久通过沈阳地方审判厅组织的承发吏考试。金玉振比邢作民长一岁,辽阳县人,毕业于辽阳县立中学校。民国九年(1920年)至民国十五(1926年)年担任辽阳县小学校教员,后辞职参加承发吏考试并被录取。邢作民和金玉振到营口地方审判厅报到时,均被要求觅妥保人作保,结果由抚顺城内从事粮米生意的汇源庆号和吴鞭杆铺分别为邢作民和金玉振出具保条。以下是吴鞭杆铺为金玉振出具的保结。

保结

具保结人吴鞭杆铺今保得金玉振在营口地方审判厅充承发吏之职,倘被保人在职有不法等情,全在具保人完全负责。为此理合具保结印章存证。

中华民国十五年六月七日 具保人吴鞭杆铺(印章)坐落抚顺县南门①

除由司法部制定针对承发吏的规定外,档案材料显示,地方审判检察机构也相应制定了一套行为和奖惩规范。营口地方审判厅于民国十五年初颁布了《承发吏服务规则》和《承发吏功过惩奖规则》。《承发吏服务规则》共4章28条,规定地方审判厅设置承发吏长一人,承发吏六

---

① 以上有关奉天省承发吏考试推行情况和保结的内容,见《营口地方法院》154-1-527,民国十六年(1927年),营口市档案馆藏。

人。承发吏的职责分为外勤和内勤两部分。外勤之事务包括传拘人证、取具保结、送达文件、查封拍卖、调查证据、勘查及绘具图说。内勤包括了值日和送取文件以及登记当事人报到一切簿册。以上两项内容和清末《修正承发吏职务章程》规定的职责大体相似,只是删去了受当事人之委托而办理事项这一类别。通观《服务规则》的内容,一明显的特点是强调承发吏在执行职务时不得勒索。如第9条规定,"承发吏取保务详加审慎,取具妥保,倘无相当保证者,应带人回厅据实报告主任推事核办,不得有暗受贿托虚捏妄报,及籍端勒索情事"。又如第10条规定,承发吏在调查证据时,不得草率及勒索。另外第11条也规定,承发吏在执行查封物品时须妥慎办理,不得瞻徇及勒索。除规定承发吏的职责,强调不得勒索外,同时颁布的《功过惩奖规则》(共18条)则通过奖惩的方式加强对承发吏的管理:"凡记过一次者,罚薪大洋一元,记过二次者,罚大洋一元五角,记过三次者以记大过一次论罚大洋二元;"而记大过达三次者给予休职处分。对有过者实行处罚,对有功者则实行奖励,"凡记功一次者给予奖金大洋一元,记功二次者,给予奖金大洋一元五角,记功三次者,以记大功论,给予奖金大洋二元"。凡记大功超过三次者,除临时酌给奖金外,准以承发吏长优先提升。① 无论是惩罚还是奖励,其目的都是规范承发吏的行为,维持其职业操守,提高司法的效率。

  承发吏须通过考试,具有一定的资格后方可担任职务,其薪水待遇也由国家承担,不再需要由其自行通过收取各种规费的方法解决。变革后建立的新式法院也不断通过颁布各种行为和奖惩规范来加强对这一群体的管理,这些都显示出一种专业化、官僚化的倾向,和对司法官和书记官的选用和管理方式渐趋一致,显示出不同于以往的新特点。

---

① 《营口地方法院》154-1-527,民国十六年(1927年),营口市档案馆藏。

不过,我们也看到,要求担任承发吏的人员在任职前交纳保证金和取得保结的规定是变革前对待衙役做法的继续,这从一个侧面说明了过去对衙役的不信任心态在变革后的新式法院中延续了下来,国家政权尽管承认了这一群体的正当性和合法性,但对他们的提防并没有放松。另外对承发吏在执行职务时不得有勒索情事的反复强调,似乎时刻在提醒着:衙役这一群体的不端行为随时有可能在承发吏身上再次出现。

第六节 结语

清末"新政"期间,满清政府对包括司法制度在内的政治、经济、教育、军事等一系列体制实行改革。奉天省由于其特殊的历史地位,在这一期间被清廷选定为最早实行司法改革的少数省份之一。徐世昌作为第一位从军府制改为行省制后的东三省总督,积极在奉天省实行"新政",设立提法司,在其协调下创设了和行政分离的新式法院。至满清统治结束时一批新式法院已在奉天省设立。民国成立后,以司法和行政分离等为特征的法治原则在理论上成为立国的基础之一,新式法院的建设除在袁世凯时期出现短暂停滞外,在民国初期出现了较快增长趋势。以清末"新政"时期的司法改革作为出发点,奉天司法改革的努力在民国初年继续下来,显示出历史的延续性。这种延续性得以出现的原因,可以归结于奉系军阀统治下地方政权建设的成果和当时的有识之士收回治外法权的强烈愿望。

这种延续性后面又显示出一种上升性。这种上升性的表现之一便是司法官专业化程度的提高。清末时期奉天省的新式法院尽管在数量上逐年增加,但推事们大都为各类科举功名拥有者,接受过近代法政教育的只占很少一部分。新式法院在数量上的不断增长,与司法官非专业化之间的矛盾,是清末"新政"期间奉天省司法变革过程中所体现的突出特点。然而，民国建立以后，在民国初年法院改组时确立的担任司法官所需要的学历要求，即须学习三年法政以上的标准在实践中得到了较为严格的执行。这样，变革前以诗文和儒家经典训练为长，集警察、检察官和法官于一身的知县被分工更加细化具备专业法律知识和技能的司法官所取代。

清末以来的司法改革除显示出新式法院不断设立，司法官专业程度不断提高这一特点外，以强调惩戒程序和保障被惩戒人诉讼权利为特征的司法官惩戒制度的形成，以及书记官和承发吏等法院辅助人员的专业化、官僚化趋势都是变革后司法制度所体现的新特点。当然我们也注意到，清末民初在奉天省推行的司法变革尽管包含着上述罗列的诸多现代性特征，并在推行程度上有一定的广泛性，但仍具有一定的局限性。由于政局的动荡，司法人才和经费等资源的限制，到二十世纪二十年代末为止，新式法院并没有在奉天省全省范围内建立起来，约有40%的县仍推行着县知事兼理司法制度，变革前司法、行政不分的体制仍在这些县中继续着。另外，由于禁止律师在司法公署和在县知事兼理司法的县公署代理诉讼业务，出庭辩论，当事人的诉讼权利的实现受到了限制，这些无疑都影响到正义实现的质量。

司法近代化不仅意味着司法和行政的分离，对法官的专业化也提出了要求；与此同时，对司法官的惩戒制度也在逐渐形成，书记官和承发吏也走向专业化和官僚化。围绕这几个方面展开的分析为了解近代司法变革提供了一个新的参照体系。奉天的经验显示出不同于这一时期的广西省而较接近于山东省的模式，只是在深度和广度上超过了后者。

第四章 民事诉讼程序

　　近代司法制度的基本特征不仅包括独立于行政的司法系统,还包括受过良好训练和给予优厚待遇的法官及其辅助人员。以实现这些基本要素为目标,在二十世纪初的奉天,司法系统开始在一个新的场景下运转。在这个场景里,由于当地政治经济和其他社会条件的影响,无论是司法者的教育背景、专业水平、自身的管理和规训,还是从事实发现到法律适用的过程,都呈现出时代性特征。在讨论完近代法院的建立过程、司法官员的任用标准以及针对他们的惩戒机制以后,为展现实现正义的新方式,这一章将重点关注司法程序和实践,探讨在转型时期程序方面发生的变革。考察的范围将限定在民事诉讼程序方面。与诉讼程序相关联,在下一章将考察新的私人法律职业,即律师。

　　在本章的一开始,先对近代民事诉讼法在二十世纪前二十年的演变作一简单的梳理和考察,从知识史的角度探讨近代民事诉讼法的形成途径和特征,接下来考察民国建立以后奉天省各级法院的组成及其管辖,这些法院包括了初级审判厅、地方审判厅和高等审判厅。为保持讨论的完整性,作为审判体系一部分的最高法院即大理院也一并加以考察。随后将探讨各种民事诉讼程序,从准备程序开始,到庭审和判决,再到上诉和特别程序,最后是对诉讼程序原则的归纳和梳理。

第一节 民事诉讼法的知识史考察

一、近代西方民事诉讼法的输入

近代中国的民事诉讼法渊源于欧洲大陆,期间以日本为中转,并有所增删和损益。"新政"期间,沈家本等受命于朝廷主持修订新律,西方民诉法知识开始大规模地输入中国,但若从源头上考察,欧陆民事诉讼法传入中国,并不是开始于"新政"修律期间,而是十九世纪八十年代对法国民事诉讼法的翻印,关于这一点王健、李政、何勤华等学者在其著述中都已做了清晰的考证。①

光绪六年(1880年)京师同文馆出版了由法国人毕利干口译,时雨化笔述的《法国律例》。毕利干(Anatole Adrien Billequin)是同文馆的化学教习,同治五年(1866年)来华任教,光绪十七年(1891年)回国。时雨化是河北宛平人,同文馆化学馆的一名生员。《法国律例》总共6函46卷,分46册,总计4,780页,是法国六种主要法律的一个汇辑,也就是常说的法律汇编。这六种法律分别是《刑律》、《刑名定范》、《贸易定律》、《园林则律》、《民律》、《民律指掌》,其所对应的就是今天所称的刑法、刑事诉讼法、商法、森林法、民法、民事诉讼法,其中的民事诉讼法译自法国1807年民事诉讼法典。这部最早翻译过来的民事诉讼法,无论是概念还是用语,都令人费解难懂。王健在其研究晚清西方法的输入和法律新词的专著中曾将《法国律例》和民国二年(1913年)年由商

---

① 王健:《沟通两个世界的法律意义:晚清西方法的输入与法律新词初探》,中国政法大学出版社2001年版,第188—216页;李政:《中国近代民事诉讼法探源》,《法律科学》2000年第6期,第100页;何勤华:《中国近代民事诉讼法学的诞生与成长》,《法律科学》2004年第2期,第85页。

务印书馆编译出版的《法国六法》进行过比较,除选取刑事诉讼法、商法外,还选取了民事诉讼法中的若干段译文进行比较,现不妨转录如下,以为例证。

表 4.1:《法国律例》和《法国六法》民事诉讼法部分译文对照表

法国律例·民律指掌	法国六法·民事诉讼法
第一集、论一切控诉案件而有推敲追比之情系在官署之中	上篇、在裁判所之诉讼
第一卷、论晰讼官署	第一卷、治安裁判所
第一类、论传案票之事	第一章、呼出之事
第四类、论所拟示谕系关词讼于物主之权者	第四章、财产占有权诉讼之裁判
第九类、论息讼官遇事有应回避之情	第九章、述治安裁判官故障之事
第二卷、论各项微末职之衙署	第二卷、下等裁判所
第三类、论于晰讼之绅而拣选一人以为驳辩原被告所呈约据者	第三章、被告人委任代书师之事及被告人之答辩

资料来源:王健:《沟通两个世界的法律意义:晚清西方法的输入与法律新词初探》,中国政法大学出版社 2001 年版,第 204 页。

不难发现,民国二年(1913 年)译本已较接近现代的"法言法语",与之相比,《法国律例》显然要难懂得多,许多地方甚至难以通解。究其原因,大概是海禁初开之时中西交流有限,法律等方面的语言沟通尚处于起步阶段,又无先例可资借鉴。

《法国律例》开了近代翻译西方民事诉讼法典的先河,揭开了西方民事诉讼法输入中国的序幕,翻译者比利干等功不可没。而大规模地对西方民事诉讼法介绍是在光绪三十年(1904 年)至宣统元年(1909 年)由修订法律馆组织的翻译工作,其目的是为当时的法典编纂工作服务。翻译的相关法律有《德意志旧民事诉讼法》、《德意志改正民事诉讼法》、《德国强制执行及强制竞卖法》、《日本改正民事诉讼法》、《日本现行民事诉讼法》、《奥国民事诉讼律》。① 从法典名称不难发现,当时民诉法的翻译主要集中在德、日两国,修订法律馆对德日民诉法的关注程度可见一斑。

除翻译法典外,另一译介的重点是民诉法的研究专著,从国别来讲,以日本为主。当时翻译的日本民事诉讼法专著主要有以下一些:1)木尾原仲治著,范迪吉等译《民事诉讼法释义》,光绪二十九年(1903年),上海会文学社印行;2)板仓松太郎著,欧阳葆真、朱泉壁编辑《民事诉讼法》,光绪三十一年(1905年),湖北法政编辑社印行;3)岩田一郎著,李穆等编译《民事诉讼法》,光绪三十三年(1907年)丙午社印行;4)高木丰三著,陈兴年译《民事诉讼法论纲》(2册),宣统二年(1910年)上海商务印书馆印行。② 民诉专著的翻译和介绍,较之法典的翻译更易为读者所理解,因此也能更广泛地传播民诉法知识。

跟法典、专著翻译相平行的另一传播民诉法知识的重要途径就是法律教育中民诉法专门科目的设立。光绪三十一年(1905年)后相继开办的京师法律学堂、直隶法政学堂、京师法政学堂等,在其完备的法律课程计划中,将民事诉讼法和裁判所编制法列为法政专业的必修科目。如在光绪三十二年(1906年)创办的京师法律学堂,在其第二学年的课程中,列入了民事诉讼法的科目,由日本法学家松冈义正讲授。③

综上所述,在二十年代初《民事诉讼条例》正式颁布和实施前,如从光绪六年(1880年)由同文馆出版《法国律例》开始计算,近代民事诉讼

---

① 李贵连:《沈家本传》,法律出版社2000年版,第210—211页。
② 李政:《中国近代民事诉讼法探源》,《法律科学》2000年第6期,第101页。《民事诉讼法论纲》的译者应为陈兴年,而不是作者所称的陈舆年,特予纠正。
③ 何勤华:《中国近代民事诉讼法学的诞生与成长》,《法律科学》2004年第2期,第87页。

法的输入和大规模传播已经有四十年的历史,这四十年见证了民事诉讼法基本概念、规则、原则和主要法律词汇的确立。而这一过程的完成途径是多样的,法典、专著的翻译是一方面,课堂的传授是另一方面,在这方方面面中,另一重要的途径则是法典草案的拟定。尽管由于政治和其他原因,这些法典没有颁布实施,但要探索《民事诉讼条例》的源头,缕析近代民诉法的知识谱系,不能不提光绪三十二年(1906年)编定的《大清刑事民事诉讼法草案》和宣统二年(1910年)完成的《大清民事诉讼律草案》。

二、《大清刑事民事诉讼法草案》

《刑事民事诉讼法草案》共有 5 章 260 条,于光绪三十二年(1906年)3月具奏进呈,拟请明降旨,宣布中外,一体遵行。根据董康的回忆,该法律系修订法律大臣伍廷芳同美国顾问林某制定的。[①] 谢振民认为此法"条文虽简,内容甚为详备"。[②] 具体章节分布如下:第一章总纲(第1—20条),分四节:1)刑事、民事之别;2)诉讼时限;3)公堂;4)各类惩罚。第二章刑事规则(第21—88条),分7节:1)捕逮;2)拘票、搜查票及传票;3)关提;4)拘留及取保;5)审讯;6)裁判;7)执行各刑及开释。第三章民事规则(第89—198条),分11节:1)传票;2)讼件之值未逾500元者;3)讼件之值逾500者;4)审讯;5)拘提图匿被告;6)判案后查封产物;7)判案后监禁被告;8)查封在逃被告产物;9)减成偿债及破产物;10)和解;11)各票及讼费。第四章刑事、民事通用规则(第199—250条),分4节:1)律师;2)陪审员;3)证人;4)上控。第五章中外交涉案件(第251—260条),末附颁行例3条。此法奏定后清廷即明谕各督

[①] 董康:《中国修订法律之经过》,《中国法制史讲演录》,香港文粹阁版,出版年月不详,第162页。

[②] 谢振民:《中华民国立法史》,中国政法大学出版社2000年版,第981页。

抚等体察情形,悉心研究,据实具奏。到光绪三十三年,各省先后复奏,拟请暂缓施行。随后法部确立了民刑诉讼法分别立法的思路,并以袁世凯的《天津府属试办审判厅章程》为蓝本起草了《各级审判厅试办章程》,作为各级审判厅试办时的程序法依据。至此《刑事民事诉讼法草案》被搁置起来,情势的变化使得对其修订再没有意义了。①

《草案》将"凡因钱债、房屋、地亩、契约及索取赔偿等事涉讼"归为民事案件,以便和"叛逆、谋杀、故杀、伪造货币印信、强劫"等刑事案件区别开来。和刑事规则共68条相比,民事规则达110条之多,数量上明显超过刑事规则。在语言表达上,部分概念和用法保留了中国固有的语汇,如公堂(法庭)、控词(起诉状)、覆词(答辩状)等,但一些为我们现在所熟悉的法律语汇开始在《草案》中使用,如律师、陪审员、传票、拘传、拘留、不动产、破产等。《草案》的一个比较明显的特点是设立了陪审员和律师制度,这一特点也成了各省督抚抨击该《草案》不符合中国的民情风俗,不具备实现条件因而将之搁置的主要原因之一。②

论者一般都认为《草案》具有浓厚的英美法色彩,除较明显的陪审员制度外,研究者并没有指出该《草案》的其他英美法要素。由于历史和文化传统的不同,在民事诉讼方面,大陆法系和英美法系在诸多方面表现出不同,其中代表性的差别体现于民事诉讼基本模式上,即法院与当事人的相互关系。就基本模式而言,《草案》的当事人主义色彩浓厚,规定于第116条的交叉质询(cross-exam)便是很好的例证。

第一百十六条 凡所讼之款或该案之值数逾五百圆者,被告

---

① 有关讨论可参见胡康:《清末〈刑事民事诉讼法草案〉搁置考》,陈金全、汪世荣主编《中国传统司法与司法传统》(上册),陕西师范大学出版社2009年版,第440—447页。

② 对以张之洞为代表的督抚反对意见的归纳和评论,见上书,第442—443页;陈刚主编:《中国民事诉讼法制百年进程》第一卷(清末时期),中国法制出版社2009年版,第112—121页。

呈递覆词之后则办法如左：

一　审讯时先由原告或所延律师将原告控词及被告覆词朗诵一遍，然后伸诉争讼之原委并略述证据；

二　次则原告登位供证或所延律师对诘，仍由原告律师覆问；

三　原告各证人均可受对诘及覆问，一如原告；

四　原告及证人供证之后，承审官讯问被告是否带有证人，如无证人，则原告或所延律师将前所供证据，总其大旨而伸论之；

五　如被告或所延律师带有证人者，则原告或所延律师应俟该证人等供证之后然后伸论；

六　被告或所延律师即可诉辩及唤证人代为供证；

七　被告及证人供证之后又已受对诘及覆问，则被告或所延律师可将本造所供证据总其大旨向公堂诉辩；

八　然后原告或所延律师再行辩驳。①

三、《大清民事诉讼律草案》

《刑事民事诉讼法草案》搁置暂缓施行，随后清廷确立了民刑诉讼法分别立法的思路。修订法律馆于光绪三十三年(1907年)开始起草《大清民事诉讼律草案》，至宣统二年(1910年)12月27日奏明告成。《草案》共分四编，800条，是在日本法律专家松冈义正负责下起草完成的。谢振民认为该《草案》几全抄袭德国《民事诉讼法》，②其相近程度到底如何？目前还没有看到学者进行较为全面深入的比较分析，现不妨以表格的形式将具体章节进行比较，同时也将日本《民事诉讼法》和北洋时期的《民事诉讼条例》一并罗列，以便比较时参考。

---

① 《大清法规大全》第四册，政学社民国二年(1913年)版，第1918—1919页。
② 谢振民：《中华民国立法史》，中国政法大学出版社2000年版，第991页。

表4.2：德日民诉法和《大清民事诉讼律草案》《民事诉讼条例》结构比较表

德国民事诉讼法（1877）	日本民事诉讼法（1891）	大清民事诉讼律草案(1910)	民事诉讼条例（1921）
第一编 总则	第一编 总则	第一编 审判衙门	第一编 总则
第一章 裁判所	第一章 裁判所	第一章 事物管辖	第一章 法院
第一节 事件上裁判所之权限	第一节 裁判所管辖之事物	第二章 土地管辖	第一节 事物管辖
第二节 裁判所之管辖	第二节 裁判所管辖之土地	第三章 指定管辖	第二节 土地管辖
第三节 裁判所权限之契约	第三节 管辖裁判所之指定	第四章 合意管辖	第三节 指定管辖
第四节 裁判所职员之禁止及忌避	第四节 裁判所管辖之合意	第五章 审判衙门职员之回避拒却及引避	第四节 合意管辖
第二章 原被告	第五节 裁判所职员之除斥及忌避	第二编 当事人	第五节 法院职员之回避
第一节 诉讼能力	第六节 检事之立会	第一章 能力	第二章 当事人
第二节 共同诉讼人	第二章 当事者	第二章 多数当事人	第一节 当事人能力及诉讼能力
第三节 他人之参加诉讼	第一节 诉讼能力	第三章 诉讼代理人	第二节 共同诉讼
第四节 诉讼代人及辅佐人	第二节 共同诉讼人	第四章 诉讼辅佐人	第三节 诉讼参加
第五节 诉讼费用	第三节 第三者之参加诉讼	第五章 诉讼费用	第四节 诉讼代理人
第六节 保证	第四节 诉讼代理人及辅佐人	第六章 诉讼担保	第五节 诉讼辅助人
第七节 受救权	第五节 诉讼费用	第七章 诉讼救助	第六节 诉讼费用

(续表)

第三章 裁判手续	第六节 保证	第三编 普通诉讼程序	第七节 诉讼担保
第一节 口头上审问	第七节 诉讼上之救助	第一章 总则	第八节 诉讼救助
第二节 送达	第三章 诉讼手续	第一节 当事人书状	第三章 诉讼程序
第三节 唤出裁判期日及期限	第一节 口头辩论及准备书面	第二节 送达	第一节 当事人书状
第四节 期限懈怠之结果及原状回复	第二节 送达	第三节 期日及期间	第二节 送达
第五节 裁判手续之中止及延期	第三节 期日及期间	第四节 诉讼行为之濡滞	第三节 日期及期限
第二编 始审裁判手续	第四节 懈怠之结果及原状回复	第五节 诉讼程序之停止	第四节 诉讼行为之迟误
第一章 地方裁判所之裁判手续	第五节 裁判手续之中断及中止	第六节 言词辩论	第五节 诉讼程序之停止
第一节 判决以前之裁判手续	第二编 第一审之诉讼手续	第七节 裁判	第六节 言词辩论
第二节 判决	第一章 地方裁判所之诉讼手续	第八节 诉讼记录	第七节 裁判
第三节 懈怠判决	第一节 判决以前之裁判手续	第二章 地方审判厅之第一审诉讼程序	第八节 诉讼卷宗
第四节 计算事件财产分别及类此诉讼之准备裁判手续	第二节 判决	第一节 起诉	第二编 第一审程序
第五节 采证之一般规定	第三节 缺席判决	第二节 准备书状	第一章 地方审判厅诉讼程序

（续表）

第六节 检证之证据	第四节 计算事件财产分别及类此诉讼之准备手续	第三节 言词辩论	第一节 起诉
第七节 证人之证据	第五节 调查证据总则	第四节 证据	第二节 言词辩论及其准备
第八节 鉴定人之证据	第六节 人证	第一款 通则	第三节 证据
第九节 证书之证据	第七节 鉴定	第二款 人证	第一目 通则
第十节 宣誓之证据	第八节 书证	第三款 鉴定	第二目 人证
第十一节 采用宣誓之裁判手续	第九节 检证	第四款 书证	第三目 鉴定
第十二节 保全证据	第十节 当事者本人之讯问	第五款 检证	第四目 书证
第二章 区裁判所之裁判手续	第十一节 证据保全	第六款 证据保全	第五目 勘验
第三编 上诉	第二章 区裁判所之裁判手续	第五节 裁判	第六目 证据保全
第一章 控诉	第一节 通常之诉讼手续	第六节 缺席判决	第四节 和解
第二章 上告	第二节 督促手续	第七节 假执行之宣示	第五节 判决
第三章 抗告	第三编 上诉	第三章 初级审判厅之诉讼程序	第二章 初级审判厅诉讼程序
第四编 裁判手续之再施	第一章 控诉	第四章 上诉程序	第三编 上诉审程序
第五编 证书及为替之裁判手续	第二章 上告	第一节 控告程序	第一章 第二审程序

（续表）

第六编 婚姻事件及禁自治事件	第三章 抗告	第二节 上告程序	第二章 第三审程序
第一章 关于婚姻事件之裁判手续	第四编 再审	第三节 抗告程序	第四编 抗告程序
第二章 关于禁自治事件之裁判手续	第五编 证书诉讼及为替诉讼	第五章 再审程序	第五编 再审程序
第七编 督促辨偿之裁判手续	第六编 强制执行	第四编 特别诉讼程序	第六编 特别诉讼程序
第八编 强制执行	第一章 总则	第一章 督促程序	第一章 证书诉讼程序
第一章 通则	第二章 金钱债权之强制执行	第二章 证书程序	第二章 督促程序
第二章 就金钱债权之强制执行	第一节 动产之强制执行	第三章 保全程序	第三章 保全程序
第一节 关于动产之强制执行	第二节 不动产之强制执行	第四章 公示催告程序	第四章 公示催告程序
第二节 关于不动产之强制执行	第三章 债权不以金钱支付为目的之强制执行	第五章 人事诉讼	第五章 人事诉讼程序
第三节 分配手续	第四章 假差押及假处分	第一节 禁治产宣告程序	第一节 婚姻事件程序
第三章 使呈出物件及使应行或不应行之强制执行	第七编 公示催告手续	第二节 准禁治产宣告程序	第二节 嗣续事件程序
第四章 明告宣誓及拘留	第八编 仲裁手续	第三节 婚姻事件程序	第三节 亲子关系事件程序
第五章 押置及临时处分		第四节 亲子关系事件程序	第四节 禁治产及准禁治产事件程序

(续表)

第九编 督促裁判手续			第五节 宣示亡故事件程序
第十编 仲裁裁判官之裁判手续			

资料来源:《德国六法》,商务印书馆民国二年版,第 1—142 页;《日本六法全书》,商务印书馆光绪三十三年版,第 1—101 页;《大清民事诉讼律草案》,修订法律馆印行,出版时间不详;(北洋政府)司法部编:《司法例规》(上),民国十一年,第 861—939 页。

在考察《大清民事诉讼律草案》和《德国民事诉讼法》以及《日本民事诉讼法》的渊源关系以前,我们不妨先考察 1877 年《德国民事诉讼法》与 1891 年《日本民事诉讼法》之间的关系。德国民事诉讼法共有 872 条,56 个章节,日本民事诉讼法则有 802 条,53 个章节。如将两部民事诉讼法的章节题目进行比较,我们发现总共有 42 个章节题目完全一致,也就是说日本民诉法中近 80% 的章节题目借鉴了德国民诉法,其中从第一编到第五编,编排序号相同的章节达到了 33,占日本民事诉讼法章节总数的 62%。在绝大多数相似的情况下,日本民诉法的起草者也做了少量的适应本国国情的本土化修订,主要表现在以下三个方面,一是将德国民诉法中第一编第一章第二节裁判所之管辖细分为两节,即第二节裁判所管辖之土地和第三节管辖裁判所之指定,将土地管辖和指定管辖单列一节,另外在该章第六节增加了检事之立会,规定了检事(检察官)到法庭陈述意见的九种情形,如关于公法人之诉讼、关于婚姻之诉讼、关于夫妻间财产之诉讼等;二是在将德国民诉法中第二编第一审(始审)之诉讼手续第一章地方裁判所之裁判手续中第六节到第十二节做了相应的调整,并有所增删。调整了检证(就是现在所说的勘验)、证人、鉴定、书证的顺序,将检证放到书证之后,同时删除了德民诉法中第十节宣誓之证据和第十一节采用宣誓之裁判手续,并增加了第十节当事者本人之讯问。三是日本民诉法删除了德国民诉法第六编婚姻事件及禁自治事件,将之简化后称为检事之立会,前移到了第一编总则之下,不单列为特别诉讼程序。同时将第七编督促辨偿之裁判手续(即通常所说的督促程序)移到了第二编第二章区裁判所之裁判手续下。

总的说来,日本民诉法对德国民诉法的借鉴程度非常高,基本上可以用抄袭来描述,日本为适合本土需要所作的根本性的修改相当有限,只删除了跟宣誓有关的规定,以及简化了体现国家高度干预的有关人事诉讼的特别程序。

接下来再看《大清民事诉讼律草案》(以下简称《草案》)跟德日民诉法的关系。《草案》共有 800 条,54 个章节,分四编,较之德国民诉法的十编和日本民诉法的八编,在编数上大幅度减少,因而在结构上显得清晰和简约。就结构而言,《草案》的起草者并没有全盘照抄德国民诉法。相反,比较而言,如上面分析所显示的那样,日本民诉法的起草者倒是几乎照搬了德国民诉法的结构安排。

就内容而言,《草案》起草者并没有采纳德日民法中规定的强制执行和仲裁。没有采纳仲裁的原因不得而知,至于没有采纳强制执行规定的原因,修订法律大臣沈家本、俞廉三在《草案》编纂告竣时给清廷的奏折中这样解释道,"至各国民事诉讼律有于规定诉讼关系外兼规定执行关系者,日本德国即用斯例。惟查诉讼关系与执行关系不能强同,诉讼关系其主旨在确定私权,执行关系其主旨在实行私权,二者之旨趣程度各不同,如强合为一,揆诸法理实所未安,兹仿奥国例析而为二,于民事诉讼律外续定执行律"。① 修订法律大臣认为诉讼关系和执行关系不同,前者确定私权,后者实行私权,不能合二为一,因此仿效奥国民事诉讼法的体例一分为二,另单独制定执行律。

《草案》对日本民诉法中本土化的做法也有所借鉴,主要表现为两点,一是仿效了日本法律起草者的做法,删除了德国民诉法中跟宣誓有

---

① 《为民事诉讼律草案编纂告竣缮写成册敬呈折》,《大清民事诉讼律草案》,修订法律馆印行,出版时间不详,第 3 页。

关的规定,二是吸收了日本民诉法中四种证据类型的新编排顺序,即证人、鉴定、书证、检证。

不过,《草案》也恢复了被日本民诉法起草者所弱化的德国民诉法中固有的人事诉讼程序,并增加了德国民诉法中所没有的亲子关系事件程序,包括于第四编第五章中的人事程序有:禁治产宣告程序、准禁治产宣告程序、婚姻事件程序、亲子关系事件程序。

对《草案》作一概括性的评价大致有两点,第一,在结构上有所创新。在编一级的安排上,简化为四编,废除了强制执行和仲裁的规定,这跟德日民诉法有很大的不同;另创设了特别诉讼程序这一类别,并单列一编,下分督促、证书、保全、公示催告、人事诉讼五种程序,改变了德日民法中各特别程序在编一级上并列的安排方式。第二,在内容上,对德日民诉讼法各有所取舍。舍弃了德国民诉法中跟宣誓有关的规定,这一做法追随了日本民诉法起草者的步伐,究其原因,这跟宣誓在东亚法律文化中的作用有关;另与日本民诉法不同的是,保留了德国民诉法中的人事诉讼特别程序,并有所增加。因此,谢振民认为该《草案》几全抄袭德国《民事诉讼法》的说法并不十分准确,这种说法否认了《草案》起草者的一些创造性的贡献和法律移植中的所起的比较、选择等作用。

四、《民事诉讼条例》

《民事诉讼律草案》于宣统二年12月27日由修订法律馆交给清廷请求批准,但直到清政权覆灭,这部法律仍被束之高阁,没有被颁布实施。清末"新政"期间在各省设立新式审判厅,其程序法的依据主要是光绪三十三年(1907年)颁布的《各级审判厅试办章程》和宣统元年底颁布的《法院编制法》。[①] 民国建立以后,在稍加修改后,上述两部法律

---

① 《大清法规大全》,政学社民国二年(1913年)版,第1897、1819页。

在民国初年继续有效。①

民国建立伊始,由于缺乏调整民事诉讼的法律,前清《民事诉讼律草案》中跟管辖有关的前四章被民国政府颁布为法律,并于民国元年(1912年)5月12日开始生效。② 尽管《民事诉讼律草案》的其他部分没有被正式颁布成为法律,但其中的一些规则被大理院在判决例和解释例中当做法理采用。③ 这种状况一直持续到二十世纪二十年代初。民国十年(1921年)7月22日,共有755条的《民事诉讼条例》由当时的北洋政府颁布,并于民国十一年(1922年)7月1日生效。④ 这一法律的颁布标志着经过十载的准备,系统的近代民事诉讼法律终于开始实施,接受实践的检验。

《民事诉讼条例》(以下简称《条例》)在清末《民事诉讼律草案》(简称《草案》)基础上修订而成,尽管其名称上冠以条例,但在结构和内容上跟民事诉讼法典并无区别。那么,《条例》是如何在《草案》的基础修订而成? 两者的关系又是如何? 接下来我们就对此展开分析和讨论。

《条例》共有755条,55个章节,条目数比《草案》少45条。据统计,在55个章节中,有43个章节的名称跟《草案》完全一致或基本一致,相似度达78%,不难看出《条例》对《草案》的继承关系。其中最明显的继承体现于《条例》对《草案》特别诉讼程序独立成编的延续。

《条例》对《草案》的修正以及在此基础上的发展比较有限,大体有这么三个方面,一是在结构上将《草案》的四编扩张为六编,恢复了德日民诉法中的总则编,并将上诉审程序、抗告程序、再审程序单独列编,以

---

① 谢振民:《中华民国立法史》,中国政法大学出版社2000年版,第984页。
② 同上书,第992页。
③ 参见郭卫编辑:《大理院判决例全书》,(台湾)成文出版社有限公司1972年版,第607—752页。
④ (北洋政府)司法部编:《司法例规》(上),民国十一年(1922年),第861、940页。

跟第一审程序和特别程序并列。二是在第二编第一审程序第一章地方审判厅诉讼程序中将和解单列一节（第四节），显示了《条例》起草者对和解的重视。从该节的规定来看，这里的和解更接近于由法官出面主持的调解，如第446条规定，"法院不问诉讼程度如何，得于言词辩论或使受命推事或受托推事试行和解"。① 同样在该章中，压缩了《草案》中单独成节的缺席判决和假执行，一起规定于第五节判决中。三是在第六编特别诉讼程序第五章人事诉讼程序中增加了嗣续事件程序和宣示亡故事件程序，并将《草案》的禁治产和准禁治产宣告程序合二为一。这样，《条例》的人事诉讼程序包括了五种程序：婚姻事件、嗣续事件、亲子事件、禁治产和准禁治产事件、宣示亡故事件。

《条例》与《草案》一样，并没有包括德日民事诉讼法中的执行和仲裁部分。仲裁事宜由民国十年（1921年）8月8日颁布的《民事公断暂行条例》加以调整，而执行事宜则规定于民国九年（1920年）8月3日颁布的《民事诉讼执行规则》中。②

除上述特征外，为跟随当时民事诉讼法新的发展趋势，法律起草者采纳了一些新的原则，如扩大法庭在庭审过程中的职权，这一点比较明显地受到了1895年由克莱恩（Franz Klein）教授起草的奥地利《民事诉讼法典》的影响。③ 不过总的来说，《条例》基本跟德日模式一致，属于同一个体系。

---

① 由《草案》涉及和解的第284—286条扩展而来，《条例》规定于第446—450条。在第450条强调了和解成立者当事人不得更行起诉，"关于诉讼标的之和解成立者，当事人不得就该法律关系更行起诉"。
② 其中第5章《假扣押、假处分及假执行》在《民事诉讼条例》颁布后失效。详见（北洋政府）司法部编：《司法例规》（上），民国十一年（1922年），第969—981页。
③ 谢振民：《中华民国立法史》，中国政法大学出版社2000年版，第994页。R. C. van Caenegen, "History of European Civil Procedure," chapter 2 of vol. XVI, *Civil Procedure in International Encyclopedia of Comparative Law* (New York: Oceana Publications, 1973), pp. 97-98.

第二节　法院体系和管辖

讨论完清末民初民事诉讼法的演变、形成途径和基本特征后,我们转入这一时期新式法院体系和管辖的考察,诉讼程序的具体内容将在下一节展开。

在第二章,我们曾对变革前的民事诉讼制度进行了考察,发现"户婚田土"一类案件在当政者眼中缺乏重要性,被认为是"民间细故",大都属于州县衙门的自理案件,较少上诉到上一级衙门,这一点跟层层审转的刑事案件有很大的不同。在清末"新政"期间,自天津、北京和东三省之后,全国其他省份纷纷仿效设立新式法院,这些新式法院以"四级三审"的体系设立,自下而上为初级审判厅、地方审判厅、高等审判厅、大理院。这种"四级三审"制系仿效德日法院体系,是法律移植的结果。北洋时期由于财政困难和其他原因,在地方分庭、司法公署或者县知事兼理司法推行的地方,"四级三审"实际上变成了"三级三审";而在地方审判厅设立的地方,因地方厅下辖有初级审判厅(后称为简易庭),"四级三审"制得以继续存在。从表面上看,多层制的法院系统跟清代的科层式的官僚体系相一致,似乎是清代体系的延续。其实,无论从价值理念还是从内在逻辑讲,这都是两套不同的系统。以法院体系、管辖权和法院的审判表现为重点内容,接下来就考察这些具体的差别。

一、初级审判厅和简易庭

在1914年5月初级审判厅被废除以前,争议数额不超过300元的民事案件都在初级审判厅管辖范围之内。[①] 初级审判厅在民国三年

[①] 据司法部1915年2月25日的部令,将初级管辖的涉讼额调整为千元。此时初级审判厅已废除,应适用于地方审判厅内的简易庭。详见(北洋政府)司法部编:《司法例规》(上),民国十一年(1922年),第473页。

(1914年)5月被废除,被设于地方审判厅内的简易庭所取代。简易庭的管辖权限跟初级审判厅完全一致。① 除按照争议标的数额确定管辖权限外,初级审判厅(简易庭)还拥有对其他事项的管辖权,这些包括:

(1)业主与租户因接收房屋或迁让、使用、修缮或因业主扣留租户之家具物品涉讼者,业主或租户与转租人因以上情事涉讼者亦同;

(2)雇主与雇人因雇佣契约涉讼,其雇佣期限在一年以下者;

(3)旅客与旅馆或酒饭馆主人或水陆运送人因关于食宿、运送所负之义务或因寄放行李财物涉讼者;

(4)因求保护占有状态涉讼者;

(5)因定不动产之界线或设置界标涉讼者。②

初级审判厅(简易庭)由1到2名法官组成,所有的案件都由法官独任裁判。③ 就初级审判厅(简易庭)的活动而言,现存的《营口地方法院》档案中保存的营口简易庭司法统计材料给我们提供了很好的线索。比如,在民国五年(1916年)营口简易庭新受民事案件304件,民国六年(1917年)212件,民国七年(1918年)158件。几乎所有的案件都在一年内审结,这表明案件的审结速度较快。统计数据还说明,案件处理的结果每年都有所不同。基本的趋势是,在这三年的时间里,和判决结案呈下降的趋势相比(从80%下降到39%),和解结案率从17%增加到59%。就上诉率而言,在民国五年(1916年)有6%的案件上诉到地方审判厅,在民国六年(1917年)上升到16%,到民国七年(1918年)增加到24%。更详细的统计数字见表4.3和表4.4。

---

① 同上页注,第76页。
② 《民事诉讼条例》第2条。
③ 《法院编制法》第4条。

表 4.3：营口地方审判厅简易庭民事案件分类表

年度 案件	1916	结案率(%)	1917	结案率(%)	1918	结案率(%)
旧收	1		4		2	
新收	304		212		158	
合计	305		216		160	
已结	301	99%	214	99%	160	100%
未结	4	1%	2	1%	0	0%

资料来源：《营口地方法院》154-2-270，民国五年；154-2-315，民国六年；154-2-331，民国七年。

表 4.4：营口地方审判厅简易庭民事案件处理分类表

年度 结果	1916	结果分类 (%)	1917	结果分类 (%)	1918	结果分类 (%)
判决	240	80%	130	61%	63	39%
撤回	0	0%	0	0%	0	0%
和解	53	17%	79	37%	95	59%
发还	0	0%	0	0%	0	0%
其他	8	3%	5	2%	2	2%
合计	301	100%	214	100%	160	100%

资料来源：《营口地方法院》154-2-270，民国五年；154-2-315，民国六年；154-2-331，民国七年。

二、地方审判厅、县知事兼理司法法庭、司法公署

地方审判厅既是一审法庭，同时又履行上诉庭的职能。作为一审法庭，它受理不属于初级审判厅（简易庭）管辖的所有一审案件。[①] 对于一审案件一般实行独任裁判；而对特别复杂的案件，有法定情形出现或在当事人的请求下，可实行三人组成的合议庭制。[②] 当地方审判厅

---

① 《民事诉讼条例》第3条。
② 《法院编制法》第5条。

行使上诉庭职责时,它受理来自初级审判厅(简易庭)的上诉案件。①根据法律规定,上诉案件的审理实行三人合议庭制度。②

在没有设立简易庭的地方分庭、知事兼理司法法庭、司法公署,独任法官审理所有的一审管辖案件。当对地方分庭的判决或裁定提出上诉时,如该案件按照法律原属于初级审判厅管辖(或称初级管辖)权限,则上诉于地方审判厅;如该案件按照法律原属于地方审判厅的管辖(或称地方管辖)范围,则上诉于高等审判厅。③ 同样的道理,当对知事兼理司法法庭或司法公署的判决或裁定提出上诉时,如案件属于初级管辖,则上诉于地方审判厅;如案件属于地方管辖,则上诉于高等审判厅。

就上述各级法院的人员数量而言,在地方审判厅一般有4到6名法官,在地方分庭则要少得多,仅有两名法官;而在县知事兼理司法法庭,除知事外仅有一名法官。④

就奉天省范围而言,关于地方审判厅具体运转的信息相当有限。目前唯一能获得的是来自《营口地方法院》档案的一些关于营口地方审判厅的一些原始资料,这些资料为我们提供了一些展示地方审判厅这一级法院司法活动的重要信息。如表4.5—表4.7所显示的那样,在民国五年(1916年)到民国七年(1918年)这三年间,营口地方审判厅作为第一审法庭,绝大部分的案件(在91%—98%之间)都在一年的期限内处理完毕;同时作为上诉法庭,约有79%—92%案件在一年内结案。应该说,案件的处理速度还是较为快捷的。将案件的处理情况做分类考察,如表4.6所示,作为第一审法庭,在民国五年(1916年)到民国七

---

① 《法院编制法》第19条。
② 《法院编制法》第5条。
③ 《暂行各县地方分庭组织法》(民国六年4月22日公布)。
④ 奉天省长公署政务厅编辑:《奉天省职员录》,民国九年(1920年)4月,《民国资料》第72;《奉天省职员录》,民国十七年(1928年)3月,《民国资料》第77。均藏于辽宁省档案馆。

年(1918年)这一期间,案件的判决率从77%下降到了28%;相反,案件的和解率从21%上升到69%。这一趋势显示出法庭为尽量使案件和解结案而作的努力。这一趋势和简易庭的情形也较为相似,只是在程度上表现得更为显著而已。表4.8则显示,作为上诉审法庭,几乎有一半上诉到营口地方审判厅的案件被驳回,另外近三分之一的案件被改判。值得注意的是,即使是在这一阶段,案件的和解率达到了15%到26%的程度。

根据现有的档案资料,大致可得出两点看法:第一,案件的处理速度较快,大部分在一年的时间内结案。① 由此看来,积案还没有成为问题。第二,相当一部分的案件通过和解的方式结案。可以推测,有些因素,如当事人的厌讼心理和法庭处理案件的方式等都可能是这一结果产生的原因。

表 4.5:营口地方审判厅一审民事案件分类表

年度 案件	1916	结案率(%)	1917	结案率(%)	1918	结案率(%)
旧收	1		1		1	
新收	57		39		42	
合计	58		40		43	
已结	57	98%	39	98%	39	91%
未结	1	2%	1	2%	4	9%

资料来源:《营口地方法院》154-2-270,民国五年;154-2-315,民国六年;154-2-331,民国七年。

---

① 这样的评价是跟当代其他国家如美国、英国、德国、日本、意大利、法国、巴西、希腊等国法庭在二十世纪九十年代的表现比较后得出的。根据 Civil Justice in Crisis (Oxford:Oxford University Press, 1999)的研究,除了少数国家如德国、日本、法国和荷兰外,其他大部分国家第一审案件处理平均时间均超过了一年。

表 4.6：营口地方审判厅一审民事案件处理分类表

结果＼年度	1916	结果分类（%）	1917	结果分类（%）	1918	结果分类（%）
判决	44	77%	15	39%	11	28%
撤回	0	0%	0	0%	0	0%
和解	12	21%	18	46%	27	69%
发还	0	0%	0	0%	0	0%
其他	1	2%	6	15%	1	3%
合计	57	100%	39	100%	39	100%

资料来源：《营口地方法院》154-2-270，民国五年；154-2-315，民国六年；154-2-331，民国七年。

表 4.7：营口地方审判厅上诉审民事案件分类表

案件＼年度*	1916	结案率（%）	1917	结案率（%）	1918	结案率（%）
旧收	2		7		4	
新收	50		49		60	
合计	52		56		64	
已结	48	92%	44	79%	57	89%
未结	4	8%	12	21%	7	11%

资料来源：《营口地方法院》154-2-270，民国五年；154-2-315，民国六年；154-2-331，民国七年。
* 注：在民国五年（1916 年）营口地方审判厅受理来自下列法院的上诉：简易庭、复县知事兼理司法法庭、锦西县知事兼理司法法庭、盖平县知事兼理司法法庭、盘山县知事兼理司法法庭、岫岩县知事兼理司法法庭。由于民国五年恢复设立锦县地方审判厅，从民国六年（1917年）起，锦西县知事兼理司法法庭初级管辖案件上诉到锦县地方审判厅，营口地方审判厅不再受理。民国六年复县地方审判厅成立后，复县知事兼理司法法庭废除，从民国七年（1918 年）开始，营口地方审判厅不再受理来自该县的上诉案件。

表 4.8：营口地方审判厅上诉审民事案件处理分类表

年度 结果	1916	结果分类 （%）	1917	结果分类 （%）	1918	结果分类 （%）
驳回	26	54%	15	34%	27	48%
改判	15	31%	13	30%	15	26%
撤回	0	0%	0	0%	0	0%
和解	7	15%	16	36%	15	26%
其他	0	0%	0	0%	0	0%
合计	48	100%	44	100%	57	100%

资料来源：《营口地方法院》154-2-270,民国五年；154-2-315,民国六年；154-2-331,民国七年。

三、高等审判厅

高等审判厅为上诉法庭，不受理一审案件。作为上诉法庭，它受理的范围是，对地方审判厅作为第一审法庭作出的判决或裁定提起的上诉，以及地方审判厅作为上诉法庭作出的判决或裁定提起的上告。① 换句话说，案件经过初级审判厅（简易庭）、地方分庭、司法公署、知事兼理司法法庭作为一审初级管辖法庭审理后，上诉到地方审判厅，当事人不服，再上告到高等审判厅，高等厅的判决或裁定是终审的。同时，它也是地方分庭、司法公署、知事兼理司法法庭行使一审地方管辖权限案件的上诉法庭，当事人如对裁判结果不满，可上告到大理院（见图4.1）。

《奉天省长公署》档案中保留着一份高等审判厅上报给省长公署的民国五年（当时称洪宪元年）1月已结未结民事案件清单，这份清单虽

---

① 《法院编制法》第 27 条。

体现的只是一个月的信息,较不全面,但还是为了解高等审判厅的审判活动提供了很好的线索。根据清单,一月份奉天高等审判厅新收民事案件66件,旧收案件137件,总计有203件。该月结案52件,其中属于旧收的有39件,新收的有13件。未结案件151件,其中旧收98件,新收53件。该清单还对已结案的52件案件做了详细的统计说明,现分类列表说明如下:

表4.9:奉天高等审判厅上诉审民事案件处理分类表(民国五年1月)

类型	数量	百分比
判决	27	52%
决定	19	37%
和解	6	11%
合计	52	100%

资料来源:《奉天省长公署》JC10-1-16134,民国五年。

在52件案件中,以解决实体性争议的判决居一半多,解决程序性争议的决定占37%,和解结案的只有6件,占11%,明显低于营口地方审判厅作为一审法庭处理案件时的和解率。在判决结案的27个案件中,驳回上诉(控告和上告)的有16件,驳回率接近60%。在决定类19个案件中,驳回的(声请驳回、控告驳回、抗告驳回)案件有6件,驳回率近32%。驳回率高低说明了上诉审法院对下级法院裁判表现肯定度的高低,两者成正关联关系,驳回率越高,肯定度越高;反之,驳回率越低,肯定度越低。扣除被驳回上诉的案件,其余的案件则或被变更或被部分改判或被撤销原判发还重审,这些措施都是高等审判厅作为上诉法院所具有的纠错功能的具体体现。

从上诉的类型来看,有控告、上告、再审、声请、抗告等五类,下表是这些类型的具体分类情况,从中可一窥高等审判厅的业务类型和性质。

表 4.10:奉天高等审判厅民事案件上诉类型分类表(民国五年 1 月)

类型	数量	百分比
控告	21	40%
上告	17	33%
再审	2	4%
声请	4	8%
抗告	8	15%
合计	52	100%

资料来源:《奉天省长公署》JC10-1-16134,民国五年。

高等审判厅除履行审判职责外,还跟高等检察厅一起兼有司法行政之责。在民国二年(1913 年)之前,这项职责先后由驿巡道、提法司和司法筹备处履行。奉天府驿巡道设立于光绪二年(1876 年)1 月,当时的盛京将军兼奉天府尹志和裁撤奉天府治中,改设驿巡道,由其掌管一省的刑名按劾事务,但那时还不是司法专官。光绪三十一年(1905 年)12 月,将军赵尔巽裁撤五部,改设奉天知府,增加奉天驿巡道按察使衔,全省刑名案件都归其承转。光绪三十三年(1907 年)4 月,奉天改设行省,为达到司法独立的目的,专设提法司,掌奉天全省司法上的行政事务,监督本省各级审判厅、检察厅。提法司分设四科,分别是总务科、刑事科、民事科、典狱科,由吴钫担任首任提法使。吴钫,江西抚州府宜黄县人,生于同治五年(1866 年),进士,曾任直隶承德府知府,刑部福建司员外郎、浙江司正主稿、广东司郎中、江南道监察御史、福建道监察御史、京畿道监察御史等职。吴钫以思想开明著称,极力推动司法独立和审检厅的设立。① 民国建立之初,提法司一仍其旧,直到民国二

---

① 《奉天省长公署》JC10-1-16042,光绪三十三年(1907 年);俞江:《清末奉天各级审判厅考论》,《华东政法学院学报》2006 年第 1 期,第 28 页。

年(1913年)2月,北洋政府颁布划一各省地方官厅组织令,将提法司改为司法筹备处,此时彭谷孙为处长。① 民国五年(1916年)11月司法筹备处撤销,奉天高等审判厅接收司法筹备处所办理的下列事项:各县帮审员任免奖惩事;法院职员呈请任命;各级法院之设置及管辖区域划分;司法教育。② 现举其所办理的管辖区域划分事项略作说明。在第三章曾提及,到民国六年(1917年)3月时,随着海龙、辽源两地方审判检察厅的设立,奉天全省已有地方审判检察厅9处,因此亟须对初级管辖上诉区域进行调整,同年5月,高等审判厅通饬全省对初级管辖上诉区域进行调整,下表是调整后各地方审判厅所管辖知县兼理司法各县初级管辖案件区域划分。

表4.11:奉天省知县兼理司法各县初级管辖案件上诉区域划分表(民国六年5月)

地方审判厅	数量(县)
沈阳地方审判厅	9
辽阳地方审判厅	4
铁岭地方审判厅	4
营口地方审判厅	4
安东地方审判厅	10
锦县地方审判厅	4
洮南地方审判厅	6
海龙地方审判厅	3
辽源地方审判厅	2

资料来源:《高等审判厅详指定初级管辖上诉区域》,《奉天省长公署》JC10-1-16155,民国六年。

---

① 沈阳市司法局编:《沈阳司法行政志,1664—1986》,1990年,第17—18页。
② 辽宁省地方志办公室编:《辽宁省地方志资料丛刊》第三辑,1988年,第111页。

就奉天高等审判厅的人员数量而言,在民国二年(1913年)3月,该厅有6位推事。①但根据民国九年(1920年)的统计数字,推事数已增加到14名。八年后推事总数为13名,基本保持稳定。②高等审判厅由厅长总其事,指导和管理审判厅事务,民国初期先后担任高等厅厅长的有程继元(民国二年12月始)、沈家彝(民国三年6月始)、秋桐豫(民国八年5月始)、吕世芳(民国八年6月始)、单豫升(民国九年8月始),③史延程(民国十六年10月始),④其中担任时间较长的有沈家彝和单豫升两位,前者约有5年,后者则有7年之久,沈家彝在其任内积极推动新式法院的建设,用力甚多,功不可没。

四、大理院

大理院是北洋时期的最高法院,其前身是在光绪三十二年(1906年)12月7日根据清帝的谕旨而成立的大理院。但在清王朝的最后几年,在这个新成立的近代司法机构里履行职责的大都是科举时代的功名获得者,而不是经过严格法政训练的法科毕业生,这种情况一直延续到清政府统治结束。民国建立以后大理院进行了全面的改组,但仍保留原来的名称。

大理院是所有刑事和民事案件的终审法院。院内法官被编入民科和刑科两大部门。在民国七年(1918年)大理院有28名法官,被分入4

---

① 《盛京时报》民国二年(1913年)3月27日。
② 奉天省长公署政务厅编辑:《奉天省职员录》,民国九年(1920年)4月,《民国资料》第72;《奉天省职员录》,民国十七年(1928年)3月,《民国资料》第77。均藏于辽宁省档案馆。
③ 辽宁省地方志编纂委员会办公室主编:《辽宁省志·政府志》,辽海出版社2005年版,第86页。
④ 史延程任职开始时间,系据相关文件署名日期所作推断,参见《奉天省长公署》JC10-1-16043,民国十六年(1927年)。该氏系山东乐陵县人,光绪十年(1884年)生,奉天法政专门学校毕业,曾署任沈阳地方审判厅推事、复县地方审判厅推事等职,见《复县公署》496,民国九年(1920年)。

个民庭和2个刑庭。到民国十一年(1922年)法官数已增加到43名。到那时大部分的法官为国外大学的法科毕业生。举例说,在民国十一年43名法官中,40名曾留学日本,2名留学欧美,只有一名没有海外留学的经验。①

大理院的权限源于宣统元年颁布,民国四年重刊的《法院编制法》第36条,基本内容是:"第一,终审:(1)不服高等审判厅第二审判决而上告之案件;(2)不服高等审判厅之决定或其命令,按照法令而抗告之案件;第二,第一审并终审:依法令属于大理院特别权限之案件。"②简言之,大理院受理不服高等审判厅第二审判决的上告案件和不服高等审判厅的决定或命令的案件(见图4.1)。至于作为一审法院的职能,在民国共16年的存在期间,并没有在实践中真正行使过。就案件处理量而言,根据黄源盛的统计,在1912年至1927年大理院共处理了25,000件案件,平均每年1,563件。③

大理院所扮演的另一重要角色是进行判例汇编和司法解释。这项工作以判决例和解释例的形式体现出来。就判决例而言,大理院从其审理的25,000个案件中挑选了1,757个案件加以整理,编写判例要旨陆续给予出版。依据《法院编制法》第35条的规定,大理院有行使统一解释法令的权限。法律解释的方式有两种:一是解答质疑;二是为维持国家公益的目的,主动纠正机关和公务人员对于法令的误解。请求解释文件由大理院院长根据民刑事类别分别分配给民事或刑事庭庭长审

---

① 黄源盛:《民初大理院》,《政大法学评论》第60期(1998年12月),第110页。
② 《法院编制法》第36条,(北洋政府)司法部编:《司法例规》(上),民国十一年(1922年),第61页。
③ 黄源盛:《民初大理院司法档案的整理与研究》,《政大法学评论》第59期(1998年6月),第9页。

查主稿。① 体现在判决例和解释例中的原则往往对下级法院有约束力，这一点将在接下来的第六和第七两章中作进一步的阐述和分析。

从法律渊源看，由于在民国初年缺乏民法典以及《大清律民事有效部分》规定的不足，大理院在北洋时期民事法律的发展进程中扮演着重要的角色。至于下级法院如何适用那些由大理院确立的新原则以及这些新原则所产生的影响等一系列问题，也将在接下来的第六、第七两章中作详细的探讨。

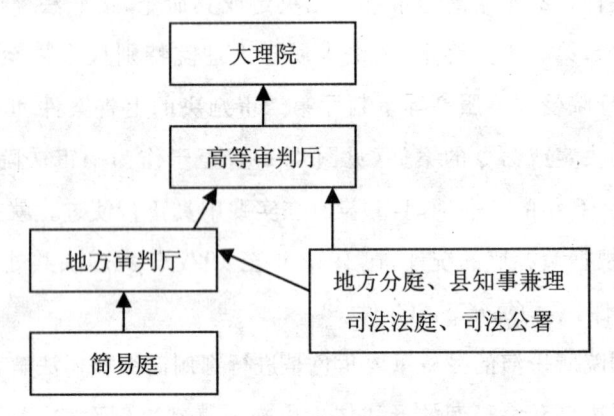

```
              大理院
                ↑
             高等审判厅
              ↑    ↑
        地方审判厅 ← 地方分庭、县知事兼理
            ↑        司法法庭、司法公署
          简易庭
```

图 4.1：奉天省法院结构示意图（民国十四年）

第三节 诉讼程序

讨论完北洋时期法院体系和各级法院的管辖权限之后，这一部分将重点探讨民事诉讼程序的具体内容以及实施情况。简单来说，这些程序可以分为四类：(1)普通程序，包括了起诉和送达，听审和证据规则，判决等；(2)上诉程序；(3)再审程序；(4)特别诉讼程序，包括了证书

---

① 《大理院办事章程》第 202、第 206 条，见《奉天省长公署》JC10-1-1331，民国八年（1919 年）。

诉讼程序、督促程序、保全程序、公示催告程序和人事诉讼程序。接下来按照类别分别加以阐述。

一、普通诉讼程序

1) 起诉和送达

民事诉讼程序开始于诉状的递交。无论是原告提出的诉状还是被告提出的辩状,都需要遵循一定的程序。对状纸的规定,始于于光绪三十三年(1907年)10月26日法部颁布的《试办诉讼状纸简明章程》,①约两年后经修订改名为《诉讼状纸通行章程》。② 民国成立后,状纸的样式没有发生很大变化,仍遵循清末"新政"时的旧例。按照要求,原告应从法庭购买事先印制好的格式诉状。《民事诉讼条例》第284条规定,起诉应载明以下信息,(1)当事人,(2)诉讼标的,(3)应受判决事项之声明(即诉讼请求),(4)法院。

通过清末"新政"的司法改革,在全国范围内新式法院开始适用划一的状纸格式,这一点在民国初年被延续下来。如跟变革前的情形相比,改革后的做法继承了以前使用格式状纸的办法,但新的规定更加详细、全面和统一,和以前各县在式样和要求上不统一的情形有很大的不同。从种类上看,包括了民事诉状、民事辩诉状、民事上诉状、民事委任状、限状、交状、领状、和解状、保状、结状等等。每一状纸均有标价,如在本书第六章分析的民国九年宽甸县兼理司法事务公署受理的于春控孙贵等伙谋抗赎一案中,民事诉讼状、保状均售大银元六角(司法部原定价为十铜元20枚),结状售大银元三角(司法部原定价为十铜元20枚),领状售大银元一元(司法部原定价为十铜元20枚),交状售大银元

---

① 《试办诉讼状纸简明章程》,《政治官报》第43期,光绪三十三年(1907年)11月3日。
② 《诉讼状纸通行章程》,《政治官报》第829期,宣统二年(1910年)1月12日。

三角(司法部原定价为十铜元 10 枚)。① 以保状为例,民事案件的当事人在一审和上诉审阶段均被要求提交保状,以保证堂讯时"传讯不悮",保证人则往往是客栈或宾馆的经营者。如发生在民国十一年宽甸县苗玉盛诉姜连春案中,苗玉盛在宽甸县兼理司法事务公署提起诉讼时,同时提交了一份保状:

保状

具保状人	姓名 姜万珍	年龄	籍贯 宽甸	住址	职业
被保人	姓名 苗玉盛	年龄 在卷	籍贯	住址	职业
具保状之关系:友谊					
具保状之原因:与姜连春赎地					
具保状之责任:传讯不悮					
厅　　公签					

中华民国十一年十二月二八日
具状人:宽甸姜家馆(印戳)

同案中被告姜连春的保人是徐范五,是县城宽邑会宾馆的老板。② 跟清代的司法实践相比较,不难发现,保状、结状、领状明显地带有清代的痕迹,和清代的保条、切结(甘结)、领呈等极为相似,只是在格式上更为统一而已。

《民事诉讼条例》第 149 条—187 条对送达做了专门规定。送达的职权由法院书记官行使,由他交由承发吏、庭丁或邮局具体实施。送达的方式大致可分为:直接送达,法院书记官于法院内将应送达之文书付于应受送达人;委托送达,法院书记官委托管辖送达地初级审判厅书记官代为送达;留置送达,应受送达人拒绝收领并无法律上理由者,应将

---

① 《宽甸县公署》14949,民国九年(1920 年)。
② 《宽甸县公署》15339,民国十一年(1922 年)。

文书留置于送达之处所,以为送达;转交送达,对于军士以下的现役军人或现役军属为送达的,应向该管军官送达,而对于在监之人为送达者,应向该监狱长官为之。通过以上方式送达的,送达吏应制作送达证书,并记明下列事项,(1)行使送达之法院,(2)应受送达人,(3)应送达之文书,(4)送达处所及年月日时,(5)送达方法。送达证书制作后交收领送达人签名或盖章,若拒绝或不能签名或盖章者,送达吏应记明其事由。除以上四种送达方式外,还有公示送达。该方式主要在应受送达人之所在不明或居住外国无法为送达等情形下实施。法院书记官将送达之文书或缮本粘贴于法院之牌示处,或者刊登于一种或数种报纸上。

送达的主要目的是让受送达人有机会获悉法律文书的内容。被告收到诉状后,按要求应撰写辩诉状,对原告诉状中的事实和法律问题作出回应。

2)庭审和证据

在正式庭审前,民国十年(1921年)的《民事诉讼条例》规定了审前准备程序,如有关于计算或分析财产或其他类似较为复杂的诉讼,如法庭认为有必要,可在庭审开始前设置该程序。① 设计审前准备程序的指导思想是在诉讼公正和诉讼效率之间求得平衡。其主要目的首先是通过审前准备达到开示证据及诉讼资料,帮助当事人了解掌握对方对案情的认识,以便整理诉讼焦点;其次是明确主要事实及其证明责任,以便开庭审理时双方的攻击防御能够建立在已知的材料基础上,防止突然袭击的出现,保证经短时间集中审理后即可作出结论;最后,在准备过程中,促进当事人对诉讼结果有充分的估量,倡导和鼓励双方以和解或其他方法来结束诉讼。《民事诉讼条例》规定,由审判长于庭员中指定一人施行该程序。准备程序应该以笔录的方式记明下列主要事

---

① 《民事诉讼条例》第313—321条。

项:(1)当事人主张之法律关系及攻击防御方法;(2)对于法律关系或攻击防御方法有无争执;(3)关于争执之法律关系或攻击防御方法所有之声明,以及事实上之关系、证据方法、证据抗辩,及对于证据方法、证据抗辩之陈述。准备程序结束后,受命推事应将卷宗及证物交予审判长。当事人在准备程序中就事实或证据没有异议的,或拒绝就此表明态度的,不得在言辞辩论阶段追补。而对于那些没有在准备程序阶段记录于笔录的事实或证据,如经对方当事人同意,或有理由证明是发生在准备程序开始之后,或在该程序开始后才获悉的,均可在言辞辩论阶段提出新的主张。

准备程序结束后,由审判长确定言词辩论日期,开始正式庭审程序。在言词辩论阶段,当事人就事实和法律上的争议进行陈述,但陈述时不得引用文件以代替言词,①这一点明显体现了言词辩论中的口头性(orality)原则。经审判长同意后,当事人可自行发问。法庭在庭审阶段的权限较为宽泛和主动,审判长应向当事人发问或晓谕,命令其就诉讼关系进行说明,命当事人提出图案、表册或外国语文书之译本,命将当事人提出之文书或其他对象在一定期限内留置于书记科。除规定当事人主张有利于己之事实者就其事实有举证责任外,法庭可任命推事调查证据。

《民事诉讼条例》就证据的种类做了详细的划分,主要分为四类:人证、鉴定、书证、勘验。② 人证部分规定,任何人对于他人的诉讼有为证人的义务。如证人受合法的传唤并无正当理由而不到场的,法院应以裁决课以百元以下罚锾,并命赔偿因不到场所生的费用。如证人受前项处罚后仍不到场,再课以二百元以下罚锾,并命赔偿费用,同时法院

---

① 《民事诉讼条例》第236条。
② 《民事诉讼条例》第352—436条。

可以拘提证人到场。根据《民事诉讼条例》第364条的规定，在某些情形下证人的作证义务可以免除，如证人为当事人之配偶、未婚配偶或亲属；证人因其职务或业务上有秘密义务；证人非泄露其技术上或职业上的秘密而不能作证者等等。当事人可请求审判长向证人发问，也可征得审判长同意后直接对证人发问。一般情况下，法庭应单独询问证人，但必要时也可命证人对质。证人作证可请求法定的差旅费（日费及旅费）。

和人证部分相比，鉴定部分的规定相对简单。经官府委任为鉴定人，和拥有从事鉴定所需的学术、技艺或职业的人士均有担任鉴定人的义务。鉴定人由受诉法院选任并定其人数，当事人从中指定应选任之鉴定人。鉴定人如有拒绝鉴定的理由，法院得免除其义务，如拒不遵传到场，法院也不得拘提，这一点有别于证人。鉴定人因鉴定需要申请调取证物或询问证人或当事人，经许可后可对证人或当事人直接发问。鉴定人除可获得法定的差旅费（日费、旅费）外，还可请求鉴定垫款和报酬。

书证部分的规定较为详细。官吏或公吏于职务上按定式作成的文书有完全的证据力，但仍允许反证，这些文书包括了记明官吏、公吏之命令、处分或裁判的文书，记明在官吏、公吏前有此陈述的文书。这种文书称为公证书。跟公证书相对的是私证书。私证书经作成文书人签名，或由法院或公证人认证的，有完全的证据力，但允许反证。私证书应由举证人证明其真实性，但对方当事人承认其真实的，不在此限。可以通过核对笔迹的方法判断私证书的真伪。如无适当的笔迹可以核对，法院得指定文字，命证书作成者书写。证书有增加或删除文字或其他疵累，法院依其自由心证断定证书的证据力。在一定情况下第三人和当事人都有提出书证的义务。当事人使用第三人拥有的证书，应向法院提出申请，并说明以下事项，(1)证书的名称，(2)依据该证书应证明的事实,(3)证书的内容,(4)证书被第三人所拥有的事由,(5)第三人提出书证义务的原因。法院如认为应证事实重要且举证人申请正当,应以裁决的形式命第三人提出证书,并可限定提出证书的期限。第三人无正当理由不听从法院提出证书的命令,法院得以裁决的形式向其课以百元以下的罚锾,并令其赔偿因不提出证书所生的费用,在认为必要的情形下可采取强制处分措施。

除第三人外,当事人也有提出证书的义务。法院在当事人陈述或证据调查过程中发现证书为其所有,为阐明或确定诉讼关系,得以职权令当事人提出证书。当事人有提出下列各款证书的义务:(1)在准备书状或在言词辩论阶段引用为证据方法的文书,(2)他造当事人依法律的规定要求交付或阅读的文书,(3)为举证人的利益而作的文书,(4)就当事人间的法律关系所作的文书,(5)商业账簿。当事人无正当理由不听从法院提出证书命令的,法院从对裁判影响的角度出发,依自由心证的原则决定是否认为他方当事人关于该证书的主张为正当。

对比变革前司法活动中的书证制度,正如第二章分析所示,尽管在审理"户婚田土"一类纠纷时,知县等裁判官已经注意到了书证的重要性,如宽甸县光绪二十九年(1903年)《状纸例规》所规定的,"告婚姻无媒妁婚书者不准","告田土无地邻契据,钱债无中证券约者不准",婚书和券约都是重要的书证,但变革前对书证的认识相对来说还是简单和粗疏的。既没有公、私证书的划分,也没有对第三人和当事人提出书证义务的详细规定,更没有对法官如何认定书证效力的规定。

证据的最后一类勘验的内容较为简约。当事人申请勘验应表明勘验标的物及其应勘验的事项。法院因阐明或确定诉讼关系的需要,不经当事人申请得依职权进行勘验。不能在受诉法院进行勘验的,法院可以使受命推事或受托推事负责进行。受诉法院受命推事或受托推事进行勘验时,得命鉴定人参与。勘验有必要时,应以图画或相片(像片)

附在笔录后。

证据有灭失或有使用困难的危险时,或者经过对方当事人同意的,得向法院申请证据保全。有下列情形出现时,也可申请证据保全:(1)当事人因为物或工作上的瑕疵向对方当事人主张权利时,确定瑕疵的存在,(2)受让人通知让与人物的瑕疵,或因物的瑕疵拒绝收受,而让与人又确定物的状态,(3)定作人通知承揽人工作上的瑕疵,或者因工作上的瑕疵拒绝收受,而承揽人又能确定其工作状态。申请证据保全应载下列事项:(1)对方当事人,如无法指定对方当事人的,说明不能指定的理由,(2)应调查证据的事实,(3)证据方法,(4)请求证据保全的理由。证据保全的申请由申请的法院裁决决定。

3)和解和调停

经过起诉、庭审前的准备程序和庭审等阶段,在依据证据原则查明事实后,依据法律即可进入判决阶段。不过在进入判决以前。法院可以不问诉讼程度如何,在准备程序或言词辩论阶段试行和解。① 试行和解时,得命当事本人到场。在言词辩论阶段,如和解成立,应记载于言词辩论笔录。如关于诉讼标的的争议通过和解成立的,不许就该法律关系另行起诉。诉讼状纸中有一单独的类别称为和解状,是记录和解协议的文书。

和解在进入判决以前的任何阶段都可展开,法院可以依职权试行和解,另一跟和解相似的制度是调停,两者都是依当事人的合意而成立,只是所处的阶段不同。前者在判决前的准备程序或言词辩论阶段均可试行,但调停则发生在诉讼进行前,调停规定于《奉天省各厅县民事争议调停办法》(简称《调停办法》),该办法是奉天省高等审判厅根据当时奉天省地区民事诉讼繁多,参照日本在旅(顺)大(连)租借地内施

---

① 《民事诉讼条例》第446—450条。

行的民事调停办法制定而成的,获司法部批示同意后于民国六年(1917年)10月开始施行。《调停办法》规定:

第一条　凡人民因民事争议者未成讼前得在各地方审判厅县署先行声请调停;

声请人于呈递声请书时应缴纳声请费;

声请费照本省征收讼费规则所定价额等差征收三分之一。

第二条　声请调停应于被声请人所在地之地方审判厅、县署为之,但不动产事件应于不动产所在地之厅县为之。

第三条　申请调停书应填写左列各项:

一　声请人被声请人之姓名、籍贯、年龄、住所、职业;

二　声请之要旨;

三　声请之事项;

四　官署年月日。

第四条　声请人不得用代理人,但委任亲族或雇佣人为代理人,经厅县允准者不在此限。

第五条　厅县接受声请书,应由承办推事、承审员或县知事(无承审员各县由县知事为之)指定期日,传集当事人予以调停。

第六条　指定期日后届期声请人无故不到,其声请视为自行撤销,被声请人不到时应再传讯,再传讯不到时,厅县认调停可望成立,不妨再传。

第七条　被声请人不就调停或调停不成立时,声请人得将声请费作为讼费之一部提起诉讼。

第八条　调停成立,厅县应作调停笔录记载左列各项:

一　当事人或代理人之姓名、籍贯、年龄、住所、职业;

二　声请人请求之要旨;

三　被声请人答辩之要旨;

四　调停成立事项及其履行期日。

第九条　调停笔录应记载年月日使当事人署名画押,推事、承审员或县知事亦应署名盖印。

第十条　当事人得缴抄录费请求发给调停笔录抄本。

第十一条　调停成立其效力与和解同;

调停事件,厅县不得强制其成立,违反此规定者当事人得向高等审判厅声请指示。

第十二条　调停成立事件之执行,准用执行各规则。

第十三条　调停之执行,各厅县应互相辅助。

第十四条　文件送达征收费用,准用现行诉讼规则送达征收费用之规定。

第十五条　调停成立事件,厅县发现有犯罪行为提起公诉时,在刑事未经终结以前,其执行应暂行停止。

第十六条　调停费用当事人各自负担,但送达及执行费用,债务人负担之。

第十七条　本办法自民国六年十月一日实行。①

《调停办法》强调了调停中当事人的自愿性,调停推事、承审员、知事等不得强制。对诉讼费用上采取激励措施,调停成立只征收讼费的三分之一。在效力上,调停成立跟和解具有同等效力,可声请强制执行。

前文在讨论《民事诉讼条例》结构时,曾提及在第二编第一审程序第一章地方审判厅诉讼程序中将和解单列一节(第四节),在篇章安排上跟《大清民事诉讼律草案》相比有所突破,跟德日民事诉讼法也有所不同,显示了法律制定者对和解的重视。在奉天省颁布实施的《调停办

---

① 《奉天省长公署》JC10-1-1323,民国六年(1917年)。

法》虽受到日本在旅大租借地调停实践的启发,但民初的法律精英们对调停的敏感以及对其作用的深刻认识也起到了不容忽视的作用。《民事诉讼条例》对调解的重视以及《调停办法》的制定和实施,无不打上了中国传统调解文化的烙印。

4)判决①

除特别规定外,判决应本于当事人的言词辩论而作出。判决应宣告,宣告判决应在言词辩论终结之日,或辩论终结时指定的日期,但指定的日期应自辩论终结时起不超过五天。判决书应该记明下列事项:(1)当事人的姓名、住址,如当事人为法人或其他团体则说明其名称及事务所的住址,(2)当事人的法定代理人及诉讼代理人的姓名、住址,(3)判决主文,(4)事实,(5)理由,(6)法院。判决主文记载法院根据原告请求所作出的判决结果,或者支持,或者反对,或者修正原告的请求。事实项下应记明当事人在言词辩论阶段所作的声明及其提出的攻击或防御方法,以及调查证据所得结果的要领。理由项下应记明关于攻击或防御方法的意见及法律意见。除言词辩论程序结束后所作判决外,另有中间判决。各种独立的攻击和防御方法或者中间的争点可以裁判时,法院可以作出中间判决。中间判决和终局判决一样,可以对其提出上诉和再审。

法院在有些情形下宣布判决时可以依职权施行先予执行(假执行)。② 这些情形包括了,(1)被告原本承诺,而判决被告败诉须履行的义务(本于认诺所为被告败诉之判决),(2)命履行抚养业务的判决,

---

① 《民事诉讼条例》第 261—280 条,第 451—475 条。

② 此处所指的假执行跟现代民事诉讼制度中的先予执行略有不同。前者似既可在判决时所为也可提前,而后者则仅仅可提前,在判决作出前根据当事人的申请裁定先予执行。见《中华人民共和国民事诉讼法》(1991 年 4 月 9 日公布,2007 年 10 月 28 日中华人民共和国主席令第 75 号修正),第 97—98 条。

(3) 命给付金额或价额未超过五十元的判决。如债权人有理由表明在判决确定前如不先执行则债务的履行有危险,那么可以向法院提出申请,宣示先予执行(假执行)。法院可要求债权人提供担保,并为其确定数额后宣示先予执行。而如果债务人有理由表明因为先予执行将会导致不可恢复的损害,那么法院可以根据申请宣示不准先予执行。关于先予执行的裁决应记明于判决主文。

变革前知县衙门所作的判决相对来说较为随意,在形式上往往根据知县个人的喜好而有很大的不同。与此相比较,不难发现,上述判决部分的规定较为正式,特别要求法官在判决中给出理由,这无疑是司法决策过程公开化和透明化的一种体现,跟变革前的实践相比有很大进步。

二、上诉程序

上诉程序细分为两级:关于事实和法律问题的第二级上诉审和关于法律和程序问题的第三级上告审。[1] 除此以外,还有对法院的裁决提起上诉的抗告。[2] 正如前面的分析所展示的那样,地方审判厅是初级管辖案件的上诉法院,来自初级审判厅(简易庭)、地方分庭、司法公署法庭、县知事兼理司法法庭的初级管辖案件均上诉于地方审判厅。高等审判厅则是地方管辖案件的上诉法院,来自地方审判厅、地方分庭、司法公署法庭、县知事兼理司法法庭的地方管辖案件均可上诉于高等审判厅。上诉应在第一审判决送达后 20 天内提出。上诉状应记明以下内容:(1)当事人,(2)第一审判决和对于该判决提起上诉的陈述,(3)对于第一审判决不服的程度以及请求如何废弃或变更的声明。上

---

[1] 《民事诉讼条例》第 495—549 条。
[2] 《民事诉讼条例》第 550—567 条。

诉状内应记明新事实及证据方法,和其他准备言词辩论的事项。第二审法院若认为上诉不合法或无理由,应作出驳斥上诉的判决;若第二审法院认为上诉有理由,以当事人请求变革为限,变革第一审法院的判决。但遇有下列情形时,第二审法院将案件发回原第一审法院,(1)对于无关本案的判决上诉而有理由者,(2)第一审言词辩论日期未到场之当事人以并无迟误为理由,对于所受判决上诉而有理由者,(3)申请恢复原状的当事人对于驳斥申请的判决上诉而有理由者,(4)请求的原因及数额均有争议时,对于以原因为不当判决上诉而有理由者。如第一审的诉讼程序有重要疵累,第二审法院得废弃。第一审判决及诉讼程序有瑕累的部分,将该事件发回原第一审法院,如果当事人双方同意,第二审法院无须发回,可直接判决。

对于第二审的终局判决或视作终局判决的中间判决得上诉于第三审判法院,此程序常常称为上告。初级管辖案件经地方审判厅受理上诉后,当事人一方如不服,可上告于高等审判厅;地方管辖案件经高等审判厅受理上诉后,当事人一方如不服,可上告于大理院。第三审的判决为终审裁判。不是所有的案件均可上告,而是有一定的限制。对于财产权上诉讼的第二审判决,如诉争利益不超过百元的不得上诉。同时,对于第二审判决上诉,如果不是以裁判违背法令作为理由,则不允许上告。这里的违背法令指不适用法则或者适用法则不适当。具体包括下列情形:(1)判决法院的编制不合法;(2)应自行回避的推事没有回避而参加裁判;(3)推事经当事人申请回避,经判决令回避,仍参与裁判,(4)法院对于权限或者管辖辨别不当;(5)当事人的诉讼未经合法代理;(6)违背言词辩论公开原则而作出的裁判;(7)判决书中没有理由。第二审判决依其理由虽属违背法令,但依其他理由为正当的,应该作出驳斥上诉的判决。如认为上诉有理由,应就该部分废弃原判决。因违背诉讼程序废弃原判决的,应废弃其违背诉讼程序部分。废弃原判决的,应将案件发回原第二审法院或者发交其他同级法院。但有下列情形时由第三审法院自为判决:(1)在事实确定的情况下,不适用法则或者适用不当,(2)因事件不属法院权限或管辖范围而被废弃。意图妨碍诉讼终结而故意对第二审判决提出上诉的,第三审法院可向上诉人课以 500 元以下的罚锾;对于显然无益的上诉,第三审法院可以对在上诉状内签名的律师课以 500 元以下的罚锾。

《奉天各级法院裁判录》收录了一份奉天高等审判厅审理的不服营口地方审判厅二审判决的地亩涉讼案,因租户优先购买权习惯未予调查和考虑,以及程序方面上诉人范围的确定存在瑕疵,被高等审判厅发回营口地方厅再审,下面是判决书的全文:

奉天高等审判厅民事第三审判决 十六年上字第三六六号
判决:
上诉人祝殿选住盖平县马圈子
被上诉人祝殿和住盖平县东关
右两造因请求退交地亩涉讼一案,上诉人不服营口地方审判厅中华民国十六年五月三十一日所为第二审判决提起上诉,本厅判决如左。
主文:
原判决废弃,发回营口地方审判厅更为判决。
理由:
本件两造先人早年租得赵姓所有地亩,嗣两造及别支自行按五门分劈承种,兹被上诉人由原业主赵姓手将是项地亩全部买受,遂本于所有权之取得主张令上诉人及在第一审之共同被告祝殿隆各别退交所承种之地亩。查上诉人拒绝交付地亩之主张,略谓其租种百年之产业不能由被上诉人独买,显系以长期租户之资格主张先买权,受诉法院自应首就该地方有无是项先买权之习惯予以审究,如果有其习惯即应进而审究上诉人曾否表示舍弃抑或别有失权原因,以资解决。至原租地亩虽大部分归被上诉人租种,然租借权非不可分,其所丽之先买权自可各别独立,宁能以上诉人现所租种者为小部分即谓无先买之权,至若别支之祝殿玉、祝殿良、祝殿臣虽均已退地不争,然容或属于舍弃行为亦难以推定上诉人不能争执。再查上诉人在原审所提出之上诉状为其个人署名,祝殿隆别无上诉之表示,而原判决列该祝殿隆为上诉人似无依据。究竟该祝殿隆在原审曾否委任上诉人代理上诉实于本案诉讼标的之范围有关,不能不予注意,上诉论旨请为如主文旨趣之判决非无理由。

据上论结,本件上诉为有理由,依民事诉讼条例第五百十四条第一项及第五百四十五条第一项特为判决如主文。

奉天高等审判厅民事第一庭

审判长推事 赵曙岚

推事 陈青球

推事 傅圣严

中华民国十六年八月二十七日①

除第二级上诉和第三级上告程序外,还有对裁决提出上诉的抗告程序。应向作出裁决的原法院或原审判长所属的法院,以抗告状的形式提出。抗告时可提出新事实和证据方法。原法院或审判长认为抗告有理由的,应更正原裁决。否则的话,则应添具理由书速将抗告事件送交抗告法院,如认为有必要,可将诉讼卷宗送交抗告法院。抗告法院认为抗告不合法或无理由,应作出驳斥抗告的裁决;如认为抗告有理由,

---

① 《奉天各级法院裁判录》第一期,第 6—7 页,《奉天省长公署》JC10-1-16044,民国十六年(1927年)。

应废弃原裁决自为裁决或命原法院或审判长更为裁决。

司法档案表明,在实践中抗告程序被诉讼当事人熟悉并被经常运用。记载于《奉天各级法院裁判录》中的一起以庞政衡为再上告人的债务纠纷案提供了很好的例证。民国十三年(1924年)11月28日开原司法公署作出判决,命令债务人王成林在规定的期限内支付给债权人黄进清所欠债务。在这起纠纷中,虽然庞政衡是王成林的保人,但在王跟黄的诉讼中并没有被列为共同被告。然而,在民国十六年(1927年)8月3日,开原司法公署向庞政衡下达了执行令,要求其向债权人黄进清偿还王成林所欠债务。庞政衡表示不满,向铁岭地方审判厅就执行令提出抗告,但后者以已过不变期限为由给予驳斥。① 庞政衡即向奉天高等审判厅提出再抗告。高等审判厅以执行令没有依法送达,不变期限无从起算为由废弃原裁决,发回铁岭地方审判厅更为裁决。以下是该裁决书全文:

奉天高等审判厅民事裁决 十六年抗字第一六六号

裁决

再抗告人庞政衡　住开原县二社

右再抗告人因黄进青与王成林因请求偿还债务款一案,不服铁岭地方审判厅中华民国十六年九月二十八日所为驳斥抗告之裁决,提起再抗告,本厅裁决如左:②

主文

原裁决废弃,发回铁岭地方审判厅更为裁决

理由

---

① 这里的不变期限即为除斥期间,不因任何事由而出现中止、中断或延长现象。
② 原文为竖式排版,故用"右"和"左"指示,为保持原文内容,此处照录。

查民事诉讼条例第五百五十五条第一项所规定,关于提起抗告之十日内不变期限,应于裁决送达后起算。查阅诉讼记录,开原县司法公署于本年八月三日向再抗告人所为之执行命令并未依法送达,其不变期限即无从起算。故再抗告人虽于九月二十二日始向原厅提起抗告,亦不能论为逾期。原裁决谓已逾期,自有未合。复查法院基于确定判决所为之执行,应依判决主文所载之意旨为之,开原县司法公署民国十三年十一月二十八日之判决主文仅命王成林偿还黄进青债款,若再抗告人虽为王成林之保证债务人,第黄进青并未向其起诉,故该判决亦无命其负责之记载。嗣该司法公署竟向再抗告人发布执行命令,显与该判决主文所载之意旨不符,宁能论为适法?原裁决竟谓并无不合,实属误极。再抗告论旨请为如主文旨趣之裁决,非无理由。据上论结,本件再抗告为有理由。依民事诉讼条例第五百六十三条第二项,特为裁决如主文。

奉天高等审判厅民事第一庭

审判长推事 赵曙岚

推事 陈青球

推事 傅圣严

中华民国十六年十月三十一日①

同一材料中还收录了另一民事裁决的抗告案件,是对锦县地方审判厅所作的驳斥撤销诉讼救助声请的裁决提出的抗告,裁判主体同样为奉天高等审判厅。抗告人王振邦跟王宋氏因分家析产涉讼,原因是被告王宋氏跟张成远通奸,图谋供给其奸夫张成远资财,因此请求析产。在诉讼中王宋氏提出诉讼救助的申请,抗告人认为有证人于顾氏

---

① 《奉天各级法院裁判录》第一期,第 109—110 页,《奉天省长公署》JC10-1-16044,民国十六年(1927年)。

作证,王宋氏与张成远通奸成立,因此该氏没有主张析产的权利,根据《民事诉讼条例》第130条的规定,王宋氏胜诉无望,因此其诉讼救助的申请也应予驳回,但高等审判厅认为,王宋氏与张成远因通奸导致抗告人和王宋氏脱离亲属关系的诉讼尚没有判决结果,即使有结果,在本案王宋氏是否完全没有胜诉的可能,也需要法庭经过审理后再确定,因此,针对锦县地方审判厅驳斥撤销诉讼救助声请的裁决所提出的抗告没有理由,给予驳斥。①

三、再审程序

无论是经过一审判决还是经过上诉审确定的终局判决或中间判决,如果由于新的情形或原因的出现而需要重新考虑原判决的,可以通过再审判程序提起再审之诉。② 这些新的原因或情形具体包括了(1)判决法院的编制不合法;(2)应自行回避的推事仍参与裁判;(3)经当事人申请,判决推事回避,该推事仍参与裁判;(4)当事人在诉讼中没有经过合法代理;(5)当事人知道其他当事人的居住地,但被指为居住不明而将其卷入诉讼;(6)参与诉讼的推事,在诉讼中违背职务触犯刑律;(7)当事人的代理人或其他当事人或其代理人关于诉讼有刑事上应受惩罚的行为而影响到判决结果;(8)作为判决基础的证书系伪造或变造;(9)证人、鉴定人、翻译,对作为判决基础的证言、鉴定或翻译作伪证,而被处以伪证的刑罚;(10)作为判决基础的刑事判决,依照其他判决而废弃的,(11)当事人发现同一诉讼标的,在前之确定判决或和解或得使用之者;(12)当事人发现未经斟酌的新的证据。再审之诉应该在三十天的不变期限内提出。期限的计算办法为,从判决确定时起算。

---

① 同上页注,第110—111页。
② 《民事诉讼条例》第568—582条。

但当事人在判决确定后才知道再审理由的,应从得知再审理由时起算,但判决确定后已过五年的不得提起再审之诉。提起再审之诉时,应以诉状表明以下事项:(1)当事人;(2)声明不服判决的理由及对该判决提起再审之诉的理由;(3)在什么程度上废弃原判决以及新的判决请求;(4)再审的理由以及没有超过不变期限的证据方法。如再审提起于第三审法院,第三审判法院在展开再审之诉时,在确定该诉是否合法以及有无再审理由时,可以不受原来仅为法律审的限制,在必要时应审判所争的事实。再审之诉起诉前第三人以善意的方式取得的权利不受再审之诉结果的影响。再审之诉所作的判决依通常的规定上诉。

现以宽甸县知事公署民国十一年(1922年)受理的苗玉盛诉姜连春霸地不赎、揹勒典契不现一案为例举例说明。在案中原告苗玉盛称,诉外人苗玉功于光绪三十年(1904年)从项景发处典得科地一份,计典价东钱2,280吊,到光绪三十二年(1906年)苗玉功将此地原价转典给原告苗玉盛。宣统元年(1909年)原告苗玉盛又以比原价低出210吊,即2,070吊的价格将土地转典给姜连春。最近原地主项姓向他交价赎地,因此,他只得向被告抽赎。被告则称他自光绪二十四年(1898年)向苗玉盛处典得该地,从时间上计算此地已过20年回赎期,照章程不得抽赎。在一审庭审过程中法庭要求被告姜连春当庭呈验典契以确定是否已过20年回赎期,但被告称典契已经销毁无存,法庭最后判决被告败诉,准许苗玉盛备齐原价向姜连春赎地。一审判决下达后,被告姜连春以发现典契为由,提出再审。经再审结果仍维持原判。①

本案被告姜连春以发现典契为由,提出再审,符合上列十二种情形

---

① 《宽甸县公署》15339,民国十一年(1922年)。本案经再审后,被告不服审判结果向安东地方审判厅提起上诉,但被驳回。上诉人不服,向奉天高等审判厅提起上告,高等厅认为在程序上有违法之嫌,将二审及第一审再审判决废弃,发回安东地方审判厅就宽甸县署所作的第一审判决受理上诉。安东地方审判厅最后作出了驳斥上诉的判决。

中的最后一种,"当事人发现未经斟酌的新的证据",因此,县公署法庭受理了他提起的再审之诉。

四、特别程序

特别诉讼程序包括了证书诉讼程序、督促程序、保全程序、公示催告程序和人事诉讼程序,它是为满足某些类型案件的特别需要而设定的。

如果是请求支付金钱、可替代物或者有价证券,而且可以通过证书的形式证明原告的诉讼主张,那么原告提起证书诉讼。[①] 原告提起证书诉讼,应将证书的原本或缮本附于诉状。在证书程序中,被告不允许提起反诉。如法院判决被告败诉,则应依职权宣示假执行(先予执行)。原告在第一审言词辩论终结前,可以申请将证书诉讼程序转为普通诉讼程序。

如果债权人相信他的请求属于初级管辖,而且不会遇到债务人的反对,可以申请法院依督促程序发支付命令要求债务人清偿。[②] 支付命令申请书应表明下列事项:(1)当事人;(2)请求的标的、数量以及请求的原因、事实;(3)请求发支付命令的陈述;(4)法院。法院应在不讯问债务人的情况下,就支付命令的申请作出裁决。法院下达支付令后,债务人如图免强制执行,应在支付命令送达后15日内向债权人清偿,并赔偿程序费用(等同诉讼费用),否则应以书状或言词的形式提出异议。支付命令所规定的期限满以后,发布该命令的法院应依债权人的申请就支付令强制执行。宣示强制执行的裁决送达15日内,债务人仍得提出异议。债务人如没有在规定期限内提出异议或提出的异议被驳斥,支付令与判决有同样的效力。

[①] 《民事诉讼条例》第 583—595 条。
[②] 《民事诉讼条例》第 596—611 条。

如果当事人一方认为金钱请求或可转化为金钱的请求因对方的原因或其他原因使判决不能执行或难以执行,他可以提出假扣押的申请要求法院强制执行。① 假扣押的申请由本案管辖法院或假扣押标的所在地的初级审判厅管辖。虽债权人已阐明请求假扣押的理由,法院仍可要求债权人就其请求提供担保。假扣押的原因消灭或其他令假扣押的情事出现变更,债务人得向法院提出申请,作出撤销假扣押的裁决。债务人也可通过提供担保的方式请求法院作出撤销假扣押的裁决。如果是金钱以外的请求,因担心请求标的现状变更,日后不能执行或难执行,可以向法院提出假处分。② 假扣押和假处分的区别在于请求的对象是金钱还是金钱以外的其他标的(如不动产等)。另一不同之处在于实行假处分得选任管理人及命令禁止债务人为某种行为。同时,和假扣押有所不同,非有特别情事,法院不得允许债务人提供担保而撤销假处分。无论是假扣押还是假处分,其目的是通过采取某种措施防止债权人因为债务人的某些原因或作为而使其债权无法实现。档案材料表明,在司法实践中债权人对这两种保全措施相当熟悉。如发生在民国十一年(1922年)底的满洲银行诉丰盛东商行一案件中,就被告丰盛东商行不履行担保的义务,原告满洲银行向安东地方审判厅提出假扣押的请求,要求扣押被告拥有的1,000条木材。③ 在另一起发生在民国十三年(1924年)的梁李氏诉于东廷一案中,原告因为与被告的债务纠纷,向安东地方审判厅提出假处分申请,要求扣押被告的由第三方管理的六艘船只。④

---

① 《民事诉讼条例》第612—626条。
② 《民事诉讼条例》第627—633条。
③ 《安东地方审判厅》6326,民国十一年(1922年)。
④ 《安东地方审判厅》6346,民国十三年(1924年)。关于假扣押、假处分程序如何在司法公署被运用,参见《宽甸县公署》13920,民国十四年(1925年);《宽甸县公署》9642,民国十七年(1928年)。

呈报权利的公示催告在法律有规定的情况下采用。[1] 经公示催告,如不呈报,权利人将在法律上产生不利益的效果。公示催告由初级审判厅管辖。公示催告应该记明:申请人;呈报权利的期限和关于在期限内呈报权利的催告;因不呈报权利将受到的不利益。呈报权利的期限应至少为两个月。公示催告申请人在呈报权利期限已满三个月内,或者在该期限未满前以书状或言词的方式申请除权判决。除权判决前的言词辩论日期应传唤已呈报权利的人。对于除权判决不得上诉,但可向为公示催告法院所在地之地方审判厅提起不服除权判决之诉。和一般公示催告程序有所不同,宣示亡失证券(票据)无效的公示催告的呈报权利期限为六个月以上。

特别程序中的最后一项程序为人事诉讼程序。[2] 人事诉讼程序涉及多项和身份相关的诉讼,包括婚姻、嗣续、亲子关系、禁治产和准禁治产、宣示亡故。前三类事件属于地方审判厅管辖,后两类则属于初级审判厅管辖。这些类别的诉讼程序有一个共同的特点,那就是检察官应介入并陈述意见。接下来以婚姻事件程序为例,对特别程序作一阐述。

关于婚姻无效、撤销婚姻、确认婚姻成立或不成立、离婚或夫妻同居的诉讼采用婚姻事件程序。由第三人起诉的,以夫及妻为被告,夫或妻有亡故的,以其生存人为被告。婚姻事件之辩论检察官应莅场陈述意见。检察官如提出维持婚姻的主张,得提出事实及证据方法。法院在婚姻事件诉讼中就维持婚姻或确认婚姻是否无效或不成立,得依职权调查证据,并斟酌当事人所未提出的事实。这是对"谁主张谁举证"原则的变通,其目的充分保护当事人的利益,尽可能地维持婚姻关系。

---

[1] 《民事诉讼条例》第 634—667 条。
[2] 《民事诉讼条例》第 668—755 条。

对离婚之诉和同居之诉，法院应在言词辩论时随时劝谕和解。如法院发现有和解希望的，得命中止诉讼程序，但以一次为限。检察官除在辩论阶段莅场陈述意见外，如对裁判结果不满，可提起上诉。上诉以前审各当事人为被上诉人。当事人中一人提起上诉者，应以前审之其他当事人及为当事人之检察官为被上诉人。检察官败诉者，诉讼费用由国库负担。

　　档案材料显示，婚姻诉讼程序作为特别程序常被当事人和检察官所遵循，发生在民国十五年（1926年）的杜刘氏诉杜云标一案便是很好的例证。原告杜刘氏向安东地方厅提出诉讼，要求判决解除她与丈夫杜云标的婚姻关系。她在诉状中称，她被丈夫所迫充当娼妓，并常常被丈夫殴打。在一审庭审中，她的请求被驳斥。于是，她向奉天高等审判厅提起上诉，但被驳回。最后，她上告于大理院。民国十六年（1927年）5月9日大理院依据书面卷宗和其他书面材料开庭审判。由总检察厅委派的检察官董玉墀就案件发表了他的意见。他认为，在安东地方审判厅一审审判中，法官既没有调查杜云标家族开设妓院的事实，也没有调查上告人所指控的被其丈夫杜云标殴打的相关证据。而且，在一审和二审中，法官疏于发现已记录于庭审笔录中的被告杜云标承认多次殴打其妻的事实。因此，检察官董玉墀建议将该案发回重审。[①]该例子说明了检察官在离婚等婚姻关系的诉讼中所扮演的积极角色。检察官在婚姻诉讼中的作用代表了国家在家庭婚姻中的利益，其目的是维持婚姻关系，保护婚姻中的弱者，而这弱者常常是夫妻关系中的女方。

---

① 《安东地方审判厅》594，民国十五年（1926年）。

第四节　民事诉讼程序基本原则

一、概述

第二章的分析表明，近代司法改革以前，诉讼程序相对来说较为简单和简易。在一定程度上，程序方面地方知县衙门在处理民事和刑事案件时有所不同，如刑名师爷掌刑事，钱谷师爷掌民事，刑房掌刑事而其他房掌民事等，另外在证据法上面也有所不同。尽管如此，这种差别相对来说比较有限，这表现在：不管是刑事还是民事，知县一人要听审所有的案件；没有针对不同类型的诉讼纠纷，发展出一套复杂和详细的诉讼程序。在诉讼效率方面，没有对诉讼成本、诉讼时效、审结时间长度等方面作出具体规定。另外，由于"户婚田土"一类案件在帝国官员眼中的无足轻重，和刑事案件相比，民事案件的上诉机制是缺乏的。

在上述的历史背景下，和近代法院体系建设相配套的近代民事诉讼程序制度逐步建立起来。民国建立伊始，在缺乏民事诉讼制定法的情况下，首先采用了宣统三年（1911年）初编纂完毕，但在清代没有来得及付诸实施的《民事诉讼律草案》中的管辖部分。近十年后，《民事诉讼条例》的颁布和施行，标志着以制定法为基础的民事诉讼制度的完全建立。

从本质上讲，《民事诉讼条例》和其他与法院体系相关的法律的基础是欧洲大陆民事诉讼科学包含的基本原则，其中尤其跟德国和奥地利民事诉讼法中的基本原则相一致。这些原则包括了公开性、言词性、直接性和有限的当事人主义原则。

二、基本原则

公开性的原则要求,庭审过程本身应该不仅向当事人和其代理人开放,而且应该向社会上一切守法的人士开放,不管他们是否跟此案件有直接的利害关系。① 这一原则体现在《法院编制法》第 55 条中,"诉讼之辩论及判断之宣告均公开法庭行之"。第二个是言词原则。这一原则要求,所有发生在诉讼程序中的事项,在法庭审理中,均需要用言词的方式来表达,如证据调查、言词辩论、表决及宣判。只有通过口头提供的诉讼资料,法庭在裁判时才予以考虑,否则视为未发生过或者不存在,具体体现于《民事诉讼条例》第 236 条,"当事人应就诉讼关系为事实上及法律上之陈述,当事人不得引用文件以代替言词陈述,若以文辞为必要者,得朗读文件"。无论是公开性还是口头性原则,都是近代德国民事诉讼法继承法国法的产物。尽管在中世纪早期,法德的民事诉讼制度都受到了罗马—教会法诉讼书面性原则的影响,但从中后期开始,由于中央集权的力度和进程不同,两国走上了不同的道路。德国分裂趋势占上风,帝国四分五裂,而法国则中央集权不断加强,国王的敕令成为重要的法律渊源。1667 年 4 月的民法法令在很大程度上改造了罗马—教会法诉讼程序,引进了口头审理。这一新原则加上公开性原则被 1806 年的法国《民事诉讼法典》所确立下来,并被 1874 年的德国《民事诉讼法》所吸收。②

第三个直接原则指只能以法庭上直接调查过的证据作为裁判的基

---

① Robert Wyness Millar, "The Formative Principles of Civil Procedure", prolegomena to *A History of Continental Civil Procedure*, ed. Arthur Engelmann (Boston: Little Brown Company, 1927), p. 69.

② 李大雪:《德国民事诉讼法的历史嬗变》,《西南政法大学学报》2005 年第 2 期,第 69 页。

础,作出判决的法院不得将证据的调查工作委托他人进行。直接原则强调的是法官的亲历性和证据的原始性。近代民事诉讼法中的这一原则明显地区别于改革前地方知县衙门的做法。如第二章的分析所展示的那样,知县常常委托他手下的书吏或衙役对一争端的事实展开调查,从而也使后者有了弄权和收取各种规费的机会。第四个原则有限的当事人主义指诉争的内容和范围由当事人双方决定。也就是说,法庭仅就双方在法庭上主动提出的事项加以裁判。① 这一原则和改革前知县的父母官式的全方位职权主义形成了明显的对比。就渊源而言,这一原则继承了 1877 年德国《民事诉讼法》的自由主义原则,同时又受到 1895 年奥地利《民事诉讼法》的影响。和当时的德国民事诉讼法相比,后者改变了纯粹的自由主义原则,而是限制当事人的控制权,以增强法官的权力。② 在审判中,即使没有被当事双方提出的相关事实,法官也得加以斟酌和考虑。③ 法庭也得传唤没有被当事人提名的证人。④ 总的来说,当事人自由主义原则并没有被放弃,但天平更多地向法官职权主义倾斜。这一修正的目的无疑是为了更公平和公正地解决纠纷。

---

① Robert Wyness Millar, "The Formative Principles of Civil Procedure", prolegomena to *A History of Continental Civil Procedure*, ed. Arthur Engelmann (Boston: Little Brown Company, 1927), p. 11.

② 对奥地利 1895 年《民事诉讼法》的介绍,参见 Robert Wyness Millar, "The Formative Principles of Civil Procedure", prolegomena to *A History of Continental Civil Procedure*, ed. Arthur Engelmann (Boston: Little Brown Company, 1927), p. 511. 关于奥地利《民事诉讼法》对民国《民事诉讼条例》的影响,见谢振华:《中华民国立法史》,中国政法大学出版社 2000 年版,第 994 页。同时见 R. C. van Caenegen, "History of European Civil Procedure," chapter 2 of vol. XVI, *Civil Procedure in International Encyclopedia of Comparative Law* (New York: Oceana Publications, 1973), pp. 97 – 98.

③ 《民事诉讼条例》第 329 条(2)。

④ 《民事诉讼条例》第 354 条。

第五节　结语

通过对清末民初在奉天省展开的民事诉讼程序的考察,我们既看到了对固有程序规则的包容和继承,同时也注意到了在德国—日本模式基础上根据新原则而形成的新的程序规则。总的说来,民事程序的变革呈现出一种形式化的趋势,进而体现出近代司法文明中对程序正义的追求。

知县衙门使用格式化状纸的作法被继承下来,并被法庭和其他司法机构进一步标准化,在种类上也更加细化,其中的一些种类被保存下来,如保状、结状和领状;与此同时,在知县衙门运用的书证、证人、当事人证言、勘验等证据规则和近代程序中的规则具有相似性。民国六年奉天高等审判厅制定的《奉天各厅县民事争议调停办法》强调诉前调解,《民事诉讼条例》制定者将和解单列一节突出和解的重要性,以及民初营口简易庭和地方审判厅、奉天高等审判厅实践中所呈现的相当比例的和解率,在某种程度上,不能不说是固有的判决和和息并重做法的延续,是"和为贵"思想在近代审判实践中的继续。

而在另一方面,这一时期所彰显的更为突出的特征则是一系列根据外国模式创设的新的程序规则,这跟固有的做法明显不同。新的证据规则如专家证言和证据方法有灭失或有使用困难的危险时,或者经过对方当事人同意的,得向法院申请的证据保全办法等则是改革后产生的新事物,是法律移植的产物。概括起来,新事物大致有三个特点:一是在程序上,诉讼中的当事各方比以前具有更大的平等性。变革前对某些社会群体如绅衿、官员、妇女和老疾之人诉讼权利的限制被废除,从此,抱告者在程序上也不再需要了,取而代之的则是一种全新的诉讼代理制度。二是州县衙门受理案件的季节性要求,如属于户婚、田土一类的民事纠纷不准在春夏农忙季节受理的规定被废除了。新的对时间的要求被引入诉讼程序中,并成为法庭程序中必不可少的一部分。法官被要求在庭审结束后5天内制作判决书,宣布判决。当事人必须在收到一审判决后20天内作出是否上诉的决定。提起抗告必须在裁决送达10天内提出。再审之诉应该在30天的不变期限内提出。新的时间要素的引入,体现了近代诉讼程序对效率的追求,农耕文明对季节的认识开始让位于工业文明对时间和效率的渴望。三是和变革前在民事领域缺乏系统的上诉机制不同,通过对德日诉讼模式的引入,"四级三审"制的审级制度建立起来,二审的上诉,三审的上告,以及对裁决的抗告等都是有效的纠错措施,以求最大限度地实现正义。

根据德日模式所创设的民事诉讼制度除具备上述显著特征外,另一突出特点便是对欧洲大陆民事诉讼科学包含的基本原则的吸收和采纳,这些原则包括了公开性、言词性、直接性和有限的当事人主义原则。总的说来,这些原则反映了当时欧洲大陆民事诉讼科学的最新成就,是公平和效率原则在程序上的最直接反映,对此的引进和移植折射出当时的中国人在固有资源相当有限的情况下,对程序正义的追求和拥抱。

第五章 法律职业

与新式法院和诉讼程序的规范化、形式化相呼应,法律作为一个行业同时律师作为新兴的职业在民国初年出现了。① 鲁施迈耶教授(Dietrich Rueschemeyer)曾将律师的职业特点归纳为三点:一是拥有对法律规则的专门知识;二是给没有亲属关系的陌生客户提供法律建议;三是代表客户和他方当事人和司法机关发生关系。② 鲁施迈耶从律师职业的知识性、市场性和代理性的角度来把握律师业的基本特点。另有一些学者在关注律师所具有的知识特征外,还强调了其所具有的伦理性、自治性和准入特征。③ 这些学者是从法律职业主义的视角来考察和审视律师这一行业的,他们强调的是职业和行业的差别,如按照弗莱德森(Eliot Freidson)的职业理论,区分职业(professions)和其他行业(occupations)的唯一重要的标准是职业的自主性,即一种能够对工作实施合法性控制的地位。④ 从渊源上讲,律师是西方社会特有的现象。在西欧和它的殖民地外,近代以前专门的提供法律意见的专家

---

① 尽管法官和检察官等也常常被看做是法律职业的组成部分,在这一章笔者将把讨论的范围限定在私人法律职业,即律师。
② Dietrich Rueschemeyer, *Lawyers and Their Society* (Cambridge, Mass.: Harvard University Press, 1973), p. 1.
③ 张文显主编:《法理学》,高等教育出版社 2007 年第 3 版,第 259 页。
④ 有关弗莱德森理论的介绍,参见刘思达:《失落的城邦:当代中国法律职业变迁》,北京大学出版社 2008 年版,第 147 页。

和代理人是不存在的。① 在很多社会,即使有很发达的法院系统,法庭也往往垄断裁判过程,拒绝类似于律师的法律专家或顾问的参与。

就中国的情形而言,在二十世纪初法律改革开始前没有独立的私人法律职业,传统的法庭上没有律师的身影。② 某种程度上讲,讼师类似于近现代律师。根据麦柯丽(Melissa Macauley)和夫马进的研究,讼师的业务范围包括了撰写诉状、协助上诉、策划诉讼策略等。另外,他们会积极跟衙门内的书吏和衙役沟通,就规费讨价还价,并想方设法使知县就该案早日听审。③ 然而,他们被禁止代理客户出庭诉讼,他们的活动受到来自官方的怀疑和敌视,因而在官方眼里,代理诉讼,周旋于当事人和衙门之间的讼师常常也被称之为讼棍。在中国文化中,"师"的称谓包含有褒义或中性的色彩,如"塾师"、"画师",是对某一职业从业者的尊称或客观称呼;而"棍"则明显地带有贬义色彩,说没有妻室的成年男子为"光棍",说流氓无赖为"恶棍",便是很好的例证。那么称呼以诉讼为业的人为"讼棍",其背后的否定性评价意味就不言而喻了。除社会和官府对讼师的否定性评价外,清廷还要求地方官对教唆词讼的讼师"查拿禁缉",否则地方官将被"照例严处"。《大清律例》"教唆词讼"条附例这样规定:"讼师教唆词讼,为害扰民,该地方官不能查拿禁缉者,如止系失于察觉,照例严处。若明知不报,经上司访拿,将该

---

① Wilfrid Prest, ed., *Lawyers in Early Modern Europe and America* (New York: Holmes & Meier Publishers, 1981), p. 11.

② Alison W. Conner, "Lawyer and Legal Profession during the Republican Period," in *Civil Law in Qing and Republican China*, ed. Kathryn Bernhardt and Philip C. C. Huang (Stanford, Calif.: Stanford University Press, 1994), p. 214.

③ Melissa Macauley, *Social Power and Legal Culture: Litigation Master in Late Imperial China* (Stanford, Calif.: Stanford University Press, 1998), p. 145;〔日〕夫马进:《明清时代的讼师与诉讼制度》,王亚新、梁治平编:《明清时期的民事审判与民间契约》,法律出版社1998年版,第402—412页。

地方官照奸棍不行查拿例,交部议处。"①很明显,地方官肩负着查拿"教唆词讼"的讼师的职责。

其实,在各县公署档案中也不乏由知县下发的严禁讼棍的晓谕,地方官希望通过颁布晓谕的方法,给一般民众以警示,远离所谓的讼棍。下面是宽甸县知县(正堂)赵学治于光绪三十三年(1907年)11月22日发布的一则严禁讼棍的通知,现不妨抄录如下:

> 为严禁讼棍以安良善事。照得民间雀角微嫌尽可报告亲族理处消释,本不必纷纷控告,乃有一等唆讼徒棍,专于播弄乡愚,或代作呈词或包揽控告,从中诈骗银钱,勒索酒食,及至原被荡产倾家。词讼废时失业,而伊则袖手旁观,置身事外,其害不可枚举。若不尽行剪除,何以示儆。除严密访拿外,合行出示严禁。为此示仰阖属军民人等知悉:自示之后,如居民有切己冤抑,必欲兴讼者,应遵照前军督宪定章,将写呈之名姓列于呈背,准其当堂投递或赴房写,亦不准积压勒索。此外,如有前项习徒,务各速自猛省,痛改前非,勉为善良,倘敢玩法作奸,仍蹈前辙或被告发或被查出,定行按律究办,决不姑宽,勿谓言之不预焉,其各懔遵,毋违。
>
> 特谕
>
> 右谕通知
> 光绪三十三年十一月二十二日吏承
> 署正堂赵②

在赵知县眼里,讼棍们"播弄乡愚,或代作呈词或包揽控告,从中诈骗银钱,勒索酒食,及至原被荡产倾家",因此要求他们"速自猛省,痛改

---

① 田涛、郑秦点校:《大清律例》卷三十《刑律·诉讼》,法律出版社1999年版,第491页。
② 《宽甸县公署》16245,光绪三十三年(1907年)。

前非,勉为善良",讼棍们的恶和坏,跃然纸上。

清代官员对讼师敌视和怀疑的这种态度,究其原因,既有实际操作层面的考虑,也有深层次价值方面的考量。在操作层面,在许多官员看来,讼师教唆词讼,参与到诉讼活动中来,使更多潜在的案源被挖掘出来,从而大大增加了案件量,使得本来因人手有限而不堪重负的州县衙门愈发面临着积案的压力。① 因此,在许多官员看来,要减缓积案压力,必须在"源头"上解决问题,那就是要遏制和打击讼师的"架词构讼"活动。同时,讼师的存在,对州县官的司法能力及水平构成了很大的挑战。由于在正规的科举考试中取消了法律方面的内容,州县官在履任之初的相当一段时间内是以毫无法律知识或者仅仅是一知半解的状态来处理法律案件的;相反,讼师则通晓法律,其中不少从业者还是子承父业。州县官和讼师的较量不可避免,而且这种较量贯穿于地方司法实务的始终。② 要想在较量中占据优势,地方官势必动用其权力来严拿讼师。除实际操作层面的考虑外,在价值层面上,讼师的教唆词讼的行为,与麦柯丽所称的"和谐意识形态"相冲突。这种意识形态坚信,诉讼和冲突从根本上讲是不道德的,一致和和谐优于冲突和对抗,连续的冲突是有害的和官能不良的。因为诉讼是错误的,所以帮助人们诉讼的人或行为,在绝大多数的情况下是值得怀疑的。③

在二十世纪以前,能够在中国执业的是那些在通商口岸和外国租界地的外国律师。在新政期间,律师作为新兴法律职业第一次出现在当时的《大清刑事民事诉讼法草案》中,这一法律于光绪三十二年(1906

---

① 邓建鹏:《清代讼师的官方规制》,《法商研究》2005 年第 3 期,第 137—139 页。

② 林乾:《讼师对法秩序的冲击与清朝严治讼师立法》,《清史研究》2005 年第 3 期,第 1—3 页。

③ Melissa Macauley, *Social Power and Legal Culture*: *Litigation Master in Late Imperial China* (Stanford, Calif.: Stanford University Press, 1998), pp. 334-335.

年)4月2日被提交给清廷。尽管这部法律对律师资格、律师义务和外国律师在租界地会审法庭的执业权利等做了较为全面的规定,但至清王朝覆灭仍被束之高阁。① 民国建立以后,律师制度才在全国范围内推行。在北洋政府时期,多部跟律师业有关的法规被颁布,这些法规涉及律师资格、义务、律师公会、惩戒等方面。在这一章中,通过对相关法律规定及其实施情况的分析,希望在应然和实然两个层面剖析律师业在民国初期的奉天省所表现的时代特征。

第一节 资格和义务

一、律师资格

在北洋时期,《律师暂行章程》是调整律师业的基本法规,这一基本法规曾被多次修订。② 第3到第4条对律师资格做了规定。要成为律师,必须是中华民国男性公民(因此把妇女排除在了律师行业之外),达到20岁的年龄,通过律师资格考试或者符合免于考试而获得资格的条件。③ 如要参加律师资格考试,需满足这样的条件,即他必须学习了至

---

① 《大清刑事民事诉讼法草案》第199—207条,《大清法规大全》第四册,政学社民国二年(1913年)版,第1928—1930页。

② 该法规颁布于民国元年(1912年)9月16日,此后分别修订于民国二年(1913年)3月17日,民国二年(1913年)12月27日,民国五年(1916年)10月24日,民国六年(1917年)11月23日,民国九年(1920年)4月19日,民国十年(1921年)12月7日,民国十二年(1923年)8月13日。详见(北洋政府)司法部编:《司法例规》(上),民国十一年(1922年),第703页和 *Laws, Ordinance, Regulations and Rules Relating to the Judicial Administration of Republic of China*, translated and published by the Commission on Extraterritoriality (1923; reprint, Arlington: University Publications of America, Inc, 1976), p. 248.

③ 颁布于民国元年(1912年)9月16日的《律师暂行章程》全文收录于徐家力:《中华民国律师制度史》,中国政法大学出版社1998年版,《附录》第164—170页。

少一年半到三年的法律科目(第3条)。然而,如果候选人在中国的公立大学或专门学校,或在外国的大学或专门学校学习法律一年半以上,或曾任司法官或在大学担任法律教授三年以上,则可以免试而获得律师资格(第4条)。

这里必须注意的是,《律师暂行章程》对不同的法律教育类别做了区分,如法律和法政,国内的大学和专门学校,国外的大学和专门学校,以及公立大学和私立大学。区分的结果是,某些类别的法律教育优先于其他一些类别,如国外大学优先于国内大学,法律学校优先于法政学校,公立学校优先于私立学校。如具备上述优先条件,则可免试获得律师资格。至于民国元年《律师暂行章程》所规定的律师资格考试,在民国七年(1918年)以前并没有被施行。因此,在这以前,所有的执业律师都是通过免试的方式获得执业资格的。很显然,在这一阶段那些在国外学习法律或法政的学子比起那些在国内受教育的有更大的优势,因具备优先条件,因而更容易获得执业资格。

从民国七年(1918年)开始,律师资格考试和司法官考试合二为一,通过司法官考试同时也获得了律师资格。① 第三章的分析曾论及,民国初年法院改制以后,司法部提出了司法官必须符合毕业于三年制法律或法政学校的专业标准,并在实践中严格加以贯彻执行。由于将律师资格考试跟司法官考试合二为一,统一了准入门槛,破除了教育类别上的差别,如法律和法政,国内和国外,公立和私立。司法官与律师的同训同考制度,有利于保证法律职业内部的同质,促使法律共同体的形成。这种政策的调整,无疑使律师行业向前迈了一步。

---

① 《律师考试令》,(北洋政府)司法部编:《司法例规》(上),民国十一年(1922年),第710页。

二、律师义务

就律师的义务而言,一般认为,律师在根本上必须忠于法律秩序和法律。他是"法庭的官员"(officer of the court)。但这样讲绝不意味着他是政府或法庭的雇员。在互信的基础上,他以收取一定费用的方式向他的顾客提供专门法律服务。律师是顾客的同盟,但这种关系受到他对法律和正当法律程序的效忠和对其他相关方的特定义务等因素的制约。① 回到民国元年的《律师暂行章程》,围绕着上面提到的律师义务,用了一章(第五章)的篇幅来强调律师不准从事其他职业,律师对客户的忠诚和对法庭的义务。尽管《章程》曾有多次修订,关于律师义务的部分基本上保持不变。律师义务的主要内容大致可归纳为以下五点:(1)律师执行职务时,不得兼任官吏或其他有俸给的公职,但可充任国会、地方议会、国立或公立或私立学校讲师,或执行官署特命的职务(第13条);(2)律师执行职务时,不得兼营商业,但如果和职务没有妨碍,得到律师公会的许可的则不受限制(第14条);(3)律师除非证明其有正当理由,否则不得辞去法院所命的职务(第15条);(4)律师受当事人委托但不想承担者,应及时通知委托人。律师如不发拒绝承担通知或者通知迟延,应该赔偿因此所产生的损失(第16条);(5)律师必须以善良管理者应有的注意来处理委托的事务,如果因为懈怠、过失或不熟悉法令、程式致使委托人受到损失,应该承担赔偿的责任(第20条)。

因此,作为一位律师,他既不允许担任政府官员,也不得经营商业。作为"法庭官员",他有义务从事法庭命令的任何职责。而且,作为一名

---

① Dietrich Rueschemeyer, *Lawyers and Their Society* (Cambridge, Mass.: Harvard University Press, 1973), p. 124.

提供服务给不具有法律专业知识的普通客户的专家,要求他在没有过失的情况下提供专业服务,否则他须赔偿客户因此而受到的损失。

对于律师不得兼任官吏或其他有俸给公职义务规定的实践,在档案材料中尤其引人注目,该项规定也常常成为社会其他成员对律师进行监督和掣肘的有力工具。民国九年(1920年)4月辽阳县警察第四第五区绅民代表周兴歧、李子民等致函给省长公署,检举律师谷正阳兼充林务劝导员和地方牧羊公司司事,违反了律师章程的规定:

> 谷正阳在本县充当律师有年,鸿宾旅馆门旁挂有大律师谷正阳事务所木牌一面可证。收受呈词,按日出厅,似有自顾不暇之虞,究竟是否使民无讼而为林业,抑或唆人因林务而起争端均不可知。祗以任差以后自春徂秋,向未出城劝导林木,亦未赴山监视牧羊,一惧而再惧,概可见也。律师章程所载,凡充律师者不准兼任行政他项之差,而谷正阳既为律师,即属司法人员,缘何充林务劝导员复又委以地方牧羊公司司事,况又有扩[旷]厥职,此诚绅民等不解者也。①

检举信所谓律师谷正阳既充林务劝导员复又任地方牧羊公司司事之事是否属实,有待实业厅"查明核办",但显然律师不得兼任官吏或其他有俸给公职义务的规定,并不只是具文而已,而是权力博弈中的有力工具,下文律师惩戒一节还将作进一步的讨论。

既不能充任公职,也不得经营商业,也不得没有理由辞去法院所命的职务,尽管律师的义务广泛,在另一方面也须看到,无论是民国元年的《章程》还是其他规章都没有对律师开展广告的行为加以禁止。而对律师的广告行为加以禁止这一点对于加强律师业的专业性,使之区别

---

① 《奉天省长公署》JC10-1-27179,民国九年(1920年)。

于一般性的商业经营活动具有重要意义。①民国初期,由于没有对律师的广告行为加以禁止,报纸上充斥着律师招揽业务的广告。现从刊登于《盛京时报》上的众多广告中选录一则以为佐证。

北京大律师来奉

　　北京大律师王祖裕已到奉,事务所暂设大南门里金银库南胡同。不日出庭代理民刑诉讼于初级、地方、高等厅及京师大理院各审;即其他契约、公证等亦生法律上之效力。如有含冤案件,尽可向该事务所接洽委托也。②

这样的广告尽管在某种程度上有助于公众了解这一新型的行业,但无疑增加了律师同行间的竞争和对诉讼行为的刺激,同时也使律师业充斥着商业意味,不利于树立维护公众利益的形象。

除规定一般义务外,《律师暂行章程》对律师的执业职责没有作出具体的规定,这一任务则交给了由各地律师公会制定的公会会则。保留于第二历史档案馆的《营口律师公会会则》为我们了解这方面的信息提供了有益的线索。根据《营口律师公会暂行会则》的相关规定,律师的具体职责包括了:当作为原告的代理律师时(1)起草诉状、搜集相关证据,并把它们带到法庭;(2)陪同原告出庭;(3)庭审中在原告说明其诉讼主张后质问原告和证人;(4)就被告和他/她的诉讼代理人的观点进行辩驳。当作为被告的代理律师时,他的职责包括了(1)起草答辩状,搜集相关证据;(2)陪同被告出庭应诉;(3)在庭审中就原告和其诉讼代理人的观点进行辩驳(第19条)。除了帮助客户代理诉讼业务外,

---

① 对律师广告活动行为进行禁止的实例见美国律师协会在1908年8月27日在西雅图召开的第32次年会上通过的《律师职业行为示范规则》第27条,全文收录于 Henry S. Drinker, *Legal Ethics* (New York: Columbia University Press, 1953), Appendix C, pp. 316-317, note 6.

② 《盛京时报》民国元年(1912年)11月22日。

律师也可展开非诉讼业务,如合同和遗嘱的公证,代表客户谈判和签订合同(第 20 条)。①

前面的论述已提及,近代司法改革前的讼师,尽管在一定程度上和律师相似,但他们被禁止出庭代理诉讼,他们的活动遇到了来自官方的怀疑和歧视,并不断受到打压。跟讼师相比,显然律师这一新兴职业得到了国家的认可,他们的权利和义务得到了清晰的规定。通过考察《律师暂行章程》,我们发现国家对律师业的规制是相当严格的,在这一职业的起步阶段,一开始便遇到了国家的严格监管,这一点在后面讨论律师惩戒制度时将会得到更明显的体现。

第二节　律师公会

一、概况

律师公会(或更广泛地称为律师团体)常常被看做法律职业的重要构成要素,法律职业的自主性常常须通过律师公会的工作来保障。庞德(Roscoe Pound)认为,只有通过律师公会一类的律师团体,为公众服务的精神才能被发扬和保持,也才能有效地提供法律服务。② 从法律职业主义的角度看,律师公会也是律师业自治的组织基础和前提条件。律师公会兼有维护行业利益和实行行业自治的双重功能。近代中国的律师公会是按照民国元年(1912 年)《律师暂行章程》的规定建立

---

① 《营口律师公会暂行会则》,《司法部档案》1049-1630,民国二年(1913 年),第二历史档案馆藏。

② Roscoe Pound, *The Lawyer from Antiquity to Modern Times* (St. Paul, Minnesota: West Publisher, 1953), pp. 10–11.

起来的。① 该《章程》第 24 条规定,律师应于地方审判厅或高等审判分厅附设地方分庭所在地设立律师公会,律师非加入公会不得执行职务。换言之,律师加入律师公会不是自愿的而是强制的。同时还规定,律师公会可以设立会长一人,副会长一人和若干常任评议员。律师公会每年召开定期总会,在总会上选举产生会长、副会长和常任评议员。除召开定期总会外,可召开临时总会。律师公会受所在地地方检察长或高等分厅监督检察官的监督,地方检察长可随时出席律师公会总会和常任评议员会,并要求其报告会议详情。

民国成立后,由沈维礼等发起,伍廷芳担任会长的中华律师联合会于元年 4 月 18 日召开成立大会,会上通过了有 25 条条目组成的《中华律师联合会简章》。② 受其影响,当时在奉天的法政毕业生沈德溁等向提法使提出了设立律师公会的动议,并同时提交了草拟的章程。提法使彭谷孙向奉天都督赵尔巽做了汇报,请求其定夺是否准予设立律师公会。下面是呈文的全文,可一窥当时法政人对律师制度的理解和期待。

    护理奉天提法使司提法使为呈请事。案据法政毕业生沈德溁等呈称,窃维律师为审判补助之机关,仿自欧西,兹已推行江苏各省,促司法之进行,为人权之保障,裨益良多。奉省商埠渐盛,外人涉讼日繁,律师不设则法庭之设置终属未周,审判之威权因之弗固。领事裁判逾滋,籍口收回之期益无朕兆,况共和开幕法令鼎新,私人之闻见难周,法律之知识有限,以强凌弱,恃智欺愚,乡曲

---

① 根据徐小群的研究,在满清覆灭和民国建立的中间短暂的间隔时段内,律师公会在江苏(包括上海)、浙江两省建立起来。这些律师公会在民国元年后按照《律师暂行章程》进行了改组。见 Xu Xiaoqun, "Between State and Society, Between Professionalism and Politics: The Shanghai Bar Association in Republican China, 1912 – 1937," *Twentieth-Century China* 24, no. 1 (November 1998): 3.

② 《奉天省长公署》JC10-1-16176,民国元年(1912 年)。

小民徒为鱼肉。纵有极文明之审判官，稍一疏失，无方补救。迨至纠正违误，事已属迟。自律师肇兴，为之代讼，冤抑者得以问津，则清白可洗，刁健者无以独逞，则诪张不行，缠讼久累之弊，违法专断之风不禁自绝。又考泰东西学说，谓律师有二资格：对于国家应从律师法之所定，与官吏负同一之义务；对于当事者有受委托诉讼保护利益之关系，良不诬也。故各国立法例悉采用律师诉讼为原则，本人诉讼为例外。现今之民刑诉讼律草案即采此主义者也，立待实施亦伸言其意。正拟创办间适读《奉天公报》内载宪台通饬，奉督宪札准中华律师联合会咨，称凡来本会注册，确有律师资格者给予执照，派赴各省担任辩护事件，通行遵照并简章一纸等因。查此项会员无多，一时不敷分布。奉省设立审判厅将近六载，非诿于律师法之未定，即虞窒碍之难行。于律师一项卒未观成，殊为可惜，现在急起直进，已步后尘。我宪台洞明法治无讼为怀，定知律师为奉天审判必要之设备，改良诉讼之先声，是以联合谙达法律及久于司法各员，草拟会章缮呈宪台查核备案施行。

并据该生呈明，前呈律师简章第三条资格一项，法政毕业得有文凭者，照律师联合会简章资格稍异。惟查近年本国及留学各国法政毕业者，以别科、专科、讲习等居多，若限以法政大学资格，不但奉省实难其选，即通国亦不多得。况现在所有法官尚不能限制资格，并多未在学堂毕业，而律师法尚未颁行，本无法定资格，事属创办，是以斟酌情形有不能不变通者合并陈明各等因。据此查中华律师联合会业经成立，该毕业生等所请设立律师会之处尚属相符。惟前奉司法部令，律师法尚未颁布实行，此时万不能承认律师到处辩护等因。据高等审检厅咨呈到司，当经本司转呈在案，本省此时既不承认律师到庭辩护，该生等所请之律师会应否准其设立，理合照抄会章备文呈请宪台查核转咨备案抑或饬令暂缓设立之处,优候批示祗遵实为公便,须至呈者。

  计呈送照抄会章一件,右呈

  奉天都督赵
  大中华民国元年八月十七日 护理奉天提法使彭谷孙

  结果是,法政毕业生沈德溁等设立律师会的申请并没有获得奉天都督赵尔巽的首肯,呈文上呈五天后赵尔巽做了如下的批示:"查律师法未经颁布,以前既奉司法部令,不能承认律师到庭辩护,该生等所请(设会)之处,自应暂从缓议。"①籍中华律师联合会成立之机,沈德溁等人在奉天省设立律师会的申请,因律师法尚未颁布,没有获得当局的认可,只得到了"暂从缓议"的回复。

  但随着同年 9 月 19 日《律师暂行章程》的颁布,在奉天设立律师会的努力出现了转机,并终于在次年 1 月成立了奉天省第一个律师公会奉天(沈阳)律师公会。律师公会成立之初通过了《奉天律师公会暂行会则》,并有第一批入会会员 22 名。② 根据《奉天律师公会暂行会则》,律师公会的领导机构由会长一名、副会长一名,评议员 8 名和干事员 4 名组成,会长一职由从北京来奉执业的王祖裕担任,根据《会则》凡入会会员须纳会费 5 元,另每月须交纳经常费。每位会员以所得谢金为标准,至少须百分之一,如不交纳,经常任评议员议决后给予除名(第 5 条)。③

  在奉天律师公会成立之初,从籍贯地看,会员中省内和省外律师约各占一半,约三分之一集中于奉天法政学会内办公,其余分散于奉天省城内各处,以个人单独执业为主。详细信息罗列于表 5.1 中。

---

 ① 《奉天省长公署》JC10-1-16178,民国元年(1912 年)。
 ② 《盛京时报》民国二年(1913 年)1 月 8 日、2 月 16 日。
 ③ 《盛京时报》民国二年(1913 年)1 月 8 日。

表 5.1：奉天律师公会会员情况一览表

姓名	籍贯	事务所
王祖裕	直隶乐亭	大南门内金银库胡同巨升栈
李振旌	直隶丰润	大西门内利源栈
赵锦文	直隶涞水	大西门内利源栈
赵永延	山东历城	大南门内金银库胡同巨升栈
熊才	浙江杭县	大南门内振新公司间壁
丁靖寰	奉天锦州	小西门外太清宫胡同富村馆
孙懋功	奉天省城	大西关王翰林前胡同
李云舆	直隶乐亭	鼓楼北三道湾胡同
王凤歧	直隶乐亭	鼓楼北三道湾胡同
董畅	奉天海城	奉天法政学会
马空古	奉天辽阳州	奉天法政学会
李耀昆	奉天辽阳州	奉天法政学会
潘廷柱	奉天盖平县	奉天法政学会
王从周	奉天怀仁县	奉天法政学会
孙宪章	奉天宽甸	奉天法政学会
王凌善	奉天辽阳州	大南门矿政局胡同
乔恒燕	奉天辽阳州	奉天法政学会
范钟麟	（直隶）保定东鹿	大西关陈列所
薛毓祥	直隶乐亭	鼓楼北三道湾胡同
史佑基	（直隶）保定东鹿	四平街广生堂胡同
文焕章	山西文水	四平街城隍庙
杨文林	（奉天）义州	大西门里鼎昌栈

资料来源：《奉天律师一览表》，《盛京时报》民国二年2月16日。

自奉天律师公会创办后,其会员人数不断增加,到民国八年(1919年)底,沈阳律师公会的人数达到了57人,其中的绝大多数是奉天本地人。① 沈阳律师公会成立后,在同年8月营口律师公会也宣布成立。在其成立大会上选举产生了由一名会长、一名副会长、4名评议员和2名干事员组成的领导机构。② 几乎与此同时,在安东、辽阳两地律师公会也宣布成立。③

二、基本职能

档案材料表明,律师公会的一个重要职能就是通过会则规定律师的收费标准。以营口律师公会为例,该会《会则》规定了律师从事诉讼和非诉讼业务的收费标准。根据这些规则,和财产相关的民事纠纷,如果诉争的标的额不超过1,000元,那么收取的费用不得超过4%,如果诉争的标的额超过1,000元,收取的费用则不得超过3%。同样的收费标准适用于起草和公证合同一类的非诉讼事务。另一种收费办法为按时计费。代作状词(诉状或答辩状)每纸不超过10元,每次出庭,民事不得逾20元;讨论案情每小时不得逾5元。该《会则》还规定了客户须承担律师代理业务期间旅行和调查的花费支出。④ 而奉天(沈阳)律师公会关于律师收取公费的标准规定于《会则》的第八章,同营口律师公会的规定大致相似,不同之处是增加了对收取谢金的上限规定,现将相关条文抄录如下:

  第八章 公费和谢金

---

① 《沈阳律师同人录》,《民国资料》第667,辽宁省档案馆藏。
② 《律师公会会员名册》,《司法部档案》1049-163,民国二年(1913年),第二历史档案馆藏。
③ 同上注。
④ 同上注。

第三十一条 本会律师承办各项职务应收之公费如左：

（一）每次出庭民事不得逾三十元,刑事不得逾十五元（大洋）；（二）代作状词每纸不得逾十元（大洋）；（三）讨论案情,每小时不得逾五元（大洋）,过时类推不及一小时亦以一小时计算；（四）赴法院抄录文件或赴看守所询问承办案内之在留人,每次收费不得逾五元（大洋）；（五）代理或辅佐民事案件及代订或证明契约等文件,或代理其他事件,以权利目的之价额为标准,千元以下不得逾百分之五,千元以上不得逾百分之四。

第三十二条 调查及调查所生之旅费等费,委托人负担之。

第三十三条 承担案件除由当事人交纳公费外,得受谢金。刑事不得逾五千元,民事以权利目的之价额为标准,千元以下不得逾十分之五,千元以上不得逾十分之四。

第三十四条 律师因公费或谢金自行提起诉讼时,其公费委托他律师之必要公费为限,由相对人负担之。①

作为一个行业自治团体,律师公会的领导机构由同行选举产生,它以维护律师行业的总体利益为目标追求。除通过会则调整律师的收费标准外,律师公会还代表律师积极向政府部门争取执业中的各项权利,以维护行业利益,阅卷权便是其中重要的一项。律师公会成立不久,会长王祖裕便以律师公会的名义致函奉天都督府,要求都督府通札所属机构给予律师调查阅览卷宗的权利,"如认为与该件有关联之事或证据时,即予查照本会会则调查阅览可也"。奉天都督府不置可否,向司法部请示。司法部以法无明文规定为由给予了拒绝,下面是司法部的批示全文：

司法部批第五十四号 民国二年二月二十七日

---

① 《奉天律师公会暂行会则》,《盛京时报》民国二年（1913年）1月10日。

据呈已悉,查《律师公会暂行会则》第二十一条内开本会律师在各审判厅及检察厅关于所承办之案件,有抄阅其一应文卷之权等语,是律师对于承办案件抄阅卷宗仅以在审检两厅为限,原禀规定至为明析。至第十九条甲款第一目虽有搜集各项证据之规定,并无调查文卷之明文,即不得引为根据。如各署文卷实有认为与该案关联之事,尽可由承办律师呈请该管审判厅或检察厅核办,以清权限。该公会所请咨行都督札饬各衙门局所承认之处,不能照准,此批。①

司法部认为律师行使阅卷权的范围仅限于审检两厅,在这两厅之外的文卷,如和案件有关联,只能通过审判厅或检察厅办理,律师无权直接调阅。虽然律师公会成立伊始,向政府部门争取调查文卷权利的努力遇到了挫折,但律师公会作为一行业组织的形象展露无遗,为全体会员而非个人争取权利,是一种维护行业性利益的行为。

行业性利益的维护有时超越了本行业的范围,常常跟国家的利益联系在一起,此时行业利益和国家的利益便会紧密地结合在一起,难分彼此。在民初这样的社会背景下,行业和国家利益结合点便是促进司法进步和追求司法独立,最终实现收回领事裁判权的目标。民国十年(1921年)4月5日三版的《盛京时报》上登载着这样一则消息:"沈阳律师会昨日按北京法律编查馆(即前清之法政编查馆所组者)来函,征求修订及编纂各项法律之意见以备参考等因,昨该会对于此事已开全体会议云云。"②这则消息说明了律师公会对法律修订事业的关注和积极

---

① 《奉天省长公署》JC10-1-16176,民国元年(1912年)。

② 《盛京时报》民国十年(1921年)4月5日。这里所说的法律编查馆应是修订法律馆,民国七年(1918年)7月13日依据教令二十七号在法律编查会的基础上改组成立修订法律馆,系恢复清末的旧称。

参与。毋庸置疑,法律完备以达到良法美治,不仅是律师行业利益所在,也是司法进步的基础。

档案材料中保存的民国十一年(1922年)沈阳律师公会致北洋政府总理和中华民国总统的电文引人注目。电文的缘起是由于当时的北洋政府经费缺乏,拖欠行政人员的薪水。在电文中,沈阳律师公会督促政府尽快地发放拖欠给行政人员的薪水。在请愿书中,他们写到:获悉司法部的职员已经辞职,并且在寻找新的工作,我们深感震惊。对于司法独立和废除领事裁判权,这肯定不是好消息……。尽管中央政府的财政很困难,但给予司法部的拨款只占总支出的很少的一部分,然而,废除领事裁判权的工作到了关键的时刻……。因此,我们沈阳律师公会的所有会员,请求政府立刻支付拖欠给司法部职员的薪水,并采取措施为司法部筹措经费。惟有如此,司法状况才能改进,领事裁判权才能废除。①

沈阳律师公会的电文,不仅仅反映了律师业的行业利益诉求,同时也体现出在更大的范围内对司法乃至国家发展的关心。实际上,在某种程度上,行业的利益跟司法的状况和国家的前途是紧密相连,密不可分的。

第三节　职业操守和惩戒

律师是一种特殊的职业,一方面要为当事人提供法律服务,有时这种服务所体现的角色伦理和一般的伦理规范格格不入,如为犯罪嫌疑人辩护等;另一方面,又扮演着"法庭的官员"的角色,须对法庭尽责,尊

---

① 《沈阳律师公会申请速发法部欠薪及改良司法》,《司法部档案》1049-2374,民国十一年(1922年),第二历史档案馆藏。

重法官,同时还要跟同行发生种种法律关系。加上近代法律的技术化、程序化和去道德化,这样,使得律师时常发现自己处于道德冲突的漩涡中。① 因此,职业伦理规范的出现便成为必要。律师职业伦理的遵守,除律师本人内心确认,给予自觉遵守外,还须通过一定的外部机制通过惩戒等方式加以贯彻。

北洋政府时期对律师进行惩戒处分的制度性规定最早见于民国元年(1912年)9月颁布的《律师暂行章程》。该章程在民国二年(1913年)、五年(1916年)、六年(1917年)、九年(1920年)和十年(1921年)几经修订。依据修订后的民国十年的版本,该章程第七章"惩戒"对受惩戒行为的构成、惩戒实施机构和程序、惩戒处分的种类等做了一般性的规定。这些规定,在民国十六年(1927年)7月颁布的《律师章程》中基本上被沿袭下来。

一、律师受惩戒行为的构成

关于何种行为应受惩戒,《律师暂行章程》采取法定主义,规定了两种情况,即违反《律师暂行章程》的相关规定和违反律师公会会则的行为。所谓违反《律师暂行章程》规定的行为,主要指违背该章程规定的律师所应履行的义务。具体体现在三个方面:首先是律师职业的专业排他性或者说职业不兼容性,如不得兼任官吏和经营商业;其次是对法院的义务,如没有正当理由不得辞去法院所命之职务,对法院不得有欺罔行为;再次是对委托人的义务,如律师受诉讼事件之委托而不欲承诺者应通知委托人,对于委托人不得有欺罔行为,律师在跟委托人已约定的律师费之外,不得另立名目索取报酬,不得同时接受双方当事人的委

---

① 参见李学尧:《法律职业主义》,中国政法大学出版社2007年版,第117页。

托等。① 以上这些关于律师义务的规定为颁布于民国十六年(1927年)7月的《律师章程》所继承。②

关于对当事人不得有欺罔行为的情形,在《奉天省长公署》档案中有一份辽阳人刘万印在民国四年(1915年)4月向奉天省长公署禀控律师唐凤阁籍词欺罔的信函,可以从一个反面的角度了解该义务的内涵。在信函的开篇部分,刘万印明显地表现出对律师这一行业的不屑,"奉省司法弊病多端,人民皆晓,推厥由来,其弊病非在法厅而实在律师也。律师一遇讼案,曲直不分,籍法律之新名词,狡辩之新法理,施其招扰撞骗之巧术,诈欺取财之奸谋,比前清代书之毒殆有甚为"。然后道出了他如何被唐大律师籍词欺罔的经过:民国二年(1913年)间他与吴廷印因修墙起纠纷在辽阳初级审判厅涉讼,初级厅在没有调查事实的情况下作出了错误判决,因其以务农为生,不明诉讼程序,以致错过了上诉期限,结果被初级厅按照法律强制执行,将其看押在监。在不得已的情况下委任大律师唐凤阁按照事实错误请求再审来代理一切诉讼行为。在代理契约内注明被押人保释即酬谢金200元,第二审判决又酬谢金200元,第三审判决胜诉后再给谢金200元,刘万印目不识丁,又不懂得律师规则,唐凤阁逼其画押并索要保人谢金200元,刘求释心切,只得从命。刘最后怨叹道,和吴廷印的诉讼,所争不过二丈有余的地方,折价也不过百元,查律师会章,保人谢金并没有规定,认为唐律师有欺

---

① 其具体规定为,律师执行职务时不得兼任官吏或其他有俸给之公职(第13条),律师执行职务时不得兼营商业(第14条),律师非证明其有正当理由不得辞去法院所命之职务(第15条),律师受诉讼事件之委托而不欲承诺者应通知委托人(第16条),律师不得收买当事人间所争之权利(第17条),律师应以诚笃及信实履行其职务,对于法院及委托人不得有欺罔行为(第18条),律师在跟委托人已约定之公费之外,不得另立名目索取报酬(第19条),律师须以善良管理者之注意处理委托事务,如因懈怠过失或不谙习法令程式,致委托人受损失时,负赔偿之资(第20条),律师不得故意延滞诉讼之进行(第21条)。律师不得同时担任诉讼当事人两方的委托而行使其职务(第22条)。

② 《律师章程》,《民国法规集成》第六十六册,黄山书社2003年版,第203—204页。

闶行为。后经过辽阳地方检察厅的调查,所反映情况属实,唐凤阁受到了相应的处罚。①

除对违反《律师暂行章程》相关规定进行惩戒外,应受惩戒的行为还包括了违反律师公会会则的行为。民国初期,大都由各地律师公会自行制定公会会则,然后上报司法部批准。至于律师公会会则的具体内容,现以沈阳和营口两地律师公会会则举例说明。制定于民国二年(1913年)年初的《奉天(沈阳)律师公会暂行会则》,共50条。其中第九章"风纪规程"对律师的操守进行了规定。主要包括律师不得唆讼,不得滥行收取律师费和酬金,正确理解和解释法律,律师本人及其聘请的雇员不得沾染不良嗜好等内容。最后一项不得沾染不良嗜好的规定则将规范主体从律师本人延伸到了其聘请的雇员。② 制定于民国二年(1913年)8月的《营口律师公会暂行会则》,其内容与《奉天律师公会暂行会则》基本一致,在第九章"风纪规程"中,也对律师操守进行了相似的规定。③

依据以上两种法律渊源,即《律师暂行章程》规定的律师所尽义务和律师公会会则规定的律师操守,民初律师应受惩戒行为的范围较为广泛,涉及律师对法院、委托人的义务,律师收费的合理性,律师职业的专业性或排他性,以及对律师个人不良嗜好的禁止等诸多方面。

---

① 《奉天省长公署》JC10-1-25978,民国四年(1915年)。
② 其主要内容有,律师办理案件应听当事人自由委任,以尽辩护之责,不得唆讼搀越(第36条),律师应受公费及谢金须遵照公会章程办理不得曲庇枉法滥行收纳(第37条),律师宜保守法律和平解释,不得稍存偏僻并涉及案外别情(第38条),律师并其延聘人及书记均不得沾染不良嗜好(第39条)。见《奉天律师公会暂行会则》,《盛京时报》民国二年(1913年)1月8日、1月9日、1月10日。
③ 《营口律师公会暂行会则》,《司法部档案》1049-163,民国二年(1913年),第二历史档案馆藏。

二、裁判机构和程序

根据民国元年(1912年)9月颁布的《律师暂行章程》第33条和第34条规定,律师公会和地方检察厅检察长均有权提起惩戒之诉。具体地说,律师公会会长根据常任评议员会或总会的决议,将律师惩戒的申请呈请于该律师公会所在地的地方检察厅检察长。[①] 地方检察长接到申请后,应立即呈请该管高等检察长,并通过后者向高等审判厅所属律师惩戒会提起惩戒之诉。除律师公会具有提出惩戒的申请权外,地方检察长也可直接将律师惩戒的申请呈请于高等检察长。被惩戒人或高等检察长对于惩戒裁判有不服的,可以上诉于大理院。前项关于上诉于大理院的规定在民国二年(1913年)3月修订的《律师暂行章程》中改为先向司法总长提出复审的请求,如同意,才可上诉于大理院。

1)初审实施机构和程序

关于惩戒的初审实施机构和程序,民国二年(1913年)12月颁布的《律师惩戒会暂行规则》有具体规定。依据《律师惩戒会暂行规则》,律师惩戒事宜由高等审判厅四名推事和高等审判厅厅长组成的律师惩戒会实施,惩戒程序采用诉讼主义。主张对律师进行惩戒的机构(律师公会或地方检察厅),应提出证据并附具意见书。律师惩戒会接受申请后,应以职权或委托其他审判厅或检察厅开展调查,必要时应当给予相当期限,命该被付惩戒的律师提出辩明书或命其到会陈述。评议时采取合议制度,律师惩戒会会长在接受惩戒事件后15日之内指定惩戒会全体会议日期,会议必须会长及会员全体出席方可开议。决议采用记名投票的表决方式,过半数即为通过,会长加入表决之数。议决的结果

[①] 常任评议员由律师公会全体会议选举产生,为律师公会的议事机构。笔者依据文献和档案资料《奉天律师公会暂行会则》、《营口律师公会暂行会则》和《修正北京律师公会暂行会则》,推测常任评议员的组成人员在四到八人不等。

须即时报告司法总长并通知高等检察长及被付惩戒律师。然而,如果律师惩戒事件已进入刑事诉讼程序中,律师惩戒会则不得就同一事件开始审查。如果惩戒审查中对于被付惩戒律师已开始刑事诉讼时,其事件未经判决以前应停止惩戒之审查,这种规定体现了刑前惩后原则。① 简言之,律师惩戒的初审程序强调了在审查过程中证据的重要性,受惩律师享有的申辩原则,对惩戒决议进行表决的程序合理性和合议原则以及刑前惩后原则。尽管受到惩戒之诉,但律师的基本权利在形式和程序上得到了保障。

2)复审实施机构和程序

按照《律师惩戒会暂行规则》第15条的规定,高等检察长或被付惩戒律师如对于律师惩戒会的初审决议不服,须于接受通知之翌日起20日内向司法总长提出复审请求。其程序为,被惩律师将理由书送至原律师惩戒会,由原律师惩戒会将该理由书连同记录及证据迅速转呈于司法总长,最后由司法总长据此作出决定:不合法或无理由者给予驳斥;如认为有理由者发交复审律师惩戒会复审。

民国五年(1916年)颁布的《复审查律师惩戒会审查细则》对律师惩戒复审有更具体的规定。复审查律师惩戒会以大理院推事为会员,大理院院长为会长。复审事件到会以后,由抽签决定一名会员担任主任会员。复审查律师惩戒会可要求被付惩戒律师到会陈述,由主任委员负责询问,并命书记官作成笔录。然后由主任委员将调查经过事项作成报告书报告于会长。会长接到报告书后择期召开复审查会全体会议并通知总检察长。复审查会全体会议应对认定的事实有无错误或遗漏及法令适用是否适当进行审查。最后将审查结果表决,以过半数为

---

① 《律师惩戒会暂行规则》第1—2条,6—9条,13—14条,19条。见(北洋政府)司法部编:《司法例规》(上),民国十一年(1922年),第723—724页。

通过。决议的类型有三种：申请有理由者将原决议变更之；申请无理由者驳回之；原决议虽系违法或有不当但因其他理由仍应维持者，将申请驳回之。决议的结果由书记官作成笔录并由会长指定的会员作成决议报告书咨报司法总长并通知总检察长。①

从以上复审程序的规定看，它兼有对事实和法律的审查，同时也可要求被付惩戒律师到会陈述，因此跟普通民事诉讼中的第二审程序相似。在这一程序中，司法总长具有对复审请求的否决权，如认为不合法或无理由者即可给予驳斥。如认为有理由，才可进入二审程序。因此司法行政权对律师惩戒事件能否进入二审程序具有较大的决定权。

三、惩戒处分的种类和实践

惩戒处分是整个惩戒制度中不可缺少的环节，是维持律师队伍的道德水准和专业素质的重要手段。民国元年（1912年）9月颁布的《律师暂行章程》将惩戒处分分为四类，即训诫、罚款500元以下、停职二年以下以及除名。民国六年（1917年）11月修订颁布的《律师暂行章程》将处分种类减为三类，删除了罚款的规定，将停职处分的最低期限明确为一月以上，并强调受除名处分者四年内不得再充任律师。

自律师惩戒的系列法规颁布后，律师惩戒制度在实践层面得到了一定程度的推行。依据这一时期《政府公报》所公布的律师惩戒案例，我们可以得出上面的推论。从《政府公报》上公布的案例看，来自奉天省的多名律师因各种原因受到了不同形式的惩戒。沈阳律师田霖先因违背职务，当庭向书记官索要笔录而受到训饬的处分，后因唆讼行为受

---

① 《复审查律师惩戒会审查细则》第2—6条，9—10条。见（北洋政府）司法部编：《司法例规》（上），民国十一年（1922年），第725页。

到除名的处分。① 沈阳律师祝清华、严东汉因吸食鸦片,受刑事处分后又受到停职十个月的惩戒处分。② 沈阳律师张绅因吸食鸦片,受刑事处分后,受到停职两年的惩戒处分。③ 沈阳律师明良、张贺然、张毓深、王锡嘏因吸食鸦片,受刑事处分后,受到除名的惩戒处分。④ 铁岭律师石云五因双方代理,违背律师义务而受到停职一年六个月的处分。⑤ 安东律师赵永茂因犯诈财罪受刑事处分后,受到除名的惩戒处分。⑥ 沈阳律师何朋顺因犯诈财及盗窃罪受刑事处分后,受到除名的惩戒处分。现以沈阳律师张毓深违反《律师公会会则》不得沾染不良嗜好的规定而受除名惩戒处分一例说明。

律师张毓深在沈阳地方审判厅执业,素有鸦片烟癖。民国六年(1917年)6月11日有人向奉天高等检察厅告发其吸食鸦片行为。高等检察厅接到举报后,令沈阳地方检察厅侦查。于同月24日在其律师事务所内搜出烟土、烟具等,张毓深当即被捕。后由沈阳地方检察厅以该律师犯吸食鸦片烟罪向该同级审判厅提起公诉。经庭审后,依刑律第271条处以罚金。随后由沈阳地方检察厅呈请奉天高等检察长向奉天律师惩戒会提起惩戒之诉。奉天律师惩戒会在调查后认为,被惩戒人张毓深身充律师,竟染恶习,其事实已经判决确定,其行为已违反了《沈阳律师公会会则》第38条"律师并其延聘人及书记均不得沾染不良

---

① 分别见《政府公报》第1157期,民国四年(1915年)7月28日;《政府公报》第1310期,民国四年(1915年)12月31日。
② 分别见《政府公报》第179期,民国五年(1916年)7月4日;《政府公报》第258期,民国五年(1916年)9月22日。
③ 《政府公报》第577期,民国六年(1917年)8月24日。
④ 分别见《政府公报》第568期,民国六年(1917年)8月15日;《政府公报》第633期,民国六年(1917年)10月21日;《政府公报》第794期,民国七年(1918年)4月10日;《政府公报》第820期,民国七年(1918年)5月6日。
⑤ 《政府公报》第820期,民国七年(1918年)5月6日。
⑥ 《政府公报》第1706期,民国九年(1920年)11月15日。

嗜好"的规定。经律师惩戒会全体会议表决后，决定给予除名的处分。

该被惩戒人对处分决定表示不服，具理由书后通过奉天律师惩戒会转送至司法总长，请求移送到复审查律师惩戒会复审，但其复审请求被司法总长驳回。该案在程序上，由地方检察厅经由高等检察长向律师惩戒会提起惩戒之诉，被付惩戒律师张毓深对处理结果不服，具理由书后通过原律师惩戒会转送司法总长希望展开复审程序，结果被司法总长驳回，因而没有进入实质性的复审程序。

上文曾提及，不得充任公职是律师的义务之一，辽阳律师谷正阳因担任林务劝导员同时兼任地方牧羊公司司事被绅民代表周兴歧、李子民等举报，举报的主要依据是谷正阳违反了律师章程的规定，至于是否属实，省长命令实业厅展开调查。《奉天省长公署》档案中还保留着另一份律师因兼充公职被举报的材料，结果是经过调查举报属实律师被付惩戒。在张殿伦等与傅恩普地亩涉讼一案中，律师张世英担任诉讼代理，在诉讼过程中张世英被举报在硝磺局充当稽查。沈阳地方检察厅随之展开调查，发现张宝松冒名顶替张世英在硝磺局当差。沈阳地方检察厅因此具文呈请奉天高等检察长向奉天律师惩戒会提起惩戒之诉，由律师惩戒会依法核办。①

四、比较法视野下的惩戒制度

律师惩戒的目标是维护律师这一新兴行业的正直和廉正。从根本上讲，尽管律师的行为受到来自律师公会和司法权力的监管，但一旦某一律师被控违背规定的义务而受到惩戒时，他的同行以及行业组织是没有权力进入到行业纪律裁判的过程中去的，那时只有法院能够行使这样的权力。也就是说，律师公会作为行业性组织，由于无权对违反法

---

① 《奉天省长公署》JC10-1-16177，民国十一年（1922年）。

律和行业规范的成员行使惩戒权,行业自治和自律其实很难真正实现。

从比较法的角度看,律师惩戒制度作为律师制度的有机部分,其在大陆法系和英美法系表现出不同的特征。就北洋时期律师制度的总体特征而言,徐家力认为,该制度以日本、德国等大陆法系国家的律师制度为基本依据,具有大陆法系的风格。① 那么进一步来说,作为律师制度组成部分的惩戒制度,跟大陆法系国家中日本、德国两国制度的关系又是如何? 日本和德国的律师惩戒制度是否具有完全的相似性? 下面将通过比较的方法揭示它们之间的关系,从而说明北洋时期律师惩戒制度的渊源以及制度移植的历史原因。

1)二战前德国的律师惩戒制度

在1871年德国统一以前,德国为大大小小独立的邦所组成。各邦有自己的司法体系,律师制度也表现出地域差别性。在普鲁士,律师从来没有取得过像法国和英国律师所具有的那种较高的地位。相反,从十八世纪开始,在普鲁士律师行业日益受到王室和政府的敌视。律师业在人数、收入、所享权利等方面呈萎缩趋势,乃至最后其存在合法性受到挑战。从十九世纪开始,律师业才渐渐赢得公众和立法机构的信任。② 就统一前大多数邦包括普鲁士的律师惩戒制度而言,监督和惩戒权力由法院(常常为高等法院)行使。由法院中的书记官负责进行调查。③ 在十九世纪七十年代初德国统一以后,联邦中央政府通过立法划一各邦的司法制度。继联邦议会于1876年12月21日通过《法院组织法》、《民事诉讼法》和《刑事诉讼法》以后,1878年5月《律师法》获表决通过。该法于同年的7月1日颁布,于1879年10月1日生效。《律

---

① 徐家力:《论民国初期律师制度的建立及特点》,《中外法学》1997年第2期,第84页。
② Kenneth F. Ledford, *From General Estate to Special Interest*: *German Lawyers 1878 - 1933* (Cambridge: Cambridge University Press, 1996), p. 25.
③ Ibid., p. 36.

师法》贯彻了律师职业自治的原则,大大限制了国家对律师行业的干预。该原则反映在律师惩戒制度上,体现为律师协会对会员进行惩戒处分的较为充分的自主权。同统一以前的律师惩戒制度相比,法院的惩戒权受到很大的削弱。

按照《律师法》的规定,律师协会由在上诉法院地域管辖范围内的律师组成。加入律师协会为强制性要求。律师协会由9到15名律师组成理事会。他们由每年举行的律师协会全体会议选举产生(第42、43条)。另外从理事会理事中选举产生会长一名,副会长两名,秘书一名(第46条)。

就律师的义务而言,《律师法》规定律师必须有良心地开展业务,无论在执业过程中还是在执业过程以外都应显示律师职业所要求的自尊(第28条)。对违反律师义务的行为,通过惩戒程序进行处分。《律师法》规定,由律师协会理事会选举其中五名理事组成纪律委员会,须包括律师协会会长和副会长(第67条)。律师惩戒的程序可简单概括为:首先,纪律委员会收到对某律师不良行为的举报后,讨论是否展开调查。如果决定有必要进行调查,纪律委员会便将惩戒案件移交给一名由上诉法院任命的法官,由后者进行调查(第71条)。如纪律委员会作出不予调查的决定,邦检察官可就此决定上诉(第69条)。其次,进一步调查结束后,案件交由纪律委员会裁判。裁判程序开始时,由邦检察官提起诉讼,被付惩戒律师可以聘请律师进行辩护(第80—88条)。惩戒处分的种类包括:警告、训诫、3,000马克以下的罚款、除名,或将以上处分种类的若干种合并进行处罚(第63条)。最后,如果检察官或被付惩戒律师对处分不服,可上诉到最高法院的律师惩戒委员会。该会由最高法院的三名法官和在最高法院执业的三名律师组成(第90条)。①

---

① Ibid., pp. 82–83.

德国《律师法》一直施行到1933年纳粹统治开始时为止。

从总体上看,就德国1878年《律师法》所建立的律师惩戒制度而言,尽管在调查阶段由上诉法院任命的法官的介入,在裁判程序开始时由邦检察官提起诉讼,以及在上诉阶段由最高法院三名法官的介入,律师协会在整个惩戒程序中还是扮演了主要角色。在初审阶段,裁判工作完全由被付惩戒律师的同行,即纪律委员会委员承担。即使在复审阶段,也有在最高法院执业的三名律师参与。可以说,在律师惩戒方面,律师协会拥有相当大的自主权。

2)二战前日本的律师惩戒制度

日本在明治维新以前,并无近代意义上的律师制度。在江户时代(1603年—1867年),只有在诉讼当事人生病或其他特殊原因不能出庭时,才允许该当事人的家人(往往须是家长)或所在村村长出庭代诉。在江户时代的晚期,出现了一种称为"公事师"的职业群体。他们一般从为诉讼当事人或证人提供住宿的旅店店主发展而来。这些"公事师"往往假冒诉讼当事人的家人或亲戚出庭代诉,并向当事人收取一定的费用作为业务收入。但在法律规定上他们仍然被禁止出庭代理诉讼。[①]

明治维新开始以后,以法国律师制度为蓝本,在1872年日本建立了"代书人"和"代言人"制度,开始了律师参与诉讼的尝试。1876年2月,日本公布了《代言人规则》,1880年5月,又对该规则进行了修改。根据该规则,代言人可以代理诉讼当事人出庭应诉。[②] 1893年日本颁

[①] 参见 Wilhelm Röhl, ed., *History of Law in Japan since 1868* (Leiden, Brill, 2005), p. 800;〔日〕角間隆:《日本の司法:裁判官・檢察官・弁護士》,株式會社サンクイ1977年版,第133页。

[②] 参见 Wilhelm Röhl, ed., *History of Law in Japan since 1868* (Leiden, Brill, 2005), p. 801;徐家力、吴运浩:《中国律师制度史》,中国政法大学出版社2000年版,第263页;何勤华、方乐华、李秀清、管建强:《日本法律发达史》,上海人民出版社1999年版,第379页。

布了《律师法》《弁護士法》，以新的名称"弁護士"取代了原来的"代言人"称谓。

按照1893年《律师法》，对律师进行惩戒处分的职权由司法审判机构行使。对违反《律师法》规定所应履行的义务和和违反律师协会会则的行为，律师协会会长依常任评议员会或总会之决议，将律师惩戒的申请呈请于附设于地方裁判所的检事局检事正，由其呈请于控诉院检事局检事长，通过后者提出惩戒之诉。检事正也可依职权直接将律师惩戒的申请呈请于控诉院检事局检事长（第31条）。① 惩戒权由控诉院法官组成的律师惩戒法庭行使（第32条）。② 律师惩戒处分的种类包括训诫、罚款、一年以下之停职和除名四种（第33条）。③ 1893年《律师法》做了规定，要求各地地方法院（地方裁判所）所在地须设立律师协会，以及律师必须加入律师协会，但律师协会的活动包括律师收费标准、律师协会章程的制定等须接受地方法院所在地检察官的监督。对于律师惩戒事宜，律师协会无权行使惩戒权。

1893年《律师法》施行以后，日本律师界对此提出了修改意见。其中焦点问题之一就是要求确认律师协会具有法人实体地位，并将律师惩戒权从司法机构移交给律师协会。比如，在1903年，日本律师协会（日本弁護士協會）便主张应通过立法确认律师协会的法人实体地位，并由其行使律师惩戒权。1911年东京律师协会针对同样的问题成立了委员会，并起草了对此进行修改的提案，④但这些努力都没有成果。

---

① 〔日〕奥平昌洪：《日本弁護士史》，嚴南堂書店1913年版，第615页。
② 同上书，第616页；Takaaki Hattori, "The Legal Profession in Japan: Its Historical Development and Present State," in *Law in Japan: the Legal Order in a Changing Society*, ed. Arthur Taylor von Mehren (Cambridge, Mass.: Harvard University Press, 1963), p. 126.
③ 同上书，第616页；Wilhelm Röhl, ed., *History of Law in Japan since 1868* (Leiden, Brill, 2005), p. 809.
④ 《弁護士法》改正法律案全文，参见〔日〕奥平昌洪：《日本弁護士史》，嚴南堂書店1913年版，第1353—1360页。

1933年日本公布了修订后的《律师法》，比较重大的修订有：一确认律师协会具有法人实体地位；二关于律师收费标准的制定权由司法部移交给律师协会；三允许女性进入律师行业。①尽管如此，对于律师的惩戒权仍然由司法机构掌握和行使。这种局面一直到二战以后才得以改变。1949年5月国会通过了新的《律师法》。日本律师协会（日本弁護士連合會）不仅取得了包括对律师资格认定，会员登录的权力，同时开始获得了对会员的监督权和惩戒权。同二战以前时期相比，其自治程度得到了很大提高。②

比较大陆法系德国和日本的律师惩戒制度的历史形成过程，我们可以得出如下的结论：第一，德国的律师惩戒制度表现出一定程度的国家干预性，但律师协会仍有较大的自主权。在律师惩戒事件调查阶段，由上诉法院任命的法官负责调查，在裁判程序开始时由邦检察官提起诉讼，以及在上诉阶段有最高法院三名法官的介入。尽管如此，律师协会在整个惩戒程序中还是扮演了主要角色。在初审阶段，裁判工作完全由被付惩戒律师的同行，即纪律委员会委员承担。即使在复审阶段，也有在最高法院执业的三名律师参与。第二，跟德国的制度相比，日本二战前的律师惩戒权完全由国家司法机构控制。虽然律师协会曾作出努力，要求将律师惩戒权由司法机构移交给律师协会，但对于律师惩戒事宜，律师协会最终无权行使惩戒权。不难看出，日本在创设其律师惩戒制度时对德国制度做了一定程度的修改，将德国制度中律师协会所享有的对律师惩戒事件较大的自主权修改为律师惩戒权完全由国家司

---

① Wilhelm Röhl, ed., *History of Law in Japan since 1868* (Leiden, Brill, 2005), p. 817.

② 〔日〕角间隆：《日本の司法：裁判官・検察官・弁護士》，株式会社サンクイ1977年版，第145页。日本1949年新《律师法》中译本全文，见茅彭年、李必达主编：《中国律师制度研究资料汇编》，法律出版社1992年版，第501—520页。

法机构控制。可以说,同属大陆法系的日本、德国两国在律师惩戒制度方面存在有一定的差异性。

将北洋时期的律师惩戒制度跟日本和德国制度相比较,可以发现,北洋时期的制度基本上是对日本制度的借鉴。这种在制度移植过程中表现出的看似偶然的表象背后,实际上有其深刻的历史必然性。除在移植过程中受语言、文化等因素影响外,在很大程度上这是由律师行业在近代国家中的历史地位所决定的。

尽管在德国统一以前,律师业已存在相当长的一段时期,但律师的社会地位相对较低。在普鲁士从十八世纪开始,律师行业日益受到王室和政府的敌视。律师业在人数、收入、所享权利等方面不断减弱,从十九世纪开始,律师业才渐渐赢得公众和立法机构的信任。在统一以后的立法过程中,经过律师业的努力,律师协会取得了对律师惩戒的相当大的自主权,尽管在一定程度上,国家仍保留有对律师惩戒事宜的控制权,这种律师协会享有的自主权是跟国家权力斗争后妥协的产物。而就日本的律师制度而言,它是国家近代化过程中的产物,律师业的产生和发展依赖于国家权力的支持,反过来讲,它又容易受到国家权力的控制。日本的律师惩戒制度正是反映了这种国家权力的绝对控制性。北洋时期的律师惩戒制度基本上是对日本二战前相应制度的移植。这种对日本制度的青睐反映出中日两国律师业在发展初期所表现出的同质性或相似性。申言之,近代中国的律师业,跟日本一样,是近代化过程的产物,律师业的合法性依赖于国家的认同。律师业的生存和发展很大程度上取决于国家权力的信任度和开放度。在民国初期的中国和二战前的日本,国家权力对律师惩戒事宜的全面控制反映出这种信任度和开放度的相当有限性。这一特点跟德国相比是有一定的差别的。

最后,将北洋政府时期律师惩戒制度进行总结,可以归纳为以下四点。第一,律师公会和地方检察厅检察长同时具有将律师送付惩戒的申请权;第二,以高等检察厅检察长或以司法总长、总检察长为检控方,代表国家将惩戒律师事件交予司法审判机构审查;第三,在惩戒机构和程序上实行两级两审制和诉讼主义,并贯穿了申辩原则、合议原则以及刑前惩后原则等。由高等审判厅推事和审判厅厅长组成的律师惩戒会负责对惩戒律师事件进行初审。如对初审结果不服的,高等检察长或被付惩戒律师通过司法总长向由大理院院长和推事组成的复审查律师惩戒会提出复审申请。在这一阶段司法总长具有对复审请求的否决权。如通过其同意而进入复审程序,复审查律师惩戒会可将原决议变更或将申请驳回。复审的程序跟普通民事诉讼的第二审相似,兼有对事实和法律的审查。在实践层面,依据《政府公报》所公布的律师惩戒案例可以推知,律师惩戒制度所规定的内容得到了相当程度的施行,在奉天省有十多名律师因违背义务而受到了停职、除名等处分;第四,从本质上讲,北洋时期的律师惩戒制度体现出国家权力对律师惩戒事务的控制以及相应地对律师公会在这一方面自我管理权力的剥夺。通过对大陆法系国家日本、德国两国相关制度的比较研究表明,北洋时期的律师惩戒制度是对同一时期在日本施行的相关制度的移植。而日本的相关制度跟德国制度相比具有一定的差异性。这种在制度移植过程中对日本制度的借鉴,除受语言、文化等因素影响外,在很大程度上是由中日两国律师行业在近代化过程中所处的相似的历史地位所决定的。

第四节 结语

儒家的"和谐意识形态"认为,诉讼和冲突从根本上讲是不道德的,一致与和谐优于冲突和对抗,连续的冲突是有害的和官能不良的。因为诉讼是错误的,所以帮助人们诉讼的人或行为,在绝大多数的情况下是值得被怀疑的。在这种意识形态话语的调整下，律师的前身，讼师被禁止代理客户出庭诉讼，他们的活动遇到来自官方的怀疑和敌视。在官方眼里，他们是唆讼和健讼的源头，讼师常常被当做讼棍。

二十世纪初的司法变革催生了新兴的私人法律职业，律师。在其发展的初期阶段，律师行业处在国家的严密监督之下。因此，律师行业的自治性受到了相当程度的压制。这一点在律师惩戒领域表现得尤为突出。从理论上讲，尽管律师的行为受到来自律师公会和司法权力的监管，但一旦某一律师被控违背规定的义务而受到惩戒时，他的同行是没有权力进入到行业纪律裁判的过程中去的。对律师的惩戒权分别掌握在由高等审判厅和大理院推事组成的律师惩戒会和复审查律师惩戒会手中，也就是说，只有法院能够行使惩戒权。从本质上讲，北洋时期的律师惩戒制度体现出国家权力对律师惩戒事务的控制以及相应的对律师公会在这一方面自我管理权力的剥夺。比较法的分析表明，这一制度是对同一时期在日本施行的相关制度的移植。而日本的相关制度和德国制度相比具有一定的差异性。这种在制度移植过程中对日本制度的借鉴，除受语言、文化等因素影响外，在很大程度上是由中日两国律师行业在近代化过程中所处的相似的历史地位所决定的。从法律职业主义的角度审视民初的律师业，由于律师业的自主性受到国家权力的压制，律师作为职业的属性是不完整的，民初的律师业深深地打上了那个时代的烙印。

另外，在执业范围上，只允许律师在近代法院即各级审判厅执业，在司法公署和县知事兼理司法法庭上不具有执业的正当性。由于律师的缺席，司法公署和县知事兼理司法法庭的司法权力失去了监督和制衡。在这些法庭进行诉讼的当事人也失去了接受律师协助的权利。所有这些都与司法的公平和公正特性相背离，和近代司法文明相脱节。

第六章 习惯和地方司法裁判

在前面五章,我们把研究的重点放在司法制度的变革上面。以时间变迁为线索探讨了从清末到民国在司法组织结构、人员构成、诉讼程序和私人法律职业等方面所发生的变化。司法组织和人员的进一步专业化和官僚化倾向,和以程序正义为内涵的比较完备的民事诉讼程序的建立,以及私人法律职业即律师的出现等,都是清末"新政"以来出现的新事物。在强调变革的同时,我们也注意到了,同一时期固有的一套制度在不同的空间范围内依然发挥着作用,县知事兼理司法制度便是很好的例证。在很大程度上,前面考察所揭示的变革,是在引进近代西方司法制度后发生的,是法律移植的产物。如果说前面五章的分析和讨论侧重于制度层面的变革而相对忽视了制度的实际运作的话,接下来的两章,将把重点放在实际运作的考察上,并希望对前面的"忽视"有所"矫正"。这一章将以历史悠久的典习惯为例,探讨习惯和地方司法裁判的关系。在接下来的一章,将以离婚法为内容,分析在婚姻领域地方司法机构是如何诠释婚姻自由、男女平等、一夫一妻这样一些近代价值的。这两章试图从实体法的角度,从另外一个侧面分析近代民事司法所发生的变革。

一般认为,习惯是在一定地域或特定人群范围内自发形成,为人们普遍认可和反复践行,具有一定社会强制力的行为规则。[①] 和国家法

[①] 参见徐清宇、周永军:《民俗习惯在司法中的运行条件及障碍消除》,《中国法学》2008年第2期,第85页。

所具有的以公权力为后盾的强制力有所不同,习惯所具有的强制力更多地表现为一种心理上的约束力,习惯"是一种处于特定文化圈的人难以摆脱的行为模式,人们依习惯而作为或不作为,任何违反习惯的行为都会引人注目,影响一般人的心理状态"。[1] 这种心理上的约束力可以来自社会的舆论,也可以来自由一定社会关系形成的集体良知。同时,习惯区别于一般的风俗或一日三餐、起床后刷牙之类的生活习性(habit),习惯通常有较为确定的行为模式和规范内容,但跟制定法相比,习惯的系统性较低,规范性较差。概括起来说,习惯具有非成文性、自发性、地方性、内控性和相对稳定性等特征。

从法的历史发展看,无论在以法典为核心的欧洲大陆还是以判例为中心的英国,在民事法律的近代化过程中习惯都扮演了重要角色。一般认为,在欧洲大陆,以法国为代表,法律学者、司法人员等在十三世纪到十六世纪的相当长的时段内,有意识地将地方习惯进行收集整理,并形成习惯法在司法实践中运用。最终,习惯在欧洲大陆十八世纪后半叶和十九世纪的近代法典化过程中成为民法典的重要组成部分,而在英国则成为判例法的源泉。[2] 对比欧洲的经验,在具有悠久刑事和行政法典传统但缺乏民事法典传统的中国,近代化过程中习惯这一本土性资源的命运如何成了渐受学术界关注的课题,学界对此的关注可分为两端:一是对清末民初习惯调查的起因、过程、得失等的探讨,二是

---

[1] 张晓辉、王启梁:《民间法的变迁与作用:云南 25 个少数民族村寨的民间法分析》,《现代法学》2001 年第 5 期,第 31 页。

[2] Oliver Wendell Holmes et al., *A General Survey of Events, Sources, Persons and Movements in Continental Legal History* (Boston: Little Brown Company, 1912), pp. 213–230; René David and John E. C. Brierley, *Major Legal Systems in the World Today*, 3rd ed. (London: Stevens & Sons, 1985), p. 387.

近代司法机构对待习惯的态度。对于前者,笔者已有专文探讨,①囿于主题,本章不赘述。对于后者即对清末"新政"司法改革后司法机构对待习惯的态度,黄源盛先生以第二历史档案馆保存的民国初期大理院判决档案为基础,对大理院对待习惯态度做了定性和定量分析。黄源盛的研究结果表明,大理院既重视发挥习惯对制定法的补充作用,同时又对某些习惯进行限制,"大理院在面对数量庞大的民间习惯,颇能发挥拾遗补阙,调和新旧的'过滤'与'导正'作用"。② 大陆学者张生曾对民国初期习惯被引入司法领域的必然性、适用机制和司法实效等进行过探讨和分析。和黄源盛一样,他的研究也是建立在对大理院判例分析的基础之上。③

应该说,对清末近代法院建立以后至民国初期,学术界已经关注到了最高法院即大理院对待习惯的态度,但这种研究是建立在对终审判决判例的分析基础之上。对这一时期地方司法机构在司法实践中如何看待和运用习惯,习惯在审判实践中的作用以及习惯在司法实践中的适用机制等问题,目前尚缺乏针对某一地区和某一类型习惯的具体而详细的个案分析。

本章以曾经广泛流行的典权制度中的若干习惯为考察对象,分别以清末"新政"时期盛京(今沈阳市)的新式法院和民国初年奉天省东部宽甸县司法机构的裁判案例为基础,探讨习惯在地方司法审判中的地位,并分析其形成的原因和意义。④

---

① 张勤、毛蕾:《清末各省调查局和修订法律馆的习惯调查》,《厦门大学学报》(哲学社会科学版)2005 年第 6 期,第 84—91 页。

② 黄源盛:《民初大理院关于民事习惯判例之研究》,《政大法学评论》第 63 期(2000 年 6 月),第 40 页。

③ 张生:《略论民事习惯在民初司法中的作用》,《人文杂志》2001 年第 4 期,第 20—24 页。

④ 如第三章研究所发现的那样,奉天省最早在盛京地区(今沈阳市)设立新式法院,至

第一节 典权制度的基本特征和国家法律调整

一、典权制度的基本特征

典权有狭义和广义之分。狭义的典权其标的物仅以房屋、土地等不动产为限，其内涵为由典主向业主支付典价，占有业主之不动产，而为使用收益之权利。广义的典权其标的物包括动产、不动产甚至人身。本章以狭义典权为研究对象。至于典权的性质，学术界有不同的看法，有认为是担保物权的一种，也有认为是用益物权，① 但大部分的学者倾向于认为典权是一种用益物权。②

就典权制度的发展历史看，一般认为在唐代，典权制度便已出现。③ 其后，典和卖联称成为惯例。④ 自明以后，典与卖在制度上的差别

满清统治结束时，其存在大约有四年之久。新式法院的大部分判决刊登于当时的《盛京时报》，从而得以保留下来。可以说，存在时间相对较长和裁判史料保存较好这两个因素，是选择清末盛京地区新式法院作为研究对象的主要考虑。至于选择宽甸县作为民国初期基层司法机构的代表，正如导论部分所分析的那样，主要是基于裁判史料保存相对完整这一考虑。具体地说，据笔者对保存于辽宁省档案馆的《宽甸县公署》全宗中诉讼档案的统计分析，从民国元年（1912年）至民国二十年（1931年）日本人占领东三省为止，在这近二十年的期间内，其中民事诉讼纠纷案件四千有余。据刊登于《奉天公报》的《奉天司法简明报告书》提供的数字，宽甸县民国九年（1920年）共收到民事诉讼案241起，民国十四年（1925年）收到311起，详见《奉天公报》第5014期，民国十五年（1926年）3月13日。因此可以推测，现存档案保存了当时的大部分民事诉讼案件。

① 主张典权为担保物权的学者，如戴炎辉，见《中国法制史》，（台湾）三民书局1961年版，第313—314页。主张典权为用益物权者，如钟乃可，见《典权制度论》，商务印书馆1937年版，第1—2页；如郑玉波，见《民法物权》，（台湾）三民书局1967年版，第142页。
② 王文：《中国典权制度之研究》，（台湾）嘉新水泥公司文化基金会1974年版，第10页。
③ 钟乃可：《典权制度论》，商务印书馆1937年版，第14页。对典制早期演变的梳理，详见吴向红：《典之风俗与典之法律》，法律出版社2009年版，第5—15页。
④ 叶孝信主编：《中国民法史》，上海人民出版社1993年版，第543页。

日益明显。典区别于卖的最明显特征是出典人即业主在房地出典以后,有权随时或在约定期满后以原价将该财产回赎。同时,典又有别于传统的不动产抵押制度,尽管民间在用词上有时并不严格区分,如以"压""押"指代典等。① 其实质的区别体现为三点:(1)典往往在出典时典物便由业主处转移至典主,由后者享有使用权,在这种情况下,典主无须支付租金,业主也不必为所得的典价支付利息,即所谓,"地无租谷,价无利息",②因而是一种用益物权;而作为不动产抵押,以供债权担保为目的,一般在债务人无力偿还债务时,才将抵押物转移至债权人,以抵偿本利,一般情况下,债务人会被要求支付利息,抵押是一种担保物权。(2)物件在出典和抵押时估价不同,抵押时其抵押物估价一般低于相同物出典时的价格若干成。③ (3)典权须转移占有,故在同一标的物上不得设定数个典权;抵押权因无需转移,故可在同一标的物上设数个抵押权。

---

　　① 这种名为"压"、"押"实为典的现象,可以从数个契约中得到印证。如立于光绪三十年(1904年)的指地借钱契载明,借贷人演明向曹廷俭借钱1,400吊,以地1日半作抵,自借钱之后"二年钱到许赎,钱无息利,地无租价",很明显这实质是一张典契,详见南满洲铁道株式会社编:《満洲舊慣調査報告:押の慣習》,大同印书馆1936年第3版,《参考书》,第31页。相似的契约见前引书第30页,第32—33页。又如光绪末年宽甸县张君富将地出押于樊得才,得价银12两,契约约定"钱无息利,地无租粮"。实质上这也是一张典契,详见"张君富控樊得才霸不放赎"一案,《宽甸县公署》14094,民国十四年(1925年)。民间以"押"指代"典"的动机很有可能跟规避典契税有关。
　　② 叶孝信主编:《中国民法史》,上海人民出版社1993年版,第544页。
　　③ 奉天省调查局:《行查各属民事习惯条目问题》(甲)部分《调查关于田宅财务之民事习惯》第27条"凡以田产低押债务,其价比原价低若干?"奉天省海城县的调查报告回答:"境内以田产抵押债务,其价比原典价仍低二三成,与原买价相去五六成,凡此等事项,债权者悉(数)返还钱债,不(得)羁押其抵当物,故此价格较原价相去悬殊也。"海城的地方习惯显示,抵押价要比典价低二三成。见《海城县公署》10801,宣统元年(1909年)。就奉天省各地平均而言,押价约是卖价的30%—50%,而约是典价的50%—80%,相关表格详见于南满洲铁道株式会社编:《満洲舊慣調査報告:押の慣習》,大同印书馆1936年第3版,《参考书》,第21—23页。

典权制度在奉天省的流行可以追溯到明时的辽东地区。现存的明代档案中保留着立于万历三十年(1602年)12月业主张近伯将田一块出典于金七的契约。① 清朝以至民国初期,这一地区跟全国其他地方一样,典权制度继续在民间流行。民国初年由日本人拥有和经营的南满洲铁道株式会社编纂的满洲旧惯调查报告和从关东厅法院裁判中辑录的中国民事惯习汇报,收录了相当数量的清末民初奉天省的各类契约。笔者从中整理出72张与典相关的契约。② 通过对这72张典契约的分析,典权制度的基本内容归纳为以下六点:

(1)出典期限。典契对出典期限的规定,大部分契约约定的期限在1到10年不等,也有个别以60年为期的。③ 有些典契并不约定具体的出典期限,而是注明"钱到回赎"或"不拘年限,钱到回赎"的字样,以表明回赎期限的灵活性。在所分析的72份契约中,共有17份契约规定了具体的出典年限,有11份则注明"钱到回赎"或"不拘年限,钱到回赎"。

(2)转典。一般而言,业主将财产出典以后允许典主将该典产转

---

① 该契约的全文为:"立地契人张近伯系盖州卫指挥下舍丁。因为无钱使用,情□祖□田一块门东言,出卖与金七名下承种,言定地价白银□正,当日交足并不短少。其田不伦远年近日,钱到取赎。恐无凭,立地契存照。"契约中虽言"出卖",但又说"不伦[论]远年近日,钱到取赎",因此可以判断是一张典契。见中国第一历史档案馆、辽宁省档案馆编:《中国明朝档案总汇》第九十册,广西师范大学出版社2001年版,第165页。

② 这些契约分别收录于南满洲铁道株式会社编:《满洲舊慣調查報告:典の慣習》,大同印书馆1936年第3版,《附录》,第1—85页,共58份典契;以及南满洲铁道株式会社总务部资料课编:《關東廳の法廷に現はれたる支那の民事慣習彙報》,南满洲铁道株式会社1934年版,第458—1233页,共14份典契。这些典契覆盖的年代从乾隆三十六年(1771年)到民国九年(1920年),其中同治朝到民国初期的有62份,占总数的86%。其中出典标的单独涉及房屋的有6份,单独涉及土地的有44份,土地和房屋同时的有22份,可见典契约以土地为标的占大多数。

③ 该契约订于乾隆三十六年(1771年),订立地为金州(现属大连),出典人为汉军正白旗佐领王连福,接典人为王有松,详见上引《滿洲舊慣調查報告:典の慣習》,《附录》,第24页。

典给第三方,契约并不对此作特别的约定。在分析的72张契约中,仅有1份契约强调,允许典主转典。不过,如转典关系发生,则往往需订立转典契约。在所分析的72份典契约中,共有15份转典契约。但也有个别典契明确规定禁止转典,或仅允许典主本人转典而不允许其族人转典,共有4份契约有这样的规定。

(3)找价。在田房出典期间,如地价或房价上涨剧烈或业主生活拮据,业主便会向典主要求在原典价外加价,俗称找贴或拔价、增价、添价等。大部分情况下仅找价1次,但也有找价多至2到3次。在72份典契中,有8份契约显示有过1次找价,有5份契约显示至少发生过2次找价。有时候业主和典主在订立契约时会约定禁止在出典期间找价,总共有5份契约有这样的规定。

(4)有益费用。典权人于典权存续中,改良典物,使其价值增加之费用,常称有益费用,比如对所典房屋添盖房舍,在其所典土地上种植树木等投资。有益费用支出往往使典物的价值增加,在业主回赎典物时,典权人可否请求此项有益费用。有7份契约约定如典主添盖房屋,回赎时将按一定标准补偿,如一份立于嘉庆七年(1802年)的契约约定"修理盖草房一间五檩者作银五两,七檩者作价银七两,理墙高五尺作价银五钱"。① 对于出典土地上所栽种的树株,有4份契约约定允许回赎时由典主"伐树留根"。

(5)国家税捐。土地出典以后,业主尽管仍有其所有权,但土地的占有及使用收益,则完全归于典权人。该土地上的国家税捐的交纳,多由典权人负担。在72份典契中,有33份契约明确约定,由典主负担地亩钱(或称国课钱、官粮钱),如系蒙地则负责交纳小租钱,如系旗地则交纳仓米票钱。其交纳的方法由托业主代缴或由典主自行交纳。

---

① 《满洲旧惯调查报告:押の惯习》,《附录》,第3页。

(6)回赎办法及日期。典物在回赎期限到来时如何回赎,是否要求一定的程序,针对这样的问题,有时在订立出典契约时便有所约定。有3份来自于奉天东部的契约约定,六、七月通信,大小雪交价;另有3份来自奉天南部的契约则并不以大小雪节气为参照,仅注明以10月为交价期。

通过对72份典契的分析发现,尽管每份契约所侧重的内容并不相同,有些契约仅涉及以上列举要点的二到三项,但通过比较归纳还是不难确定典契约涉及的基本范围和内容,即出典期限、转典、找价、有益费用、国家捐税和回赎日期和办法。这些无疑构成了典权制度的基本内容。

姜茂坤先生在其新近有关典的论文中,多次强调典的复杂性,如典和当概念的混用,典与活卖在内容上的混同,典与押、抵押混用等,认为典在民间生活中呈现出极其复杂的样态。[①] 其实如果以契约为依据,不被契约的名称所迷惑,以契约的实质内容为出发点,我们还是能够对典制度的基本内容有一个比较清晰的了解。

二、国家制定法调整

从上述72份清末民初典契约中,典权制度的复杂性可见一斑。和这种复杂性形成鲜明对比的是国家制定法调整的简略和粗疏。典权制度被纳入国家制定法调整范围,可溯及宋代。《宋刑统》卷十三《户婚律》规定:"今后应典及倚当庄宅、物业与人,限外虽经年深,并许收赎。如是典当限外,经三十年后,并无文契,及虽执文契,难辩真虚者,不在

[①] 姜茂坤:《20世纪前30年典的考察与反思》,何勤华主编:《法律文化史研究》第三卷,商务印书馆2007年版,第151—154页,第172页。

论理收赎之限,见佃主一任典卖。"① 这条规定显示,只要能证明典关系的存在,即使超过了约定的回赎期限,业主仍有权回赎典产。如超过约定典期限,并已过 30 年且无法证明出典关系存在者,业主便无权回赎。在明代,国家制定法对典权制度的调整见于《大明律·户律·田宅》"典买田宅"条。该条详细规定了典当田宅必须税契、过割、禁止重复典卖,并对典当契约行为有专门约束:"其所典田宅园林碾磨等物,年限已满,业者备价取赎,若典主托故不肯放赎者,笞四十,限外递年所得花利,追征给主,依价取赎,其年限虽满,业主无力取赎者,不拘此律。"② 其立法原则是既保护出典人的回赎权,又保护典主的典权。但对于契约约定期限以及限外收赎年限都没有明确规定。

清律大多抄袭明律,《大清律例·户律》"典买田宅"条与《大明律》完全相同。不过清律对于典当行为,另有"条例"、"辑注"、"户部则例"等补充规定,因此清朝对于典的规定,比前代更为具体。乾隆十八年(1753 年)的定例要求将典契、卖契划分清楚,"嗣后民间置买产业,如系典契,务于契内注明回赎字样,如系卖契,亦于契内注明绝卖,永不回赎字样。其自乾隆十八年定例以前典卖契载不明之产,如在三十年以内,契无绝卖字样者,听其照例分别找赎;若远在三十年以外,契内虽无绝卖字样,但未注明回赎者,即以绝产论,概不许找赎"。③ 乾隆十八年的定例不仅要求契约明确区分典、卖,而且对回赎期限做了规定,即以30 年为限,如典契未注明回赎字样,逾 30 年期限便作绝卖论,不准回赎,当然如果契内注明回赎字样,不管是否约定回赎期限,仍不受 30 年期限的限制。同时,清《户部则例》要求不管民人还是旗人典当田房统

---

① 薛梅卿点校:《宋刑统》卷十三《户婚律·典卖指当论竞物业》,法律出版社 1999 年版,第 231 页。
② 怀效锋点校:《大明律》卷五《户律·田宅》,法律出版社 1999 年版,第 55—56 页。
③ 《大清律例》卷九《户律·典买田宅》,海南出版社 2000 年版,第 158 页。

以 10 年为限。①《户部则例》的要求较为笼统，对契约双方约定的回赎期限超过 10 年的情况如何办理并不明确。

尽管清朝对于典的规定较前朝完备，特别是乾隆十八年的定例对典、卖做了明确区分，并开始在回赎期限上有所限制，但没有从根本上解决典期漫无限制的弊端。就奉天省的情况而言，七八十年前祖上出典的田房由其后人回赎的现象仍屡见不鲜。典契原始签订方和证人的过世，以及原始契约的遗失，都给事实的确认带来了很大困难，因而导致大量的诉讼纠纷无法解决。② 为从根本上解决这一弊端，时任盛京将军的赵尔巽于光绪三十二年（1906 年）奏定了《奉省整顿田房税契章程》（又名《奉省旗民各地及三园税契试办章程》）15 条，该章程第 4 条规定，从光绪三十三年（1907 年）2 月始，典当田房已逾 20 年者，即作绝卖，准由典主税契过割。该章程施行时已满 20 年者，从宽展限一年由原业主赶紧回赎，逾限概照新章办理。③ 该条规定以 20 年为限，如逾限，业主便失去了回赎权。在理论上，这有利于解决典期漫无限制的弊端。

---

① 对民人的要求为，"民人典当田房，契载年份统以十年为率，限满听赎，如原业主力不能赎，听典主投税过割"，对于旗人间典当田房，也有相似的要求，"旗人典卖房地，无论本旗、隔旗俱准成交。……凡典当田房，契载年份统以十年为率，十年限满，原业主不能赎，再予余限一年，令典主呈明该翼，由翼将契纸交旗钤用佐领图记，送翼补税发给本人收执"。张友渔、高潮主编：《中华律令集成》，清卷，《户部则例》卷十《田赋四》，吉林人民出版社 1991 年版，第 149—150 页。

② 这种窘境可以从署凤凰直隶厅同知何厚忱到任后不久于光绪三十一年（1905 年）底给奉天将军的禀文中略窥一二："卑职到任后捡［检］查前任移交未结自理各案数十起，其中因赎地成讼者十之八，纠缠至于数年。……讯其何年典卖，则均属乃祖乃曾或称系自行占垦或称为当年报领，究其据则一无所有，及典买主呈出契据，半多嘉道年间，中证均早物故，乃业主非云契属捏造，即云价系私增，核其时彼尚未生，岂能知从前是典是卖？两造即各引人证枉受无干牵累。"见《海城县公署》10701，光绪三十一年（1905 年）。

③ "盛京将军又奏整顿奉省田房税契，酌拟试办章程十五条，下部知之"，《清实录》第五十八册，卷五百五十五《光绪三十二年 2 月上》，中华书局 1985 年版，第 358 页；《奉省督抚宪为整顿田房税契之示谕附录现定办法四条》，《盛京时报》宣统元年（1909 年）8 月 21 日。

民国建立后，以临时大总统令规定，凡前清施行之法律，而与国体不相抵触者，均暂行援用，因此依《大清律例》所修订的《大清现行刑律民事有效部分》规定之典制，也在援用之列。同时大理院于民国三年(1914年)以判例的形式宣布《奉省整顿田房税契章程》在奉天省范围内继续有效。① 因此直到民国十九年(1930年)5月5日国民党民法物权编开始实施时为止，国家制定法对典权制度的调整并没有很大变化。

概括而言，典权制度被纳入国家制定法调整范围，开始于对业主回赎权的肯定，继而对回赎的期限有所限制。在奉天省最终以光绪三十三年实行的逾20年不准回赎的规定，较好地解决了关于回赎期限不确定的弊端。但从另一方面来看，国家制定法对典权制度的规定仍是非常粗疏和不全面的，典权制度的诸多要素，诸如回赎的办法、出典物在出典期间的管理责任、国家税捐的承担、能否转典等，都没有加以规范。那么，在具体实践过程中，在国家制定法之外，包括习惯在内的其他规范是否能对典权关系起到调整作用？典纠纷产生以后，习惯能否为国家司法机构所认同，成为裁判的依据，从而形成国家权力对习惯的认同机制？

下面便以清末民初奉天省流行的若干典习惯作为考察对象，对其在司法裁判中的作用进行分析。

第二节　清末时期的典习惯与司法裁判

在第三章我们曾详细考察了奉天省新式法院在清末"新政"期间的创设过程及其特点。奉天省的近代新式法院建设开始于光绪三十三年(1907年)底。该年12月1日，东三省总督徐世昌、奉天省巡抚唐绍仪

---

① 郭卫编辑：《中华民国元年至十六年大理院判决例全书》，会文堂新记书局1932年第3版，第341页。

发布告示,宣布盛京地区于该日开办高等、地方各厅,于承德、兴仁两县地方按巡警区设初级审判6厅,各厅均附设检察厅。① 从光绪三十三年(1907年)底至宣统三年(1911年)底的四年时间内,盛京地区的各级新式法院裁判了大量的民事纠纷。在这一时期,由日本人主办的《盛京时报》登载了2,000多份该地区各级新式法院所作的民事判决书。笔者从这些判决材料中筛选出约100份跟典纠纷相关的判决。通过归纳分析,笔者发现,两种跟出卖典产相关的典习惯,即典主先买权和宗族成员先买权,为司法审判机构所认同和支持。

一、典主先买权

业主将房地出典以后,仍保有对此的所有权,故如因某种原因欲将此财产出卖,财产的现有使用人即典主享有此财产的先买权。这种典权人享有先买权的习惯,在宋代已经存在。② 《元典章》也有明文规定,"已典就卖,先须立限,取问有服亲房(先亲后疏),次及邻人,次及典主"。③ 这项规则至明清时,已从国家制定法中消失,但它以习惯的形式继续流行。④ 清末的新式审判机构也常常以此习惯作为审判的重要

---

① 《筹设奉省各级审判检察厅折》,《东三省政略》卷六《官制》,(台湾)文海出版社1965年版,第3449—3453页;《督抚开办各级审判厅告示》,《盛京时报》光绪三十三年(1907年)12月2日。

② 宋人袁采《袁氏世范》"凡邻近利害欲得之产,宜稍增其价,不可恃其有亲有邻及以典至买,及无人敢买,而抑损其价。万一他人买之则悔且无及",大意为如有意购置临近的房地,应多出价钱,而不可仗着先亲先邻先典主的习惯,而有意压低价钱,甚至认为其他非亲非故之人不敢竟买,以至被别人买去而后悔。此段文字恰恰说明,一般而言,当时已有亲、邻、典主享有先买权的习惯。见袁采《袁氏世范》,天津古籍出版社1995年版,第161页。

③ 《大元圣政国朝典章》卷三十五《户部·田宅典卖》,中国广播电视出版社1998年版,第749页。

④ 吕志兴先生认为,先买权滥觞于中唐,经五代的发展,于宋、元形成制度,至明清则融于交易习惯和家法族规之中。见吕志兴:《中国古代不动产优先购买权制度研究》,《现代法学》2000年第1期,第124页。

依据在审理与典有关的纠纷中运用,这样的态度在奉天省高等审判厅的判决中较为突出。先举一宣统元年(1909年)的案例加以说明。

佟金安旧有册地 22 日(1 日约等于 6 亩),于光绪十四年(1888 年)间典与刘万明耕种,共受价辽钱 15,200 吊。嗣后佟金安赴京当差,将册地交与妻佟许氏管业。佟金安死后,光绪三十四年(1908 年)有李惠春见此地当时典价甚少,佟许氏现又无钱因此向佟许氏商量,将此地亩由刘万明手赎回后转卖与他,除原典价外,再加价辽钱 6,600 吊。佟许氏因此向刘万明赎地,刘万明不允。李惠春唆令佟许氏赴承德第四初级审判厅控告,该厅于光绪三十四年 12 月判令佟许氏将此地卖与原典主刘万明。随后李惠春在承德地方审判厅状诉,称佟金安嗣子法福里已将地以价洋 1,600 余元卖与他。承德地方审判厅审理后仍维持初级审判厅的判决。李惠春最后上告于奉天省高等审判厅。该厅经审理后在判决中认为,"查价买已典地必须尽典户价买,如典户无力方可转售旁人,此等习俗处处相同,现佟许氏无力抽赎,意欲出售,卖与典主刘万明方合情理"。①

不难看出,在此案的审理中,虽然初级和地方厅的审理依据并不是很清晰,但高等审判厅的推事们显然依据了典主先买权这一地方习俗作为审判的依据。在此案中第三人李惠春枉费心机,却财物两空,而刘万明因是原典主而当然享有优先留买权。

奉天高等审判厅将典主先买权这一习惯作为审判依据继续在此后的司法实践中体现出来。如于宣统元年底审理的王喜珍诉冯桂华一案中,典主冯桂华等长期典种佟姓地亩,佟善继欲行出卖,第三人王喜珍争购。奉天高等审判厅在受理王喜珍上诉后,经审理后认为,"查出卖地亩,先尽典户接买,各处习惯皆然"。最后法庭以典主先买权这一习

---

① 《判词:奉天省高等审判厅民事案》,《盛京时报》宣统元年(1909年)5月7日第3版。

惯判决冯桂华作为典主有先买权而结案。① 很清楚,典主先买权这一习惯在判决中起了决定性作用。

二、宗族成员先买权

宗族成员享有对将出卖典产的先买权这一习惯,跟传统的祖上之财不可散的伦理观念紧密相连。吴向红博士认为宗族成员享有出卖典产的先买权,可以缓解土地的分散化趋势,多子继承制不可避免地会带来土地分散化的问题。家族成员(亲房)买入,至少可以避免祖业流失,客观上完成了一次合并(分散的反操作)。② 清时这一习惯在奉天省的流行,可以从日俄战争后由日本占领的旅(顺)大(连)(或称关东)租借地内,当地中国居民民事诉讼的裁判中得到印证。如在光绪三十四年(1908年)审理的一起围绕出卖土地的民事纠纷中,原告刘杨令便以"买地先尽族邻"的习惯为依据,对刘通经出卖的四日土地主张先买权。③ 清末新式法院的推事们对此习惯的态度又是如何呢?发生在承德县的一起纠纷从一侧面对此做了回答。

索孙氏有祖遗册地五日,早年典给刘文会耕种,所有该地赋税由索孙氏的族侄索玉厚代为交纳。光绪三十四年(1908年)腊月索孙氏因为其子索玉泉完姻,欲将五日地出售。索玉厚以同族人身份商量接买,索孙氏不允。不久,索孙氏将此地卖与原典户刘文会,言明除典价外,再找辽市钱14,000吊,并找索玉厚作保。索玉厚持价留买,索孙氏仍不允许。索玉厚无计可施,恐刘文会更名投税,遂自写买契一纸,随带

---

① 《判词:奉天省高等审判厅民事案》,《盛京时报》宣统元年(1909年)12月25日第3版。
② 吴向红:《典之风俗与典之法律》,法律出版社2009年版,第27页。
③ 见南满洲铁道株式会社总务部资料课编:《關東廳の法廷に現はれたる支那の民事慣習彙報》,南满洲铁道株式会社1934年版,第692—693页。相似的情况见民国元年(1912年)审理的王立士诉王成修一案中,见前引书,第895—898页。

该五日地亩的纳税粮领,赴度支司先行更名投税。刘文会因索孙氏不交地亩粮领执照,于宣统元年(1909年)闰二月初一日向承德第三初级审判厅呈诉。该厅以索玉厚捏写卖契,私自投税,将索玉厚罚工40日,将粮领缴还索孙氏转给刘文会具领。索玉厚不服,赴承德地方审判厅控诉,地方厅仍照原判办理,在判决中认为,"查业各有主,典卖应由主便",索玉厚不得干预。① 索玉厚仍不服,赴奉天省高等审判厅上告。高等厅在审理中认为:"查出卖产业,先尽本宗,如本宗无力价买,方能价卖他人,此等习俗,各处皆同。此案索玉厚系索孙氏之从堂侄,索孙氏之册地粮领又归索玉厚经手,该处出卖,索玉厚出而留买,不得谓之非理。"该厅认为,如果仍照地方审判厅原判,不足以令人折服,因此改判该五日地亩归索玉厚,照刘文会所买价值留买。②

以上围绕着索孙氏因儿子结婚将五日典地出卖而发生的纠纷,经历了从初级厅、地方厅、高等厅三级诉讼程序,最终以出售人索孙氏的从堂侄索玉厚成功留买而结案。初级和地方厅的推事们的判决似乎并没有受到"出卖产业,先尽本宗,如本宗无力价买,方能价卖他人"这一习俗的约束,而是认为业各有主,典卖应由主便,无论是典主还是本宗成员都没有优先留买权。而高等审判厅的最终判决则显示,本宗成员的先买权不容剥夺。

先前的论述已经显示,当业主欲出卖已典房产时,按照习惯典主也享有优先权,此案则表明,在原业主有意出卖已典房产时,如典主和本宗族员都有接买的意向时,后者更有优先权,此习惯也与上引的《元典章》中关于先亲房后典主的先买顺序相一致。

综上,裁判史料显示,在这一时期跟典相关的纠纷审理过程中,典

---

① 《判词:承德县地方审判厅民事案》,《盛京时报》宣统元年(1909年)4月21日第3版。

② 《判词:奉天省高等审判厅民事案》,《盛京时报》宣统元年(1909年)6月2日第3版。

主先买权这一习惯基本上在判决中得到了支持,在奉天省高等审判厅的判决中表现得较为突出。至于宗族成员先买权,在认识上则有较大的差异,承德地方审判厅的推事们认为"业各有主,典卖应由主便",并不受这一习惯的约束,奉天高等审判厅显然承认其有法律一样的效力,并在顺序上优先于典主先买权。不难看出,这一时期奉天高等审判厅推事们对此两习惯的态度较为明确,即认为它们具有法律约束力。

第三节 民国初期的典习惯与司法裁判

接下来对民国初期典习惯和司法裁判关系的探讨,案件材料集中来源于奉天省东部的宽甸县。宽甸县的地方审判机构在这一时期经历了三种形式,即审检所时期(1913年7月至1914年2月)、县知事兼理司法时期(1914年3月至1924年12月)和县司法公署时期(1925年1月至1931年9月)。① 从保存于辽宁省档案馆的《宽甸县公署》档案中,收集了从民国二年(1913年)至民国十八年(1929年)国民党民法典施行以前十七年间共126个跟典纠纷相关的案例。在这126个案例中,已判决结案的有71起,约占56%,其中原告胜诉的有38起,部分胜诉的有10起,原告败诉的有23起。② 通过对这71起已判决结案的案例进行分析发现,为审判机关所承认和采纳的典习惯有三种,分别是:典主先买权、回赎办法"七、八月通信、大小雪交价"和典主的"伐树留根"权。

---

① 《宽甸志略》卷一《司法表》,民国四年(1915年)。
② 另有46个案件(约37%)经过调解后以和解的方式结案;另有9个案件(约7%)因各种原因,起诉后并没有进入诉讼程序便中止,其中的1起为主动撤诉。

一、典主先买权

在讨论清末的情况时,已分析了新式法院如何将典主先买权这一习惯运用于裁判过程中。来自宽甸的裁判史料显示,在民国初期这一习惯继续在民间流行并为司法审判机关所认同。例如,民国十二年(1923年)倪丕德备价准备向高云德赎回祖父出典的二亩四分地,但遭到高的拒绝,倪丕德将高云德诉至县公署。下面是原告人倪丕德向县公署提交的民事诉状:

民事诉状

请求事件:

原告人倪丕德,年四十八岁,住桦树甸子。

被告人高云德,住址同上。

请求之目的:

霸不放赎科地二亩四分,典价市钱五十吊,合大洋五元九角五分。

一定之申请:

一、请求前开之地判令被告放赎;

二、诉讼费用请求被告负担。

请求之原因:

缘民祖父倪延令领名升科地二亩四分,坐落桦甸子村蹚子沟,光绪五年间出典与被告人高云德之伯父高克中,至今虽系年久,该被告人尚未税契,粮票仍是倪延令之名,是伊自抛弃权利。今年秋间,民备价抽赎,初则准赎,继则支吾搪塞,言伊与任国权打官司,契照俱交在衙门,俟领回照再赎等语。民伏思伊竟居心不良,不知是何心意,只得请求当庭赎地以免别生枝节,伏乞

案下恩准,传讯施行。

举证之方法：

调伊契照查验自明。

代书人：高元德

中华民国十二年十二月二十九日

具状人：倪丕德

法庭在审理后认为，倪丕德有权备价抽赎，但倪家如欲出卖此地，"准高云德有接买之优先权，高云德如不欲接买时，方许转卖他人，但高云德不许勒掯价资。"① 很明显法庭承认典主先买权这一习惯的有效性，尽管典主并没有主动提出这一主张。

二、七、八月通信，大小雪交价

宽甸地处奉天省东部，裁判史料显示，在该县流行着"七、八月通信，大小雪交价"的赎地习惯。具体地说，就是业主如有回赎典地的意向，应在七、八月份通知典主，然后在年底大小雪节气之际向典主交价，典主领价退回房地交与业主。同处于奉天省东部的凤城县也有类似的习惯，颁布于民国十三年（1924年）8月的《奉天凤城县村规》第94条规定："乡间赎地，依习惯，须于阴历七月十五日前送信，大雪交价。"② 这一习惯包含了两个基本要素，(1)是要求业主在交价回赎以前须提前三四个月通知，为一程序性的要求；(2)是无论是通信还是交价，都有期限限制。

在宽甸有关典的诉讼中，当事人也常常以此习惯作为支持自己主

---

① 《宽甸县公署》11668，民国十二年（1923年）。相似的案例如王华亭诉王俊亭掯契霸地不放赎案，见《宽甸县公署》11702，民国十二年（1923年）。

② 谷正昀编辑：《奉天凤城县村规》，凤城恒顺福印刷局民国十三年（1924年）版，第94条。

张的有力证据。如民国十四年(1925年)范瑞亭诉李天禄霸不放赎一案,李天禄曾于宣统二年(1910年)典到范瑞亭房地一份,典价为凤平银2,675两(约折合大洋5,000元)。李天禄在辩诉状中便以"查奉省东边一带乡间习惯,抽赎房地,皆以大小雪为交价之期。虽无成例,乃系普通办法,全境皆然,何以原告人期前并未通知"为由拒绝放赎。①

在裁判实践中,当地司法机关对此习惯也持支持态度。现举两例加以说明。

案例一:高顺诉杜文斗回赎房地案

业主高顺于光绪三十四年(1908年)将房地出典于典主杜文斗。民国十三年(1924年)7月业主高顺邀同中人通信给典主要求回赎,后者同意。但业主高顺在大雪以后才前往交价要求回赎,因而遭到典主的拒绝。高顺因而起诉至县司法公署。经审理后,司法公署在判决中称,原告在大小雪时未交价抽赎,因此当年不得回赎,只能待来年(民国十四年)大小雪向被告典主杜文斗交价抽赎典地,讼费由原告人承担。② 此案原告尽管在七月通信,但没有按习惯在大小雪前交价,因而败诉。

案例二:张献财诉吕明科拒不搬家案

业主张献财早年将房地一份出典于王廷栋,王又将此房产出租于吕明科。民国十一年(1922年)旧历9月业主来宽甸卖地,典主拒绝接买,业主随即将地卖于孙云亭。业主要求佃户吕明科搬家,遭到后者拒绝。业主张献财无奈将佃户吕明科起诉于县知事公署。吕明科在辩诉状中称,原告未按当地习惯旧历七、八月通信,大小雪交价办理,如回赎

---

① 《宽甸县公署》14076,民国十四年(1925年)。
② 《宽甸县公署》13856,民国十四年(1925年)。

房产买主应带户。① 吕明科以业主张献财未遵守"七、八月通信,大小雪交价"这一习惯作为拒绝搬家的抗辩事由,并提出买主带户的主张,即原业主和租户的权利义务由新业主取代,租佃关系继续有效。结果,法庭支持了吕明科的主张,判令业主张献财至次年方可将房地出卖,并判令买主孙姓带户。②

裁判史料表明,"七、八月通信,大小雪交价"这一回赎习惯在宽甸流行广泛。据笔者对所见126个典纠纷案件的分析,其中46个诉状的原告(大多为业主)为表明自己已经遵循了这一习惯并且履行了相应义务时,在诉状中提及这一习惯。此习惯的广泛性可见一斑。这一习惯所确立的回赎程序和期限,对业主有约束力。法庭对这一习惯的肯定无疑进一步确认了业主在回赎时所应承担的义务。

三、伐树留根

当业主将出典的土地回赎时,如果此时典主在出典的土地上已经栽种了树株,该树株归谁所有?有时,业主和典主在订立出典契约时,会对此有所约定。满洲旧惯调查报告资料显示,来自奉天东部的契约中有时有"伐树留根"或称"去头留根"条款。③ 这一条款的意思是,业主在回赎时,允许典主将树枝伐下,留根给业主。有时这一条款并没有出现在契约中,而是作为游离于契约以外的习惯调整着业主和典主的

---

① 此处所谓带户,指业主将已出典或出租的土地房屋出卖时,买主不得解除原来的典或租赁关系,而须承受原所有人的权利义务。
② 《宽甸县公署》11333,民国十二年(1923年)。
③ 如光绪二十四年(1898年)12月凤凰城(今凤县)旗人赫留林将"自己房厂一处册地三段二亩,山厂一处"出典给时鸿禄,典契中约定"出典与时鸿禄名下,盖房居住耕种为业。同众言明典价凤市钱四十吊整。其钱笔下交足,分文不欠。亦无私债折准,年限不拘。山岚留养树木,原业抽赎之时,去头留根,房厂盖房子三檩三两五,五檩五两"。见南满洲铁道株式会社编:《満洲舊慣調査報告:典の慣習》,大同印书馆1936年第3版,《附录》,第21页。

关系。就所分析的宽甸县案例看,司法机构在对待这一习惯时,基本上也持肯定的态度。在具体裁判过程中,有时会有所变通,即要求业主出价将树株买下。如在于春控孙贵等伙谋抗赎一案中,于春的祖父有科地12亩典予王成功,典价110元,后王又转典予刘姓,又经刘姓转典予曲成才,曲又转典予孙贵。民国八年(1919年)于春备价抽赎,曲和孙不允,于便向宽典县公署起诉,法庭审理后于民国九年1月13日做了如下判决:

> 讯得于春于前清光绪三十年间将升科地两段原典与王成功,得典价小洋一百十元,旋又转展典与曲成才耕种数年。至民国八年八月间,于春备价向曲成才抽赎,曲成才未待交价,仍照原价又转典与孙贵,正在投税登记时间,于春找向孙贵抽赎,均各应允,自应断令于春速交原价小洋一百十元向孙贵赎地,惟孙贵刚由曲成才手中典得,一时无处迁移,准予孙贵与于春自商租种,至曲成才多用孙贵小洋三十五元,讯系孙贵购买曲成才器物之款,当然不与于春相干。再曲成才原典该地培养树株数年,照习惯本应伐树留根,既经商允由原典主王成功代于春交付培树辛力小洋五元,所有(地)内树株,不准曲成才、孙贵等再砍。讼费因曲成才未待交价,即行转典,未免不合,应负担小洋五元,余归于春负担。新典据一纸,契纸费收据一纸,完税契据一纸,切结四纸均存卷,老典据一纸饬领,特此堂谕。①

本案曲成才向于春典有土地数年,在"该地培养树株数年,照习惯本应伐树留根",经商量由业主于春出价将树株买下。此案虽然最终没有伐树,但以此习惯为依据以一变通的方式结案。

---

① 《宽甸县公署》14949,民国九年(1920年)。对此习惯在其他案例中的运用,参见苗玉盛诉姜连春一案,见《宽甸县公署》15339,民国十一年(1922年)。

以上介绍了民国初期在宽甸县流行的较为常见的三种典习惯,从这些习惯的流行程度讲,典主先买权在奉天省的其他地方乃至其他省份都有流行;①而回赎习惯"七、八月通信,大小雪交价"则流行于奉天省东部(原东边道属地);"伐树留根"的习惯也仅在奉天省东部流行,因此可以说后两习惯具有显著的地方性特征。而从司法机构的角度来看,不管是全国性流行的习惯还是地方性习惯,无论是县知事公署还是司法公署对此均持较肯定的态度。对于某些习惯如"伐树留根"在运用时有时会作些变通,如要求业主回赎土地时出价留买。总的说来,诉讼纠纷产生时,习惯是裁判时的重要依据,对裁判结果的产生有相当影响。

第四节 习惯的适用机制

一、习惯与契约

在考察契约和习惯的关系前,首先对契约的意思进行界定。契约是双方当事人的合意,是双方当事人以发生、变更、担保或消灭某种法律关系为目的的协议,其内容通过具体的条款体现出来。有些条款的规定具有特殊性,是主体之间在特定时间就特定内容的约定,因此不具有普遍性和重复性;而有些条款具有一般性,在相当长的一段时期和在相当大的空间范围内,反复出现在绝大多数的同类契约中,具有重复性

---

① 典主先买权这一习惯在民国初期同时流行于奉天省怀德县和奉天各县,见南京国民政府司法部编:《民事习惯调查报告录》,胡旭晟、夏新华、李交发点校,中国政法大学出版社2000年版,第25页。同时流行于其他一些省份,如吉林省全省,第38页;黑龙江省龙江县,第51页,青冈县,第58页,呼兰县,第75页,兰西县,第79页,木兰县,第89页,通北县,第93页,肇东县,第103页,拜泉县,111页;湖北省的汉阳、郧县、兴山、竹溪、麻城、五蜂六县,第335页;甘肃省的华亭县,第395页。

和稳定性,从而具备了规范性,这些条款所体现的规则便具有习惯的特征了。

在中国传统社会中契约使用相当广泛,从经济生活中的买卖、典当、借贷、租赁、雇佣、合伙等到家庭生活中的继承、分家、订婚等几乎都有契约对当事双方权利义务的约定。① 在清末民初民事立法并不完备以及国家制定法对契约自由原则干预较少的情况下,法庭在审理民事纠纷时,往往尊重当事人在契约上的约定。② 裁判史料显示,在审理过程中法庭的重要任务之一便是审查和确认与纠纷相关契约的真实性。

就契约和习惯的关系而言,在典权领域,有些正在形成中的习惯如"伐树留根",和"七、八月通信,大小雪交价"经常在典契约中规定下来。在这种情况下,相关习惯便会通过契约的某些条款体现出来,而法庭也会通过对相关契约条款的肯定而体现对习惯的支持。此时,习惯和契约便合为一体。现以发生于宽甸县的张忠控高凤岗霸不放赎一案举例说明。张忠有地一份,草房三间,于光绪三十二年(1906年)出典于李毓俊名下耕种,后李毓俊将原契转典于高凤岗,民国十年(1921年)张忠跟高凤岗另立典契,契约注明,"钱到归赎,若赎地之年,以七月通信,大小雪为期"。张忠于民国十五年(1926年)旧历冬月十五日以后(已过大小雪)向高凤岗赎地,高凤岗以已过交价时期为由拒绝放赎,张忠因此向县司法公署提起诉讼。公署民庭在法庭调查中发现,据证人李翰忱供明,原告赎地时,确在大小雪以后,自非虚伪。最后法庭将原告的诉讼请求驳回,在判决书中称"是原告未通信于先,又未能遵期交价

---

① David C. Buxbaum, "Contracts in China during the Qing Dynasty: Key to the Civil Law," *Journal of Oriental Studies* 31, no. 2 (1993): 195—236.

② 民初大理院通过颁布判例和解释例曾对传统的契约制度进行改造,但总体而言,这种改造的力度非常有限。参见李倩:《民国时期契约制度研究》,北京大学出版社2005年版,第85—89页,第102页。

于后,核于典契所载内容,实属相违,而被告依据典契约定期限拒绝回赎,诚无不合"。① 此案业主和典主双方将当地流行的典产回赎习惯"七月通信,大小雪为期"规定于典契中,因原告即业主没有遵守规定于契约中的当地习惯而败诉。法庭在审理和判决中并没有引用习惯而是直接以违反契约约定为由判决原告败诉,很明显这里既然已有契约的约定,将习惯引用而作为审判依据已变得多余了。

再看一例和"伐树留根"习惯有关的案例。孙贻清于光绪二十九年(1903年)冬从于广处典得科地一份,山岚树木悉在其中。双方在典契中约定,砍伐山岚树木须为留根。民国七年(1918年)7月于广亲往孙处通信,随后于小雪期前往交价,并阻止孙贻清砍伐树株。孙因此具状向县公署起诉。法庭在审理后判决认为,"地中一概数株本应由孙伐树留根,着于广付给孙小洋120元作为买回"。② 此案原告典主孙贻清以契载砍伐山岚树木须为留根为依据,要求准予砍伐,最后获得法庭的支持,习惯和契约约定的一致性对于原告来说无疑是有力的主张。在另外5起跟伐树留根有关的纠纷中,因契约中载有此项习惯,法庭均给予了支持或部分支持。③。

可以说,习惯和契约有时是一致的,流行中的习惯可能曾经是契约需要约定的内容,因成为人人共知并遵守而没有必要在契约中特别强调;有些成长中的习惯或当事人认为需要强调的习惯,则会通过契约的形式表现出来,此时司法机构在裁判过程中对契约中约定内容的肯定,也就是对习惯的支持了。在这种情况下,因习惯和契约条款相一致,较为容易地以法律事实的面目出现在裁判过程中,习惯是法律事实还是

---

① 《宽甸县公署》14401,民国十六年(1927年)。
② 《宽甸县公署》7298,民国七年(1918年)。
③ 《宽甸县公署》11085,民国十二年(1923年);11341,民国十二年(1923年);11618,民国十二年(1923年);13848,民国十三年(1924年);13856,民国十五年(1926年)。

法律规范的纠缠在这里因而显得多余了。

至于出现习惯和契约规定不一致时的情形,大理院民国五年上字第 51 号判例对此表达了看法,"不关公益之习惯法则与契约相抵触者,为尊重当事人意思起见,自应以契约为准"。① 也就是说,在考虑援用习惯与遵从当事人意思自治之间关系时,如该习惯"不关公益"则应以契约为准。

二、习惯与制定法

有学者曾把民间法和国家法的关系概括为功能上的互补性,适用上的冲突性以及在目的上的同一性。② 作为民间法一部分的习惯和国家法一部分的制定法,在典领域,两者的关系较为明显地体现为功能上的互补性。前文已述,从典契中体现出的典权制度的内涵相当丰富,包括了出典期限、转典、找价、有益费用、国家税捐义务和回赎办法和日期等。而从明朝以降到民国初期,国家法律对此的规定是相当有限的,仅表现为对典和卖的区分,禁止重复典卖以及对回赎期限的规定等。在奉天省范围内实施的《奉省整顿田房税契章程》则规定,出典土地房屋逾 20 年期限一律不准回赎,允许典主税契过割。不难看出,典权制度的运行很大程度上需依赖当事人通过契约约定双方的权利义务,如契约约定不清或没有约定,则需由习惯调整。上面的分析已显示,契约的约定有时跟习惯是一致的,法庭对契约约定内容的维持,同时也体现出对当地习惯的肯定。但有时候习惯游离于契约的约定范围之外,如典

---

① 周东白编辑:《最新大理院判决例大全》下卷,大通书局 1927 年版,30—31 页。转引自眭鸿明:《简议遵从民俗习惯之司法文化》,《第五届全国民间法•民族习惯法学术研讨会会议论文集》上册,贵阳 2009 年,第 206 页。

② 黄金兰、周赟:《初论民间法及其与国家法的关系》,谢辉、陈金钊主编:《民间法》第一卷,山东人民出版社 2002 年版,第 75 页。

主和宗族成员对出卖典产的先买权,则几乎没有体现于契约中。当双方发生争端而诉诸法庭时,相关的习惯便成了审判人员的依据了。因此,习惯是对制定法规定不足的有效补充,而这种补充作用在相应契约规定缺位的情况下表现得更为明显。就冲突性而言,由于国家制定法乏范状态严重,两者的冲突性也较为不明显。而目的的同一性表现为无论是习惯还是制定法都是为了典领域社会关系和社会秩序的形成,并促进和维护这种关系和秩序的健康发展。

三、习惯确立的证明机制

习惯进入司法,成为裁判的依据,从而具有法源性地位,但如何选择和识别习惯,确立习惯的证明机制,则是习惯进入司法时必须解决的一个前提,而这个前提的解决又跟习惯性质的认定紧密相关。对习惯性质的认识有两种:一是将习惯视为事实问题,根据民诉的一般原则,在诉讼过程中须由援引习惯的一方当事人来举证证明,如举证不能,就要承担相应的后果;二是将习惯作为法律,按照法律应当由法官来查明并适用的原则,应由法官来查明习惯的有效性,按照法律推理的一般原理,此时习惯作为三段论中的大前提出现在推理过程中。

民国成立以后对习惯证明机制的调整首先来自于当时的最高裁判机关大理院。大理院通过一系列的判决例,形成了如何证明习惯的一套机制。主要体现为三个方面:一是规定审判衙门有对习惯是否为法律事实进行调查的职权,根据事实然后决定其是否有法律效力。如民国二年上字第63号判决例强调,"关于习惯法之成立,如有争执,审判衙门应先就其事实点依法调查,次则审按其事实应否与法之效力"。[①]二是规定当事人负有对习惯是否为法律事实进行举证的责任。民国三

[①] 郭卫编辑:《大理院判决例全书》,(台湾)成文出版社1972年版,第677页。

年上字第336号规定,"习惯为审判衙门所不知者应由当事人立证"。①民国四年上字第118号再次强调当事人所负的举证之责,"习惯法之成立以习惯事实为基础,故主张特别习惯以为攻击或防御方法者,除该习惯确系显著,素为审判衙门所采用者外,主张之人应负立证责任"。②三是对于那些已为众人所熟知或者已经为行业所共同遵守的习惯,审判衙门可以直接采用。如民国七年上字第755号判决例规定,"当事人共认之习惯,苟无背公共之秩序,审判衙门固不待主张习惯利益之人再为证明,既可予以采用。"③

从上述三个方面的分析来看,不难发现,就习惯的性质认定而言,大理院的态度较为灵活,第一方面强调审判衙门有调查习惯的职权,以及第三方面所说的司法认知,无需查明审判衙门便可直接采用,这里的习惯便是作为法律来对待。而第二方面所强调的当事人对习惯的举证责任,无疑又将习惯作为事实来看待。

除大理院通过判决例确立的体现于上述三个方面的一般原则外,当时的司法行政部门也通过颁布法令对如何证明习惯进行了规定。民国四年(1915年)9月15日,北洋政府司法部发布了《审理民事案件应注重习惯通饬》。《通饬》除要求各级司法审判机关注意对习惯的采用外,特别对如何采用习惯做了规范性规定:"嗣后各司法衙门审理民事案件,遇有法规无可依据而案情纠葛不易解决者,务宜注意于习惯。各地不无公正士绅,博访周咨,未为无补。或事前就某项习惯随时探讨,或于开庭时由厅长礼延公正士绅到庭就某项习惯听其陈述,以备参考,均可酌定行之。"④司法部的《通饬》强调了士绅在习惯证明过程中的作

---

① 同上页注,第678页。
② 同上书,第678页。
③ 同上书,第679页。
④ (北洋政府)司法部编:《司法例规》(上),民国十一年(1922年),第731页。

用,司法审判机关可在平时就某项习惯求证于他们,也可以在开庭时请他们到庭就某项习惯是否成立进行作证。

无论是大理院通过判决例体现的习惯证明一般原则,还是司法部《通饬》所规定的具体措施,都是在宏观层面确立习惯的证明机制,或者强调审判机关所具有的调查职权,以及当事人所负的举证之责,或者关注士绅在习惯证明中的作用,但比较欠缺的是习惯证明中更加具体的程序性规则,如法国在中世纪所采用的团体表决机制。从十三世纪初开始到十七世纪后半叶,在法国的司法实践中,法庭要求由10人组成的团体(turbe)对流行于当地的某项习惯进行审查,并对习惯的有效性进行表决,如获十人一致表决通过,则该习惯有效,从而被法庭采纳(enquête par turbe)。① 对比而言,大理院的判决例和司法部的《通饬》所体现的习惯证明办法较为一般和抽象,可操作的具体程序性规定较为缺乏。

来自奉天的裁判史料显示,无论在清末还是在民国初期,地方司法机构在采纳习惯作为审判依据时,无论是大理院确立的由审判机构根据职权对习惯进行调查,或者要求当事人举证的原则,还是司法部强调的士绅在证明过程发挥作用的做法,在对典习惯的调查分析中,还没有材料显示出上述原则的具体运作。更多的是体现了大理院所确立原则中的第三个方面,即对于那些已为众人所熟知或者已经为行业所共同遵守的习惯,审判衙门可以直接采用。分析其中的原因,大致有两个,一是司法裁判人员对当地流行的典习惯较为熟悉,无需对习惯的有效性进行调查;二是诉讼当事人对习惯的流行程度、习惯的约束力等适用条件没有异议,习惯为诉讼当事人所接受和认同。

---

① O. F. Robinson, T. D. Fergus, and W. M. Gordon, *European Legal History: Sources and Institutions*, 2nd ed. (London: Butterwoths, 1994), p. 199.

第五节　结语：成因和意义

任何制度的变革，都不能不以观念的变革为先导。清统治的最后十几年，以日本为中转，西方近代的法政思潮开始在中国较大规模地传播，近代西方法律思想中关于习惯和习惯法的观念也渐渐流传开来。这种观念的传播无疑对本土的立法和司法实践产生了影响。

对习惯和习惯法问题较早给予关注的是梁启超。在其发表于光绪三十年（1904年）的"论中国成文法编制之沿革得失"一文中，认为法律的发展经历了由习惯到习惯法，再到成文法，进而到法典的三个阶段，而进入成文法阶段后，习惯跟君主之诏敕、先例、学说、外国法一起构成成文法之渊源。① 除梁启超外，当时的法政刊物上也有一些其他学者对习惯和习惯法的讨论。如宣统三年（1911年）一篇署名为蕴华的文章"论惯习于法律之关系"，该文章较为全面地对习惯和法律的关系进行了论述。他认为法律的发展经由了从习惯到习惯法，再由习惯法到成文法的阶段。在考察了法、德、英、日四国法律体系中习惯和习惯法的地位后，他指出，"英、法、德、日四国或先有惯习法而后有法典，或仅有惯习法而尚未有法典"。他认为独有习惯法不能支配社会，原因有二：(1)习惯法为不成文法，不仅难以知之，而且不易证明，"徒酿成争讼之弊"；(2)习惯法多行于一定之区域，而非行于全国，一国之中行各不同之习惯，其结果使法律失去平等的效用，有碍于社会的统一和流通的发达。因此随着人类社会的进化和各种关系的复杂化，国家以制定法

---

① 梁启超：《梁启超法学文集》，范忠信选编，中国政法大学出版社2000年版，第121—122页，第167—170页。

补其不足,所以习惯法和制定法实处于一种相互补充的关系。① 蕴华的论文对当时流行的关于习惯、习惯法和法律的关系做了比较全面系统的阐述,虽没有联系中国当时的立法、司法现状进行分析,但从一侧面表现出当时的思想界对习惯和习惯法的认识已有一定的深度。

从梁启超和蕴华两人的论述可以看出,他们均认为法律的发展经历了从习惯到习惯法再到成文法的发展过程,同时也都注意到了习惯和成文法或习惯法和制定法的关系。梁启超认为习惯是成文法的五种渊源之一,而蕴华认为习惯法和制定法实处于一种相互补充的关系。总而言之,他们都认为,在法律的发展过程中习惯或习惯法的作用和地位不容忽视。

清末时期对习惯的认识不仅表现在思想方面有一定的深度,而且在实践上也付诸行动,表现在立法方面如在修订和审核法律过程中,有意识地收集和整理习惯。这项工作在中央分别由宪政编查馆和修订法律馆负责,在地方则主要由各省的调查局实施。习惯调查的范围广泛,涉及民、商事习惯,诉讼习惯,绅士办事习惯,民情风俗等。主要为制定民、商法典作参考,以及为审核法律服务。②

不难看出,梁启超和蕴华的论述表明了近代西方法律思想中关于习惯和习惯法的观念对知识界的影响。而清末的习惯调查则是这种影响在法典编撰和立法实践中的具体体现。

关于习惯在帝国时代,尤其是清代地方衙门司法实践中的地位,第二章的讨论曾提到,以日本学者滋贺秀三和法国学者巩涛为代表,他们倾向于认为,在清代的司法实践中,习惯不具有作为裁判依据的法源性

---

① 蕴华:《论惯习于法律之关系》,《法政杂志》第一卷,第 7 期(1911 年 9 月),第 79—92 页。

② 相关讨论见张勤、毛蕾:《清末各省调查局和修订法律馆的习惯调查》,《厦门大学学报》(哲学社会科学版)2005 年第 6 期,第 84—91 页。

特征。滋贺秀三以清代地方官的判牍为研究素材,认为习惯并没有作为实定性的规范在裁判过程中被地方官所采纳。相反,地方官们主要依据"情理"寻求对纠纷的具体妥当的解决。① 巩涛则以刑幕手册、案例汇编和各省省例为研究基础,认为尽管地方官们对当地的风俗习惯给予关注,但他们的判决主要在儒家经典的原则指导下形成。这样的判决不是确认当地已经存在的习惯性规则,而是特定环境下为了百姓方便或迎合当地民情的安排。② 大陆学者范愉教授也倾向于认为,中国古代在国家审判活动中,习惯一类的民间社会规范与民事审判规范并无必然联系。③ 本书第二章通过对宽甸县光绪二十八年到三十二年间114件自理案件中已判决结案的39件案件的分析,也没有发现习惯在裁判中所起的法源性作用。

本章的分析显示,清末近代法院建立以后至北洋政府时期,地方司法审判机构将习惯作为审判依据引入司法裁判实践的做法,有别于司法制度近代化以前传统的司法实践模式。可以说,在司法裁判活动中,"发现"平常运行于民间的习惯并将之运用于审判实践,是和西方有关

---

① 〔日〕滋贺秀三:《中国法文化的考察:以诉讼的形态为素材》,王亚新、梁治平编:《明清时期的民事审判与民间契约》,法律出版社1998年版,第13—14页;《清代中国の法と裁判》,创文社1984年版,第328—371页。

② Jérôme Bourgon, "Uncivil Dialogue: Law and Custom Did Not Merge into Civil Law under the Qing," *Late Imperial China* 23, no. 1 (June 2002): 82 - 83. 相反的观点以艾马克为代表,他认为地方衙门在司法审判实践活动中对地方习惯给予重视和关注,并在判决形成过程中将习惯作为审判的依据之一。在权衡法典、文化和习惯在清时台湾淡水、新竹地方衙门民事审判中的地位时,他认为地方官对于习惯给予了相当重视,并在审判实践中作为审判依据。但因为证明材料的有限,艾马克的推断值得怀疑。见 Mark Allee, "Code, Culture, and Custom: Foundation of Civil Case Verdicts in a Nineteenth-Century County Court," in *Civil Law in Qing and Republican China*, ed. Kathryn Bernhardt, Philip C. C. Huang (Stanford, Calif.: Stanford University Press, 1994), pp. 136 - 137. 更详细的讨论参见第二章第五节。

③ 范愉:《试论民间社会规范与国家法的统一适用》,谢辉、陈金钊主编《民间法》第一卷,山东人民出版社2002年版,第80页。

习惯和习惯法观念在近代中国的传播分不开的。近代西方有关习惯和习惯法观念的传播,渐渐培养了法官的习惯意识。当然这种习惯意识的存在程度是不平衡的,在清末盛京地区的新式法院中,显然高等审判厅法官的习惯意识更为强烈。法官的习惯意识无疑是习惯运用于司法的导引力,意识越强,能动性和主动性越强,习惯也就更有可能进入法官的视野成为司法裁判的依据。而更深层次的原因,则是从清末"新政"以来,在民事领域国家权力以完成国家法的统一为目标,开始积极主动地介入到原来基本上处于自治状态的民事法律关系中去。而对固有习惯的"发现"和利用,无疑是达到这一目的的有效手段。固有的习惯,已是一种内化了的规范,不具有国家制定法那种霸权性,因来自于民间,也更易为普通民众所接受和认同,以此作为审判规范无疑具有成本低、有效性强的优势。

习惯观念的传播和习惯意识的培养,以及国家权力对民事法律关系的主动介入,不仅导致了对习惯的自觉"发现",而且影响到对习惯所作的"现代化"变革,而这种变革的引领者便是民初的大理院。黄源盛先生以第二历史档案馆保存的民国初期大理院判决档案为基础所作的研究表明,作为最高法院的大理院,它既重视发挥习惯对制定法的补充作用,同时又对某些习惯进行限制。① 有些习惯如宗族成员先买权因为有碍商品流转和地方经济发展被大理院宣布为无效。② 基于大理院的这一态度,在分析的民国初期的裁判案例中,笔者并没有看到宗族成员先买权这一习惯被作为法律而采纳,这和清末奉天盛京地区新式法

---

① 黄源盛:《民初大理院关于民事习惯判例之研究》,《政大法学评论》第 63 期(2000 年 6 月),第 40 页。

② 大理院判决例《二年上字第 2 号》,《四年上字第 282 号》,《六年上字第 1014 号》,郭卫编辑:《中华民国元年至十六年大理院判决例全书》,会文堂新记书局 1932 年第 3 版,第 31 页,第 179—180 页。

院尤其是奉天高等审判厅对待此习惯的态度形成了鲜明的对比,显然,民初大理院对待习惯的态度对地方司法实践产生了影响。从这一层面讲,继习惯在清末"新政"期间被新式法院自觉"发现"而作为具有法律效力的裁判依据之后,民国初年在大理院的导引下,习惯被进一步地"现代化"了,而"现代化"的依据则是近代资本主义的价值体系,如商品的自由流通、资源的优效配置等观念,而大理院对宗族成员先买权这一习惯的否定,则意味着对其所依据的儒家家族主义思想的扬弃。

在二十世纪二十年代末和三十年代初国民党民法典颁布和实施以后,典权制度经过改造和整理后以更加"理性"的形式被纳入了民法典的调整范围之中,而且以权利的面目表达出来,"传统的典被表达为一种'权利',而且是一种高度发达的私法权利(物权)"。① 司法裁判机构"发现"和引用典习惯于裁判实践的做法也被更多地采用制定法的司法实践所取代,至此,典习惯的"现代化"过程也以法典化的结果而暂告一段落。和西欧特别是法国在中世纪近四个世纪的漫长的岁月中,对地方习惯进行收集整理,并形成为习惯法在司法实践中运用的模式相比,在清末民初发生在中国的这一幕显得非常短暂。这种短暂性又无疑和近代中国急速的法律变革步伐相关联。尽管如此,对这一发生在近一个世纪前短暂存在的历史事实进行挖掘和探讨,无疑对了解中国法律的近代化历程具有相当的启发意义。

---

① 吴向红:《典之风俗与典之法律》,法律出版社2009年版,第3页。

第七章 离婚诉讼和司法裁判

离婚是指通过一定的法律程序解除原本有效的婚姻关系。它既是一种社会问题,离婚集中反映了特定社会特定时代人们对待婚姻家庭的态度、男女两性关系、性观念性道德的内涵等;同时,又是一个法律问题,是否允许自由离婚、离婚的理由如何、夫妻双方是否享有相同的离婚权等等,首先需要得到法律的认同和规范。因离婚婚涉及一个家庭的解体,不仅关系到夫妻双方的精神和物质生活,而且关系到子女的切身利益,因此有关离婚的法律在婚姻家庭法中占有重要地位。正因为如此,中外学者们对离婚法律制度给予了相当程度的重视。单就对离婚法的法制史研究现状而言,研究者侧重于两个方面,一是对传统时代离婚法律制度的关注,这方面比较突出的有戴炎辉、滋贺秀三等人的研究成果。① 二是对民国时期二十世纪三十年代国民党民法典亲属编颁布后,以及新中国 1950 年新婚姻法推行后的司法情形以及对社会的影响所进行的专题探讨。前者如白凯(Kathryn Bernhardt)对北京、上海等大都市在二十世纪三四十年代的离婚诉讼的分析,② 后者如戴蒙

---

① Tai Yen-hui, "Divorce in Traditional Chinese Law", in *Chinese Family Law and Social Change in Historical and Comparative Perspective*, ed. David C. Buxbaum (Seattle: University of Washington Press, 1978), pp. 75 – 106;戴炎辉:《中国身份法史》,"司法行政部"1959 年;〔日〕滋贺秀三著:《中国家族法原理》,张建国、李力译,法律出版社 2003 年版。

② Kathryn Bernhardt, "Women and the Law: Divorce in the Republican Period," in *Civil Law in Qing and Republican China*, ed. Kathryn Bernhardt, Philip C. C. Huang (Stanford, Calif.: Stanford University Press, 1994), pp. 187 – 214.

德（Neil J. Diamant）对1950年新婚姻法在全国不同地区的实施效果而进行的详尽而文献丰富的研究。① 大陆学者王新宇博士对民国时期婚姻近代化的研究，侧重于立法演变和最高法院的司法实践，对基层的司法实践则缺少细致的关注。② 目前的研究现状显示，尽管学者们如白凯已对民国时期离婚制度的立法和司法情形进行过分析，但她的研究侧重于对民法典颁布后一段时期的考察，而且她把研究的重心放在上海、北京这样的大都市，而不是放在占人口绝大多数的乡村。至于像这样一些问题，如司法近代化开始以后，尤其是北洋政府时期离婚法律制度的状况如何，其在近代离婚法发展史上的地位如何，大理院判决例和解释例对基层法院的影响如何等等，学术界还没有给予应有的细致和全面的关注。从目前的学术现状出发，本章继续以实体法的探讨为内容，以民国初期的离婚法为研究重点，以北洋政府时期最高审判机构大理院有关离婚诉讼的判决例和解释例为出发点，考察奉天省这一时期在离婚法领域所经历的变革。和上一章一样，本章继续以宽甸县为主要考察对象，分五个部分展开讨论：婚姻的成立、清代离婚法的基本特征、《大清民律草案》和大理院判决例和解释例中的离婚法、离婚诉讼和地方司法裁判、评价。

第一节 婚姻的成立

一、婚姻成立之礼俗

婚姻合两姓之好，不仅是两性的结合，也是男女双方家庭亲属关系

---

① Neil J. Diamant, *Revolutionizing the Family: Politics, Love and Divorce in Urban and Rural China, 1949 - 1968* (Los Angels, Calif.: University of California Press, 2000).

② 王新宇：《民国时期婚姻法近代化研究》，中国法制出版社2006年版。

建立的开始。姻缘的缔结,标志着新家庭的诞生。家是社会的基本单元,也是儒家伦理的调整核心。因婚姻是家庭成立的前提,故儒家对婚姻的缔结格外重视。"众礼之中,婚礼为首";①"夫婚姻者,人道之始。是以夫妇之义,三纲之首;礼之重者,莫过于斯"。② 强调的都是婚礼在礼中的重要性。按照古典儒家礼的规定,婚姻的成立须经过六个阶段,即纳采、问名、纳吉、纳征、请期、亲迎共"六礼"。前四阶段合称为聘礼,后两阶段合称为婚礼。所谓纳采,就是男女在合婚之前,男方家长先遣媒氏向女方家长表明欲结世好之意,待女家应允,再派人送礼。问名就是询问女子之名,取得女子出生的年月日时辰,辨其长幼辈分,以避免错辈之事的发生。纳吉,就是将问到的女氏生辰八字求卜于庙,如是吉兆,回告女家,待其同意后,婚姻关系就确定下来了。第四纳征,也就是纳币,男家向女家下财礼。第五请期,就是由男家选定成婚日期,告知女方,如同意,婚期就确定下来。第六亲迎,即成婚日男亲往女家迎娶。③ "六礼"较为繁琐,主要针对的是皇室和贵族。

到了宋代,理学大师朱熹在《朱子家礼》中将六礼中的纳采、问名合并为纳采,将纳吉、纳征合并成为纳币,从而简化为纳采、纳币、请期、亲迎四礼。朱熹的用意是将繁琐的礼仪简化后,更易为一般民众所遵行,以便对抗日益普及的佛教和其他非儒家仪式。④ 明初,明太祖朱元璋曾于洪武元年(1368年)颁诏,"令凡民间嫁娶,并依朱文公家礼行"。⑤

---

① 《后汉书》卷六十二,中华书局1965年版,第2055页。
② 《魏书》卷五,中华书局1974年版,第122页。
③ 参见郭松义、定宜庄:《清代民间婚书研究》,人民出版社2005年版,第2页。
④ Patricia Buckley Ebrey, trans., *Chu Hsi's Family Rituals* (Princeton, New Jersey: Princeton University Press, 1991), p. 17. 关于家礼的全面讨论见 Patricia Buckley Ebrey, *Confucianism and Family Rituals in Imperial China* (Princeton, New Jersey: Princeton University Press, 1991).
⑤ 万历《明会典》卷七十一,中华书局1989年版,第7页。

从此,民间婚姻逐步向礼靠拢。在实践中,来自清末民初奉天的习惯调查报告也证明了流行于民间的婚姻成立习俗跟朱熹的四礼基本一致。例如,来自清末奉天北部昌图府的调查报告详细记载了民间流行的婚姻成立俗礼:

> 议婚者两家各书儿女年庚,交由媒妁互送其家,先倩[请]日者各按命造干支推算相合卜之吉,再由男家央媒通意,并约期各携其子女至亲串家,互相其品貌,谓之相亲。相而中则男女之父母各以一物如帽准簪环之属,交相为赠,然后选择日期,由婿家备猪酒布帛各一,遣媒引送女家,行文定之,礼俗称过小礼。及岁则诹吉迎娶,于先期二三个月亦由婿家自至央媒往告,行纳征礼,俗称通信,亦曰过大礼。亲迎之日,婿家以豚肉一方,馒首数十枚,先送妇家,遂备舆马彩轿,贫家则用轿车,而以红绿布各一端交络之,导以鼓乐,婿乘马前行,至女家拜见其父母,行亲迎礼,俗称谢亲。女家备酒馔饷婿毕,新妇以红袱一方,蒙首,曰避凶煞,由嫔人扶引至堂下,坐椅上,女之兄弟辈即□之升舆。至婿家择齿长夫妇儿孙具备有福者,扶引出轿,藉红毡升堂,谓之避白虎。设香案,拜祀天地,交拜毕,入房,婿为妇揭去盖头,坐向吉方,对窗,粘红绿纸,曰迎喜神。①

这条关于婚姻成立的调查条目,指出了婚姻成立时须经过相亲、订婚过小礼、择期迎娶时过大礼、迎娶时的谢亲四个阶段。相似的习俗在民国初年的通辽、义县等地也广为流行。② 小礼以猪酒布帛为内容,相对简单。从婚约成立的要件看,订婚时过的小礼具有合同成立时定金

---

① 奉天调查局:《调查民情风俗习惯条目》第 61 条"自议婚至庙见之礼节,其款式物品与舆马衣饰之属,通常之习俗若何?"《昌图县公署》4996,宣统元年(1909 年)。

② 南京国民政府司法部编:《民事习惯调查报告录》,胡旭晟、夏新华、李交发点校,中国政法大学出版社 2000 年版,第 766—767 页。

的作用,自此以后,任何一方都不能很随意地结束订婚关系,否则,纠纷就在所难免。而大礼则较为丰厚,包括了猪酒布帛首饰衣服等,如在清末的昌图府,"通常之家行聘纳币用猪二头,酒二坛布帛各二端,首饰四事,多则八件,如钗环簪珥之属,皆银质,衣服四袭,多则八袭,汉装用外褂、红裙等类,旗妆则袍袄之属,绸缎棉布相参,粗细不等"。① 小礼和大礼,约分别相对于纳采和纳币,是婚约缔结过程中不可缺少的要件。

近代以前通过自由恋爱缔结姻缘组织家庭是极个别的现象,一般婚姻的成立须有媒人,媒人有时也称为"冰人"。媒人在婚姻成立过程中扮演着中间人的角色,如上引材料中议婚者两家各书儿女年庚后,便由媒人"互送其家",其后相亲时也由男家"央媒通意",过小礼时,男家备礼后,"遣媒引送女家",行娶前,则"由婿家自至央媒往告,行纳征礼"。如完婚以前,男女双方任何一方想悔婚、罢婚,媒人常常还得扮演调解人的角色,如调解不成,一方将另方诉至衙门,媒人往往是最重要的干证。

有时婚书也是婚约成立的要件之一,男女双方家庭通过签订婚书来证明婚约的有效性。其实,在元代,当时的政府便有鼓励民众订立婚书的规定,以避免将来出现纠纷。② 婚书种类繁多,按照郭松义、定宜庄的研究,在清代主要有纳采婚书(求婚书、允婚书)、年庚帖(草帖、定帖)等类型。纳采婚书在纳采阶段使用,一般有两份,一份是男家的求婚书,另一份为女家的允婚书。年庚帖在问名阶段使用,也称庚帖或八字帖,有草帖和定帖的区别。草帖卜吉时使用,由女方通于男家,如亲

---

① 奉天调查局:《调查民情风俗习惯条目》第 62 条"聘币奁妆之丰俭,此虽因贫富而殊,然豪华俭啬亦往往因地而异,所谓习俗移人也,宜调查其习惯之情形",《昌图县公署》4996,宣统元年(1909 年)。

② 《大元通制条格》卷三《婚姻礼制》,法律出版社 2000 年版,第 39 页。

事不成，男家应退回草帖。如卜吉则回草帖，另再过定帖。下定帖意味着两家聘定关系的正式确立，其内容主要是男女出生的年月日与时辰，由男家开出的叫乾书，乾在阴阳五行中属阳，故称；女家答书称坤书，坤属阴，故称。①

档案材料显示，在清末的奉天省，地方政府已经开始印制格式化的婚书，并向民众出售。如在《海城区法院》档案中保留着宣统三年（1911年）2月间未婚夫傅忠仁（18岁）和未婚妻杨小女（14岁）订立的婚书。②下面是该婚书的全文：

婚书

籍贯：海城县民　住址：城北周小屯

三代：曾祖：国□　祖：连璧　父：文泉

男：傅忠仁　现年：十八岁　今订聘杨氏之女小女为室

年庚：光绪二十年六月十九日卯时生

主婚人：某名　傅文泉

　　　　本人何项亲属　父　　　　媒证人：范迪增

籍贯：海城县民　住址：城北大屯

三代：曾祖：深　祖：振玉　父：丕焕

女：杨小女　现年：十四岁　今许配傅氏之子忠仁为室

年庚：光绪二十四年八月十八日戌时生

主婚人：某名　杨宝昌

　　　　本人何项亲属　叔

---

① 郭松义、定宜庄：《清代民间婚书研究》，人民出版社2005年版，第37—53页。
② 《海城区法院》1215，宣统三年（1911年），该婚书已收入特藏档案，编号为T1317。

经手：发行处

宣统三年贰月初六日

上则每张收费银壹圆贰角

男女两家各购壹张

这种订立婚书的做法在民国初期延续下来,在《安东地方审判厅》和《宽甸县公署》档案中均有保留,跟上列格式相似。① 由官方印制的格式化婚书一般包括这样一些内容:男女双方曾祖、祖父、父亲的姓名,男女双方的姓名、年龄、出生时的时辰,男女双方家庭主婚人的姓名以及跟男方或女方的关系,最后是媒人的姓名。② 清末时的婚书相对较为昂贵,上引海城县的婚书收费银一元二角,到了民国时期,婚书则相对较为便宜,如由省长公署发行的婚书只有六角。然而尽管政府的极力推行,但除社会上层和有些官绅家庭外,在一般民众中并不是很流行。相反,在清末的昌图府,一般百姓更喜欢使用一种类似于婚书的梅束。在清末的习惯调查报告中,有调查条目问到婚姻契约的方式如何时,有这样的回答:

> 边方僻陋,故一切礼文亦多简约,除世家大族儿女联姻,亦依文公家礼所载婚书、庚帖、礼束之式,其余中下通常之户,则婚家先央媒妁通言,彼此合意则各用梅红单束,上书儿女生年月日,如男则书乾造,年若干,岁某月某日某时,后书某之郡。具女则冠以坤造二字,余一如男式。此外,礼书、礼束之类一概不用,间有以红全束两个,彼此交换而不书一字者,然也仅见也。③

---

① 如《安东地方审判厅》5888,民国八年(1919年),该婚书由县公署统一印制;又如《宽甸县公署》15693,民国十五年(1926年),该婚书由奉天省长公署统一印制。

② 同上注。

③ 奉天调查局:《调查民情风俗习惯条目》第60条"婚姻之契约,如庚帖婚书礼束之类,其式若何?"《昌图县公署》4996,宣统元年(1909年)。

就昌图的情形而言,在清末一般百姓对婚书一类的正式文书并不热衷,比较倾向于使用梅红单柬一类的简易文书来记载男女双方的相关信息,其性质约相当于上面所说的定帖。在档案材料中,还发现了一种流行于怀仁县的叫做媒柬的文书,记载了男女双方的姓名,主婚人和媒人的姓名,类似于上引的流行于昌图的梅红单柬,其性质也应属于定帖,现不妨抄录如下:

  合秦晋之好 鸾凤同舞

  订朱程之礼 鸳鸯双栖

  月老前定 永结百年之好

  冰人撮合 遂成两姓之欢

  右启

   冰公大人 许玉平

     汪祥

  眷姻亲晚杨百顺之胞妹九岁乳名润子

  许与张树德之子乳名锁子足下为婚愿

  结秦晋永定百年之好海誓山盟定作

  偕老之期遂成金诺

  眷姻张树德率男长子乳名锁子小婿顿首百拜

  大清光绪二十五年拾月拾捌日立媒柬同立①

上述媒柬透露着这样的一些信息,媒人为许玉平和汪祥,男方为锁子,其父亲叫张树德,女方为润子,其兄长叫杨百顺。细加推敲,这些信息应是媒柬成立所必不可少的。

---

① 《宽甸县公署》16214,光绪二十九年(1903年)。

无论是官制的婚书还是流行于民间的梅红单柬、媒柬,一般适用于初次婚姻的青年男女,有些妇女因丈夫过世或其他原因,生活无着,日子艰难,不得不设法再嫁他人,此时所立的婚书更接近于卖身契,档案材料中保留着一份清末刘杨氏因丈夫亡故托冰人自卖的称作执照的婚书,现也不妨抄录:

执照

立执照婚书人刘门杨氏因丈夫亡故,并无家业儿女,无依无靠,度日难过,亲朋无有,每日哭哭啼啼,众人可叹,因此自托冰人自卖。自身情愿卖与

周凤喜身傍为妻度日,远年三造说允,同众言明,做身价钱壹百伍拾元正,当交不欠,笔下交足,自交价后永不反悔。此系两家情愿,如有反悔者有冰人、执照为证。

媒人:李德功
老金太

宣统元年九月十二日杨氏
代字:赵青山①

从国家的角度来看,《大清律例》并没有将婚姻的成立和国家行为联系起来,而是完全通过礼俗来调整,这和近代民法要求通过婚姻登记来确认婚姻的成立有很大的不同。在清末和民国初期,作为民法典的一部分,在三部亲属法中(1911,1915 和 1925)均规定了婚姻登记制度。但由于三部亲属法都没有付诸实施,婚姻登记制度只停留于纸上而已。

---

① 辽宁省档案馆特藏档案 T1298,宣统元年(1909 年)。

因此,在这一期间,婚姻的成立仍完全由礼俗来调整。①

最后,需要提及的是,这里所讨论的婚姻关系,已经把两性结合中的家长和妾的关系排除在外了。古代中国法并不承认一夫多妻制,所实行的是一夫一妻制度。如一个男人有两个妻子,那他的行为是违法的,但如果他拥有妾,那则是合法的。② 妾在家庭中有合法的地位,但其地位明显低于妻子。妾与家长的亲属不发生亲属关系,不能像妻一样随着丈夫的身份而获得亲属的身份。在民间流行着一子两祧而由其所祧之父母为之另娶妻子的风俗,这种情况下所娶的是妻子,而非妾,可以说这是一夫一妻制的例外。③

二、订婚的法律意义

跟当代对婚姻成立的理解不同,在二十世纪三十年代国民党民法典颁布以前,订婚具有法律约束力。对此,戴炎辉先生曾作过这样的评论,认为订婚是婚姻成立的必需步骤,它虽然没有婚礼那么重要,但它具有法律效力,在某些条件下订婚可以被强制废除。④ 无独有偶,滋贺秀三先生也持有相似的观点。⑤ 戴炎辉先生和滋贺秀三先生的观点,是对《大清律例》所规定的订婚制度的准确反映。该规定的要旨是,如果女方的主婚人已经跟男方订立了婚书,或者订立了私约,男方向女方

---

① Marc van der Valk, *An Outline of Modern Chinese Family Law* (1939; reprint, Taibei: Chengwen chubanshe, 1969), p. 82.

② Patricia Buckley Ebrey, *Women and the Family in Chinese History* (New York: Routledge, 2003), p. 39.

③ 参见瞿同祖:《中国法律与中国社会》,中华书局 2003 年新 1 版,第 144 页。

④ Tai Yen-hui, "Divorce in Traditional Chinese Law", in *Chinese Family Law and Social Change in Historical and Comparative Perspective*, ed. David C. Buxbaum (Seattle: University of Washington Press, 1978), p. 78.

⑤ 〔日〕滋贺秀三著:《中国家族法原理》,张建国、李力译,法律出版社 2003 年版,第 381—382 页。

通知了男方的生理缺陷、年龄和如庶子或养子之类的身份,而此时如果女方的主婚人改变主意将女子另聘,他将受到笞责五十的惩罚,该女子仍归原聘之男子。即使没有婚书,如果聘礼已经过手,女方的主婚人反悔也将受到同样的惩罚。如果男方的主婚人改变了主意,另聘其他女子,他所受到的惩罚跟女方主婚人是一样的,同时命令该男子迎娶前聘的女子,至于男方给后聘女子家的彩礼则不许追回。该规定强调了婚书和聘礼在订婚成立过程中的证明作用,只要具备其中一个要件,订婚便有效,不得反悔,否则将面临惩罚。

　　清代关于订婚的法律规定是明代相关制度的延续,强调的是男女双方任何一方悔婚,其所受到的惩罚是相同的,不存在基于性别的差别。但在唐律中,如果男方悔婚,他将不受到任何处罚,只是不能再请求女方返还彩礼。① 唐律中的相关规定被宋刑统所继承,但在明律中做了修改。② 也就是说,从明代开始,就悔婚的法律后果而言,男女双方趋向一致。

　　在清末乃至民国初年的诉讼档案中,男女双方以悔婚、罢婚为名而提起诉讼,请求衙门主持公正的案件并不少见,其中一女二聘则是最典型的悔婚纠纷类型,在光绪二十九年(1903年)宽甸县知县审理的总共5件悔婚罢婚案件中,其中便有3件为一女二聘。如在盖州居民车万平控杨云清罢婚另聘一案中,被告杨云清有女,4岁时先聘于车万平家的第二个儿子,当时仅仅9岁,由邻居李仁谦做媒,聘礼有银子10两,钳子一付,挂钩一付,棉花两捆。提亲不久,便经由媒人将聘礼过付,其余均过付,就差棉花。后杨云清一家迁往宽甸,投奔女孩的娘舅家,不

---

① 刘俊文撰:《唐律疏议笺解》卷十四《许嫁女辄悔》,中华书局1996年版,第1009—1010页。
② 《宋刑统》卷十三《婚嫁妄冒》,法律出版社1999年版,第239页;《大明律》卷六《男女婚姻》,法律出版社1999年版,第59页。

久将女孩另聘给何龄之侄何日原,得财礼钱260吊,青毛宝布8匹。车万平经多方打听,寻到杨云清的下落,便以杨云清悔婚另聘为由将其告到了知县衙门,请求知县主持公道。知县荣禧在查明事实后作出了如下的判决:"今两家相争,一女不能二聘,自应断归说亲在前之车家为正,而何家财礼不能人财两空,应饬车万平向杨云清斟酌,将财礼如数退还何龄另聘别家,两造各具结遵断完案。"①知县的判决也是《大清律例》断给先聘之男规定的体现,只是在判决中没有直接引用而已。不过,《大清律例》规定的给予反悔的女方主婚人五十笞打的惩罚并没有施行。

悔婚一类的诉讼常常由男方提起,其主要目的是通过诉讼来确认订婚有效,以最终达到订婚的目的,迎娶女方,成立家庭。悔婚诉讼中,媒证、财礼、婚书常常是知县认定订婚是否有效的依据。如原告主张订婚有效的请求无法满足,便会退而求之,要求知县代为追回财礼。在审理中一般均传唤证人,同时要求原告呈验婚书,而其中媒人的证言往往起着关键作用。曾在第二章讨论的康玉财喊控胡广连罢婚一案中,邻居王连发给康玉财做媒,约定彩礼720吊,布8对。定亲时给一对梅花钗,4吊现钱。后因胡广连反悔,其妹由郑木匠拐走,下落不明。康因此要求知县代为追讨已经过手给胡的560吊财礼。但媒人王连发称,"保媒是实,康家并未给财礼",基于媒人的证言,知县只得放弃给康玉财追讨财礼的努力:"惟媒人到案,不认付给胡姓之钱,则中证问(虚),岂能凭原被一面之词即向胡家追索耶?余事两造晓之,皆属无异。总之康玉财找不出真证过财礼之据,即不能代追,又何必空费神思耶?"②

悔婚现象的出现有多种原因,其中最主要的是婚和聘之间相隔时

---

① 《宽甸县公署》16213,光绪二十九年(1903年)。
② 《宽甸县公署》16029,光绪二十八年(1902年)。

间太长，这期间男女本人和家庭的不确定因素因社会的变动而增多，如贫富的变化使得原来的门当户对变得高低悬殊；人口的迁徙和流动也会使原来的确定的订婚关系出现松动和动摇，如上引的车万平控杨云清罢婚另聘一案，便是因为杨云清一家前往异地后引起的。因此，在清代社会变动剧烈的大背景下，悔婚纠纷的出现在所难免。

最后，将本节的讨论加以归纳，我们形成这样一些看法：婚姻合两姓之好，不仅是两性的结合，也是男女双方家庭亲属关系建立的开始。按照儒家的礼仪，婚姻的成立须经历纳采、问名、纳吉、纳征、请期、亲迎等六个阶段；到了宋代，经理学大师朱熹的简化，六阶段减少为纳采、纳币、请期、亲迎四个阶段，这四个阶段的仪式为一般民众所遵行。纳采、纳币阶段也是婚姻确立的过程，一般须具备聘礼和婚书两个要件。婚书的形式各异，有官方印制的较为正式的，也有民间的简化的形式，如梅柬之类的。婚姻关系确立后，对男女双方均有约束力，此后其中任何一方如欲反悔，另一方则可通过诉讼请求官方主持公道，或者请求官府确认订婚关系成立，要求另一方履行婚约，或者请求返还聘礼，解除婚约。

第二节 清代离婚法的基本特征

一、"七出"和"三不去"

近代法律变革以前，离婚的内涵既包括了现代意义上的对已经成立的婚姻关系的解除，也包括了上节所讨论的订婚关系的解除，因此固有法中的离婚所包含的内容更为宽泛。在这一节，将重点探讨现代意义上的离婚法，也即经历了纳采、纳币、请期、亲迎四个阶段后成立的婚姻，因某种原因，其中的一方或双方主张结束婚姻关系而形成的法律关系和法律规范。

婚姻关系的建立,不仅是两性的结合,也是两个家族的结合,是"合二姓之好",目的是维持宗族的延续和祖先的祭祀,那么,离婚旨在"绝两姓之好",重在两个家族的决裂,而非感情的破裂。因此离婚法律关系所涉及的主体不仅仅是丈夫和妻子,而且还包括双方的家族。

从具体法律规定看,清代的离婚制度是历代尤其是唐以降各朝制度的延续和发展。自唐代基本完成以礼入法的过程以后,原属于礼范畴的对妻子的"七出"制度,在国家法典中最后确定下来。"七出"制度最早可溯及春秋时期,是当时礼的一种,"七出"包括了:无子、淫佚、不事舅姑、多言、盗窃、妒忌、恶疾。"七出"制度所体现的是夫权在夫妻关系中所处的主导地位,只有丈夫可以终结婚姻关系,处于从属地位的妻子只有服从的义务。正如清初律学家沈之奇所指出的那样,"妇人义当从夫,夫可出妻,妻不得自绝于夫"。① 在文字表达上,由一方即丈夫所享有的终结婚姻的特权,体现于法律中便为"出妻"和"休妻"。

当然,丈夫所享有的对妻子的"七出"特权并不是毫无限制,而是有所约束,即遇到"三不去"情形,丈夫便不得"出妻"和"休妻"。这"三不去"的情形包括了:与更三年丧,前贫贱后富贵,有所娶无所归,即和丈夫一起为父亲或母亲守孝三年的,因已尽孝道,不能被休;丈夫娶妻的时候贫贱,后来富贵了,如因此而休妻的则不准;结婚时女方父母还健在,休妻时已去世,原来的家庭已不存在,如休妻则使妻变成了无家可归之人,因此不能被休。"三不去"是对"七出"规定的补充和限制,但"恶疾和奸者不在此列",也就是说,妻子若符合"七出"中的有"恶疾"和"淫乱"两项,不在"三不去"的保障范围之内。究其原因,瞿同祖先生认为,有"恶疾"者不适用"三不去"条件,主要是有碍于家族祭祀,"有恶疾

---

① 沈之奇:《大清律辑注》卷六《户律·婚姻》,法律出版社2000年版,第284页。

为其不可与共粢盛也"；至于"淫乱"，则主要是"淫乱足以紊乱血统，神不歆非类，自更不为夫家所容"。① "恶疾"和"淫乱"均无法达到婚姻的"上以事宗庙"的神圣的、宗教的目的，在重视家族宗教的社会中，列为不适用"三不去"的条件，也就不足为怪了。

二、"义绝"制度

与此同时，还有基于律基础上的"义绝"制度。这就是常说的礼有"七出"之条，律有"义绝"之目。按照儒家的理解，和父子这样的血缘关系不同，丈夫和妻子的关系由义所连接，为"义合"。如果某种行为违背了"义合"的原则，那么就构成了"义绝"。"义绝"情形下的离婚是强制的，这跟"七出"情形下的离婚有所不同，正如陈顾远先生所指出的那样，本于礼者可出可不出，取决于丈夫的意愿；本于律者则非绝不可，因此"义绝"而离又有强制离婚的意味。② 自唐至清，"义绝"的内容不断扩张，而这些增加的内容主要是针对丈夫一方的，而在妻子方，因为已经有"七出"的离婚事由，基于"义绝"的事由并没有多少增加，换句话说，在离婚法中，妻子的地位其实处于不断改善中。具体说来，根据《唐令拾遗》的记载，在唐代构成"义绝"的情形有下列三种：一是丈夫殴打妻子的父母或祖父母；二是杀死妻子的兄弟、姐妹、外祖父母、叔伯和婶婶伯母、姑妈；三是跟妻子的母亲有通奸关系。③ 这三种情形，按照唐律，都已是犯罪行为，罪该当罚。但三种"义绝"行为所指向的客体均是妻子的家族成员，而非妻子本人。到了元代，由丈夫行为构成的"义绝"情形有所增加，体现为："诸夫受财，纵妻为倡者"，"夫受财，勒妻妾为倡者"，"诸夫妻不睦，夫以威虐，逼其妻指与人奸者"，"诸壻诬妻父与女

---

① 瞿同祖：《中国法律与中国社会》，中华书局2003年新1版，第138—139页。
② 陈顾远：《中国婚姻史》，上海书店1984年影印版，第234页。
③ 〔日〕仁井田陞：《唐令拾遗》，東方文化學院1933年版，第255页。

奸者"等等。① 在元代所发生的这些变化,是中国儒家文化和蒙古习惯法共同作用的结果。对此,陈衡昭先生(Paul Heng-chao Ch'en)曾评价道,"由汉族官员参与的蒙古统治,或者通过加速自宋以来的中国法变革进程,或者引入全新的概念和制度来影响中国法的发展"。② 比较唐元之间的差别,主要表现在:在蒙元法中"义绝"行为所指向的对象更多地针对其妻子而非家族成员。蒙元法中有关"义绝"行为的规定,被明清法所继承,并略有损益,变化的趋势是不利于丈夫一方,也就是对丈夫一方的行为有了更多的约束。

另外政府还承认基于双方自愿的情况下解除婚姻关系即"和离"的有效性。戴炎辉先生认为,从金代开始直到清,如通过"和离"解除婚姻,离婚事由不是必备的,即如果没有适当的事由,只要双方自愿,男女双方不会因此而受到官府的惩罚。③ 其实,关于"和离"的法律规定远早于戴先生所说的金代,早在唐律中便有了"和离"的规定:"若夫妻不相安谐而和离者,不坐。"其后在宋到清的法律中都有对"和离"的规定。④

概括起来讲,"七出""义绝"和"和离"制度是清代离婚制度的基本内容。这些内容较为集中地体现于《户律·婚姻》"出妻"条:"凡妻于七出无应出之条及于夫无义绝之状,而擅出之者,杖八十。虽犯七出(无

---

① 《历代刑法志》,《元史·刑法三》,群众出版社1988年版,第453页。

② Paul Heng-chao Ch'en, *Chinese Legal Tradition under the Mongols: the Code of 1291 as Reconstructed* (Princeton, New Jersey: Princeton University Press, 1979), p. xiii.

③ Tai Yen-hui, "Divorce in Traditional Chinese Law", in *Chinese Family Law and Social Change in Historical and Comparative Perspective*, ed. David C. Buxbaum (Seattle: University of Washington Press, 1978), p. 81.

④ 刘俊文撰:《唐律疏议笺解》卷十四《义绝离之》,中华书局1996年版,第1060页;《宋刑统》卷十四《和娶人妻》,法律出版社1999年版,第252页;《大元圣政国朝典章》,《休弃》,中国广播电视出版社1998年版,第693页;《大明律》卷六《出妻》,法律出版社1999年版,第65页;《大清律例》卷十《出妻》,法律出版社1999年版,第213页。

子、淫佚、不事舅姑、多言、盗窃、妒忌、恶疾),有三不去(与更三年丧,前贫贱后富贵,有所娶无所归),而出之者,减二等。追还完聚。若犯义绝,应离而不离者,亦杖八十。若夫妻不相和谐,而两愿离者,不坐。"① 该条目中涉及的属于"义绝"的情况,通观《大清律例》包括了:将妻妾受财,典雇于人为妻妾者;②纵容或抑勒妻妾与人通奸;③以及妻殴夫和夫殴妻等,至于后者,须达到折伤的程度。④ 这些构成义绝的事由基本上被清末修订的《大清现行刑律》继承,并在民国初期被司法机构所援用,下文对此还将作具体讨论。

总的来说,清代的离婚制度体现了男尊女卑,夫权高于妇权,两性严重不平等的特征。在"七出"中规定的淫佚、盗窃、妒忌、恶疾等只针对妻子,只有妻子犯了这些条款才构成离婚理由,而如果丈夫犯了却是理所当然的。其中尤其是关于淫佚的规定,明显地体现了性道德的双重标准,丈夫与第三方发生性关系(包括纳妾、嫖娼)不构成离婚的理由,而对于妻子则因不履行贞操义务而成了"出"的理由。可以说,以家族主义为本位,男尊女卑,男女明显不平等是清代离婚制度的基本特征。

---

① 田涛、郑秦点校:《大清律例》卷十《户律·婚姻》,法律出版社 1999 年版,第 212—213 页。
② 同上书,第 205 页。
③ 田涛、郑秦点校:《大清律例》卷三十三《刑律·犯奸·纵容妻妾犯奸》,法律出版社 1999 年版,第 523 页。
④ 田涛、郑秦点校:《大清律例》卷二十八《刑律·斗殴·妻妾殴夫》,法律出版社 1999 年版,第 460 页。

第三节 《大清民律草案》和
大理院判例解释例中的离婚法

一、《大清民律草案》中的离婚规定

义和团运动之后,清廷在内外交困的情况下,决定实行变法,在其统治的最后十年推行一系列的"新政",其中的重要一项内容便是以西方法尤其是德、日法律为榜样,修订民刑商法,建立近代审判制度。光绪三十四年(1908年)负责修订法律事宜的修订法律馆延聘日本法学博士志田钾太郎及大审院判事松冈正义协助起草民法。宣统三年(1911年)中国历史上第一部民事法典草案《大清民律草案》完成。该草案第四编亲属第三章婚姻中,对婚姻的成立要件、婚姻的无效及撤销、婚姻之效力、离婚等四部分进行了规定。就离婚的法律规定而言,规定了协议离婚和判决离婚两种离婚类别。关于协议离婚,草案规定,"夫妻不相和谐而两愿离婚者,得行离婚"(第1359条),跟传统制度中协议离婚的规定相一致。而关于判决离婚,则明显地受到了近代西方和日本法律的影响。《大清民律草案》规定了九种离婚须满足的条件:"夫妇之一造以左列情事为限,得提起离婚之诉,一重婚者,二妻与人通奸者,三夫因奸非罪被处刑者,四彼造故谋杀害自己者,五夫妇之一造受彼造不堪同居之虐待或重大侮辱者,六妻虐待夫之直系尊亲属或重大侮辱者,七受夫直系尊亲属之虐待或重大侮辱者,八夫妇之一造以恶意遗弃彼造者,九夫妇之一造逾三年以上之生死不明者"(第1362条)。从当时大陆法系普遍流行的离婚原则看,以有责主义为主兼顾目的主义。有责主义是指夫妻双方或一方犯有法定过错而许其离婚;而目的

主义则指婚姻关系因出现某种影响婚姻目的实现的客观原因而解除。① 有责主义原则具体体现在离婚理由上。在大陆法系国家中(以法、德和北欧国家为代表,但意大利、西班牙和葡萄牙等天主教影响较深国家除外),在十六世纪主要以通奸和遗弃为离婚理由,但到二十世纪初,离婚理由扩大到了虐待、酗酒和精神病等,呈一种不断扩展趋势。② 就《大清民律草案》贯穿的离婚原则看,和当时大陆法系流行的离婚原则相类似,即以有责主义为核心,如第一项至第八项,同时兼顾目的主义,如第九项。

另外,从比较法的角度看,《大清民律草案》规定的九种离婚理由基本上吸收了1898年《日本民法典》第813条的相应规定,现将两者的对应关系列表如下:

表 7.1:《大清民律草案》第 1362 条和《日本民法典》第 813 条比较

《大清民律草案》第 1362 条	《日本民法典》第 813 条
1 重婚者	1 配偶重婚时
2 妻与人通奸者	2 妻子与人通奸时
3 夫因奸非罪被处刑者	3 夫因犯奸淫罪被处刑时
4 彼造故谋杀害自己者	
5 夫妇之一造受彼造不堪同居之虐待或重大侮辱者	5 受配偶不堪同居的虐待或重大侮辱时
6 妻虐待夫之直系尊亲属或重大侮辱者	8 配偶虐待自己的直系尊亲属或重大侮辱时
7 受夫直系尊亲属之虐待或重大侮辱者	7 受配偶的直系尊亲属的虐待或重大侮辱时

---

① 参见陶毅、明欣:《离婚:单一主义或混合主义》,《法学研究》1999 年第 6 期,第 31 页。
② Roderick Philips, *Untying the Knot: A Short History of Divorce* (Cambridge: Cambridge University Press, 1991), p. 215.

(续表)

8 夫妇之一造以恶意遗弃彼造者	6 被配偶恶意遗弃时
9 夫妇之一造逾三年以上之生死不明者	9 配偶生死不明达三年以上时
	4 配偶因犯伪造、贿赂、猥亵、盗窃、强盗、诈欺取财、消费受寄物、赃物等有关罪或刑法第175条、第262条所载罪,被处轻罪以上刑时,或因其他罪被处三年以上徒刑时
	10 于收养婿养子情形,收养终止时;于养子与家女结婚情形,收养终止或收养被撤销时

资料来源:《日本民法典》,曹为、王书将译,法律出版社1986年版,第373页;修订法律馆编:《法律草案汇编》第一册《亲属法草案》,民国十五年初版,(台湾)成文出版社1973年再版,第28页。

上表显示,《大清民律草案》关于离婚理由的规定基本上继受了《日本民法典》的相关规定,但也表现出一定的差异。不同之处有三点:第一,《日本民法典》第七、第八两项规定,配偶任何一方有虐待自己的直系尊亲属或重大侮辱情形便构成离婚的理由,而《大清民律草案》第六、第七两项仅对妻一方的情形作出了规定,即妻虐待或重大侮辱夫之直系尊亲属,或受后者的虐待或侮辱。此项离婚理由之所以仅规定妻对夫之直系尊亲属虐待或受之虐待,而未规定夫对妻之直系尊亲属的虐待或受之虐待,是因为当时中国社会流行妻以夫之住所为住所,而夫不须与妻之直系尊亲属共同生活。第二,《大清民律草案》第四项的规定"彼造故谋杀害自己者"系草案制定者采纳1896年《德国民法典》第1566条的规定,为《日本民法典》所没有。第三,《日本民法典》第四和第十两项所规定的情形也没有被《大清民律草案》所仿效。第十项所规定的养子和婿养子制度为日本独有。日本在幕府时代以后,不问有无后嗣,均可认领养子,不受血统和谱系关系限制,只重视养子有无继承家业和维持家名的能力;婿养子兼具女婿和养子的身份,主要目的是继承家业。① 很明显,这跟中国的嗣子和赘婿制度不同。刑事犯罪作为离婚理由为日本习惯法所承认,②并被民法典所吸收,但因跟当时中国的国情不符而没有被采纳。总的来说,《大清民律草案》直接受《日本民法典》的影响较显著,基本上贯穿着二十世纪初欧陆有责主义兼顾目的主义的立法原则。

二、大理院判例解释例中的离婚法

《大清民律草案》于宣统三年初编纂告竣,但未及资政院表决通过,满清的统治便宣告结束,因此该草案并没有在司法实践中被采用。民国肇始,国体变更,但编纂新法典非短时间内能够完成,因此,临时大总统袁世凯于民国元年(1912年)3月10日下令:"现在民国法律未经议定颁布,所有从前施行之法律及新刑律,除与民国国体抵触各条应失效力外,余均暂行援用,以资遵守。此令"。③ 关于民事案件,仍照前清现行律中规定各条办理。这里所谓的前清现行律指清末的过渡法典《大清现行刑律》。该法典于宣统元年(1909年)完成,并于宣统二年(1910年)颁行京外,一体适用。《大清现行刑律》是将《大清律例》修改、修并、续纂及删节的过渡法典,仍然维持《大清律例》的编目。其中婚姻部分的规定基本跟《大清律例》一致,只是删去了刑事处罚部分,不再对民事违法行为实行刑事处罚。在民初缺乏民事法典的情况下,《大清现行刑律》民事有效部分的规定,一直到民国二十年(1931年)5月5日国民党民法典施行为止,都是全国各级审判机构审理民事纠纷时最主要的审

---

① 卢静仪:《民初立嗣问题的法律与裁判》,北京大学出版社2005版,第124—125页。
② Harald Fuess, *Divorce in Japan: Family, Gender, and the State* (Stanford, Calif.: Stanford University Press, 2004), p.87.
③ 《从前法律及新刑律均准援用令》,(北洋政府)司法部编:《司法例规》(上),民国十一年(1922年),第7页。

判依据。除此以外,民初大理院的判决例和解释例则在弥补民事法律不足、改造固有法律和引进西方法律原则等方面发挥了重大作用。大理院的判决例和解释例具有约束下级法院的效力,进而统一全国各级法院的见解,避免同法异判的弊端,从而建立民初民、商事的法律秩序,发挥"社会统制"的积极功能。① 因此,考察离婚领域的司法裁判活动必须从分析大理院判决例和解释例中有关离婚的判决和解释开始。

将大理院的判决例和解释例中有关离婚的判决和解释进行归纳,基本上有三种情形:一是以《大清现行刑律》民事有效部分的规定为依据,重申清代离婚法中"七出"、"三不去"、"义绝"等法律原则的有效性,可以说是固有离婚法的延续。对于"七出"和"三不去",在四年上字第1793判例中,大理院认为,"现行律载凡妻于七出无应出之条,及于夫无义绝之状而擅出之者处罚,虽犯七出(即无子、淫佚、不事舅姑、多言、盗窃、妒嫉、恶疾)有三不去(与更三年丧、前贫贱后富贵、有所娶无所归)而出之者减二等追还完娶等语,是出妻于律有一定之条件,与条件不相合者既不容擅出"(现行律婚姻门出妻条律)。② 这里,依据现行律的规定,固有法中的"七出"、"三不去"的有效性得到了肯定。现将大理院所作的跟《大清现行刑律》离婚规定有关的判决例整理列表如下。

表 7.2:大理院依据《大清现行刑律》所作与离婚有关判决例

现行律条目	内容	判决例编号
婚姻门男女婚姻条律;斗殴门妻妾殴夫条律;犯奸门纵容妻妾通奸条律	为婚而女家妄冒者……已成婚者离异;夫殴妻至折伤以上,先行审问夫妇,如愿离异者断罪离异;抑勒妻妾与人通奸者,妇不坐,并离异归宗。	三年上字第866 号,第230—231 页*

---

① 黄源盛:《民初法律变迁与裁判》,(台湾)政治大学 2000 年版,第 77 页。
② 郭卫编辑:《中华民国元年至十六年大理院判决例全书》,会文堂新记书局 1932 年版,第 232 页。

(续表)

犯奸门纵容妻妾通奸条律	抑勒乞养女与夫通奸者,义父处罚,妇女不坐并离异归宗	三年上字第999号,第231页
犯奸门纵容妻妾犯奸条例	用财买休卖休者依律自应令与其丈夫离异	六年上字第1068号,第235页
婚姻门出妻条律	有夫之妇因犯奸义绝于夫……由其夫请求离异	五年上字第872号,第233页
婚姻门典雇妻女条例	将妻妾受财典雇于人为妻妾者处罚,妇女不坐,知而典娶者各与同罪并离异	八年上字第411号,第236—237页
婚姻门居丧嫁娶条律	妻妾居夫丧而身自嫁娶者处罚并离异	八年上字第1072号,第237页
婚姻门男女婚姻条律	男女订婚当时未经通知身有残疾至结婚后男女之一造发现对造身有残疾者,自可为请求离异之原因	九年上字第291号,第238页
婚姻门出妻条律	妻背夫在逃者听其离异	十一年上字第810号,第238页

* 注:系指郭卫编辑:《中华民国元年至十六年大理院判决例全书》一书页码,会文堂新记书局民国二十一年版。

上述《大清现行刑律》所规定的可以离异的事由,涉及妄冒成婚,夫殴妻,抑勒乞养女与夫通奸,买休卖休等多个方面。可以说,《大清现行刑律》中有关离婚的规定通过大理院判决例的形式,得到了肯定和强调,并为下级司法机构所遵循。

二是对固有法中的概念作出新的诠释,进而通过改造的方法使离婚法律适应时代的变化。这里最典型的例证就是在重婚情况下如何裁决已有婚姻的有效性。现行律规定有妻更娶妻者,后娶之妻离异归宗,但对先娶之妻能否提出离婚,法律没有作出规定。在九年上字第1124号判例中,大理院认为,"现行律载有妻更娶,后娶之妻离异归宗,至于先娶之妻能否以其夫有重婚事实主张离异,在现行法上并无明文规定,惟依一般条理,夫妇之一造苟有重婚情事,为保护他一造之利益,应许其提起离异之诉,以资救济"。① 这里大理院扩大了固有法中重婚情形下申请离异的主体范围,即不仅后娶之妻可主张离婚,先娶之妻也被允提起离婚之诉讼。这样,夫的重婚行为,不仅成为后娶之妻主张离婚的理由,而且为先娶之妻提出离婚之诉提供了法律依据。另一例是对丈夫生死不明三年后如何离婚的解释。《大清律例》《户律·婚姻》"出妻"条条例规定,"夫逃亡三年不还者,并听经官告给执照,别行改嫁"。这条规定要求在程序上须"经官告给执照"才能改嫁,大理院在其三年上字第1167号判决例中则认为,"女子如实因夫逃亡三年以上不还而始改嫁,虽当时未经告官领有执照而事后因此争执,经审判衙门认其逃亡属实而年限又属合法者,其改嫁仍属有效"。② 很显然,在大理院的上述判决例中,"经官告给执照"已不是必须履行的前置程序,也就是说,即使没有履行这一程序,改嫁仍然有效。

三是引进近代西方法理原则,或突破固有法的框架,或补充固有法的不足,从而对离婚法有所发展。这主要表现为两个方面。第一个方面表现在吸收近代西方离婚法理论关于离婚理由的新概念,如"不堪同居的虐待"、"重大侮辱"、"恶意遗弃"等,从而在法理上发展了有关离婚理由的规定。在五年上字第1457号判例中,大理院提出了"不堪同居的虐待"这一概念,"夫妇之一造经彼造常加虐待,至不堪同居之程度

---

① 同316页注②,第238页。
② 《三年上字第1167号》,同上书,第231页。

者,许其离异".① "不堪同居的虐待"这一法律原则在其后的大理院解释例中得到了进一步的阐述。② 而"重大侮辱"这一法律概念则体现于五年上字第717号判例中,"凡妻受夫重大侮辱实际有不堪继续为夫妇之关系者,亦准其离婚"。在同一判决例中,大理院对"重大侮辱"这一概念作出了界定,"所谓重大侮辱,当然不包括轻微口角及无关紧要之詈骂而言,惟如果其言语行动足以使其妻丧失社会之人格,其所受侮辱之程度至不能忍受者,自当以重大侮辱论"。③ 运用"人格"这一近代法律概念,认定使一方丧失社会人格至不能忍受的程度的行为构成"重大侮辱",从而构成离婚理由。在六年上字第1012号判例中,大理院认为如夫对于妻有诬奸告官的事实也构成重大侮辱,从而允许妻请求离婚。④ 通观民初大理院的司法裁判,"重大侮辱"逐渐成为认定能否提出离婚之诉的一个重要法律概念。⑤ 这一原则建立在近代权利的话语基础之上,是对固有法的突破。前文的论述已提及,"不堪同居的虐待"、"重大侮辱"等作为构成离婚的理由的法律原则为《大清民律草案》所采纳,其受《日本民法典》的影响较明显。因此,可以推定,大理院对这些概念的吸收受到了《大清民律草案》的直接影响和《日本民法典》的间接影响。

第二个方面则表现在补充固有法律规定的不足,对夫妻一方的离婚赡养费和对子女的监护权作出规定。固有法中对在夫妻离婚的情况

---

① 同上页注②,第234页。
② 在统字第828号(1918年)解释例中,大理院认为"妻受夫不堪同居之虐待应认义绝,准予离异",见郭卫编辑:《大理院解释例全文》,(台湾)成文出版有限公司1972年版,第456页。
③ 郭卫编辑:《中华民国元年至十六年大理院判决例全书》,会文堂新记书局1932年版,第233页。
④ 同上书,第235页。
⑤ 另见《五年上字第1073号》、《六年上字1187号》、《七年上字第150号》,同上书,第234—236页。

下,赡养费(当时称慰抚费)如何支付以及子女的监护权的归属问题基本上没有做出规定。从概念的渊源看,慰抚费和权利话语下构建的监护权这样的法律概念基本上是受西方近代法律的影响而出现的。对离婚情况下夫妻一方对另一方慰抚费的支付问题,大理院引入过错原则,通过离婚原因由谁构成这样的表达,认定慰抚费的支付义务。在八年上字第 1099 号判例中,大理院认为,"离婚原因如果由夫构成,夫应酌给妻以相当之赔偿或慰抚费,至其给与额数则应斟酌其妻之身份、年龄及自营生计之能力与生活程度,并其夫之财力如何而定"。① 在夫妻经济能力明显不平衡的情况下,在离婚后要求丈夫支付一定的慰抚费,显然有助于维持女方离婚后生活。而对监护权问题,大理院认为夫妇离婚时得以协议的方法约定子女的监护方法,在没有约定的情况下,应由父亲承担监护的责任。② 而在离婚后如女儿归母亲监护,在女儿成长后出嫁时,其嫁资仍应由父亲支给。③ 可见,在子女的监护权问题上,大理院给予父方较大的权利的同时,也对他提出了相应的义务。

对大理院在民国初年对固有法的继承和近代法的发展方面所起的作用,学者们从不同的角度已做了不少的探索。如卢静仪在对民初立嗣问题法律和裁判的探讨中,认为大理院对《大清现行刑律》民事有效部分的"立嫡子违法"条例,以西方的法律概念重新诠释,包括"权利"概念的引进,并将旧律的法规予以分析、分解,从而无形中逐渐转化一般民众与法律专业人士的观念。④ 李倩对民国初期大理院在契约领域所作裁判的分析也表明,大理院援引以西方民法理论为基础之条理,对《大清现行刑律》民事有效部分中的相关律文作出新的解释,将其纳入

---

① 同上页注④,第 237 页。
② 《三年上字第 269 号》,同上书,第 230 页。
③ 《五年上字第 556 号》,同上书,第 233 页。
④ 卢静仪:《民初立嗣问题的法律与裁判》,北京大学出版社 2005 版,第 171 页。

近代法的轨道,这种转化既包括法律语词(概念)的转化,也包括法律原理的转化。①

将两位学者的研究和上述在离婚领域大理院判决例和解释例进行比较,不难发现,大理院在离婚领域表现出的态度跟在立嗣和契约领域的裁判态度有相似的地方,即既有对固有法的肯定和继承,如重申"七出"、"三不去"、"义绝"的有效性,也有对固有法中的相关概念的重新解释,如扩大了重婚情形下申请离异的主体范围,允许先娶之妻提出离婚之诉。与此同时,我们也看到,和在立嗣和契约领域的裁判态度有所不同的是,大理院的推事们在裁判中从西方法理中引进了一系列新概念,如离婚理由中的"不堪同居的虐待"、"重大侮辱"、"恶意遗弃"和离婚赡养费和监护权概念的提出和运用,无疑对离婚法向近代法转轨具有明显的推动作用。在夫妻双方经济收入、社会地位、身体力量等都不对等的情况下,这些概念的导入和运用,无疑在离婚领域为实现男女平等的目标迈出了一大步。当然,这一步只是以被动的方式即司法的方法,而不是通过主动的即立法的途径所实现的。大理院通过其判决例和解释例在离婚法领域所引发的变革,对这一时期下级法院的裁判产生了深刻的影响。

第四节 离婚诉讼和地方司法裁判

对下级法院在离婚领域中司法裁判活动的探讨主要集中在宽甸县。同上一章一样,选择宽甸县作为民国初期基层司法机构的代表,主要是基于裁判史料保存相对完整这一考虑,关于这一点,在导论部分已作介绍和说明,这里就不赘述。另外,还选用了来自安东和辽阳等地的

---

① 李倩:《民国时期契约制度研究》,北京大学出版社2005年版,第89页。

裁判史料作为补充。宽甸县的地方审判机构在这一时期经历了三种形式,即审检所时期(1913年7月至1914年2月),县知事兼理司法时期(1914年3月至1924年12月)和县司法公署时期(1925年1月至1931年9月)。① 从《宽甸县公署》档案中,笔者收集了从民国三年(1914年)至民国二十年(1931年)5月5日国民党民法典亲属编施行以前18年间全部共55个跟离婚纠纷相关的案例。在以上55个案例中,由双方共同提出,请求协议离婚的有30个,由单方提出请求判决离婚的有25个,有意思的是,这25个请求判决离婚案件的原告均是女方,无一起由男方提出。对此现象进行分析,大致有这样一些原因,首先是如白凯教授在分析民国时期的离婚现象时所指出的那样,"由于在家庭内男女间权力关系的不平等,妻子更有可能受到来自丈夫和丈夫父母一方的身体虐待,而不是相反,由于妻子在经济上对丈夫的依赖,她更有可能以遗弃为由,请求离婚"。② 另一个白凯教授没有指出的原因则是,丈夫如果对现有的婚姻不满,他总是可以通过纳妾的方式来弥补,而不必通过离婚诉讼的方式来求得解脱。最后一个原因则跟诉讼费用相关。裁判史料显示,同财产没有关联的一般人事诉讼,其审判费用是3.9元,而一状纸的费则为0.4元。起诉受理后庭丁传唤被告的传唤费每十里0.1元。如果原告不知道如何撰写诉状,可要求代书代为撰写,撰写费是每一百字0.1元。③ 对一般的百姓而言,这样的诉讼费用并不便宜,

---

① 《宽甸志略》卷一《司法表》,民国四年(1915年)。

② Kathryn Bernhardt, "Women and the Law: Divorce in the Republican Period," in *Civil Law in Qing and Republican China*, ed. Kathryn Bernhardt, Philip C. C. Huang (Stanford, Calif.: Stanford University Press, 1994), p. 195.

③ 参见《诉讼费用规则》,民国九年(1920年)6月20日颁布实施,(北洋政府)司法部编:《司法例规》(上),民国十一年(1922年),第955—957页。当地的审判厅、司法公署、知县兼理司法法庭会在一定的幅度内加收诉讼费用,数额因地而异。另参见《凤城县村规》第61—68条有关讼费的规定,谷正昀编辑:《凤城县村规》,凤城恒顺福印刷局民国十三年(1924年)版,第17—29页。这里所指的实际诉讼费用数额系从宽甸县诉讼案卷中收集,货币均指奉大洋。

但还是在可以接受的范围之内。比如,在二十年代的奉天,由省长公署任命的区长,其薪水约为每月30元,他的助理员是每月15元。① 在当时的海城县一般劳工的月报酬为7—8元。② 如果假设离婚诉讼的最低诉讼费用支出是4.4元的话,那么对于一区长来说,如果他要通过诉讼离婚的话,诉讼费用将占其月薪水的15%,而对于其助理员而言,约是其收入的30%,对一般的劳工来说,约是其月报酬的一半。诉讼费用虽然不是太便宜,但也不能说非常昂贵。

在25个请求判决的离婚案件中,有9起通过调解的方式结案,结果其中8起通过调解后同意离婚,有1起则双方和好。在最终通过庭审方式判决的16起纠纷中,有12起被司法机构驳回了离婚请求,其中两起,在一审败诉后由原告向奉天高等审判厅提起上诉,在上诉审阶段,经过调解后双方同意离异。这16起案件中,仅有4起法庭同意判决离婚。具体情形列表如下:

表7.3:宽甸县民初离婚诉讼处理分类表

协议离婚	30
判决离婚	16
准予离婚	4
离婚请求驳回	12
法庭调解	9
同意离婚	8
双方和好	1
总计	55

资料来源:《宽甸县公署》,民国三年—二十年。

---

① 《奉天省各县区村制试行规则》第63条,《热河省长公署》8724,民国十五年(1926年)。
② 《海城县公署》4011,民国十二年(1923年)。该案件涉及一雇佣合同,雇主雇佣雇员时先支付了五个月共34元的工资,但该雇员工作了24天后便弃工不作了,故雇主找到了区长请求评议,要求该雇员退回多收的预付工资。

接下来便主要依据宽甸县的司法档案分别对协议离婚的程序和判决离婚的裁判理由进行具体分析。

一、协议离婚

协议离婚为《唐律》至《大清律例》《大清现行刑律》的历代国家法典所承认,大理院在其判决例中也多次给予肯定,如在五年上字第147号判例中,大理院明确指出,"协议离婚为现行律所准许"。① 协议离婚在民间也以习惯的方式流行,据清末奉天调查局民情风俗习惯调查报告的记载,在奉天省北部的昌图府,夫妇在感情不和的情形下,通过订立离婚契约进行协议离婚的情况较为普遍,"(夫妇)有彼此不合,而各愿离异者,所在多有,其契状之式则并无一定,大率用皮纸书写夫妇姓名、氏族,载明因何项事故,各自情愿离异,邀集两家亲族公同见议,自后另嫁另娶,各不干涉等语,一式两纸,各执为凭"。② 可以推测,这种通过订立契约离婚的做法应该在民国初年继续在民间流行。

和订立契约离婚的实践相并行,档案材料显示,民间还流行着在双方已协商一致的情况下向审判机构申请离婚的做法,表7.3所载的30起协议离婚的案例便是在这种情况下产生的。因民初的婚姻登记机构尚未成立,婚姻关系的解除须向法庭提出申请,由法庭对离婚协议进行确认。法庭收到申请后,审判人员便会传唤当事人到庭,审查协议是否出于双方自愿,有无胁迫情事等。总的说来,法庭程序是简单和快捷的。下面一例来自安东地方审判厅的协议离婚案,大体能较好地展示

---

① 郭卫编辑:《中华民国元年至十六年大理院判决例全书》,会文堂新记书局1932年版,第233页。其他相似判决例有《六年上字第735号》《六年上字第1261号》,均见前引书第235页。

② 奉天调查局:《调查民情风俗习惯条目》第65条"离异休弃,有无此种习俗,其离婚之契状如何?"《昌图县公署》4996,宣统元年(1909年)。

协议离婚的诉讼程序。民国十六年(1927年)9月1日,21岁的刘振安和同岁的妻子刘牟氏找到了律师孙恒谦,要求其帮助起草一份离婚申请,申请书的大意是这样的:刘振安和妻子刘牟氏结婚多年,开始时感情融洽,但最近彼此常有争执,双方已失和。如果继续在一起生活,对双方均无益处,因此双方同意离婚。此后,各自重组家庭,另一方不得干涉。刘牟氏自愿拿出260元奉大洋给刘振安,作为对其再婚的经济补助。双方自愿解除婚姻关系,并无胁迫情事。现请求法庭同意申请,批准离婚。9月12日,推事张树猷和书记官高文铨传唤了当事人。在查明当事人身份和确认是双方自愿的情况下,法庭于16日下达判决,批准了当事人的离婚请求。①

现不妨再举一例来自宽甸的案件加以说明。民国七年(1918年)7月20日同住宽甸的年47岁的朱德山和年69岁的孙鹤令,向宽甸县司法科提出申请,为朱德山的19岁四女儿和孙鹤令22岁侄子孙述全解除婚姻关系。在由代书撰写的申请书中,他们称,孙述全于民国五年(1916年)2月迎娶朱德山的四女儿,但过门之后,夫妇不和,时常反目,虽几经劝阻,均无悔改之心。其夫妇商议允协,情愿离婚。经乡耆核议,拟令该女归该氏母家领回,另行择配,所有原聘如数退还,两厢情愿,并无威逼情事。朱孙两人的请求很快得到了县衙的批准。同日,县司法科批复:"状悉,既经双方合意离婚,应即照准,当庭出具切结两纸存案,此批。"②这里所谓的切结,是指判决或调解后当事人双方所写的认同裁决或调解结果的一种文书,这是清代司法实践的延续,在民国初期的司法档案中大量出现。通过审判机构进行协议离婚,一方面反映了民国初期一般百姓对司法审判机构并没有存有很大的畏惧之心;相

---

① 《安东地方审判厅》86,民国十六年(1927年)。
② 《宽甸县公署》7574,民国七年(1918年)。

反,却懂得如何充分利用司法审判机构所提供的服务;另一方面,当事人通过审判机构实现协议离婚,很有可能是为了增加协议离婚的法律效力,避免以后产生纠纷。这里值得一提的是,在笔者查阅的30个协议离婚的案例中,双方协商同意由女方退给男方财礼的有24个案例,占80%,而且退回财礼的数目均在奉小洋三四百元左右。这在当时一般雇工月收入在8元左右,即使一区区长的薪水也仅为30元的情况下,是一笔不小的支出。① 这从一个侧面反映了协议离婚后面深刻的经济关系,即,这些看似双方自愿解除婚姻的案件,实际上很有可能是女方为了摆脱现有的婚姻关系而采取的一种不得已的手段。表面上的协议离婚,实际是以经济利益的交换和妥协为条件的。

二、判决离婚

判决离婚是指夫妻之一方如有法律所定的原因,他方得对之提起离婚之诉,依胜诉判决而为的离婚。② 表7.3已显示,在宽甸县的55个离婚案例中,最后通过审判程序已判决结案的有16起,其中12起被司法机构驳回离婚请求,另有4起法庭经过庭审后判决离婚。因诉讼材料提供的信息有限,我们无法了解诉讼双方的出身、教育程度和经济收入等因素是如何影响婚姻解体的,但从起诉状中提出的离婚理由看,我们基本上还是能够对离婚者提出离婚的理由或动机有一个了解,从而了解审判机构是如何以此进行裁判的。现按原告在诉状中提出的离婚理由分类,将这16起案件分类列表如下。为了叙述的方便,将裁判结果和理由一并列入。

---

① 关于一般雇工的月收入,见《海城县公署》4011,民国十二年(1923年);区长的月薪水数,见《奉天省各县区村制试行规则》第63条,《热河省长公署》8724,民国十五年(1926年)。

② 胡长清:《中国民法亲属论》,商务印书馆民国二十五年(1936年)版,第191页。

表7.4:原告主张离婚理由和法庭裁判理由分类表

诉状中所主张的离婚理由	案件数	裁判结果和理由	
重婚	2	驳回1	纳妾不为重婚
		同意1	构成重婚,婚姻无效
不堪同居之虐待	2	驳回2	证据不足,不实
		同意0	
身体疾病	2	驳回2	殖器不振之主张不实,验明系强健;半身不遂,不构成离婚理由
		同意0	
逼妻为娼	3	驳回3	空言主张,不实
		同意0	
贫困,不能养赡	2	驳回2	因贫不能养赡,不构成离婚条件
		同意0	
恶意遗弃	1	驳回0	
		同意1	纳妾虽不构成重婚罪,但已构成恶意遗弃,推定有虐待情事
生死不明	1	驳回0	
		同意1	出外七年,并无音讯,生活无据
价卖妻子	1	驳回0	
		同意1	价卖妻子,脱离婚姻关系
吸食鸦片	1	驳回1	不构成离婚理由
		同意0	
理由不明	1	驳回1	不详
		同意0	
总计	16	驳回12	
		同意4	

资料来源:《宽甸县公署》,民国三年—二十年。
注:在数个起诉状中,原告提出的离婚理由超过一个,这里仅将第一个理由列入。

分析表 7.4 所罗列的经庭审后作出的 16 起离婚案件的裁判意见,并比较《大清现行刑律》民事有效部分和大理院的相关判决例和解释例,我们可以归纳出这样三点看法:

首先,由大理院采纳的近代西方法律原则如"不堪同居之虐待"和"恶意遗弃"等概念在司法实践中成为衡量是否构成离婚理由的重要准绳。上表中所示的宽甸县司法机构对由于丈夫纳妾所引起的对妻子恶意遗弃行为的认定,不仅显示出"恶意遗弃"这一新概念对基层司法的导向作用,而且也充分表现出基层司法人员在理解和使用这些新式法律原则方面所显示的灵活性。大理院在六年上字第 663 号判决例中明确指出,妾不是妻,后娶之妻不能取得妻的身份。① 所以可以推知,纳妾不构成重婚,这样,在丈夫纳妾的情况下如何保护妻子的利益,成了棘手的问题。宽甸县司法机构的审判人员通过灵活运用"恶意遗弃"原则并推定为构成虐待,进而同意妻子的离婚请求,在司法技巧上体现出了相当的水准。

至于对"不堪同居之虐待"这一概念的运用,尽管在所分析的和这一概念有关的仅有的两起案件中,都因为证据的不充足,宽甸县司法机构没有同意女方以此为理由提出离婚的请求,但这一概念已成为是否判决离婚的重要标准是毋庸置疑的。如在张王氏诉张继述离婚一案中,张王氏于民国十五年(1926 年)4 月 7 日来到司法公署,状告其丈夫张继述,以"不堪同居之虐待"为由请求法庭判决离婚。在诉状中她称,自去年春天结婚以来,她同她丈夫张继述并不融洽,张本人和其家人经常打她。在 4 月 12 日的庭审中,她的丈夫承认他和他的母亲打过他妻子很多次,但百家长郑德伟在法庭上作证说,张家从来没有打过张王

---

① 郭卫编辑:《中华民国元年至十六年大理院判决例全书》,会文堂新记书局 1932 年版,第 234 页。

氏。法庭最后采信了郑德伟的证言,并在判决中指出,因为在原告张王氏身上并没有伤痕,故无法证明她受到了经常性殴打,她的离婚请求被驳回。① 该案中法庭置被告的法庭承认于不顾,采信了证人的证言,在法庭看来,受伤并有伤痕是构成"不堪同居之虐待"的前提条件,如无伤痕,那么经常性的身体虐待之类的指控很难让法庭信服。

另一例来自辽阳县的类似的案例,则从相反的角度说明了在证据确凿的情况下,一审和二审法院的裁判态度。原告郝洪氏在民国十三年(1924年)3月跟郝喜三结婚,自那以后她经常受到丈夫的殴打。在民国十四年(1925年)3月,其丈夫用斧头砍她的手并留下了伤痕。4月其丈夫用尖锄再次殴打,她的腰部受伤。在民国十五年9月,其丈夫将其捆绑并用毛巾堵塞其嘴。次年2月其丈夫再次用斧头殴打。在忍无可忍的情况下,最后郝洪氏一纸状纸递到了辽阳地方审判厅,请求离婚。在庭审中共有六位证人出庭作证,证明郝洪氏经常受其丈夫殴打,郝喜三的哥哥也在法庭上承认,他的弟弟精神有问题,有时也会殴打其母亲和嫂子。然而,原告和证人的证言并没有被法庭所采信,辽阳地方审判厅在判决中指出,郝喜三只是用拳头打其妻子并没有用其他武器,因此郝洪氏的离婚请求被驳回。几天后郝洪氏向奉天高等审判厅提出上诉。民国十六年(1927年)7月21日,高等审判厅作出二审判决,撤销了一审判决并判决同意郝洪氏的离婚请求。在判决中高等审判厅的推事指出,郝喜三殴打郝洪氏的事实确凿,按照大理院的判决例,即使丈夫郝喜三没有用别的器械殴打,郝洪氏的离婚请求也应该准许。② 下面是二审判决书的全文:

奉天高等审判厅民事第二审判决 十六年人字第八一号

---

① 《宽甸县公署》14284,民国十五年(1926年)。
② 《奉天各级法院裁判录》第一期,第11—13页,《奉天省长公署》JC10-1-16044,民国十六年(1927年)。

判决：

上诉人郝洪氏 住辽阳大黄金屯

被上诉人郝喜三 同上

右两造因请求离婚涉讼一案，上诉人不服辽阳地方审判厅于中华民国十六年五月三十一日所为第一审判决提起上诉，经同级检察厅检察官李宝璫莅场陈述意见，本厅判决如左。

主文：

原判决废弃

上诉人与被上诉人之婚姻应准离异

第一审及第二审诉讼费用均由被上诉人负担

事实：

上诉人声明求为如主文旨趣之判决，其事实上之陈述略称：氏嫁与被上诉人为妻，自民国十三年三月间过门，而后常被殴打。曾于十四年三月用斧砍伤氏之手指，现有疤痕可验，同年四月又拿铁镐重打氏之腰部，遍成青紫，氏不得已跑至刘之君家，彼时氏正怀孕，刘之君之女人怕氏在伊家小产，又抬回氏家，月余始愈。去年九月又拿毛巾塞氏之口，一面用绳捆住，必欲置氏于死地。今年二月间又用斧子、铁镐等物打氏数次，这是几次重要的，至于时常打骂，那就不计其数，不但有村民邻佑可以资证，即伊胞兄郝雨三亦知之最详。原审未予传证调查竟将氏之请求驳斥，实难甘服。纵使氏夫具结改悔并有郝雨三等作保，氏宁死不敢回去，实在怕伊将氏打死，故请判准离异等语。被上诉人请求驳斥上诉，其答辩意旨略，谓民时常打我女人属实，系因民有癫狂病一时糊涂就打人，不过是用拳头打过并没用斧子、铁镐等物，我因他有个小孩，还是愿意要他，我情愿具结悔过等语。据被上诉人之胞兄郝雨三供称，他（指郝喜三）上来那个病连我合我母亲及我女人全打过，劝他也不行,其余证人汪星五、刘之君、王洪之、杨春芳、杨春田、郝姚三等金称上诉人被夫殴打情形属实云云。

理由:

按夫妇之一造经彼造常加虐待至不堪同居之程度者,准其离异,此早经大理院著有先例,本件上诉人虽嫁归被上诉人已阅数载并生有子息,然据上诉人所称,受被上诉人惯行殴打情形,不但有证人刘之君、汪星五等金供属实,即被上诉人亦自承认不讳,该被上诉人纵谓殴打,当时只用拳头,没用斧子、铁镐等物,然既实有惯行殴打之行为,则此等虐待已至不堪同居之程度,极为明显。况据被上诉人胞兄郝雨三供述情形观察,该被上诉人对于伊之兄嫂及母亲尚有殴打情事,则上诉人所称怕伊打死誓不回家之语,诚非过虑,乃原审未予详究,遂驳斥上诉人在原审之诉,殊欠允洽,上诉论旨请求判令与被上诉人离异难谓无理。

据上论结,本件上诉为有理由,依民事诉讼条例第五百十八条、第百零九条第二项及第九十七条特为判决如主文。

奉天高等审判厅民事第二庭

审判长推事 王耀庚

推事 孙平

推事 于宗海

当事人不服本判决得于送达后二十日内向本厅或大理院提出上诉状声明上诉。

中华民国十六年七月二十一日

上举两例较好地说明了初审法庭审判人员在对待丈夫殴打妻子一类行为时的态度。虽然大理院对"虐待"概念的定义和解释是清晰和明确的,但在他们看来,丈夫打妻子是天经地义的事情,"虐待"一词则是全新的和很难被接受的新概念。初审法庭审判人员的这种态度即使在二十世纪三十年代国民党民法典颁布实施以后仍延续下来。在分析二十世纪三四十年代法院为什么不愿正视妻子所受到的夫妻暴力时,郭贞娣(Margaret Kuo)博士注意到,"绝大多数的法官是男性,父权的偏见根深蒂固,他们用怀疑的眼光看待来法庭诉讼的女性当事人,继续用旧的一套眼光来看待女性的行为"。① 用郭博士的分析来解释二十世纪二十年代基层法院法官对待夫妻暴力的态度也不无道理。

其次,正如表 7.2 所显示的那样,《大清现行刑律》民事有效部分所确立的法律规范和原则,大多经由大理院通过判决例和解释例的形式给予肯定。宽甸县离婚诉讼案中原告以逼妻为娼、价卖妻子、生死不明等提出的离婚理由均为《大清现行刑律》民事有效部分所规定并被大理院所重申的原则。② 基层司法机构基本上也遵循了这些原则而作为判决离婚的依据。如在潘典氏诉宋学贵离婚一案中,原告潘典氏在其前夫潘德福过世后嫁给了宋学贵。在第二次婚姻存续期间,宋学贵帮助潘典氏偿还了 50 元的欠债。民国十二年(1923 年)4 月的一天,潘典氏发现宋学贵正在跟另一男人商量,准备把她卖给那男人做妻子。4 月 17 日,潘典氏向县知事兼理司法法庭提起诉讼,要求法庭判决解除她和宋学贵的婚姻关系。几天后法庭作出判决,解除了她和宋的婚姻关系,并要求潘典氏归还 50 元给宋学贵。③ 法庭认为,价卖妻子的行为,在固有法中已构成"义绝",当判决离异。至于以生死不明为由提出离婚,上文曾提到,对丈夫生死不明后如何处理已存的婚姻关系,《大清律

---

① Margaret Kuo, "The Handmaid of the Revolution: Gender Equality and the Law of Domestic Relations in Republican China, 1912–1949" (Ph.D. dissertation, University of California, Los Angeles, 2003), p. 230.

② 见表 7.2。

③ 《宽甸县公署》11268,民国十二年(1923 年)。

例》《户律·婚姻》"出妻"条条例规定,"夫逃亡三年不还者,并听经官告给执照,别行改嫁",民国建立以后,大理院以判决例的形式肯定了该条条例的有效性,并略有修正,指出"经官告给执照"已不是必须履行的程序。在所分析的宽甸诉讼档案中,以生死不明为由提出离婚的唯一一起案件是徐张氏请求判决解除婚姻关系案。民国十八年(1929年)8月10日徐张氏向宽甸县司法公署提出声请,要求法庭判决解除她和丈夫徐连祯的婚姻关系。在诉状中她称,丈夫徐连祯离家已经有七年,至今杳无音讯。她现在生活贫困,无依无靠,故请求法庭判决解除她跟丈夫的婚姻关系,以便她可以再嫁。8月12日县司法公署法庭传唤了申请人徐张氏和村长刘子阳到庭进行法庭调查,最后法庭同意了她的请求。下面是法庭调查的笔录:

问:徐张氏年址等项。

答:三十五,北三道沟。

问:你来为甚么请求立案?

答:我男人徐连祯现今出去七年并无音信,家无产业又无子女,翁姑皆无,实在家贫无法,请求立案改嫁。

问:你男人那年走的?

答:民国十二年二月间走的。

问:你怎么知道他死啦?

答:我翁父在世时往北边找过,听说他在北边为匪已竟死啦。

问:你娘家有甚么人,怎么不管啦?

答:我娘家哥哥与母亲一则出门,姑女不能管,一则因家贫,亦不能抚养。

问:刘子阳年址等项。

答:四十,北三道沟村长。

问:这徐张氏是你村内户吗,并且他男人是否出外?

答：是我村户，他男人走七年，不知往那去，毫无音信。

问：他男人走后有无音信，现在他家道如何？

答：确实素日并无音信，家又贫乏，无法才请求改嫁。

问：你确系知道他男人走后七年之久一无音信，家道贫苦吗？

答：确实知道，徐张氏所供并无谎言。

右笔录当庭诵读，当事人均称无讹。

审判官谕本案准予徐张氏另行改嫁，候裁决，退庭。

徐张氏（指印）
刘子阳（指印）

民国十八年八月十二日录于宽甸县司法公署民庭

书记官：丛现珠
审判官：徐瑛①

最后，基于大理院否认因贫困无力养赡不足、吸烟、赌博和恶疾等作为离异原因，②宽甸县司法机构对以因贫困无力养赡不足、吸烟和身体原因为由提起的离婚诉讼以不构成离婚原因为由将其驳回。两相比较，不难发现，基层司法机构的裁判活动基本上是在大理院判决例、解释例的框架内运行，这一点进一步证明了大理院判决例和解释例对基层法院审判活动的约束力。大理院在离婚领域所引发的变革，已深刻地影响到了偏僻农村的司法实践，这无疑是宽甸县离婚诉讼档案展示的最值得注意的一面。

---

① 《宽甸县公署》14684，民国十八年（1929 年）。

② 《八年上字第 359 号》、《四年上字第 1925 号》，郭卫编辑：《中华民国元年至十六年大理院判决例全书》，会文堂新记书局 1932 年版，第 232、236 页；《解释例第 1424 号》，郭卫编辑：《大理院解释例全文》，（台湾）成文出版有限公司 1972 年版，第 837—838 页。

综上所述,通过对以宽甸县民国初年的离婚案件,尤其是以判决的形式结案的上述16个案件的分析,我们发现,基层司法机构基本上是遵循着《大清现行刑律》民事有效部分和大理院的相关判决例和解释例所确立的原则进行裁判的。一方面,大理院依据西方近代法理所确立的如"不堪同居之虐待"和"恶意遗弃"等法律原则,不仅成为离婚请求人主张离婚的有力武器,而且也是审判人员判断是否给予离婚的重要依据。另一方面,固有法的大部分法律原则继续主导着民初的司法裁判活动,如纳妾不构成重婚、"七出"、"三不去"、"义绝"等法律原则。可以说,在离婚法领域,民初的司法审判人员将一脚迈向了近代法的殿堂,而另一脚依然固步在历史悠久的固有法的门槛里。

第五节　结语:评价

评价民初离婚法领域的司法实践,首先应该肯定所发生的进步性变化。一方面,在程序上妇女的离婚请求权得到明显的改善。尽管在固有法中有在"义绝"这一法律原则下,允许妻子在某种情况下向官府提出离婚的请求,但正如著名法制史学家陈顾远所指出的那样,"一般情形中每以夫有出妻之理,妻无去夫之道",①由于社会礼教的约束,实际上付诸实践的很少。除了社会礼教的约束外,在程序上这种请求权的行使也受到很大的限制。作为妇女,她不能自己提起诉讼,须有抱告之人。②

---

① 陈顾远:《中国婚姻史》,上海书店1984年影印版,第243页。
② 有关妇女赴讼须有抱告之人的诉讼实践,在清代的司法实践中相当普遍。有关在清代台湾的实践,见 Mark A. Allee, *Law and Local Society in Late Imperial China: Northern Taiwan in the Nineteenth Century* (Stanford, Calif.: Stanford University Press, 1994), p. 175. 在笔者查阅的奉天省诉讼档案中也不乏其例,如在清末的宽甸县,在县衙制定的《状纸例规》中便规定,绅衿、妇女和老疾之人须有抱告之人代其诉讼,见《宽甸县公署》16007,光绪二十九年(1903年)。详见第二章第二节相关讨论。

民国建立后遣抱制度被废除，取而代之的是近代的诉讼程序制度，妇女获得了跟男子一样的诉讼权利。这体现在离婚领域，便是妇女的离婚请求权在程序上不再受到限制。本章所分析的宽甸县 25 起全部由妇女单方提出的离婚案件，就是很好的例证。另一方面，在实体法上，在离婚法领域男女不平等的现状得到一定程度的改善。由于在这一阶段大理院的推事们在裁判中从西方法理中引进了一系列新概念，如离婚理由中的"不堪同居的虐待"、"重大侮辱"、"恶意遗弃"和离婚赡养费、子女监护权概念的提出和运用，使离婚法逐步向近代法转轨，并对基层司法审判机构的审判活动产生深远的影响。在夫妻双方经济收入、社会地位、身体力量等都不对等的情况下，这些概念的导入和运用，无疑在离婚领域向实现男女平等的目标迈出了一大步。然而，这种在离婚领域所发生的进步是渐进式的而不是革命性的，这主要表现在固有法中"七出"等原则的继续实行，继续承认妾存在的合法性并认为纳妾不构成重婚，同时继续在通奸是否构成离婚理由的认定上采取双重标准，即如妻子有通奸行为，丈夫可以请求离异；相反，如丈夫有通奸行为，他的行为并不构成离婚理由，可以说，性道德的双重标准继续主导着离婚法和司法实践。这些无疑都削弱了民国初期离婚法进步性的一面。

其次，我们应该注意到在近代离婚法的发展史上，民国初期的离婚法律和司法实践对国民党民法典的制定乃至民法典制定后的司法实践产生的影响。民国十九年（1930 年）12 月 6 日由国民政府颁布，并于民国二十年（1931 年）5 月 5 日施行的国民党民法典亲属编在离婚方式上规定实行协议离婚和判决离婚，在离婚理由的规定上采用列举式的方式，采纳有责主义和目的主义相结合的立法原则，具体规定于第 1052 条：重婚；与人通奸；夫妻之一方受他方不堪同居之虐待；妻对于夫之直系尊亲属为虐待，或受夫之直系尊亲属之虐待，致不堪为共同生活；夫妻之一方以恶意遗弃他方在继续状态中；夫妻之一方意图杀害他方；有不治之恶疾；有重大不治之精神病；生死不明已逾三年；被处三年以上之徒刑，或因犯不名誉之罪被处徒刑共十项构成离婚理由。① 不难看出，民国初期由大理院确立的离婚原则如"不堪同居之虐待""恶意遗弃"和"生死不明逾三年"等为国民党民法典所继承。同时民初大理院确定的有关子女监护权的原则，即夫妇离婚时得以协议的方法约定子女的监护方法，在没有约定的情况下，应由父亲承担监护的责任，也为民法典第1051条和1055条所继承。②

最后，我们在肯定民国初期的离婚法律和司法实践对国民党民法典产生影响的同时，也必须看到前者的有限性以及看到后者超越前者所显示的较为革命性的变革。这突出表现在男女平权的理念有了比较彻底的体现。国民党离婚法不仅基本上消除了性道德的双重标准，赋予女子与男子同等的离婚权利。就离婚理由而言，10条理由对夫妻双方都成立。比如通奸，新离婚法确立了贞操义务是夫妻双方的共同义务的准则，不论是丈夫还是妻子，只要其中一方与第三人发生性关系，包括丈夫纳妾、嫖娼，都可以构成离婚理由。因此，民国初期的离婚法在近代离婚法的发展史上起的是承上启下的桥梁作用，既有进步性又有局限性，但它无疑为二十世纪三十年代在离婚领域的较为革命性的变革奠定了基础。

---

① 商务印书馆编：《中华民国现行法规大全》，商务印书馆民国二十二年（1933年）版，第61页。

② 同上书，第61页。

第八章 乡村组织与基层调解

在前面七章中我们探讨了包括司法人员、诉讼程序、律师等要素在内的司法制度所经历的变革，同时在实体法领域，我们重点分析了典习惯的基本特征及其与司法裁判的关系，以及离婚法在清末民初所经历的变革。应该说前面的分析较侧重于从国家和裁判的角度，分析公平和正义实现途径和方式的变化，其关注问题的视角也更多的是从国家出发的法律中心主义，对纠纷解决采取的是一元论立场，即突出国家和司法裁判机构在公平和正义实现中的正当性、权威性和唯一性。在这一章，我们把重心转向纠纷解决的另一种机制，即诉讼外调解。和前面的分析不同的是，本章的视角和立场是多元正义论的具体实践，从多元的角度来看待社会正义及其实现途径，即承认国家和裁判机构之外的其他组织和团体在正义实现中的合法性和正当性。

诉讼外调解是诉讼方式以外，用来解决纠纷的一种重要方式，具体来讲，是指双方当事人在第三者介入的情况下通过合意的方式来解决纠纷。作为一种典型的非诉讼解纷方式，其基本特征是双方当事人的合意。调解人的作用主要体现在帮助当事人双方传达信息、沟通意见、发现共同点并进行一定程度的劝导说服，但必须以尊重当事人的意愿为前提。[①] 调解这一方式无论在过去还是现在，为息纷止争、排解纠纷

[①] 有关调解特征的分析，参见江伟、杨荣新主编:《人民调解学概论》，法律出版社1990年版，第1页；王建勋:《关于调解制度的思考》，《法商研究》1996年第6期，第75页；陈弘毅:《调解、诉讼与公正:对现代自由社会和儒家传统的反思》，《现代法学》2001年第3期，第9页。

发挥了不可替代的作用。这一制度也引起了国内外学术界的重视和关注。就研究现状而言,目前的研究侧重于对解放后的调解制度,尤其是人民调解委员会这一组织的分析。① 对这一制度在二十世纪上半叶的存在形态以及在这一时期由传统模式向近代模式的演变过程,目前学术界还缺少应有的关注。

民国以来,随着国家权力深入乡村,新型的基层国家政权和意识形态话语对调解这一具有高度自治性和民间性的解决纠纷的方式产生了深刻的影响。这种影响最明显的表现便是基层调解组织自身结构的变化,而这种变化在很大程度上是乡村组织政权化过程的产物。本章同样以档案资料为主要材料来源,以奉天省这一时期的基层调解组织为考察对象,以乡村组织的变迁为研究背景,探讨调解组织如何在国家权力的导引下,伴随着乡村组织的变迁,在民国初期所经历的规范化、制度化和官僚化的复杂过程。在对民国初期的调解制度进行考察以前,在本章的开始,还将对清代基层调解的基本形态作一概要式的分析和探讨。

---

① 对解放后人民调解委员会的讨论约可分为两部分,一是英文世界海外学者的论述,代表性的成果有:Donald C. Clark, "Dispute Resolution in China," *Journal of Chinese Law* 5, no. 2 (Fall 1991): 245 – 296; Fu Huanling, "Understanding People's Mediation in Post-Mao China," *Journal of Chinese Law* 6, no. 2 (Fall 1992): 211 – 246; Stanley B. Lubman, *Bird in a Cage: Legal Reform in China after Mao* (Stanford, Calif.: Stanford University Press, 1999), chaps. 3, 8, pp. 40 – 70, 216 – 249。二是国内学者的论述,代表性的著述有:郭翔、许前程、李春霖等编:《人民调解在中国》,华中师范大学出版社1986年版;李春霖主编:《人民调解手册》,北京出版社1989年版;江伟、杨荣新主编:《人民调解学概论》,法律出版社1990年版;张云清、张雨山主编:《人民调解工作理论与实践》,吉林大学出版社1990年版;蒋月:《人民调解制度的理论与实践》,群众出版社1994年版;范愉:《纠纷解决的理论与实践》,清华大学出版社2007年版。相关的论文数量众多,这里就不一一罗列。

第一节　清代基层调解的基本形态

对清代基层调解的形态进行系统分析，较早的有柯恩（Jerome Alan Cohen）的研究。① 二十世纪九十年代初黄宗智以华北的3个村庄为中心，对二十世纪二十年代至四十年代的基层调解制度进行了较有深度的个案剖析。② 黄宗智对清代基层调解的研究是以这样的一种假设为前提，即清代至民国时期的调解模式在本质上没有发生变化，他试图通过对民国时期调解活动的分析来反映清代的调解模式和特征。另外，梁治平在其《清代习惯法》一书中对清代基层调解中调解人的主要类型也有所涉及。③ 这些研究使我们对清代基层调解制度的基本形态有了较为清晰的了解。概括起来讲，在清代国家政权的有效管理只到县一级的情况下，国家政权对民间调解事务的介入是非常有限的。活跃于基层社会的主要调解人有乡约、中保人，双方当事人的亲戚和士绅这样一些跟乡村社会有着密切关系的群体，他们在不同的场合和不同类型的纠纷中扮演着调解人的角色，接下来分别对他们作一勾勒。

一、乡约调解

乡约的内涵丰富，据段自成先生的研究，大体有四种含义：首先指的是乡村中一定范围的民众相约遵循的乡规民约；其次指的是宣讲活动，包括了州县官朔望讲读圣谕的活动，以及乡约组织的每月朔望讲读

---

① Jerome Alan Cohen, "Chinese Mediation on the Eve of Modernization," *California Law Review* 54, no. 3 (1966): 1201-1226.
② Philip C. C. Huang, *Civil Justice in China: Representation and Practice in the Qing* (Stanford, Calif.: Stanford University Press, 1996), chap. 3, pp. 51-75.
③ 梁治平：《清代习惯法》，中国政法大学出版社1996年版，第123页。

圣谕或乡规民约的活动,是一种教化活动,目的在于劝善惩恶,广教化厚风俗;其三,乡约指的是乡约长、约长、约正,是一种官役;其四,乡约指的是民众自愿或根据官府的强制,依地缘或血缘或其他关系组织起来的基层社会组织。一般认为,乡约萌芽于周朝的读法,形成于宋代的吕氏乡约,在明朝开始得到官府的提倡,在清代得到普及。在清代,乡约讲读圣谕一类的教化职能减弱,行政管理职能加强。① 这里所指的乡约,主要是指乡约长、约长、约正一类的负责乡约这一组织的个人。据段自成先生的考证,奉天地区乡约的出现应在雍正四年(1726年)以前,但普遍推行乡约则是在光绪年间。② 从清末奉天省的档案材料看,乡约一般由乡村社会中的中下层人士担任,他们先由地方士绅保荐,然后由地方官发给印谕,规定其职责。如在光绪二十九年(1903年),复州聚社因原乡约王国泰年老告退,由士绅顾人仪等保荐民人尹正芳充任,并由知州发给印谕,"既据该保人顾人仪等举报尹正芳充乡约,姑给谕试充……,该约日后务当勤慎从事,如误追谕并究……"。③ 又如宣统二年(1910年),宽甸县井峪、四平街两牌合并后,④当地会首等商议,公举原井峪乡约庞希文充当新成立的平峪牌乡约,并上呈知县萧鸿钧,请求允准,随后知县发布谕饬,同意所请,仍令庞希文充当乡约。⑤

乡约的一项重要职能就是调解民间纠纷。对于这一职能的具体履行情况段自成先生曾作过精辟的阐述。⑥ 他认为,乡约调解民间纠纷

---

① 段自成:《清代北方官办乡约研究》,中国社会科学出版社2009年版,第1—2页,第271—275页。
② 同上书,第31—32页。
③ 《复县公署》11904,光绪二十九年(1904年)。
④ 此处的牌,规模约相当于乡,下辖若干村。
⑤ 《宽甸县公署》891,宣统二年(1910年)。
⑥ 段自成:《明清乡约的司法职能及其产生原因》,《史学集刊》1999年第2期,第45—49页。

的方式主要有两种,即约会调解和现场调解。所谓约会调解就是于朔望约会时会同全体约众进行,但由于这种方式受时间限制,不利于及时息纷止争,因而随地随时的现场调解便应运而生,并成为乡约的一项重要任务。乡约调解的纠纷主要是属于民事纠纷的婚姻、田土、钱债等事,但一些刑事纠纷,只要当事人不诉诸官府,乡约均可予以调解。现存档案材料中不乏乡约充当调解人的案例,这里举两例具体说明。第一例发生在奉天省东北部的兴京府。光绪三十二年(1906年)春张福和李德霸因典地回赎一事产生争执,张福欲回赎早年出典给李德霸的一份田地,李不同意,认为该田地系出卖非出典,拒绝了张回赎的要求。双方的争执引起了乡约孙德有的注意,孙居中斡旋,试图使双方达成协议,消除纷争。① 另一例发生在奉天省东南部的宽甸县。光绪三十三年(1907年)张王氏和白玉山两儿女亲家产生了纠纷。张王氏称自己的儿媳妇,即白家的女儿,多次想用毒药毒死她,而且常常久住娘家不归。跟张王氏同住一村的乡约刘福有闻讯后,便积极展开调解,最后白玉山同意将女儿送回张家。②

上述两例中乡约的调解,都是在纠纷发生后乡约主动介入消弭纷争,另一种情形则是当事人将争端诉诸公堂后,知县要求乡约介入调解,属于第二章所讨论的诉讼内调解第一种情形中的主动型调解和指令型调解。主动型调解的案例已经在第二章有所介绍,这里不重复,另举一受知县之命介入调解的指令型案例。光绪三十二年(1906年)5月民人郭仲三来到宽甸县县衙喊控周杰之子殴伤其父亲。事情的经过是,郭的父亲郭仁福牧牛归来时其牛与刘家的牛在周家门前顶架,把周

---

① 杨丰陌、赵焕林主编:《兴京旗人档案史料》,辽宁民族出版社2001年版,第244页。
② 《宽甸县公署》16260,光绪三十四年(1908年)。乡约调解民间纠纷,据李雪梅的研究,在清代陕西安康地区也相当普遍。见李雪梅:《明清碑刻中的乡约》,韩延龙主编:《法律史论集》第五卷,法律出版社2004年版,第341—342页。

家的庄稼踏坏,周家的大儿子便殴打郭仁福。县衙受理案件后,没有传讯当事人,而是命乡约理处,"两造衅起玉微,未免过好兴讼,着本牌乡约秉公理处仍将理处情形禀复着各具结完案"。① 最后在乡约的调处下双方具结完案。

二、其他调解人

除乡约外,另一重要调解人便是中人和保人,这两种角色有时联称为中保,由同一人担任。在传统农业社会,中保对于交易双方信任关系的建立和维持至关重要,在买卖、典当、借贷、租赁和雇佣等契约中往往要求有中保人签名画押,此时,中保人不但是契约成立的促成者、见证人,而且往往也是以后纠纷出现时的调解人。在法律资源不足的情形下,中保这一角色本身已经内置了某种调解或缓冲机制,正如有学者指出的那样:"中人的在场补偿了国家的不在场。"② 现以一发生在奉天省海城县的纠纷举例说明。在光绪二十九年(1903年)年底,典主李德春向海城县衙起诉业主梁鸿儒,在诉状中他称,两年前他以4,000吊的铜钱向梁鸿儒典了两块地,最近业主梁决定以4,000吊铜钱的价格将地赎回。但由于近来铜钱贬值严重,如以原价回赎,他将损失100余元,因此不同意回赎。这时在中人谭兆丰的调解下,梁鸿儒同意在原价之外再增加回赎金额,以弥补典主李德春铜钱贬值后的损失。但梁鸿儒在支付了3,000吊以后,没有继续履行约定的内容,典主李德春因此向县衙起诉。知县受理该案以后,决定派书吏和衙役下乡,要求他们会同中人进行调解。③ 此案中中人谭兆丰所起的调解作用很明显,他先是在纠纷出现后,进入诉讼程序以前,进行调解,在进入诉讼程序后,又被

---

① 《宽甸县公署》16170,光绪三十二年(1906年)。
② 吴向红:《典之风俗与典之法律》,法律出版社2009年版,第26页。
③ 《海城区法院》1347,光绪二十九年(1903年)。

知县要求再次介入调解,其作用可见一斑。除了中保人以外,与婚姻关系有关的媒人往往在纠纷出现时也承担着调解人的角色,关于这一点,大量的诉讼档案提供了很好的例证,这里就不赘述了。①

最后一种类型的调解人是双方当事人的亲戚。这里亲戚的概念既包括了宗亲(宗族成员,往往是族长一类的宗族长老)也包括了姻亲。如果第三方跟纠纷双方都有亲戚关系,那么他很有可能介入充当调解人。调解的内容既可以是家庭事务,也可能是家庭事务以外的一般民商事纠纷。如光绪二十八年(1902年)初,旗人倪春宝向兴京协领衙门状诉施振山。事情的经过是,在光绪十九年(1893年)他的叔叔生前将田地一块典给了施振山,典价为3,870吊,最近他决定将地赎回,但遭到了施的拒绝。在协领着手审理此案前,一位名叫郭永新的人向协领衙门提出申请,要求出面调解,在申请书中他称跟纠纷双方都有亲谊。协领同意了他的请求,在他的努力下,双方最后和解撤诉。② 在这起土地纠纷中,郭永新因跟倪春宝和施振山都有亲戚关系,出面充当调解人并成功地排解了纠纷。

另外,因士绅这一阶层拥有文化,掌握着乡村社会的话语权,成为乡村社会的权威,因此,他们常常也是乡村社会中较为活跃的调解人。

乡约、中保、双方当事人的亲戚和地方士绅是清代基层社会中的主要调解人,除此以外,如第二章的分析所展示的那样,充当调解人的还

---

① 发生在奉天省东部宽甸县的一起悔婚纠纷提供了一个很好的例证。民国六年(1917年)4月30日,61岁的家住小长甸子的王文祥将同村的刘才告到了县公署。事情的经过是,6年前在媒人李德禄的撮合下,王文祥为其三子王志富聘定刘才之女为婚,并已赠予聘金等,但近来刘才携女潜逃他乡,不肯完婚。在县公署正式受理此案前,在媒人李德禄等的调解下,双方同意择期完婚。和解状的部分内容是这样的,"切因王文祥控刘才容心悔婚一案,现经身等调处完结。刘才甘心送女行嫁,王文祥率子择日迎娶。两造各无异言,是以协同原被来禀请求销案,伏乞,监督案下 公鉴,和解人 李德禄 毕中亭,中华民国六年5月5日"。此案尽管发生在民初,但应该说也是清代相似情形的延续。见《宽甸县公署》7447,民国六年(1917年)。
② 杨丰陌、赵焕林主编:《兴京旗人档案史料》,辽宁民族出版社2001年版,第133页。

有乡邻、乡耆等。他们既可在纠纷出现后,诉讼开始以前介入调解,也可能在诉讼开始以后,或被动(如在知县的要求下)或主动地介入调解。需要补充的是,以上关于调解人的分类是权宜性的,交叉的,而不是绝对的。比如一个调解人有可能既是地方士绅同时又是纠纷双方的亲戚,也有可能既是交易双方的中保同时又跟双方有亲戚关系。总的来说,这些调解人的调解活动基本上游离于国家权力的控制之外,即使如乡约一类组织或个人,尽管有时是在地方官大力推行下产生,并由后者授予印谕而获得"合法性",也仍以地方自发性为主要特征。可以说,自治性和自发性是清代基层调解的基本特征。

第二节 近代乡级政权的早期变迁:自治运动中的乡镇和区制的出现

一、清末民初的乡镇自治

1) 清末乡镇自治的肇始

近代对乡村政权结构产生较大影响的变革首推清末"新政"期间实行的地方自治。光绪三十四年12月27日清政府颁布宪政编查馆核议的《城镇乡地方自治章程》和《城镇乡地方自治选举章程》,标志着由政府主导的地方自治的正式开始。宣统元年12月27日清廷又颁布了《府厅州县地方自治章程》和《府厅州县议事会议员选举章程》。以上四章程分别对从乡到府各级的自治事宜做了规定。根据马小泉的研究,清政府所定的各级地方自治章程,基本上是模仿明治维新后日本的地方自治法规。日本自治制度分为三级,以市町村为下级自治,以郡为中级自治,以府县为上级自治,自治团体之中,分立法、行政二部,议会主立法,参事会掌行政。议会自府县而郡市而町村各级均设有,而参事会仅在府县郡市设立,而町村因行政不繁,故无参事会。各级自治团体成员,或以限制选举法选举产生,或由各会推荐呈报官府选定。各级自治团体的权力和活动,要受上级官府的严格控制与监督。清末地方自治略分为两级,以城镇乡为下级自治,以府州县为上级自治。城镇乡相当于日本的市町村制,府州县制相当于日本的郡制。① 不难看出,清末地方自治制度在很大程度上是对日本地方自治制度的借鉴和模仿。

就城镇乡一级的地方自治制度而言,《城镇乡地方自治章程》明确了城镇乡地方自治的目的、范围、组织形式、自治经费和监督方式。按照该《章程》,凡府厅州县官府所在地为城,其余市镇村庄屯集等地人口满5万以上者为镇,不满5万者为乡。城镇乡自治范围以学务、卫生、道路、农工商务、慈善事业、公共营业和筹集自治经费为主。至于地方自治之机关,凡城镇均设议事会及董事会,凡乡均设议事会及乡董。

议事会由城镇乡选民互选产生,凡具本国国籍,年满25岁,在该城镇乡连续居住3年以上,并年纳正税或地方公益捐2元以上的男子,均具选举及被选举权。城镇议事会议员以20名为定额,每加人口5,000人,得增议员1名,但不得超过60名的上限。乡议事会则依人口比例另定名额,少于2,500人之乡,得举议员6名,超过2,500人,则以次递增,至多可选出18名。议员为名誉职,不支薪水,任期2年,每年改选半数。各级议事会每季召开1次,会期以15日为限,必要时得展延10日以内,主要职权为议决本城镇乡兴革事宜,包括自治规约、自治经费、选举争议和自治职员的惩戒等事务。城镇董事会为执行机关,设总董1人,董事1至3人,名誉董事4至12人,由议事会就本城镇选民中选举,呈请地方长官核准任用,任期均为2年,其职权是执行议事会议决

---

① 马小泉:《国家与社会:清末地方自治与宪政改革》,河南大学出版社2001年版,第137—138页。

事项与地方官府委任办理事务,并负责筹备议事会选举及议事之责。乡的地方自治执行机关较为简单,仅设乡董、乡佐各1名,由乡议事会就本乡选民中选举,呈请地方长官核准任用,其任期与职权,与城镇董事会相同。①

　　清末的地方自治制度,归纳起来大概有三个特点;一是自治范围较为宽泛,已在某种程度上具有近代意义的地方自治色彩,自治范围涉及学务、卫生、道路、农工商务、慈善事业、公共营业。二是地方职员的产生,在一定程度上具有民主选举的意义。具有本国国籍,年满25岁,在该城镇乡连续居住3年以上,并年纳正税或地方公益捐2元以上的男子,均有选举及被选举权的规定,使相当一部分成年男子具有了选举权和被选举权。三是地方自治制度的核心是各级地方自治机关均受政府监督,以自治辅助官治。城镇议事会、董事会成员和乡议事会成员以及乡董、乡佐被选举后,均须呈请地方长官核准任用。而且该管地方官有权查其有无违背定章,令其报告办事成绩,征其预算、决算表册,随时亲往检查。甚至地方官有申请督抚"解散城镇乡议事会、城镇董事会及撤销自治职员之权"。②

　　2)奉天省的乡镇自治运动

　　奉天省的地方自治组织可追溯到光绪三十年(1904年)7月日俄战争期间由张榕、洪东毅、郑俊卿等在奉天东北部的兴京、海龙成立的统属周围八县的东三省保卫公所。该公所表面上看是一个单纯的军事组织,实际上是一个功能多样的地方自治机构。依据《创立东三省保卫公

---

① 《大清新法律汇编》,麟章书局宣统二年(1910年)版,第103页。
② 《政治官报》第825期,宣统二年(1910年)1月8日。以上关于地方自治特点的分析见马小泉:《国家与社会:清末地方自治与宪政改革》,河南大学出版社2001年版,第141—142页。另参见 Roger R. Thompson, *China's Local Council in the Age of Constitutional Reform*, 1891-1911 (Cambridge, Mass.: Council on East Asian Studies, Harvard University, 1995), p. 111.

所章程》,保卫公所的组织机构由董事及议员组成。董事从本地绅商中选择推举。公所从董事中公举一人为总办,一人为副总办,总理一切,以4年为期,届期另举。如有众望所归不忍更易者,准留一任,但总办一职不得超过8年,以昭公允。公所任事机关分为五大股,一为会议股,是为议法机关;二为裁判股,是为执法机关;三为交涉股,负责交涉事务;四为财政股,负责公所经费及地方公款;五为武备股,办法有二,一是保甲,二是团练。①

东三省保卫公所在日俄战争期间创办,应急权宜的色彩较重,存续的时间也较为短暂。而在光绪三十年(1904年)底在部分奉天绅商支持下,由赵尔巽创设的奉天保卫公所则存续的时间相对来说要长一些,并为宣统元年(1909年)以后实施由清廷颁布的自治章程奠定了较好的基础。光绪三十三年(1907年)《奉天保卫公所实行新章》规定,"以保卫地方人民生命财产及扩充本地方一切利益为宗旨,不妨外交,不碍国权,惟于保卫范围内一切权利,务期完全无缺"。奉天保卫公所在省城设立总局,所属各县设立分局。总局设总董一人,执行一切事宜;设副总董一人,总董有事故则副总董为其代理;分局设分董一人。保卫公所的职能除保卫治安外,另有编排保甲,调查户口、风俗、道里、营业、财产、商业、田亩和学校等社会实情,禁止赌博、偷窃、游惰、污秽等不良和不法行为,救护火灾、水灾等灾害,修治街道、桥梁、沟渠等公共设施。②奉天保卫公所是在外患不断加剧的情况下,地方士绅发起的以维护地方治安为第一要旨并兼办其他事务的地方自治机构,它无疑开了地方自治活动的先河。

---

① 马小泉:《国家与社会:清末地方自治与宪政改革》,河南大学出版社2001年版,第69—71页。

② 《奉天保卫公所实行新章》,《东方杂志》第三年第1期,转引自马小泉:《国家与社会:清末地方自治与宪政改革》,河南大学出版社2001年版,第72—73页。

宣统元年(1909年)初清廷颁布地方自治章程后,同年10月,在奉天保卫公所的基础上,奉天地方自治筹办处成立。① 依据《城镇乡地方自治章程》和《城镇乡地方自治选举章程》的规定,地方自治筹办处制定了一系列的地方规程,主要有《议事会互选议长副议长细则》、《议事会议事规则》、《议事会议场规则》、《议事会旁听规则》、《议事会文牍庶务员办事规则》、《议事会会场式》、《董事会及乡董选举细则》、《董事会办事细则》、《乡董办事规则》等。② 此后作为推行地方自治的另一步骤便是开办地方自治研究所,培训自治人才。奉天省自宣统元年(1909年)开办自治研究所,到宣统二年(1910年)末,共培养学员3,785名。③

关于地方自治在各县的推行情况,档案材料和地方志中都有不少记载。如海城县于宣统二年(1910年)年开办地方自治,划分全境为6镇8乡、城厢及乡选民会共16处,每一处所辖的村数从2到108不等。④ 又如在宽甸县,宣统元年(1909年)冬,县知事萧鸿钧令创设自治研究所,并饬令各地选送学员入学研究。宣统二年城厢议事会和董事会暨县议、参事两会相继成立,至宣统三年(1911年)5月各乡镇自治会成立,全县划分为7个自治乡镇。⑤ 到辛亥革命开始时,奉天全省已有城议事会、董事会各41个,镇议事会、董事会各62个,设立乡议事会、乡董的地方有302个(另有厅州县议事会、参事会38个)。⑥

---

① 焦润明等著:《近代东北社会诸问题研究》,中国社会科学出版社2004年版,第52页。
② 奉天自治筹备处编:《城镇乡自治会规则》,《民国资料》第1082,辽宁省档案馆藏。
③ 焦润明等著:《近代东北社会诸问题研究》,中国社会科学出版社2004年版,第52页。
④ 《海城县志》卷五《政治》,民国十三年(1924年)。
⑤ 《宽甸志略》之《自治简明表》,民国四年(1915年)。
⑥ 《内阁官报》,宣统三年(1911年)9月13日;《奉天全省各镇乡地方自治董事会总董董事名誉董事乡董乡佐履历清册》,《民政部档案》1509-172,中国第一历史档案馆藏,转引自马小泉:《国家与社会:清末地方自治与宪政改革》,河南大学出版社2001年版,第157—158页。

清末开始的自治运动一直持续到民国初年,直到民国三年袁世凯下令停止为止。在民初的三年时间里,各县的自治机构继续活动,履行职责。关于这一时期自治会的活动情况,档案材料提供了一些线索。如宽甸县安平乡于民国二年8月改选了议事会,经调查确定,共有合法选民845名,经选举改选选出议员16名,其中7人为宣统三年时当选的议员。从出身看,有8人注明为"业儒",其身份应属于士绅阶层。按春夏秋冬四季,乡议事会举行会议讨论应兴应革事宜。该年春季会议议决堡防一件。报知事后由后者将堡防改为预警,以符定章。夏季会议,议决划分区域一件。建议将警区和乡镇区划一致,以便协调。秋季会议议决四件:(1)议决本乡学校一律改为私塾;(2)议决各牌长均改为百家长;(3)议决本乡烧锅(即酿酒厂)一座,请求免征税课,令其停烧所存之粮并禁止粮食出口,一概留备民食;(4)附设崇俭会办理崇俭一切事宜。从前无益之费一律戒除,同时制定了崇俭规程。冬季会议议决三件:一是划并区域,二是商户担任户捐事宜,三是撤销牌长,改选百家长。全年春夏秋冬四次会议,总共议决9件议案,平均每次2件左右。涉及治安、区域划分、教育、地方经济和风俗改良等方方面面。①

清末民初的乡镇自治运动,虽然持续时间较短,但其对乡村社会的权力结构还是产生了深远的影响。乡镇自治运动的主体以士绅为主,乡镇自治为绅权参与政权提供了全新的机会,但绅权和政权还没有到结合的地步,乡镇自治仍以绅权为主,只是受到国家政权程度不等的监督而已。

二、区制的出现

民国三年(1914年)乡镇自治停止以后,乡镇作为一级组织不复履

---

① 《宽甸县公署》528,民国二年(1913年)。

行其实际功能,仅仅作为区划单位在名义上被保留下来。自民国五年起区作为一种新的区划单位开始出现。该制度肇始于铁岭县制定的《城乡区长办事规则》,该规则以清查户口及保证土地买卖借贷款项为要点,后经奉天巡按使公署重加修订,制订成《奉天各县区长试办地方公益规则》(以下简称《区长试办地方公益规则》)13条,并于民国五年6月30日以奉天巡按使公署饬774号下发各县推行。《区长试办地方公益规则》规定各县一律设区,"城镇及各乡得由县知事视户口多寡暨地形及习惯酌划区数,区数宜多,区域宜小,以合数村能成一团体为度"。区长则由地方公正士绅公推合格绅民请县知事遴选,以专办地方公益事宜。担任区长者,须具备下列资格,"有本国国籍,年满30岁,居住本区接续至3年以上,具备左列资格者得选充区长,(1)文理通顺者;(2)曾办地方公益2年以上或乡望素孚者;(3)有不动产千元以上者,依此条资格被选为区长者,应具殷实铺保再由县知事发给委饬,并开具履历详报省署备案"。

　　区长的职责包括了以下四项:(1)办理本区内买卖土地及借贷保证事宜;(2)协同警察清查户口暨办理卫生取缔枪械,报告死亡、迁徙、失踪事宜;(3)协同收捐处催收地方款项并受县知事委托帮催钱粮正款;(4)帮助保护外国人到境游历事宜。以上四项为区长主管事宜,"其余交通水利,慈善教育各项公益事件,亦应酌量筹拟禀县办理"。区长的经费来源于两种途径,一是本区典卖土地经区长保证,每地价百元,卖者抽保证费一元,典者抽保证费五角,买卖双方各出一半,归区长办公;二是本区借贷钱项由区长填发四联单,每百元借主暨出借者各缴纳保证费一角,不及百元者保证费亦以一角为准。① 由于民间私典私卖现象严重,为惩罚规避由区长保证,逃避保证费的现象,后又由省长公署

---

① 《海城县公署》1453,民国六年(1917年)。

发布训令,规定对此的惩罚办法,规定罚金为 1 元以上 10 元以下。①

《区长试办地方公益规则》颁布后,各县先后开始筹办区级组织。海城县知事在接到筹办的饬令后,认为该规则所定范围不无窒碍,应予变通,突出表现为两点,一是区长职务繁重,当有辅助之人,应设录事、夫役等人;二是规则所定每区以数村为标准,"其土地人口既少,而典卖借贷亦属无几,所收费款必至不敷开支",因此认为,海城前自治区域分为 6 镇 8 乡及城厢、乡选民会 16 处,拟将 6 镇 8 乡、城厢各分为二,共划分为 30 区,设区长 30 人,其乡选民会另作一区设区长 1 人。奉天省长公署在接到报告后对建议中的第一点进行了批驳:"设置录事一节,迹近铺张,殊属不合;"对于第二点,要求另行酌量筹划具报。海城县最后拟定了划分区域选任区长办法,按照全自治区域城厢、6 镇 8 乡并乡选民会,每镇分为 5 区,每乡分为 3 区,城厢亦分为 3 区,乡选民会作为 1 区,统计全境为 60 区,每区设区长 1 人。在划分时,以城镇乡原区域为固定区域,不得截长补短稍有变更,须在该原区域内进行划分,同时以人口为比例,以不变更村屯界限为合宜。海城的这种划分办法得到了省长公署的批准。此后不久,海城县拟订了《各区长试办地方公益施行细则》18 条,对区长如何管理卫生、买卖枪械、保护外国人游历、保证典卖土地及借贷款项等事宜做了具体规定。②

考察民国五年开始推行的区长制度,我们发现有这样一些特点,一是区的管辖范围较小,只是数村的联合,明显小于乡镇自治时的乡镇范围。二是区长还没有成为国家政权的正式成员,其既无辅助人员,又无固定薪水,经费来源于充当典卖土地、借贷交易时保证人的保证费,收入较不稳定。很显然,此时的区组织还没有正式成为政府派出在乡村

---

① 《奉天省长公署训令第 172 号》,民国六年(1917 年)2 月 8 日,同上注。
② 《海城县公署》1453,民国六年(1917 年)。

中的一级行政机构,而只能说具有一级行政机构的雏形而已。

第三节 区村制和区长评议制度

一、区村制大概和性质

民国六年(1917年),也即袁世凯死后的次年,张作霖被任命为奉天督军兼省长,成为奉系首领。张作霖的统治得到了"文治派"头领王永江的大力辅助,王曾出任财政厅长,成为张的理财能手,从民国十一年(1922年)到民国十六年(1927年)又出任奉天省代理省长。在王永江的实际管理之下,一系列革新内政的措施相继出台,其中的一项重要措施便是基层政权的改造和强化。于民国十一年年底颁布并于次年初开始实施的《奉天省各县区村制试行规则》便是这种努力的具体体现。该规则规定各县划分为8区,每区管辖若干村。区设区长1人,隶属于县,辅助县知事办理地方行政事宜,以为地方自治之先导;对于地方上应办理的事宜,区长有秉承县知事命令监督各村长办理的职责(第1、2条)。

1)区村长资格和职责

区长由年满30岁以上,55岁以下持续在该区居住3年以上,并符合下列条件之一的人员担任:(1)公正士绅素孚众望,明达政体者;(2)从政多年富有经验,品行端正者;(3)法政学校毕业,办过地方行政,信用孚于乡里者;(4)曾充农商学各会长、会员,办理地方公益却有事实,素洽舆情者(第11条)。各县知事从符合上述条件的人员中选择两人送省公署考察拣委,区长任期为2年,可连任,但连任不得逾6年(第8、9条)。区长在区公所办公,如因事务之必要,由区长酌用助理员1人,雇员1人,负责缮写文件,另外额设公役2名,由区长雇用。区长的薪水为奉大洋30元(第14—16条、63条)。区长的职责是多方面的,具体包括,督率村长副调查户口;侦查匪盗、禁止赌博、禁止吸烟;地方官委令执行事件,宣讲各长官命令、布告事件;办理义仓积谷,督率村长副整顿学校、劝办实业;修筑道路桥梁、种植树木、改良农村水利(第17条)。

这一时期奉天省区制的设立代表着国家政权由县一级向更低层次进一步渗透的趋势。和民国七年(1918年)阎锡山在山西设立的区制相比有相似的地方,但也有差别。据孔飞力(Philip A. Kuhn)的研究,在山西的区长制度中,区长的任命实行回避制,即本区人员不得在该区担任区长,[①]而奉天的制度则没有这样的限制,这可从下文海城县各区长的履历中得到印证。这种差别表明,在民初建立区级政权时,各地区有一定的差别。另外,同上文讨论的民国五年(1916年)开始推行的区制相比较,民国十二年(1923年)实行的区长制度已成为一级行政机构,区长不仅有其辅助人员,而且还有固定的薪水。

在设立区长制度的同时,《奉天省各县区村制试行规则》还对村制做了规定。村内居民在200户以上者设村长1人,村长副1人,其零散小村应指定主村联合若干村合设村长副(第38条)。担任村长副需具有下列资格,年龄在30岁以上,55岁以下;持续在本村居住3年以上;办事公正素孚乡望,初通文理及有财产价值在2,000元以上者(第44条)。村长副先就其习惯上原有之村长副担任之,如有撤换之必要时,由区长就该符合资格的人员中指择3人,请县公署拣委,呈报省公署备案(第41条)。村长副任期1年,可连任,但不逾3年(第43条)。关于村长副的职责,除跟上述区长所担任的职责有相同的地方外,还包括本村公益和公安事项,以及将本村有关婚嫁迁移事项、外国人来村侨居

---

① Philip A. Kuhn, "Local Self-Government under the Republic: Problems of Control, Autonomy, and Mobilization," in *Conflict and Control in Late Imperial China*, ed. Frederic Wakeman, Jr. and Carolyn Grant (Berkeley, Calif.: University of California Press, 1975), pp. 284-285.

或调查事项随时报告,另外还负责本村水旱灾事项,管理本村会款事项等(第47条)。最后,村长副办理村事务纯尽义务,不另支薪,办公经费月定小洋10元。

2) 区长履历剖析

对区村制尤其是对区级政权性质的理解,离不开对区长这一群体的分析。对这一群体特征的把握在一定程度上决定着对区级政权性质的认识。笔者有幸从档案材料中收集到了海城和复县两县区长的履历。这些履历较为全面地反映了区长们的出身、教育背景、担任区长前的经历等情况。现先将复县8位区长的简历列表如下:①

表8.1:复县各区区长履历 (截至民国十四年6月)

区	区长	学历	任职时间	经历
第一区	宁金岚	中学	1923.1.15	商会会长、国民学校学董
第二区	张文明	地方研究所	1923.1.15	镇董事会总董、县参事会参事员、警察巡记长、保卫团文牍员、警察所书记长、种棉劝桑委员
第三区	傅焕章	不详	1924.10.15	税捐总局卡长、榷运分局二等书记官、劝学所会计、税捐分局补征调查员
第四区	宋之栋	警务学堂	1923.1.15	警察巡官、预警区区长兼教育联合会员、保卫团团总兼清乡助理员、县警察所总务股员、团练团正
第五区	吕德成	高等小学校	1924.11.17	小学校长、警察厅勤务督察员及查捐员、代理勤务督察长、额外科员兼保护总队调查员、保甲保长、区教育研究会会长、教育公所事务员、区教育委员兼婚书稽查员
第六区	潘嘉善	不详	1923.1.15	乡自治会乡董

---

① 复县现属大连市管辖,清雍正四年(1726年)设复州厅,十一年(1733年)改为州,民国二年(1913年)2月改为县。见《奉天通志》卷一百二十四《职官》,民国二十三年(1934年)。

（续表）

| 第七区 | 连丕钧 | 高等小学校 | 1925.4.29 | 预警总理、小学校长、村公所村长、区公所助理员、义务教育委员 |
| 第八区 | 姚种德 | 不详 | 1923.1.15 | 乡自治会乡佐、印花劝导员 |

资料来源：《复县各区区长到差日期及履历表》，《复县公署》8990，民国十四年。

从复县 8 区区长的教育背景看，除 3 人的背景不详外，2 人有高等小学校学历，2 人有中学学历（假设警务学堂相当于中学学历），1 人毕业于地方研究所（即为地方自治研究所），他们均在科举废除后接受过初等或中等学校教育，属于初通文理人员。在担任区长以前，他们的工作经历呈现出多样性，但又有一定的规律可循，即他们基本上在教育、税务、警察系统内服务，也就是说是在清末"新政"以后新出现的由国家主导经营的地方事务中任职。其中 3 人的简历还显示，他们在早期的乡镇自治机构中担任职务，这在一定程度上反映出一十年代初的乡镇自治和二十年代的区村制在人事方面有一定的关联性。

在分析了复县 8 区区长的履历以后，接下来再看看海城 9 区区长的简历，我们同样以列表的方式加以说明。海城在复县之北，南满铁路贯穿境内，设县较早，清顺治十年（1653 年）11 月置海城县。① 人口也较稠密，据宣统年间的《海城县志》的记载，当时已有人口约 70 万，② 为奉省的一个大县。

表 8.2：海城县各区区长履历（截至民国十二年 12 月）

区	区长	学历	年龄	籍贯	经历
第一区	刘冠应	陆军学校	40	海城县	乡防总稽查、预警教练所所长、预警总甲、保卫团办事员、种树公会干事长、保甲委员、清乡办事员、种树劝导员、县征收支局长

---

① 同上页注。
② 《海城县志》，宣统元年初版，辽宁民族出版社 1999 年重印版，第 16 页。

（续表）

第二区	徐度麟	预警教练所	34	海城县	甲长、区长、保长、自卫团队长、总甲长
第三区	尚其善	附生，高等巡警学堂	44	汉军旗	教员、警务局行政股员、巡警教练所所长、警察所总务股员、县警务长、县署行政科员、警察所警佐、警察事务所事务员兼教员
第四区	李贵彬	不详	35	海城县	镇议事会议员、预警稽查、国民学校学董
第五区	赵裕成	候补笔贴式，法政学堂校外毕业生	48	海城县	镇董事会总董、区长
第六区	刘志升	不详	49	海城县	乡佐、区长
第七区	栾东壁	不详	49	海城县	创办小学校、乡自治会议员、粥厂经理员、筹办地方储蓄会任董事
第八区	赵克泰	自治研究所	55	海城县	乡正、河工局兼理员、选举调查员、县地方收捐处总董、镇议事会议员、县议事会议员、州会计科科长、粥厂经理员、收发员、区长
第九区	万家荫	师范学校	36	海城县	教员、学监、坝会会长

资料来源：《海城县选送区长履历册》，《海城县公署》32363，民国十二年。

  上表显示，9位区长平均年龄在43岁左右，处于年富力强的阶段。从教育背景看，除3人的资料不全外，毕业于专门学堂的有4人，即分别毕业于陆军学堂、巡警学堂、师范学堂和法政学堂，另2人毕业于短期的培训机构，如巡警教练所和自治研究所。就他们担任区长前的经历看，跟复县各区长的情况相似，均从事跟警察、保甲、税务、教育相关的事务，是基层事务的积极参与者。另外有5人的简历还显示，他们在宣统二年推行的乡镇自治中被选举为议事会议员，或继而被推举为董事会总董或乡佐等，跟上述复县的情况也基本相似。

综上所述，通过对两县区长履历的分析，基本可以得出这样的结论，他们均是清末新政以来地方各项国家参与经营的新兴事业的积极参与者，服务于警察、保甲、税务、教育等行业。另外他们还从事一些和社会公益直接相关的事务，如办粥厂、办储蓄会，担任水利工程组织如坝会的负责人等。他们的受教育程度在初等或中等水平，基本上是"新政"后开办的新式教育的毕业生。可以说他们是科举制度废除以后，新式教育培养出来的活跃于基层的新的士绅。区村制的设立为这一批新式士绅提供了新的活动空间，成为国家权力向县级以下渗透的积极参与者和推动者。借助于区级政权这一新型组织，绅权和国家政权较好地完成了结合。

二、区村制和调解的制度化、官僚化

作为基层事务的积极参与者，区长除承担调查户口、侦查匪盗、禁赌、禁烟等职责外，还承担另一重要职责，即调解（或称评解、评议）各种民事纠纷。根据《奉天省各县区村制试行规则》，区长评议民事案件的主要规定有：纠纷在进入区长评议以前，应先经村长副劝解，如果村长副劝解不成功，得请求区长评议解决，但接受评议的纠纷所涉及的内容仅以民事为限；区长对于评议的案件，仅仅有劝谕解决的权力，不许强力胁迫当事人接受评议结果；对于不能劝息的纠纷，该区长应修具意见书送县署迅判；对于区长在一年内评议民事纠纷在80起以上者，应由县知事呈请省长给予奖励。但区长在民事评议过程中擅用强力胁迫，甚至致毙人命者，或者在评议过程中暗行受贿或情面处理不公者，情节较重者除立予撤换外，并应逮案依律惩办。这些规定强调了调解的自愿原则和公正原则，区长不得运用行政权力强迫当事人接受评议结果，区长不得在评议过程中有受贿或碍于情面而有处理不公平的情形。

其实,将评议民事纠纷作为区长的重要职责之一,跟这一政策的推动者,时任奉天省代理省长王永江的息讼思想有密切联系。在其所著的《县知事学》一书中,王永江将"平讼息斗"单列一条(第15条),认为民事纠纷必须在争端将起而未生仇怨的时候提前化解,多做生动有效的思想工作,要求将排查纠纷、息讼罢争作为知事在其辖区内推动的一项重要工作。知事们也身体力行,极力推动,除推行区村制将评议民事纠纷纳入区长职责外,在舆论上也晓谕百姓,历陈诉讼的弊端。宽甸县知事汪翔所作的《息讼歌》,将诉讼的弊端悉数列举,鼓励民众"善言劝解,使大事化小,小事化无",颇有代表性:

词讼不可兴　家业从此废　总赢一万兵
自损三千骑　讼师摇软椿　干证索厚币
那有善公差　亦无白书吏　官断未可知
危惧如冰履　倘然失败时　耻辱难遮蔽
每闻变产人　多为争田地　尝见告家私
徒然坏兄弟　为气起讼端　成讼更受气
贪利打官司　反失本与利　婚姻互结仇
空把亲戚弃　失贼遭官司　又送一倍费
仗义代人争　终久到义失　因亲强出头
从此绝交谊　士子悞读书　百工息技艺
农家荒田畴　商贾抛生意　富者因讼贫
贫者因讼毙　小事不周旋　大事难逃避
弄假遂成真　当初悔轻易　疲力且劳心
何趣复何味　一时虽兴高　后苦谁来替
我劝世间人　词讼莫儿戏　岂有不解仇
切勿相牵系　俚言详且确　万肯牢牢记

凡遇人有争讼,便当善言劝解,使大事化小,小事化无,使两家均受其福,则此人必蒙天佑,福禄可期。若暗中挑唆,或挺身干证,或代捏呈揭,或包揽衙门,以便就中渔利,此神责人怨,造孽亏心,必有难逃天殃者。①

民国十二年(1923年)区村制实行后,评议和调解纠纷成了区长的一项重要职责。然而在具体推行过程中,由于部分规定和现行法律不符,区长评议民事纠纷的办法也做了一些修正。如针对第21条的规定"对于不能劝息的纠纷,该区长应修具意见书送县署迅判",盖平县司法公署认为该原则与民事案件"不告不理"的原则相违背,因此拒绝受理当事人不服评议而由区长送来的案件。为此奉天省高等审判厅发布训令给各司法机构,将区长应修具意见书送县署迅判的规定修正为由,不服一方的当事人持区长意见书向司法机构起诉,"评议案件不能解决时,如有一造情愿起诉,即备文说明曲直及意见交与本人直投司法机构,并一面报到,照例找保纳费,期于不告不理之原则不相抵触"。② 这样较好地解决了区长修具意见书送司法机构迅判和"不告不理"原则的冲突问题。

档案材料显示,在具体实践过程中各县的区长们也确实将评议和调解民事纠纷作为一项重要的工作来对待。根据《复县公署》"复县查报区长第一年成绩表"的记载,复县第二区区长张文明在担任区长第一年期间内共评解讼案92起,四区区长宋之栋共评解88起,五区区长李成章共评解81起,六区区长潘嘉善共评解84起,七区区长徐广文共评解83起,八区区长姚种德共评解88起。以上六区区长的评解数量均

---

① 《奉天省长公署》JC10-1-15370,民国十二年(1923年)。
② 《海城县公署》28776,民国十二年(1923年)。

已达到了由知事呈请省署奖励的标准。① 另据《昌图县公署》的记载,该县第七区区长在民国十三年共评议案件 90 起,②民国十四年共评议案件 88 起。③ 以上各区长在调解方面均取得了相当不错的成绩。从现存档案材料看,区长评议民事纠纷这一制度在实践中基本得到了推行,同时,我们也可以推测,这一制度在全省各区的推行程度是不平衡的,从上述复县第一区和第三区区长所评议的案件较少而没有作为一项成绩而表列出来这一事实就可以印证这一点。

三、调解方法和特征

从上述的分析中我们可以得出这样一个初步结论,即区长民事评议制度是民国初年国家权力向基层扩展的产物,它代表着调解制度的一种制度化、组织化和官僚化的趋势。清朝时期基本上由民间力量参与的基层调解,在民国初年二十世纪二十年代的奉天省开始更多地被国家权力所渗透。那么这种国家权力的渗透是否也意味着在调解方法、调解程序上必然体现出国家的意志呢？接下来将重点考察区长进行调解的程序和办法,以求对这一问题作出解答。

辽宁省档案馆保存了海城县第四区区长历年向县公署所呈报的评议报告,这些报告涉及的年度从民国十二年(1923 年)至民国十六年(1927 年),除民国十三年(1924 年)5 月至 12 月的报告缺失外,其他月份的报告都较完整地保留下来。这些珍贵的档案资料为我们研究区长民事评议制度的运行机制提供了很好的原始材料,因此这一部分的探讨便以海城区第四区为例。第四区位于海城县的南部,南界营口县,南

---

① 《复县查报区长第一年成绩表》,民国十四年(1925 年)1 月填制,《复县公署》8990,民国十四年(1925 年)。
② 《息讼一览表》,《昌图县公署》1417,民国十三年(1924 年)。
③ 《昌图县第七区公所评解讼案一览表》,《昌图县公署》1396,民国十四年(1925 年)。

满铁路从其境内东侧穿过。该区有97个行政村,共12,322户,区长为李贵彬,他从民国十二年初到民国十六年底一直担任第四区的区长(简历见上表8.2),期间评议了近270起民事纠纷。

这些接受评议的纠纷涉及乡村生活中的各个方面,有因买卖、借贷、租赁、雇佣等引起的债务纠纷,以及与相邻、典当、婚姻和继承、侵权和会务等有关的纠纷。这些被评议的案件以债务纠纷最多,有90起之多;其次是因相邻关系引起的纠纷,有63起;再次是因典当关系引起的纠纷,有29起。对评议客体的详细分类统计,见下表8.3。

表8.3:第四区区长评议民事案件分类统计表

类别\年份	1923	1924	1925	1926	1927	合计
债务	29	5	33	20	3	90
相邻	14	4	21	19	5	63
典当	5	3	5	14	2	29
继承	2	0	4	8	3	17
婚姻	7	1	2	4	0	14
先买权	2	0	0	3	0	5
侵权	0	0	7	6	1	14
会务纠纷*	4	0	3	3	1	11
其他**	7	0	9	6	3	25
总计	70	13	84	83	18	268

资料来源:《海城县公署》4011,民国十二年;4213,民国十三年;4844,民国十四年;5170,民国十五年;5681,民国十六年。

注:* 会务纠纷主要指因会员拒交、拖交会款,会首管理公会会款不清等而产生的纠纷。会是在华北和东北乡村存在的一种自治组织,是公会的简称,它可能跟看青会或青苗会有关,参见第二章相关讨论。关于对公会在华北的组织形式、功能等的探讨,参见丛翰乡主编:《近代冀鲁豫乡村》,中国社会科学出版社1995年版,第89—101页。
** 其他包括诱奸、涂改契约、阻拦修庙、唆使罢工等类型的纠纷。

针对以上不同类别的纠纷，区长在评议过程中相应地运用了一些不同的评议方法，将这些方法进行归纳，大致可以有这样一些特征：一是体现出调解制度中的折中和妥协的特点；二是体现出对地方习惯的尊重和有时对国家法律的漠视；三是体现出以家庭为本，以个人权利为次的家族主义思想。

（1）折中和妥协性。这一特性在和债务纠纷有关的案件中表现得较为突出。具体来讲，表现为以下两种情况，一是在借贷关系中，如债务人因贫穷无力偿还，评议人一般在评议过程中要求让免部分本金或利息。现举一例说明加以说明。民国十二年10月26日红草泡村的张史氏来到区公所称，同村村民董佐臣在其故夫生前挪去小洋50元，迄今数年，经她屡次追讨，董氏一味支搪。11月5日，区长将董佐臣召集到区。他承认欠张史氏款洋之事属实，只因家寒无力偿还所以延迟，并非容心抗债。经区长细查，董佐臣家确实贫寒，当即劝令董佐臣措款30元交付张史氏归于清账。评议结果为原被两造所接受，纠纷归于平息。[①] 在这起纠纷中，因董佐臣确实家贫，只令其偿还30元了事，其余的20元在评议过程中给减免了，属于让免部分本金的情形。二是在借贷关系中，在债权人和债务人利息约定不清的情况下，评议人重新调整借贷利息，而新的利息率往往是两造各自主张利息率的中间值。例如，民国十四年1月20日前剪子口村的张佩文到区公所称，同村的佟清田于民国十二年12月1日向他借小洋200元，言明按月2分2生息，12个月后本利清还，当时因他们之间时常通融款项，所以并没有索取保人字据。该项借贷到期后，张佩文即向佟清田索取款项，但佟竟声言不能还钱。区长于3月2日将佟清田召集到区，佟声称借张佩文200元属实，但在借钱之时言明按月1分8生息，但今张佩文竟然照2分5生

[①] 《海城县公署》4011，民国十二年（1923年）。

息,所以没有还钱,并非抗债。区长经评议后认为,该项借贷并无保人字据,原定利息多少无从确定,现为公平起见,令佟清田按月照2分息金核算,连本金一同归还张佩文归于无事。两造认可,接受了评议结果。① 此案双方因对借贷的利息率有不同的主张而产生纠纷,在没有人证和书证的情况下,区长采取了一个折中的方案,取了两造各自主张利息率的中间值为贷款的利息率,结果为双方所接受。

折中和妥协性体现了调解机制的灵活性,评议人因事因人提出不同的调解主张,因而容易为当事人所接受,使调解取得成功。

(2)对地方习惯的尊重和有时对国家法律的漠视。这一特点较多地体现于与典和先买权有关的纠纷中。第六章的研究揭示,典作为一种传统的财产流转制度,在民间流传广泛。它的基本内涵为业主出典房屋或土地给典主,接受典价,典主在交付给业主典价的同时领受使用房屋或土地,业主在约定的期间到达后向典主赎回出典的房屋或土地。典作为一项历史较为悠久的制度,在国家制定法规范缺乏的情况下,在实践中形成了一些约定俗成的习惯,如允许转典;由典主负责所典房屋的修理费用;典主在所典的房屋上加盖房屋,其所增加的价值归典主所有等等。② 区长在案件评议过程中大多尊重当地的习惯,而这些习惯又往往体现于双方约定的契约中。例如,长屯子村村民高洪儒于民国十二年2月1日到区公所称,他曾将房屋出典给村民林树森,现备价抽

---

① 《海城县公署》4844,民国十四年(1925年)。
② 关于这些习惯在海城县的流行情况,参见海城县呈报给奉天调查局的《调查民事习惯条目》回答册,第19条和第20条。第19条,"凡典质土地以若干年为限? 逾期不赎作何办法?"答:境内典质土地回赎并无定期,契约中均载有钱到回赎之语,似此回赎之权利专操之于出典主而质主无追赎之权利,如质主有困难时,可以转典可以抵债并无其他办法。第20条,"凡典质房屋限若干年? 若于限期内其房屋有必需修缮者,其费归何人承担?"答:凡典质房屋亦无期限,若在未赎之前所有修缮费用应归质主负担,如其不修任令坍塌则出典主不偿典价即须返还契约,如质主定索价,出典主必责其重修,此为境内之惯例也。见《海城县公署》10801,宣统元年(1909年)。这儿的质主即是典主。

赎,但林树森拒绝放赎。4日区长将林树森召集到区公所,林称此房自典以后,今春经他买草修葺,费洋30元,高洪儒如欲回赎此屋,他须支付这30元的费用。经区长查原契约内载有此房自典之后,所有修葺费用均归典主备款字样,当即按原立契约所载,令高洪儒即刻备价赎房,修葺费用归林树森负担,不与高洪森相关。最后双方认可了评议结果。① 此案对纠纷的评议,主要依据契约的约定,而从海城县的清末习惯调查报告中我们又可以推知这契约约定的内容又恰恰是当地流行的习惯的记录和反映。

另一例关于会钱的承担责任问题,因无契约的约定,其评议则完全是依据习惯了。西大台村陈玉文于民国十二年11月16日到区公所声称,前年冬天他出典地3日(1日约合6亩)给陈唐,典价为小洋500元,今年冬天备价抽赎,但陈唐拒绝放赎,陈唐声言要业主陈玉文包伊会钱18元方准抽赎。区长于12月4日将陈唐召集到区公所。陈唐称原典时已经言明每年会钱归业主陈玉文交纳,两年会钱共计18元,全系由他陈唐垫付。经区长查原契纸上并未注明,复经集询原办中人等均称恍惚,现难记忆。最后,区长查得租典各乡间俗惯,会钱一项概由租典户缴纳,今陈唐竟言由出典户缴纳,似属不合,经评议后令陈玉文即行备价赎地,陈唐不许再生阻碍,陈唐也知理屈,当场认可。② 此案在契约没有约定的情况下,对于会钱由谁缴纳的争执,最后依据乡间俗惯确定了会费缴纳的责任归属问题,显然在此案中习惯成了区长进行评议的主要依据。

如果说在和典有关纠纷的评议过程中,更多地体现了对当地流行习惯的尊重,同时因国家制定法规范较为缺乏,从而和国家法律冲突较

---

① 《海城县公署》4011,民国十二年(1923年)。
② 同上。

少的话,那么在与不动产优先购买权有关的纠纷评议过程中,习惯和法律的冲突则较为显著,这时评议者更多的时候是站在习惯的一边。

这里所谓的土地、房屋等不动产的优先购买权,是指土地、房屋在出典、出卖时,一定范围内的主体在同等条件下,根据不同情况对该不动产享有优先购买或回赎的权利。这一主体包括亲、邻,承佃人、典权人等。根据吕志兴先生的研究,不动产优先购买权滥觞于中唐,经五代的发展,于宋、元形成制度,至明清则融于交易习惯和家法族规之中了。① 到了民国初年,不动产优先购买权这一广泛流行于民间的习惯,开始受到最高司法审判机构大理院的审视,而审视的标准则是看这一习惯是否违背了公序良俗。大理院的这一对待习惯的态度无疑受到了西方近代法理学中关于习惯和习惯法理论的影响。② 在以是否违背了公序良俗这一标准来检验习惯的有效性这一思想指导下,族亲享有先买权的习惯被大理院宣布为无效。在其民国四年上字第282号判例中,大理院明确认为这一习惯不利于商品流转和地方经济的发展。③ 然而,族亲先买权这一习惯尽管以大理院的判例为基础在法律上被宣布为无效,但在区长的评议过程中还是得到了支持。下面这个例子便提供了很好的证明。土台子村村民赵竟顺于民国十二年(1923年)10月25日到区公所声称,其与胞兄赵竟尧析居有年,同住一院,在他名下分有草房两间,近因有债想出卖,跟胞兄赵竟尧商量,他称不能接买,于是转卖于旁人,就在旁人订立契约时,其兄出而横阻,因此请求区长评

---

① 吕志兴:《中国古代不动产优先购买权制度研究》,《现代法学》2000年第1期,第124页。
② 关于大理院对待习惯态度的分析见黄源盛:《民初大理院关于民事习惯判例之研究》,《政大法学评论》第63期(2000年6月)。
③ 涉及这一习惯的大理院判例有《二年上字第3号》、《四年上字第282号》、《六年上字第1014号》,见郭卫主编:《中华民国元年至十六年大理院判决例全文》,法学编译社1932年版,第31页,第179—180页。

议。区长于 11 月 4 日将赵竟尧召集到区,他称本拟接买此房,只因为其弟赵竟顺非要作价大洋 700 元不可,他还价洋 500 元,但没有得到同意。现在赵竟顺竟作价 600 元卖于别人,因此阻挠。区长评议认为,赵竟尧和赵竟顺既属兄弟,业各有主,差价无多,自应仍归赵竟尧接买,当即劝令赵竟尧出大洋 630 元接买此项产业。最后评议结果得到了双方的认同,兄弟俩回村立契。① 在此案中,胞兄对于胞弟的两间即将出卖的草房较他人有优先权,这一点在区长的评议意见中得到了充分的体现。这一例子说明了在习惯和法律有冲突的时候,区长在评议过程中还是选择习惯而不是法律作为评议的依据。

在评议过程中对地方习惯的尊重,和在习惯和法律有冲突时站在习惯的一边,是由区长在基层社会中的身份所决定的。作为国家权力向基层渗透的代表,评议民事纠纷显然是行使这一权力的有效途径,然而,区长作为和当地基层社会有紧密联系的新兴地方士绅,其出生于当地并且长期服务于当地社会等因素,决定了区长作为评议人在评议过程中不能对当地的流行的习惯采取漠视的态度。

(3)体现出以家庭为本,个人权利为次的家族主义思想。上面族亲对于不动产的优先购买权这一习惯,可以说已经从一侧面体现了家族主义思想在评议过程中的作用。这一习惯的目的是防止土地或房屋等不动产转入其他家庭或家族手中,以最终保护本家庭或家族的有限资源。家族主义思想除体现于族亲对于不动产的优先购买权这一习惯以外,现有的档案材料表明,还表现于其他两种情况,第一种情况是在借贷关系中,甲方指控乙方曾向其借贷,其实并没有,但在评议过程中因甲方家道贫寒,同时又与乙方有族亲关系,区长作为评议人常常会令乙方出钱给予甲方适当的资助。例如,民国十四年(1925 年)3 月 1 日,朱

---

① 《海城县公署》4011,民国十二年(1923 年)。

龙到区公所称,他与二弟朱辰析居多年,其弟朱辰因生活糜度,家渐贫寒,前日朱辰忽到他家声言早年他朱龙曾向朱辰借红粮 5 石,迄今并未偿还,要求务必照数还清不可。朱龙向其弟询问具体借粮年月,称约在五年前,但索要借粮字据时,称借去之后并没有记账。朱龙称自己从未向人借用过粮石,知道其弟因穷讹诈,所以没有理会,但不料其弟回家后竟带二弟妇又到朱龙家,势欲拼命,为此请求区长评议。区长于 3 月 25 日将朱辰召集到区,朱臣称朱龙在 5 年前向他借粮 5 石,只因那时家道较为宽裕,兼念手足情肠,未肯追要,他也未还,现在家需粮糊口,特向其追讨,而其竟然讹赖。区长一再斟酌各执,又经调查发现,朱龙从未向朱辰借粮,纯系朱臣讹诈,当经劝令朱龙念系手足,出洋 20 元资助朱辰柴米之费,最后原被两造认可评议结果,归于无事。① 此案弟称兄曾向他借粮 5 石只是借口,藉此讹诈是实,区长也发现了这一点,但为了使纠纷平息下去,劝说兄朱龙给弟 20 元作为资助了事,这不能不说是家族内相互帮助,敦睦亲谊的思想主导了纠纷的评议。

第二种情况是在婚姻纠纷中,包括一女二聘、订婚后一方反悔而赖婚、离异以及女方久住娘家等,评议人积极地劝说纠纷双方,从而使现有的婚姻关系(包括订婚)等维持下去。最明显的是在以虐待为由提出的离婚纠纷中,区长对于虐待事实的认定基本上居于次要地位,而更多的是主张维护现存的婚姻关系。如发生于民国十二年(1923 年)的新立屯村曹振文声诉郝维安唆女离婚一案中,郝维安声称其女嫁到曹家后,受到百般虐待,每次回娘家后即不敢回曹家。区长在评议后认为虐待一事较难认定,令郝维安速将女送回夫家,以维持原来的关系。② 可以说,在这一纠纷中,以虐待为由,以个人人身权利受到损害的主张并

---

① 《海城县公署》4844,民国十四年(1925 年)。
② 《海城县公署》4011,民国十二年(1923 年)。

没有引起足够的重视。婚姻作为家庭延续的必要手段，以任何理由提出对此的挑战都是不合理的，正所谓"宁拆十座庙，不拆一门亲"，可以说区长在评议过程中一贯地坚持着这样的信条。

奉天省的区村制自民国十二年（1923年）初实行至民国十七年（1928年）11月底结束（此时张作霖和王永江均已离开了政治舞台），前后约有六年。按照省长公署的说法，其停止实行的主要理由为"功效未现，流弊日生，所有各县区长人选甚难，其品学优长，成绩卓著者甚属寥寥，余多滥竽充数，未能称职，甚或擅作威福侵权，或任意侵渔，营私舞弊，人民怨苦控案累累，殊非始料所及"。① 尽管继任者对区村制的评价较低，但从这一制度设立的初衷和实践中，我们还是看到了这一制度所引起的对基层调解制度的深刻影响，即随着国家权力向县级以下的渗透，调解变得更加组织化、制度化和官僚化。但这种趋势并不必然意味着在调解方法、调解程序上完全反映国家的意志，恰恰相反，在习惯和法律有冲突时，调解者更常常站在习惯的一方，而对国家的法律采取漠视的态度，这一特点反映了绅权和政权结合的同时，在调解领域所反映出的冲突的另一面。作为接受过新学教育，清末"新政"后在各项新兴地方事务中成长的新兴士绅阶层，区长们既是国家权力的代表，同时在某些领域又是地方利益和地方习惯的维护者，绅权和政权既结合又冲突。

第四节　结语

近代奉天省乡村组织的变迁可追溯及清末民初的乡镇自治运动。乡镇自治范围较为宽泛，可以说在某种程度上具有近代意义的地方自

---

① 《奉天省长公署训令第437号》，《岫岩县公署》1953，民国十七年（1928年）。

治色彩,自治范围涉及学务、卫生、道路、农工商务、慈善事业、公共营业。另从地方职员产生的方式看,在一定程度上具有民主选举的意义。总的来说,乡镇自治运动的主体以士绅为主,乡镇自治为绅权参与政权提供了全新的机会,但乡镇自治并不是绅权和政权的结合,乡镇自治仍以绅权为主体,只是受到国家政权程度不等的监督而已。民国五年推行的区长制度,同样还是一种以绅权为中心的乡级组织形式,区长还没有成为国家政权的正式成员,他既无辅助人员,又无固定薪水,经费来源于充当典卖、借贷交易时保证人的保证费,经费较不稳定。此时的区组织还没有正式成为政府派出在乡村中的一级行政机构,而只能说具有一级行政机构的雏形而已。

在张作霖统治下于二十世纪二十年代所实行的区村制表明了在国家政权高度地方化的背景下,国家政权向县级以下基层进一步扩张和渗透,并使区级组织进一步政权化的趋势。区长完全由上级政权任命,并有辅助人员和固定的薪水。就调解组织而言,调解民事纠纷成为区长的重要职责之一,调解的制度化、组织化、官僚化趋势明显。就组织形态看,这种变化表明了调解制度的一种"非民间化"的趋势。在一定程度上,本章的研究对黄宗智的清代至民国时期调解模式保持不变的假设提出了疑问。就组织形态而言,这种变化是明显的。同时我们也发现,这种"非民间化"趋势并不必然意味着在调解方法和程序上完全体现出国家的意志,奉天省二十年代的经验证明,在习惯和法律有冲突时,区长作为调解者更常常站在习惯的一方,而对国家的法律采取漠视的态度。区长既是国家权力在调解领域向基层扩张的参与者和支持者,同时又是地方习惯和传统儒家思想如家族主义等的积极维护者。这种组织形态上的"非民间化"与调解方法和程序上的"民间化"特性的结合,在某种程度上折射出民初基层组织在政权化的过程中所保留的绅权属性。

余论 变革的动力和遗产

本书以奉天省为例，通过对历史事实的描述和分析，来展现二十世纪前三十年因制度的变化所引起的正义实现方式的不同。这一时期无疑处在中国历史发展的十字路口，这个路口连接着相互交叉的两条大道。一条是绵延了两千多年的中华固有法律文化和制度之路，其内涵博大精深。以奉天这一区域为立足点，在本书的第一章和第二章，我们截取了这条路的最尾端部分进行审视和观察，我们发现：农耕时代的司法文化中，"户婚田土"一类的纷争，在裁判官眼里无疑是民间细故。农耕文化以农耕为基础，民间细故之末不得干扰农业生产之本，否则就是舍本求末，本末颠倒。因此，诉讼有了季节性，农忙停讼，农闲理讼，依时而定。我们还发现，农耕司法中的知县衙门几乎是全能型的：祈风求雨、祭拜圣人、修桥铺路、催粮征税、捕盗缉贼、升堂听讼等等。理讼只是全能中的一能。知县衙门虽小，但井然有序、有条不紊。以理讼为中心，在知县衙门这金字塔塔尖的是知县，依次而下的是他的私人助手师爷、代书，和位于金字塔塔底的书吏和衙役。知县大多"正途"出身，饱读圣贤之书，有诗学之才，但入仕之初，乏理讼断案之能；刑名专家师爷，不食国家俸禄，受主人之"束脩"，一主一宾，宾客幕后出谋划策，主人升堂听讼；代书，代民书呈，笔耕糊口，似官非官；书吏和衙役，不是在官之人，却在办在官之事。

十字路的另一条则是西风东渐后司法领域的变革之路，这种变革的走向不是固有法律文化的延续，而是法律移植过程中，效仿德日司法体系,追逐法律的现代性。两千余年的历史走出了中华法律文化的通衢大道,但此时,前面亮起了红灯,不知何时另一通衢大道而非小径已竣工剪彩,并与之形成了交叉之势。红灯亮起,继续前行已不可能。绿灯可能会再次亮起,但不知何时。满车的人们此时已不再悠闲,疲惫、憔悴、饥饿和恐慌写满了他们沧桑的面庞,变道、拐弯、改变航向,驶向另一通衢大道此时成了他们的唯一选择,尽管他们对此条通衢大道从何而来,走向何方知之甚少,尽管他们对固有之道仍心存怀念,依依不舍。

从区域研究的角度本书考察了清末民初奉天省在司法制度和司法实践方面所经历的变革,审视了在拐向另一通衢大道后的所作所为。奉天作为清王朝的"龙兴之地",在满清帝国的版图上占据着重要的位置。相应地在司法方面,它也有着区别于关内其他行省的一套制度。在相当长的一段时间内,司法管辖方面,在奉天实行的是二元体制,旗人和民人分属不同的机构管辖。光绪元年(1875年)崇实奏定的《变通奉天吏治章程》施行后,二元体制逐渐被一元体制所取代,旗民案件均归州县管辖,这样以身份为标志而形成的管辖权区分逐步退出了历史舞台,身份的界限在司法中变得模糊起来。在清末"新政"期间,作为试验的典范,继京师后司法改革在奉天和东北的其他两省首先展开。改革的目标是建立仿效德日模式的法院体系。民国初期在奉系军阀头领张作霖和"文治派"代表省长王永江的领导下,司法改革的势头保持下来,并取得了新的成果。

本书的研究展示了体制和程序方面的变化。在讨论完司法体制和诉讼程序领域的变化后,为了使研究更加具体和细致,本书选择了分别代表民法中两大领域财产和人事的两个分支——典权和离婚——进行实体法领域的考察。通过对典习惯和司法实践关系的考察,我们发现了习惯在西学影响下的"发现"和现代化过程;对离婚诉讼案件的裁判分析，我们看到了围绕法庭展开的男女两性之间权力关系的变化。离开法庭我们选择了另外一种场景来审视正义的实现方式，这便是围绕着区长展开的基层调解制度和实践。在这个场景里我们看到了自清末"新政"开始所孕育，并在二十世纪二十年代出现的基层调解的官僚化趋势，这种趋势是对基层调解民间化属性的背离，是近代民族国家建设的产物。

在本书的最后一章，为避免对本书主体部分主要观点的简单重复，本书另辟蹊径选择了两个核心问题来深化主体部分的讨论：在民初军阀混战的大背景下，奉天省司法变革得以展开的推动力量；民国初期法律和司法改革对二十世纪三十年代国民党及以后更长时段法律和司法改革的影响。

第一节 地方政治和法律现代性的探寻

一、地方政治和地方精英

研究近代中国的学者倾向于将民初政治以二分法加以概括：虚弱的中央和被各色各样军阀和其他力量所控制的地方政府。以往的研究较多地强调了中央政府在影响和干预地方事务方面失败的地方。本书通过对近代奉天省司法变革的考察，呈现出了一幅跟以往不完全相同的画面。军阀政治的积极面和中央政府与地方力量之间的联系，成了这幅画卷不可缺少的组成部分。总的说来，这种积极面形成的推动力量是奉天的地方精英。

兰钦教授（Mary Rankin）对从太平天国起义结束到 1911 年满清王朝垮台这一时期浙江地方精英所作的研究表明，地方精英（士绅、商人、团练）在国家系统之外，积极投身于地方事务。她的研究发现，在十九世纪后半叶的浙江省,地方精英在书院、善堂创设和经营方面表现出相当的影响力。另外,在某些情况下,他们比较清醒地意识到他们所拥有的自治地位。兰钦教授对浙江地方精英的研究,同时也指出了地方精英和清政府之间的紧张关系,这种紧张关系最终导致了清王朝的垮台。① 兰钦教授的国家—社会分析模型,以晚清浙江为例,强调了国家和地方精英的紧张和竞争的关系。② 以浙江为基础阐述国家和社会关系的模型,也许代表了长江下游地区国家和社会的关系。另外,葛麟教授(Donald G. Gillin)对民国时期阎锡山统治下山西的研究也展示出地方士绅—精英阶层和省政府的紧张关系。他指出,地方士绅—精英常常以退出合作为威胁,并用他们的财富和影响来反对阎锡山的地方行政和乡村社会的改革建设运动。③

在另一方面,薛龙博士(Ronald Suleski)对民国初期奉天省近代化运动的分析,展示出另一种出现在边疆地区的国家—地方精英关系模型。④ 这个模型以地方精英和国家的紧密联系为特征。这里地方精英不仅包括了以奉籍为主的高级政府官员,也涵盖了商业界人士、富裕的"城市士绅"投资家、富裕的地主、省议会议员和教师等等。

实际上,在地方政治中奉天地方精英的积极参与,可追溯到清末"新政"时期。通过让地方精英广泛参与到地方自治运动中去(省谘议

---

① Mary Backus Rankin, *Elite Activism and Political Transformation in China: Zhejiang Province, 1865 – 1911* (Stanford: Stanford University Press, 1986).

② 对国家-社会分析模式的批判,见 Philip C. C. Huang, "The Paradigmatic Crisis in Chinese Studies: Paradoxes in Social and Economic History," *Modern China* 17, no. 3 (July 1991): 299 – 341; and "'Public Sphere'/'Civil Sphere' in China? The Third Realm between State and Society," *Modern China* 19, no. 2 (April 1993): 216 – 240.

③ Donald G. Gillin, *Warlord: Yen Hsi-shan in Shansi Province 1911 – 1949* (Princeton, New Jersey: Princeton University Press, 1967), pp. 51 – 58.

④ Ronald Suleski, *Civil Government in Warlord China: Tradition, Modernization and Manchuria* (New York: Peter Lang, 2002).

局、州县议事会、乡镇议事会),满清政府的目标是把地方权力和高度集权的行政权力系统整合起来。然而,由于那时还实行着回避制度,总督、巡抚、省级政府部门各负责人、州县官等都由外省人担任,因此高级政府官员中的奉籍人士微乎其微。

不过到张作霖时期,前清的回避制度不再推行,奉籍人士占据了省政府的大部分要职。奉天省的政治生态可用"奉人治奉"来概括。[①] 这样,在奉天省地方精英和国家的合流态势,跟晚清长江下游的浙江和民初黄土高原的山西有所不同,呈现出另一种类型。

细究起来,多个因素决定了奉天地方精英在地方政治中的突起。首先,弱小和更替频繁的中央政府,以及后袁世凯时期不同军阀集团之间的冲突和竞争,给地方精英的表演提供了舞台。地方精英不断增强的经济力量也有助于他们以更加活跃的姿态参与到地方政治中去。正如佳树博士(Yoshiki)的研究所展现的那样,奉天省清末和民初的官地分配政策大大增强了当地精英们的经济力量。[②] 而且,民国初期奉天省的工业化和商业化运动也有助于他们经济实力的加强,这样又反过来促进他们的政治参与。

二、法律现代性的探寻

在张作霖统治奉天的十年间(1917年—1928年),地方精英在王永江的领导下获得了相当的自治空间。这种自治不仅仅体现于政府管理中,而且体现于政府之外的其他领域。他们推动各种实业计划,推行财政和行政改革。本书所考察的司法改革仅仅是这一系列变革措施的一

---

① Yoshiki Enatsu, *Banner Legacy: The Rise of the Fengtian Local Elite at the End of the Qing* (Ann Arbor: Center for Chinese Studies, the University of Michigan, 2004), p. 111.

② Ibid., pp. 40 - 49.

部分。司法改革以仿效欧洲模式(尤其是启蒙运动后建立起来的模式)实现近代化为目标。

正如本书的讨论所显示的那样,发生于奉天的司法近代化包含了诸多要素。司法跟行政的分离,四级法院体系:初级审判厅、地方审判厅、高等审判厅、大理院,诉讼程序形式化程度的提高。将民事审判完全从刑事中分离出来,形成独立的部门。审判的公开性原则以法定形式确立起来,律师开始参与到诉讼活动中去,成为当事人的代理人或辩护人。司法官被要求接受正规的法律专业训练,并有年限的要求。法庭中的辅助人员像书记官、承发吏等被正式承认为国家机器的一部分,按照一定的规则化标准,他们被任命到相应的岗位。以上这些仅仅是其中最核心的一些。

在本书的第三章,笔者曾表达过这样的观点,认为近代奉天的司法改革是多种因素作用后产生的结果,这些因素包括了相对稳定的政治环境和繁荣的经济,以及地方精英的努力。其实,地方精英努力的后面是民族主义和反帝思想的驱动。法律现代性的探寻在很大程度上是和废除领事裁判权运动紧密相连的。在奉天省无论是在关东租借地内还在租借地外的日本人,都不受中国的司法管辖,前者由租借地内日本法院管辖,而后者受日本领事管辖,这些都大大损害了中国的司法主权。"师夷长技以制夷",仿效西法以废除列强强加的领事裁判权似乎成了当时唯一的选择。法律的现代性作为近代民族国家建设的核心组成部分,成了民族国家之间竞争和西方以外国家求得生存的重要手段。①

除此以外,法律的现代性同时也是民国建立以后共和主义意识形

---

① 关于"西方以外国家"(the Other)这一跟"西方"(West)相对的命题的讨论,见 Stuart Hall's "The West and the Rest：Discourse and Power," in *Modernity：An Introduction to Modern Society*, ed. Stuart Hall, David Held and others (Victoria, Australia：Blackwell Publishers, 1996), pp. 184 – 228.

态的组成部分。体现于民国元年（1912年）《中华民国临时约法》的共和主义，是政客、军阀、精英手中集合力量，形成共识的旗帜，是寻求合法性和正当性的资源依靠。共和主义不仅仅体现于民选的议会和总统等宪政形式中，也包含在法治和司法独立这样一类的制度中。尽管袁世凯成功地废除了初级审判厅并推出了知事兼理司法这样的制度，但他无法废除当时已经在全国范围内建立的新式法院。在民国四年（1915年）他要求当时的司法部控告一位贪污公款的民政长，但案到大理院后经过审理，发现没有证据证明指控成立，因此驳回了控告。对此尽管袁世凯很懊恼，并尝试要平政院以审理不当来审查该案的法官，但并没有成功。① 共和主义作为意识形态，不仅成为掌权者主张合法性的工具，而且有时在一定程度上制约着他们的行动。

一旦共和主义成为必不可少的主张合法性的工具，它不仅可以牵制袁世凯一类政客的行动，还可以被地方军阀利用成为有用的工具。本书的研究发现，张作霖能够在他的军阀政治中包容共和主义，包括创设新式法院，实行行政和司法分离，新的法律专业阶层的出现等等。只要共和主义仍是主流意识形态，不管中央政府如何的虚弱，以及地方军阀之间如何争权夺利、混战不休，只要中央和地方都有法制近代化的诉求，司法的统一便有了可能。

通过本书，我们看到了北京的司法部、大理院和奉天法院之间的联系。司法部提出的司法官选拔和任用标准在奉天得到了较好的贯彻。这个标准要求被选拔担任司法官的候选人，必须是学习了至少三年的法律专业人士。而且，在第三章我们还发现，民初逐步形成了比较健全的司法官惩戒制度，全国范围内司法官惩戒事件由司法官惩戒委员会

---

① 这个插曲见于 Xu Xiaoquan, "The Fate of Judicial Independence in Republican China, 1912-1937," *The China Quarterly* no. 149 (March 1997): 8.

管辖,委员由平政院评事、大理院推事、总检察厅检察官组成。来自奉天省的多名司法官因违背行为规范而受到停职、减俸等处分,这说明了在司法行政方面北京和奉天之间的密切联系。和此结论相关的进一步证据可以从审判实践中找到。在离婚法领域,依据近代法律原则,大理院着力调整男女两性之间不平等关系。通过引入一系列新概念,如离婚理由中的"不堪同居的虐待"、"重大侮辱"、"恶意遗弃",和离婚赡养费、子女监护权等的提出和运用,使离婚法逐步向近代法转轨,使法律更多地向女性一侧倾斜,无论是在体力上还是经济上女性常常处于不利的地位,这种倾斜有助于纠正这种不平衡性。与此同时,就奉天省而言,正如本书第七章的研究所表明的那样,高等审判厅、地方审判厅、司法公署等审判机构小心而又认真地遵循大理院确立的上述法律原则,尽管奉天被军阀所控制,尽管北京和奉天的关系有时并不和谐。

发生在民国八年(1919年)春夏的高等审判厅厅长和高等检察厅检察长人事任命纠纷,在一定程度上能诠释北京和奉天的这种不和谐关系。该年年初原高等审判、检察两厅厅长沈家彝、梁载熊去职,张作霖在没有跟北京司法部商量的情况下任命了秋桐豫、颜文海两人担任两厅厅长,但没有被司法部认可。司法部随后派吕世芳为审判厅厅长,杨庶湛为检察厅厅长。吕世芳来奉后不被张作霖认可,在省城的茂林宾馆寄寓有一个多月,杨庶湛也不被认可,无法接任。后经某要人从中疏通,北京司法部和奉天地方政府妥协,最后以吕世芳为高等审判厅厅长,前任梁载熊仍为高等检察厅检察长,两厅厅长人事任命纠纷才落下帷幕。① 在人事安排的纠葛过程中,当时在东三省颇有影响力的《盛京时报》便发表评论文章,呼吁司法独立,反对张作霖干预司法。文章认

---

① 《盛京时报》民国八年(1919年)4月12日第4版;6月17日第4版;8月19日第4版相关报道。

为,随着社会变得日益复杂,由简到繁,必须需要有专门的司法人才,"理由有三,立法机关由人民自身所组织,则司法之官,亦不得囿于行政之范围,而必具独立之能力,假令不使司法独立,则彼民之选之立法机关,已无意义,终成一行政万能之国家。第二,人民生命财产至于今日,徒凭行政似不足尽其维持保护之责,而必依文明之法律,独立之机关维持而裁决之,始无慑恐之状。第三理由,世界大通之后,异族杂处,一国司法之不完全,则不足以行使其国家之权利。"接着作者指出了张作霖干预司法行为的后果:"吾奉自张使以其行政权,另换高等两厅长以来,司法人员莫不戚戚自危,行政打破司法于国家前途实生无限之障碍,……惟张使此次之举动观之,实与司法前途以莫大之打击,而资外人以口实而已。"①文章理由阐述充分,并一针见血地指出了张作霖行为的后果,颇能代表当时舆论的一般看法。可以说,在司法领域,包含着法治和司法独立这些内涵的共和主义意识形态,在一定程度上支撑着北京和奉天之间的联系。

然而,也必须看到,民初政治充斥着混乱和不稳定,连年混战和政府频繁更迭限制了国家权力在中央和地方两级发起全方位的改革。在司法领域,改革的一个显著特点是破碎和不全面。

因此,通过考试的形式任命司法官和法院辅助人员的规则并没有被严格执行,任司法官和法院辅助人员应具有的客观和公正原则并没有完全彻底地贯彻。官僚制度中的近代性原则如客观和公正被裙带关系和收买桀骜不驯官员等因素所制约和限制。

在民事诉讼和法律职业领域,民国初期见证了"四级三审"审判体系的建立。但是这样的制度并没有在所有的地方设立,与此并存的还

---

① 《盛京时报》民国八年(1919年)4月19日第1版。因张作霖当时担任东三省巡阅使,故文中称其为张使。

有县知事兼理司法、司法公署、地方分庭等权宜性审判组织。由于这些权宜性组织的存在,"四级三审"制在有些地方变成了"三级三审"制。与此同时,在约四成的县,司法和行政没有分离,知事继续被赋予审判的职责,在这些地方司法行政分离只能停留在纸上。即使是对于律师这一民国创立后出现的新兴职业,它们的执业范围也只仅限于新式法院。在没有设立新式法院的地方,由于律师的缺位,审判权缺少应有的监督。

综上所述,奉天省的司法近代化由在省政府中占据着大部分职位的地方精英所发起,并得到政府机构以外的地方精英的支持,是地方精英主义和军阀军事力量之间博弈的结果。体现于司法领域的地方精英主义,受到了以废除领事裁判权为目标的民族主义和反对帝国主义思潮的驱动和激励。尽管在奉天省张作霖的军事活动主导着地方政治,但当时的主流意识形态使得司法改革为军阀政治所包容。出于同样的理由,北京和奉天之间在司法领域的密切联系才成为了可能。然而,由于政局的不稳定和其他原因,全方位的司法改革不可能被推行,因此,改革只能是破碎和不全面的。

第二节 民初司法变革的遗产

与政权的更迭不同,法律的改变不可能在瞬间完成,很显然,法律具有继承性。北洋政府统治的结束和南京政府的建立也确实带来了政治环境的变化,包括以"五权宪法"为基础的新政权体制和以孙中山"三民主义"思想为内容的新的意识形态。但新的政府必须面对北洋政府的政治遗产。在这一节将考察北洋时期的法律和司法改革者留给国民党政府的一些遗产,在调解领域,将把考察的时段延伸至1949年后。

一、新式法院

国民党在南京建立政权后，着手对司法系统进行改组，主要内容有裁撤检察厅并入法院，改"四级三审"制为"三级三审"制。民国十六年（1927年）国民政府以训令148号宣布："司法事务，经纬万端，近值刷新时期，亟应实行改进，即如检察制度，体察现在国情，参酌各国法制，实无专设机关之必要，应自本年十月一日起，将各级检察厅一律裁撤。所有原日之检察官，暂行配置于各该级法院内，暂时仍旧行使检察职权。其原设之检察长及监督检察官，一并改为各级法院之首席检察官。着司法部迅即遵照筹办。此令。"[①]各级检察厅裁撤后，所有原有的检察官配置于各级法院之内，在一些法院则成立了检察处，作为检察机关的机构。除裁撤检察厅并入法院外，南京国民政府的另一举措是制定《最高法院组织法》和《法院组织法》，改"四级三审"制为"三级三审"制，规定地方法院审理第一审案件，高等法院审理第二审案件，案件的第三审由最高法院管辖。

在奉天省，民国十七年（1928年）12月29日，东北三省保安司令张学良通电全国，宣布东三省"改旗易帜"，服从南京国民政府，翌年1月，依照国民政府建国大纲和《修正省政府组织法》，奉天省长公署改为奉天省政府，同年2月国民政府电令将奉天省改为辽宁省，奉天省政府改称为辽宁省政府。体现在法院方面，民国十八年（1929年）1月，改高等审判厅为高等法院，设院长一人，下置民一庭、民二庭、刑一庭、刑二庭和书记室，有庭长、推事、书记官等60余人。同时将高等检察厅改为高等法院检察处，高等检察长改称首席检察官。至民国二十年（1931年）

[①] 国民政府司法院参事处编纂：《国民政府司法例规》（上），民国十九年（1930年）版，第163页，转引自张培田、张华：《近现代中国审判检察制度的演变》，中国政法大学出版社2004年版，第37页。

"九一八"事变日本人武力占领东三省前夕,在"易帜"后的两年多时间里,新式法院建设在原有的基础上继续推进,主要表现在地方分庭的添设上。至民国十九年(1930年)12月止,全省设有高等法院和高等第一分院各一所,地方法院13所(含设在通化县的高等第一分院附设地方庭),地方分庭10所。① 本书第三章的研究表明,到民国十七年3月为止,除高等厅外,全省已有地方审判检察厅12所,地方分庭5所,因此,可以发现,在近两年的时间里,增加了一所地方法院和5所地方分庭,它们分别是西安地方法院、安东地方法院凤城分庭、辽阳地方法院海城分庭和本溪分庭、营口地方法院岫岩分庭、铁岭地方法院开原分庭。"九一八"事变后日本人的武装占领,使得清末"新政"以来不断推进的新式法院建设戛然而止,辽宁省的司法从此进入了长达14年的伪满统治时期。

二、民事诉讼法

二十世纪二十年代末国民党在南京建立新的政权后,着手制定新的法律法规。在民事诉讼法领域,民国十年(1921年)的《民事诉讼条例》被民国十九年(1930年)12月26日颁布的《民事诉讼法》所取代(第五篇第四章于1931年2月13日颁布)。民国十九年的《民事诉讼法》继承了民国十年《民事诉讼条例》的基本结构、主要原则、绝大部分条款。与此同时,为和新的形势相适应,新民事诉讼法也有新的变化。本书第四章的研究表明,特别程序中大多跟身份有关的人事诉讼程序,包括婚姻、嗣续、亲子关系、禁治产和准禁治产、宣告死亡等,这些诉讼程序的一个共同特点,那就是检察官应介入并陈述意见,如对裁判结果不

---

① 《奉天省长公署》JC10-1-1311,民国十九年(1930年);辽宁省地方志编纂委员会办公室主编:《辽宁省志·检察志》,辽宁科学技术出版社1999年版,第27页。

满，还可提起上诉。民国十九年(1930年)的《民事诉讼法》不再规定检察官应介入这一类的案件。另外，特别程序中的证书诉讼程序在民国十九年(1930年)的《民事诉讼法》中被删除，不再出现。由于法院体制的变化，①民国十九年的《民事诉讼法》于两年后被修订，②后又被民国二十四年(1935年)2月1日颁布的新《民事诉讼法》所取代。民国二十四年的《民事诉讼法》也有新的变化，如对抗告提出了更加严格的条件，但总的来说，跟民国十九年(1930年)的《民事诉讼法》相比没有大的变化。因此，本书第四章讨论的民国十年(1921年)《民事诉讼条例》继续影响着二十世纪三四十年代的司法实践，甚至在海峡彼岸的台湾，我们现在仍看到它的影子。

三、典习惯和法典化

民法典的起草工作始于清末"新政"时期，到国民党于二十世纪二十年代末着手制定民法典时已经有了两部现存的民法典，一部是沈家本领导，多名日本专家参与其中并于宣统三年(1911年)完成的《大清民律草案》，另一部是由王宠惠领导，于民国十四年(1925年)完成的《民律草案》。在民国十四年(1925年)《民律草案》中，第一次将各种典习惯编入民法典，具体安排在第三编物权，并单独编为一章(第八章)，总共有17条。③

南京国民政府成立后，制定新法的任务交给了国民政府专门负责立法的机构立法院。在立法院内，由傅秉常任主任的民法典起草委员

---

① 根据1932年10月28日颁布的《法院组织法》，原来的"四级三审"制法院体系被"三级三审"制所取代，另外检察厅不再作为独立的机构，而是成为法院的一个部门。见《中华民国现行法规大全》，商务印书馆1933年版，第1115—1125页。
② 全文见《中华民国现行法规大全》，商务印书馆1933年版，第143—169页。
③ 修订法律馆编：《法律草案汇编》第一卷《物权法草案》，1926年初版，(台湾)成文出版社1973年重版，第29—31页。

会成立,负责起草新的民法典。在起草委员会的努力下,第一编总则于民国十八年(1929年)5月23日颁布,并于同年10月10日实施。第二编债和第三编物权分别于民国十八年11月21日和30日颁布,并同时于次年5月5日实施。

和民国十四年(1925年)的《民律草案》相似,民国十八年(1929年)的《民法典》单独将典习惯于物权编中单列一章(第八章)。与民国十四年(1925年)的《民律草案》相比,除个别条款以外,新民法中的大部分条款为委员会重新制订。在第八章,典的约定期限被限定在30年(第912条)(本书第六章的研究表明,民初奉天省规定的期限为20年,因此有所不同)。如果经过30年的期限出典人不回赎,典权人即取得典物所有权(第924条)。关于典权人转典或出租的内容规定于第915条。而本书第六章曾讨论的典主"优先购买权"则规定在第919条:"出典人将典物之所有权让与他人时,如典权人声明提出同一之价额留买者,出典人非有正当理由不得拒绝。"民法典依据习惯,承认了找价的流行做法,但对找价次数进行了限制,只能有一次(第926条)。最后,当典权人因支付有益费用而使典物的价值有所增加时,典物回赎时,典权人在现存利益的范围内向出典人请求偿还(第927条)。

总的说来,近代国家对习惯有掌握和控制的强烈意愿。正如本书第六章所分析的那样,发现习惯,并有意识地将之运用于审判实践,成为裁判的依据,并根据"公序良俗"等原则将习惯进一步"现代化",便是这种掌握和控制习惯强烈愿望的外在表现。而国民党政府将典习惯系统地纳入民法典,是这种意愿的进一步表现。因此,对这一连续过程第一阶段的考察显得必不可少,因而具有重要意义。

四、离婚法

继颁布国民党《民法典》前三编后,第四编亲属编和第五编继承编于民国十九年(1930年)12月26日颁布,并于次年5月5日实施。正如黄宗智教授所指出的那样,《民法典》第四编和第五编贯彻了个人权利原则,彻底抛弃了宗法继承和旧的以等级差序为特征的家庭结构。在法律看来,妇女和男子被同等对待。① 按照婚姻中的男女平等原则,第1052条规定了十项构成离婚的理由:重婚;与人通奸;夫妻之一方受他方不堪同居之虐待;妻对于夫之直系尊亲属为虐待,或受夫之直系尊亲属之虐待,致不堪为共同生活;夫妻之一方以恶意遗弃他方在继续状态中;夫妻之一方意图杀害他方;有不治之恶疾;有重大不治之精神病;生死不明已逾三年;被处三年以上之徒刑,或因犯不名誉之罪被处徒刑。

如将上述十项离婚理由和民初大理院确立的离婚原则相比,不难看出,由大理院确立的离婚原则如"不堪同居之虐待""恶意遗弃"和"生死不明逾三年"等为国民党民法典所继承。同时民初大理院确定的有关子女监护权的原则,即夫妇离婚时得以协议的方法约定子女的监护方法,在没有约定的情况下,应由父亲承担监护的责任,也为民法典第1051条和1055条所继承。不过,《民法典》也确立了以往所没有的新离婚理由,如与人通奸,夫妻之一方意图杀害他方,有不治之恶疾,有重大不治之精神病,被处三年以上之徒刑,或因犯不名誉之罪被处徒刑。尽管国民党《民法典》在实践中的有效性到底如何还有待进一步研究,但从理论上讲,国民党离婚法不仅基本上消除了性道德的双重标准,赋予女子与男子同等的离婚权利。就离婚理由而言,十项理由对夫妻双方都成立。比如通奸,新离婚法确立了贞操义务是夫妻双方的共同义务的准则,不论是丈夫还是妻子,只要其中一方与第三人发生性关系,

---

① Philip C. C. Huang, *Code*, *Custom*, *and Legal Practice in China* (Stanford, Calif.: Stanford University Press, 2001), p. 60.

包括丈夫纳妾、嫖娼,都可以构成离婚理由。因此,在离婚领域,国民党《民法典》在男女两性关系方面具有革命性。尽管如此,民国初期的离婚法律和司法实践对国民党民法典产生的影响仍不应被忽视和低估。

五、基层调解

调解的组织化、制度化趋势以不同的形式在国民党统治的二十世纪三四十年代继续延续下来,并一直延续到1949年后。这些形式包括了国民党时期的调解委员会,共产党时期的人民调解委员会和司法助理员。

国民党在形式上统一中国后,民国二十年(1931年)4月3日南京国民政府颁布了《区乡镇坊调解委员会权限规程》,它规定调解委员会调解民事案件和轻微刑事案件(第3、4条)。区调解委员会受区公所的监督,乡镇坊调解委员会则受乡镇坊公所的监督。调解委员会在调解事项以前应先向区公所或乡镇坊公所报告,如调解成立应叙列当事人姓名、年龄、籍贯及事由概要,并调解成立年月,如由区调解委员会调解,则报告于区公所,同时报县政府及该管法院,如是由乡镇坊调解委员会调解,则先报乡镇坊公所,然后转区公所,分报县政府及该管法院。① 因此,按照民国二十年(1931年)的《权限规程》,调解委员会在国家的严密监督之下运作。

1949年共产党建立新的政权后,基层调解的制度化趋势延续下来。1954年《人民调解委员会暂行组织通则》颁布。该《通则》规定人民调解委员会的任务是调解民事纠纷和轻微的刑事案件,宣传和教育国家的法律和政策(第3条)。人民调解委员会接受当地政府和基层人民法庭的监督和领导(第2、10条),调解贯彻自愿原则,调解不成功,不

---

① 《中华民国现行法规大全》,商务印书馆1933年版,第322页。

影响正常诉讼程序的展开。1954年的《通则》强调了调解必须跟国家的政策法律相一致(第6条),并将自愿和诚信作为调解的基本原则贯彻始终。同民国二十年(1931年)国民党的《区乡镇坊调解委员会权限规程》一样,1954年的《通则》也将轻微刑事案件纳入调解的范围之内。

经过35年,1954年的《通则》被1989年6月17日颁布的《人民调解委员会组织条例》所取代。① 除将刑事案件排除在调解范围之外这一较大修正外,1989年的《条例》在制度设计上延续了1954年《通则》的基本内容。

在1989年的《条例》颁布以前,依据司法部于1981年11月颁布的《司法助理员工作暂行规定》,一种被称为司法助理员的新岗位产生了。司法助理员的职责包括:管理组织人民调解委员会的工作,指导调解工作,参与疑难案件的调查,接受、接待人民群众关于调解的来信来访。这样,按照1981年的《暂行规定》,司法助理员不仅仅是组织、管理调解工作,而且还直接参与具体纠纷的调解。

概而言之,上面的概述展示了基层调解的组织化、制度化趋势在二十世纪的中后期的延续性,无论是国民党的调解委员会还是共产党的人民调解委员会,都处于国家的严密监督之下。1981年司法助理员制度的设立,标志着这种趋势的进一步发展。本书第八章所考察的发生在二十世纪二十年代奉天省的区长民事案件评议制度说明了国家介入和干预民间正义(popular justice)的最初努力和尝试。

---

① 国务院法制办公室:《中国法规》第二卷,中国法制出版社2002年版,第664—645页。

参 考 文 献

一、档案资料[①]

(一)省、县公署档案

奉天省长公署档案

热河省长公署档案

昌图县公署档案

复县公署档案

海城县公署档案

宽甸县公署档案

兴京县公署档案

岫岩县公署档案

(二)其他档案

修订法律馆档案(藏于第一历史档案馆)

司法部档案(藏于第二历史档案馆)

安东地方检察厅档案

安东地方审判厅档案

海城区法院档案

营口地方法院档案(藏于营口市档案馆)

二、普通文献资料

(一)中日文文献

[①] 除非特别注明,档案资料均藏于辽宁省档案馆;书中所引档案,数字系全宗号和案卷号,年代系档案生成年份。

《安东县志》,安东,1931年。
蔡冠洛:《清代七百名人传》,香港:远东图书公司,1963年。
《大明律》,北京:法律出版社,1999年。
《大清法规大全》,5卷,上海:政学社,1913年。
《大清会典》,台北:新文丰出版公司,1976年。
《大清律例》,乾隆五年(1740年)刻本,北京:法律出版社,1999年。
《大清律例》,乾隆三十三年(1768年)刻本,海口:海南出版社,2000年。
《大清新法律汇编》,杭州:麟章书局,1910年。
《大元圣政国朝典章》,北京:中国广播电视出版社,1998年。
《大元通制条格》,北京:法律出版社,2000年。
《德国六法》,上海:商务印书馆,1913年。
《东北年鉴》,沈阳:东北文化社,1931年。
《东北人物大辞典》,沈阳:辽宁人民出版社,1992年。
《法律草案汇编》,修订法律馆编纂,1926年初版;台北:成文出版社,1973年再版。
奉天高等审判厅编:《奉天各级法院裁判录》,1926年,《奉天省长公署档案》JC10-1-16044。
《奉天省职员录》,1920年4月,《民国资料》第72,辽宁省档案馆藏。
《奉天省职员录》,1928年3月,《民国资料》第77,辽宁省档案馆藏。
《奉省司法简明报告书》,《奉天公报》第5004—5017期,1926年3月3—16日。
《奉天司法统计第二次报告书》,沈阳,1909年,沈阳市图书馆藏。
《奉天通志》,1934年初版;沈阳:沈阳古旧书店1983年新1版。
高潮等编:《中国历代刑法志注释》,长春:吉林人民出版社,1994年。
故宫博物院编:《清末筹备立宪档案资料》,北京:中华书局,1979年。
国务院法制办公室编:《中国法规》,第2卷,北京:中国法制出版社,2002年。
《后汉书》,北京:中华书局,1965年。
谷正昀编:《凤城县村规》,凤城,1924年。
郭卫编:《中华民国元年至十六年大理院判决例全文》,上海:法学编译社,1932年。
郭卫编:《大理院解释例全文》,台北:成文出版社有限公司,1972年。
《海城县志》,海城,1909年初版;沈阳:辽宁民族出版社,1999年再版。
《海城县志》,海城,1924年。
吉林文史资料编写组编:《吉林文史资料选辑》,第4辑,长春:吉林人民出版社,1962年。
《宽甸志略》,宽甸,1915年。

《宽甸县志》,沈阳:辽宁科学技术出版社,1993年。
李晨生等编:《辽宁档案通览》,北京:中国档案出版社,1988年。
《历代刑法志》,北京:群众出版社,1988年。
辽宁省档案馆编:《辽宁省档案馆指南》,北京:中国档案出版社,1994年。
辽宁省档案馆编:《奉天纪事》,沈阳:辽宁人民出版社,2009年。
辽宁省地方志办公室编:《辽宁省地方志资料丛刊》,第3辑,沈阳,1988年。
辽宁省地方志办公室主编:《辽宁省志·政府志》,沈阳:辽海出版社,2005年。
辽宁省地方志办公室主编:《辽宁省志·检察志》,沈阳:辽宁科学技术出版社,1999年。
凌善清编:《全国律师民刑诉状汇编》,2卷,上海:大东书局,1923年。
刘俊文撰:《唐律疏议笺解》,2卷,北京:中华书局,1996年。
刘寿林、万仁元、王玉文和孔庆泰编:《民国职官年表》,北京:中华书局,1995年。
《律师公会会员名册》,《司法部档案》1049-163,1913年,第二历史档案馆藏。
《民国十六年奉天财政统计年鉴》,1927年,《民国资料》第71,辽宁省档案馆藏。
《民国法规集成》,第31册,黄山:黄山书社,2003年。
《民事习惯调查报告录》,司法行政部编纂,1930年初版;北京:中国政法大学出版社,2000年再版。
《明会典》(万历),北京:中华书局,1989年。
《钦定大清现行刑律》,1910年初版;海口:海南出版社,2000年再版。
《钦定大清会典事例》,光绪二十五年(1899年)初版;台北:新文丰出版公司,1976年再版。
《清朝通典》,台北:台湾商务印书馆,1987年。
《清实录》,北京:中华书局,1985年。
《日本六法全书》,上海:商务印书馆,1914年。
《日本民法典》,曹为、王书将译,北京:法律出版社,1986年。
《沈阳律师同人录》,1919年,《民国资料》第667,辽宁省档案馆藏。
沈阳市司法局编:《沈阳司法行政志,1644—1986》,沈阳,1990年。
沈之奇:《大清律辑注》,2卷,康熙五十四年(1715)初版;北京:法律出版社,2000年再版。
《盛京时报》,沈阳,1906年—1944年出版。
《司法例规》,北京:司法部,1922年。
《宋刑统》,北京:法律出版社,1999年。
《魏书》,北京:中华书局,1974年。

锡良:《锡良遗稿》,北京:中华书局,1959年。
《岫岩县志》,岫岩,1928年;沈阳:辽宁民族出版社,1999年再版。
徐世昌:《东三省政略》,1911年初版;台北:文海出版社,1965年再版。
《宣统政纪》,北京:中华书局,1985年。
杨丰陌、赵焕林编:《兴京旗人档案史料》,沈阳:辽宁民族出版社,2001年。
袁采:《袁氏世范》,天津:天津古籍出版社,1995年。
《政府公报》,北京,1912年—1928年出版。
《政治官报》,北京,1907年—1911年出版。
中国第一历史档案馆、辽宁省档案馆编:《中国明朝档案总汇》,第90册,桂林:广西师范大学出版社,2001年。
《中华民国现行法规大全》,上海:商务印书馆,1933年。
朱寿朋:《光绪朝东华录》,北京:中华书局,1958年。

南滿洲鐵道株式會社:《關東廳の法廷に現はれたる支那の民事慣習彙報》,大連:南滿洲鐵道株式會社,1933年。
〔日〕宮内季子:《滿洲舊慣調查報告:典の慣習》,大連:南滿洲鐵道株式會社,1913年。
〔日〕宮内季子:《滿洲舊慣調查報告:押の慣習》,第3版,新京:大同印書館,1936年。
〔日〕仁井田陞:《唐令拾遺》,東京:東方文化學院,1933年。

(二)英法文文献

Civil Code of Republic of China. Translated by Ching-lin Hsia, James L. E. and Yukon Chang. Shanghai: Kelly & Walsh, 1930.

Commission on Extra-territoriality in China, comp. *Reports of the Commission on Extra-territoriality in China*. 1926. Reprint, San Francisco: China Materials Center, 1975.

Escarra, Jean. *Recueil des Sommaires de la Jurisprudence de la Cour Suprême de la République de Chine en Matière Civile et Commerciale (1912 - 1918)*. Shanghai: Imprimerie de la mission catholique, 1924.

Esherick, Joseph, and Ye Ma. *Chinese Archives: An Introductory Guide*. Berkeley and Los Angeles: Institute of East Asian Studies, 1996.

Jones, William C., trans. *The Great Qing Code*. Oxford: Oxford University Press, 1994.

Laws, Ordinances, Regulations and Rules Relating to the Judicial Administration of the Republic of China. Translated by the Commission on Extraterritoriality. 1923. Reprint, Arlington: University Publications of America, Inc., 1976.

三、研究著作

(一)中日文著作

〔日〕奥平昌洪:《日本弁護士史》,東京:嚴南堂書店,1913年。
陈刚主编:《中国民事诉讼法制百年进程》,第1卷(清末时期),北京:中国法制出版社,2009年。
陈顾远:《中国文化与中华法系》,台北:三民书局,1969年。
陈顾远:《中国婚姻史》,上海:上海书店,1984年影印。
丛瀚乡主编:《近代冀鲁豫乡村》,北京:中国社会科学出版社,1995年。
崔粲、魏福祥、杜尚侠主编:《辽宁地方史》,沈阳:辽宁教育出版社,1992年。
戴炎辉:《中国身份法史》,台北:"司法行政部",1959年。
戴炎辉:《中国法制史》,台北:三民书局,1961年。
〔日〕岛田正郎:《清末における近代法典の編纂》,東京:創文社,1980年。
董康:《中国法制史讲演录》,香港:文粹阁,出版年月不详。
段彩华:《民国第一位法学家——王宠惠》,台北:近代中国出版社,1982年。
段自成:《清代北方官办乡约研究》,北京:中国社会科学出版社,2009年。
范明辛、雷晟生:《中国近代法制史》,西安:陕西人民出版社,1988年。
范愉:《纠纷解决的理论与实践》,北京:清华大学出版社,2007年。
高浣月:《清代刑名幕友研究》,北京:中国政法大学出版社,2000年。
顾明义、张德良等主编:《日本侵占旅大四十年史》,沈阳:辽宁人民出版社,1991年。
郭建:《绍兴师爷》,上海:上海古籍出版社,1995年。
郭润涛:《官府、幕友与书生:"绍兴师爷"研究》,北京:中国社会科学出版社,1996年。
郭松义、定宜庄:《清代民间婚书研究》,北京:人民出版社,2005年。
郭翔、许前程、李春霖等编:《人民调解在中国》,武汉:华中师范大学出版社,1986年。
韩秀桃:《司法独立与近代中国》,北京:清华大学出版社,2003年。
何勤华、方乐华、李秀清、管建强:《日本法律发达史》,上海:上海人民出版社,

1999年。
胡长清:《中国民法亲属论》,上海:商务印书馆,1936年。
黄源盛:《民初法律变迁与裁判》,台北:政治大学,2000年。
黄宗智:《清代的法律、社会与文化:民法的表达与实践》,上海:上海书店出版社,2001年。
黄宗智:《经验与理论:中国社会、经济与法律的实践历史研究》,北京:中国人民大学出版社,2007年。
黄宗智、尤陈俊主编:《从诉讼档案出发:中国的法律、社会与文化》,北京:法律出版社,2009年。
贾士毅:《民国财政史正编》,上海:商务印书馆,1917年。
江伟、杨荣新主编:《人民调解学概论》,北京:法律出版社,1990年。
蒋月:《人民调解制度的理论与实践》,北京:群众出版社,1994年。
〔日〕角间隆:《日本の司法:裁判官・検察官・弁護士》,東京:株式會社サンクイ,1977年。
焦润明等著:《近代东北社会诸问题研究》,北京:中国社会科学出版社,2004年。
李春霖主编:《人民调解手册》,北京:北京出版社,1989年。
李凤鸣:《清代州县官吏的司法责任》,上海:复旦大学出版社,2007年。
李贵连:《沈家本传》,北京:法律出版社,2000年。
李启成:《晚清各级审判厅研究》,北京:北京大学出版社,2004年。
李倩:《民国时期契约制度研究》,北京:北京大学出版社,2005年。
里赞:《晚清州县诉讼中的审断问题——侧重四川南部县的实践》,北京:法律出版社,2010年。
梁启超:《梁启超法学文集》,范忠信选编,北京:中国政法大学出版社,2000年。
梁治平:《清代习惯法》,北京:中国政法大学出版社,1996年。
林士铉:《清季东北移民实边政策之研究》,台北:政治大学历史系,2001年。
刘思达:《失落的城邦:当代中国法律职业变迁》,北京大学出版社,2008年。
卢静仪:《民初立嗣问题的法律与裁判》,北京:北京大学出版社,2005。
〔德〕马克斯・韦伯:《学术与政治:韦伯的两篇演说》,冯克利译,北京:生活・读书・新知三联书店,1998年。
马小泉:《国家与社会:清末地方自治与宪政改革》,开封:河南大学出版社,2001年。
满史会:《满洲开发四十年史》(内部交流),《东北沦陷十四年史》辽宁编写组译,年代出版地不详。

滿蒙文化協會:《滿蒙年鑒》,大連:滿蒙文化協會,1925年。
马平安:《近代东北移民研究》,济南:齐鲁书社,2009年。
茅彭年、李必达主编:《中国律师制度研究资料汇编》,法律出版社,1992年。
那思陆:《清代州县衙门审判制度》,台北:文史哲出版社,1982年。
钱实甫:《北洋政府时期的政治制度》,北京:中华书局,1984年。
仇立平:《社会研究方法》,重庆:重庆大学出版社,2008年。
瞿同祖:《中国法律与中国社会》,北京:中华书局,2003年。
瞿同祖:《清代地方政府》,范忠信、晏锋译,北京:法律出版社,2003年。
〔日〕实藤惠秀:《中国人留学日本史》,谭汝谦等译,香港:中文大学出版社,1981年。
〔日〕滋贺秀三:《清代中國の法と裁判》,東京:創文社,1984年。
〔日〕滋贺秀三:《中国家族法原理》,张建国等译,北京:法律出版社,2003年。
〔日〕田岛富穗:《王永江》,胡毓铮译,大连:满洲公论社刊,1944年。
〔日〕山田豪一:《滿鐵調查部——容光と挫折る四十年》,東京:日本經濟新聞社,1977年。
苏崇民:《满铁史》,北京:中华书局,1990年。
苏亦工:《中法西用:中国传统法律及习惯在香港》,北京:社会科学文献出版社,2002年。
孙华旭编:《辽宁高等学校沿革》,沈阳:辽宁人民出版社,1984年。
谭刼就:《中国离婚的研究》,上海:中国基督教女青年会全国协会,1932年。
陶希圣:《清代州县衙门刑事审判及程序》,台北:食货出版有限公司,1972年。
王健:《中国近代的法律教育》,北京:中国政法大学出版社,2001年。
王健:《沟通两个世界的法律意义:晚清西方法的输入与法律新词初探》,北京:中国政法大学出版社,2001年。
王新宇:《民国时期婚姻法近代化研究》,北京:中国法制出版社,2006年。
王文:《中国典权制度研究》,台北:嘉新水泥公司文化基金会,1974年。
王振忠:《绍兴师爷》,福州:福建人民出版社,1994年。
吴吉远:《清代地方政府的司法职能》,北京:中国社会科学出版社,1998年。
吴向红:《典之风俗与典之法律》,北京:法律出版社,2009年。
解学诗:《隔世遗思——评满铁调查部》,北京:人民出版社,2003年。
谢振民:《中华民国立法史》,北京:中国政法大学出版社,2000年。
徐彻、董守义编:《清代全史》,沈阳:辽宁人民出版社,1995年。
徐家力:《中华民国律师制度史》,北京:中国政法大学出版社,1998年。

徐家力、吴运浩:《中国律师制度史》,北京:中国政法大学出版社,2000年。
徐忠明:《案例、故事与明清时期的司法文化》,北京:法律出版社,2006年。
杨余练主编:《清代东北史》,沈阳:辽宁教育出版社,1991年。
叶孝信:《中国民法史》,上海:上海人民出版社,1993年。
张国福:《中华民国法制简史》,北京:北京大学出版社,1986年。
张晋藩:《清代法制史》,北京:法律出版社,1994年。
张晋藩:《中国法律的传统与近代转型》,北京:法律出版社,1997年。
张培田、张华:《近现代中国审判检察制度的演变》,北京:中国政法大学出版社,2004年。
张伟、胡玉海编著:《沈阳三百年史》,沈阳:辽宁大学出版社,2004年。
张伟仁:《清代法制研究》,台湾中央研究院历史语言研究所专刊(七十六),台北:中央研究院历史语言研究所,1983年。
张文显主编:《法理学》,第3版,北京:高等教育出版社,2007年。
张云清、张雨山主编:《人民调解工作理论与实践》,长春:吉林大学出版社,1990年。
郑玉波:《民法物权》,台北:三民书局,1967年。
钟乃可:《典权制度论》,上海:商务印书馆,1937年。
朱德新:《二十世纪三四十年代河南冀东保甲制度研究》,北京:中国社会科学出版社,1994年。

(二)英法文著作

Allee, Mark. *Law and Local Society in Late Imperial China*: *Northern Taiwan in the Nineteenth Century*. Stanford, Calif.: Stanford University Press, 1994.

Bernhardt, Kathryn, and Philip C. C. Huang, eds. *Civil Law in Qing and Republican China*. Stanford, Calif.: Stanford University Press, 1994.

Bodde, Derk, and Clarence Morris. *Law in Imperial China*, *Exemplified by 190 Ch'ing Dynasty Cases*. Cambridge, Mass. Harvard University Press, 1967.

Ch'ü T'ung-tsu. *Law and Society in Traditional China*. Paris: Mouton & Co. 1961.

————. *Local Government in China under the Ch'ing*. 1962. Reprint, Cambridge, Mass.: Harvard University Press, 1988.

Duara, Prasenjit. *Culture*, *Power*, *and the State*: *Rural North China*, *1900 – 1942*. Stanford, Calif.: Stanford University Press, 1988.

Ebrey, Patricia Buckley, trans. *Chu Hsi's Family Rituals*. Princeton, New

Jersey: Princeton University Press, 1991.

―――. *Confucianism and Family Ritual in Imperial China*. Princeton, New Jersey: Princeton University Press, 1991.

―――. *Women and the Family in Chinese History*. New York: Routledge, 2003.

Escarra, Jean. *Le Droit Chinois: Conception et Évolution, Institutions Législatives et Judiciaires, Science et Enseignement*. Pékin [Beijing]: H. Vetch, 1936.

―――. *Chinese Law: Conception and Evolution, Legislative and Judicial Institutions, Science and Teaching*. Translated by Gertrude R. Browne. Seattle: University of Washington, 1961.

Glenn, H. Patrick. *Legal Traditions of the World: Sustainable Diversity in Law*. 2nd ed. Oxford: Oxford University Press, 2004.

Hoebel, E. Adamson. *The Law of Primitive Man: A Study on Comparative Legal Dynamics*. Cambridge, Mass.: Harvard University Press, 1967.

Huang, Philip C. C. *The Peasant Economy and Social Change in North China*. Stanford, Calif.: Stanford University Press, 1985.

―――. *Civil Justice in China: Representation and Practice in the Qing*. Stanford, Calif.: Stanford University Press, 1996.

―――. *Code, Custom, and Legal Practice in China: the Qing and the Republic Compared*. Stanford. Calif.: Stanford University Press, 2001.

MacCormack, Geoffrey. *Penal Law in Traditional China*. Edinburgh: Edinburgh University Press, 1990.

―――. *The Spirit of Traditional Chinese Law*. Athens: University of Georgia Press, 1996.

Pound, Roscoe. *The Lawyer from Antiquity to Modern Times*. St. Paul, Minnesota: West Publisher, 1953.

Sommer, Mattew H. *Sex, Law and Society in Late Imperial China*. Stanford, Calif.: Stanford University Press, 2000.

Suleski, Ronald. *Civil Government in Warlord China: Tradition, Modernization and Manchuria*. New York: Peter Lang, 2002.

van derValk, M. H. *Interpretations of the Supreme Court at Peking: Years 1915 and 1916*. 1949. Reprint, Taibei: Chengwen chubanshe, 1968.

————. *An Outline of Modern Chinese Family Law*. 1939. Reprint, Taibei: Chengwen chubanshe, 1969.

Weber, Max. *The Religion of China: Confucianism and Taoism*. Translated and edited by Hans H. Geth with an introduction by C. K. Young. New York: The Free Press, 1951.

————. *Economy and Society: An Outline of Interpretive Sociology*. Edited by Guenther Roth and Claus Wittich. Berkeley, Calif.: University of California Press, 1978.

Zweigert, Konrad, and Hein Kötz. *Introduction to Comparative Law*. 2nd ed. Translated by Tony Weir. 2 vols. Oxford: Clarendon Press, 1987.

四、研究论文

(一) 中日文论文

陈弘毅:"调解、诉讼与公正:对现代自由社会和儒家传统的反思",《现代法学》2001年第3期,第3—14页。

陈嘉骥:"张作霖与王永江",《东北文献》第8卷1977年第2期,第30—30页。

邓建鹏:"清代讼师的官方规制",《法商研究》2005年第3期,第137—142页。

邓建鹏:"清代官代书制度研究",《政法论坛》2008年第6期,第123—137页。

段自成:"明清乡约的司法职能及其产生原因",《史学集刊》1999年第2期,第45—49页。

范愉:"试论民间社会规范与国家法的统一适用",《民间法》,第1卷,谢辉、陈金钊主编,济南:山东人民出版社,2002年,第78—116页。

[日]夫马进:"明清时代的讼师与诉讼制度",载于《明清时期的民事审判与民间契约》,王亚新等编译,北京:法律出版社,1998年,第389—430页。

何勤华:"清代法律渊源考",《中国社会科学》2001年第2期,第115—132页。

何勤华:"中国近代民事诉讼法学的诞生与成长",《法律科学》2004年第2期,第85—92页。

胡康:"清末《刑事民事诉讼法草案》搁置考",载于《中国传统司法与司法传统》(上册),陈金全、汪世荣主编,西安:陕西师范大学出版社,2009年,第440—447页。

黄金兰、周赟:"初论民间法及其与国家法的关系",《民间法》,第1卷,谢辉、陈金钊主编,济南:山东人民出版社,2002年,第64—77页。

黄源盛:"民初大理院司法档案的典藏与整理",《政大法学评论》第59期(1998年6

月),第1—31页。

黄源盛:"民初大理院",《政大法学评论》第60期(1998年12月),第85—140页。

黄源盛:"民初大理院关于民事习惯判例之研究",《政大法学评论》第63期(2000年6月),第1—46页。

姜茂坤:"20世纪前30年典的考察与反思",《法律文化史研究》,第3卷,何勤华主编,北京:商务印书馆,2007年,第149—199页。

居正:"十年来的中国司法",载于《十年来的中国》,中国文化建设协会编,1937年初版;上海:上海书店,1996年再版。

冷霞:"近代中国的司法考试制度",载于《二十世纪外国司法制度的变革》,何勤华主编,北京:法律出版社,2003年,第345—363页。

李大雪:"德国民事诉讼法的历史嬗变",《西南政法大学学报》2005年第2期,第65—71页。

李贵连、俞江:"清末民初的县衙审判——以江苏句容县为例",《华东政法学院学报》2007年第2期,第70—80页。

李俊:《晚清审判制度变革研究》,中国政法大学2000年博士论文。

李孝猛:"中国十九世纪基层司法文化研究——以《汝东判语》文本为中心",《华东法律评论》第2卷,北京:法律出版社,2003年,第271—324页。

李雪梅:"明清碑刻中的乡约",《法律史论集》,第5卷,韩延龙主编,北京:法律出版社,2004年。

李政:"中国近代民事诉讼法探源",《法律科学》2000年第6期,第99—107页。

里赞:"中国法律史研究中的方法、材料和细节——以清代州县审断问题研究为例",《法学》2009年第3期,第123—130页。

梁启超:"中国成文法编制之沿革得失",载于《梁启超法学文集》,范忠信编,北京:中国政法大学出版社,2000年,第69—182页。

廖斌、蒋铁初:"清代州县刑事案件受理的制度与实践——以巴县司法档案为对象的考察",《西南民族大学学报》(人文社科版)2008年第5期,第148—154页。

林乾:"讼师对法秩序的冲击与清朝严治讼师立法",《清史研究》2005年第3期,第1—12页。

吕志兴:"中国古代不动产优先购买权制度研究",《现代法学》2000年第1期,第124—128页。

鲁岩:"论王永江的治奉思想",《辽宁师范大学学报》(社会科学版)2001年第2期,第96—98页。

谭兵、王志胜:"论法官现代化:专业化、职业化和同质化——兼谈中国法官队伍的现代化问题",《中国法学》2001年第3期,第132—143页。

陶毅、明欣:《离婚:单一主义或混合主义》,《法学研究》1999年第6期,第30—36页。

〔日〕滋贺秀三:"中国法文化的考察",载于《明清时期的民事审判与民间契约》,王亚新等编译,北京:法律出版社,1998年,第1—18页。

〔日〕澀毅由裏:"張作霖政權下の奉天省民政と社會——王永江を中心として",《東洋史研究》第52卷第1期(1993年6月),第84—117页。

王建勋:"关于调解制度的思考",《法商研究》1996年第6期,第74—78页。

吴佩林:"法律社会学视野下的清代官代书研究",《法学研究》2008年第2期,第149—160页。

吴欣:"清代妇女民事诉讼权利考析——以档案与判牍资料为研究对象",《社会科学》2005年第9期,第153—162页。

吴永明:"民初(1912—1928年)司法现代化变革研究述评",《法律史论集》,第5卷,韩延龙主编,北京:法律出版社,2004年,第589—601页。

徐家力:"论民国初期律师制度的建立及特点",《中外法学》1997年第2期,第78—85页。

徐清宇、周永军:"民俗习惯在司法中的运行条件及障碍消除",《中国法学》2008年第2期,第85—93页。

徐忠明、杜金:"清代司法官员知识结构的考察",《华东政法学院学报》2006年第5期,第69—90页。

徐忠明、姚志伟:"清代抱告制度考论",《中山大学学报》(社会科学版)2008年第2期,第143—157页。

徐忠明:"明清时期的'依法裁判':一个伪问题?",《法律科学》2010年第1期,第31—39页。

杨一凡:"中华法系研究中的一个重大误区——'诸法合体、民刑不分'说质疑",《中国社会科学》2006年第6期,第78—94页。

蕴华:"论惯习与法律之关系",《法政杂志》第1卷第7期(1911年7月),第79—92页。

俞江:"清末奉天各级审判厅考论",《华东政法学院学报》2006年第1期,第25—39页。

张晋藩、汪世荣、何敏:"论清代民事诉讼制度的几个问题",《政法论坛》1992年第5期,第70—76页。

张生:"略论民事习惯在民初司法中的作用",《人文杂志》2001年第4期,第20—24

页。

张生:"民初大理院民事判例要旨的性质与效力",载于《二十世纪中国法制的回顾与前瞻》,张晋藩主编,北京:中国政法大学出版社,2002年,第280—285页。

张勤、毛蕾:"清末各省调查局和修订法律馆的习惯调查",《厦门大学学报》(哲学社会科学版)2005年第6期,第84—91页。

张勤:"清末民初奉天省的司法变革",《辽宁大学学报》(哲学社会科学版)2006年第4期,第137—144页。

张勤:"民初的离婚诉讼和司法裁判:以奉天省宽甸县为中心",《比较法研究》2006年第5期,第14—26页。

张勤:"民初律师惩戒制度论析:以惩戒案例为中心",《河北法学》2007年第1期,第194—200页。

张勤:"民初的乡村组织与基层调解:以奉天省为中心",《太平洋学报》2008年第9期,第76—90页。

张勤:"近代司法官惩戒制度研究",《近代法评论》第2卷,里赞主编,北京:法律出版社,2010年,第1—20页。

张勤:"清末民初的民事诉讼法及大陆法系的影响——以法典结构为视角",载于《大陆法系及其对中国的影响》,何勤华主编,北京:法律出版社,2010年,第393—410页。

张晓辉、王启梁:"民间法的变迁与作用:云南25个少数民族村寨的民间法分析",《现代法学》2001年第5期,第30—38页。

张研:"清代知县的'两套班子'——读《杜凤治日记》之二",《清史研究》2009年第2期,第74—87页。

张玉法:"民国初年山东省的司法改革",《社会科学战线》1997年第3期,第197—203页。

赵焕林:"日本侵华期间对中国档案的掠夺机构——旧记整理处",载于《中国档案报》2001年9月10日。

赵云田:"清末新政期间东北边疆的政治改革",《中国边疆史地研究》2002年第3期,第31—40页。

(二)英法文论文

Alford, William P. "Law, Law, What Law? Why Western Scholars of Chinese History and Society Have Not Had More to Say about Its Law." *Modern China* 23, no. 4 (October 1997): 398–419.

Bernhardt, Kathryn. "Women and the Law: Divorce in the Republican Period."

In *Civil Law in Qing and Republican China*, edited by Kathryn Bernhardt and Philip C. C. Huang, 187 – 214. Stanford, Calif.: Stanford University Press, 1994.

Bourgon, Jérôme. "Shen Jiaben et le Droit Chinois à la fin des Qing." Ph. D. dissertation, École des Hautes Etudes en Science Sociales, Paris, 1994.

――――. "Uncivil Dialogue: Law and Custom Did Not Merge into Civil Law under the Qing." *Late Imperial China* 23, no. 1 (June 2002): 50 – 90.

――――. "Rights, Freedoms, and Customs in the Making of Chinese Civil Law, 1906 – 1936." In *Realms of Freedom in Modern China*, edited by William C. Kirby. 84 – 112. Stanford, Calif.: Stanford University Press, 2004.

Buxbaum, David C. "Some Aspects of Civil Procedure at Trial Level in Tanshui and Hsinchu from 1789 – 1895." *Journal of Asian Studies* 30, no. 2 (February 1971): 255 – 279.

Cohen, Jerome Alan. "Chinese Mediation on the Eve of Modernization." *California Law Review* 54, no. 3 (August, 1966): 1201 – 1226.

Huang, Philip C. C. "The Paradigmatic Crisis in Chinese Studies: Paradoxes in Social and Economic History." *Modern China* 17, no. 3 (July 1991): 299 – 341.

――――. "'Public Sphere'/'Civil Sphere' in China? The Third Realm between State and Society." *Modern China* 19, no. 2 (April 1993): 216 – 240.

Kuo, Margaret. "The Handmaid of the Revolution: Gender Equality and the Law of Domestic Relations in Republican China, 1912 – 1949." Ph. D. dissertation, University of California, Los Angeles, 2003.

Millar, Robert Wyness. "The Formative Principles of Civil Procedure." Prolegomena to *A History of Continental Civil Procedure*, edited by Arthur Engelmann and others, 3 – 81. Boston: Little Brown Company, 1927.

VanderVen, Elizabeth Ruth. "Educational Reform and Village Society in Early Twentieth-Century Northeast China: Haicheng County, 1905 – 1931." Ph. D. dissertation, University of California, Los Angeles, 2003.

Woodside, Alexander. "State, Scholars, and Orthodoxy: The Ch'ing Academies, 1736 – 1839." In *Orthodoxy in Late Imperial China*, edited by K. C. Liu. Berkeley, Calif.: University of California Press, 1990.

Xu Xiaoqun. "The Fate of Judicial Independence in Republican China, 1912 –

1927." *The China Quarterly* 149 (March 1997): 1-28.

―――. "Between State and Society, Between Professionalism and Politics: The Shanghai Bar Association in Republican China, 1912-1937." *Twentieth-Century China* 24, no. 1 (November 1998): 1-29.

Young, Mary Buck. "Law and Modern State-Building in Early Republican China: The Supreme Court of Peking (1911-1926)." Ph. D. dissertation, Harvard University, 2004.

Zhang, Qin. "Civil Justice in Early Twentieth-Century Northeast China: Fengtian Province, 1900-1928." Ph. D. dissertation, McGill University, 2005.

案 例 索 引

(依首次出现顺序按章排列)

第一章

旗人宋安控旗人石玉堂等霸砍坟树案,光绪二十六年,39—40
旗人张钦德控民人刘世元匿契霸产、擅毁坟茔案,光绪十六年,40
民人马耐永等呈控催领双惠增租撤佃案,光绪十五年,40—42
旗人倪春宝控佃户施振山恃强霸产不容回赎案,光绪二十八年,42—43
代书曲九如、张仁政、朱麟章互控架唆舞弊案,光绪二十六年,55—58

第二章

钟景槐禀控戴庚尧霸地不交、抗租不偿案,光绪二十八年,80,81,125
张永寿喊控保正王昭海盗伐坟树案,光绪三十年,86—87
孙强呈控萧克谦逼奸不从捏赌诈财案,光绪三十二年,87
陈克有呈控于增耀卖产绝嗣案,光绪二十九年,87—88
王殿臣控张增等抗违束修闹学堂案,光绪二十九年,88
栾王氏呈控栾立恒阻葬案,光绪三十二年,88—89
侯永禄呈控张文林拒赎欠债案,光绪三十一年,89
于吉成呈控邵玉盛等串卖嫁女案,光绪二十八年,90
徐冯氏呈控张洛三倚势赖婚案,光绪二十九年,90—92
马清仁呈控都本善侵损茔基案,光绪二十九年,96

刘志信呈控张士荣捏契昧良、以租作典案,光绪二十九年,96—98,
　　123,125
刘兆仁呈控刘兆才等欺幼吞产案,光绪二十八年,102
丁书利呈控保长王永生舞弊苛派、招匪设赌案,光绪二十九年,
　　102—103
马贵清呈控刘长禄霸地不吐案,光绪二十九年,103
刘忠升喊控孙连福等将伊孀嫂价卖希图肥己反欲行殴案,光绪三十二
　　年,103
郑席氏呈控刘显贵倚势欺孀案,光绪二十九年,104
王振山喊控张伦欠租不给案,光绪三十二年,104
王通喊控葛春荣等因扭死伊家小鸡反行殴打案,光绪三十一年,
　　105—106
李长璧喊控吕成吉欠债不偿反行殴打案,光绪三十一年,106
崔文波呈控教万良越界霸占案,光绪二十八年,107
康玉财呈控胡广连等卖势罢婚案,光绪二十八年,108—111,120,123—
　　124,306
时傅氏呈控时来福等驱母夺产、灭绝人伦案,光绪三十年,111—112
马燕春呈控王盛等归宁不返、勾串隐匿案,光绪二十九年,112,
　　113—114
杨殿举喊控宫大成指妻行诈案,光绪二十九年,114
刘起夏喊控本牌会勇籍端讹索并将伊弟殴伤案,光绪三十一年,
　　114—115
吴天德喊控练长程明馨勾串张汝霖将伊妻冯氏勾拐逃跑案,光绪三十
　　一年,116
乡约赵振堂禀报郑有山等找于成之女不着向吕振海逼要案,光绪三十
　　一年,116—117

户房吏员宁允迪禀控户承吴文山抗债坑师案,光绪三十二年,117
张照林喊控盖宝富将尸抬回案,光绪三十一年,120—121

第三章

推事刘大魁废弛职务被付惩戒案,民国八年,161—162

第四章

黄进青控王成林债务不偿案,民国十六年,215—216
王振邦诉王宋氏分家析产案,民国十六年,216—217
苗玉盛诉姜连春霸地不赎、揹勒典契不现案,民国十一年,218—219
满洲银行诉丰盛东商行不履行担保义务实施假扣押案,民国十一年,220
梁李氏诉于东廷不履行债务实施假处分案,民国十三年,220
杜刘氏诉杜云标解除婚姻关系案,民国十五年,222

第五章

律师田霖先违背职务被付惩戒案,民国四年,251—252
律师祝清华、严东汉吸食鸦片被付惩戒案,民国五年,252
律师张绅吸食鸦片被付惩戒案,民国五年,252
律师明良、张贺然、张毓深、王锡煆吸食鸦片被付惩戒案,民国五年,252
律师石云五因双方代理违背律师义务被付惩戒案,民国七年,252
律师赵永茂犯诈财罪被付惩戒案,民国九年,252

第六章

佟许氏诉刘万明霸不放赎案,光绪三十四年,274
王喜珍诉冯桂华地亩争购案,宣统元年,274—275

刘杨令诉刘通经土地先买权案,光绪三十四年,275
刘文会诉索孙氏不交地亩粮领执照案,宣统元年,276
倪丕德诉高云德备价赎地被拒案,民国十二年,278—279
王华亭诉王俊亭揩契不放赎案,民国十二年,279
范瑞亭诉李天禄霸不放赎案,民国十四年,280
高顺诉杜文斗回赎房地案,民国十三年,280
张献财诉吕明科拒不搬家案,民国十一年,280—281
于春诉孙贵等伙谋抗赎案,民国八年,282
张忠控高凤岗霸不放赎案,民国十六年,284—285
孙贻清诉于广阻止砍伐树株案,民国七年,285

第七章

车万平控杨云清罢婚另聘案,光绪二十九年,305—306
刘振安和刘牟氏协议离婚案,民国十六年,325
朱德山四女儿和孙鹤令侄子孙述全协议离婚案,民国七年,325
张王氏诉张继述离婚案,民国十五年,328—329
郝洪氏诉郝喜三离婚案,民国十六年,329—331
潘典氏诉宋学贵离婚案,民国十二年,332
徐张氏因丈夫生死不明请求判决解除婚姻关系案,民国十八年,333—334

第八章

张福和李德霸典地回赎争执案,光绪三十二年,342
张王氏和白玉山儿媳久住娘家不归案,光绪三十三年,342
郭仲三喊控周杰之子殴伤其父案,光绪三十二年,342—343
李德春控梁鸿儒田亩回赎不履行约定案,光绪二十九年,343—344

倪春宝控施振山霸地不放赎案,光绪二十八年,344
张史氏控董佐臣欠洋不还请求评议案,民国十二年,363
张佩文控佟清田通融款项到期不还请求评议案,民国十二年,363—364
高洪儒控林树森霸房不放赎请求评议案,民国十二年,364—365
陈玉文控陈唐霸地不放赎请求评议案,民国十二年,365
赵竟顺控其兄赵竟尧横阻房屋出卖请求评议案,民国十二年,366—367
朱龙控其弟朱辰因穷讹诈妄称借粮请求评议案,民国十四年,367—368
曹振文控郝维安唆女离婚请求评议案,民国十二年,368—369

附录：知县、司法官、书记官履历

一、清宽甸县知县履历

1. 署宽甸县知县荣禧①

署宽甸县知县荣禧，现年五十一岁，系正白旗满洲五甲喇定斌佐领下人。由监生于光绪二年投效奉天军营，三年正月遵筹饷例报捐候补笔贴式，五年四月复在直隶晋赈捐局改捐府经历，分发省分试用。十三年二月奉到饬知，前因拿获著名首要马贼出力案内，蒙前军督部宪庆奏保请以本班留于奉天补用，经吏部议准覆奏，正月二十六日奉旨依议钦此，遵即请咨赴部，三月二十八日蒙派大臣验看，四月十一日在部领照，闰四月初十日到省缴照当差，复因历次拿获马贼案内蒙前军督部宪庆奏保请俟候补缺以知县用，二十二日奉朱批该衙门议奏钦此，八月二十三日经吏部议准覆奏，奉旨依议钦此，十一月遵郑工新例报捐免补本班离任归知县班仍留奉天补用，并在山东赈捐局加同知升衔，请咨赴部，是月二十八日蒙钦派大臣验看，十二月十五日吏部带领引见，奉旨著发往奉天以知县照例补用，钦此，二十一日在部领执照，十四年正月初八日到省缴照当差，十一月初九日奉到饬知，前因拿获巨匪杨三乐等尤为出力案内，蒙前军督部宪庆奏保请俟补缺，后以同知直隶州用，四月二

---

① 《奉天省长公署》JC10-1-15356，光绪三十一年（1905年）。在任时间分别为：光绪二十五年（1899年）至二十六年（1900年）和光绪二十七年（1901年）至三十二年（1906年）。

十日奉朱批著照所请奖励钦此,七月初二日经吏部议准覆奏,奉旨依议钦此。

十五年正月初八日试用一年,期满甄别加考,奏咨在案。十六年闰二月二十日因筹捐江浙协济奉天灾赈经营营口赈捐局核奖花翎。十七年二月十七日蒙前军督部宪裕、前抚尹宪(兴)檄委署理承德县京县篆务,是月二十六日接印任事,九月十八日奉到饬知,其因三月二十三日因历次拿获首要马贼时届四年汇奖案内,蒙前军督部宪裕、前抚尹宪(兴)奏保俟归同知直隶州班后加四品顶戴,奉朱批该衙门议奏,钦此,八月十八日经吏部议准覆奏,奉旨依议钦此。十八年三月十一日蒙前军督部宪裕、前抚尹宪兴檄调署宁远州知州篆务,遵于是月十八日交卸承德县印务,驰赴新任,四月十三日接印任事,八月十二日蒙钦差大臣定、前军督部宪裕饬知,前因剿办热河朝阳匪徒案内出力,保俟补同知直隶州后以知府用,奉朱批该部议奏,钦此。经部核准具奏,闰六月十六日奉旨依议钦此。

十九年四月二十八日接奉饬知,前蒙前军督部宪裕、前抚尹宪兴奏补铁岭县知县,于是年二月初三日奉朱批吏部议奏钦此,经部核准覆奏,三月二十六日奉旨依议钦此。二十年五月初一日饬赴铁岭县本任,六月二十二日接印任事,旋因日本肇衅边境戒严,调署安东县知县筹办江防,遵即交卸铁岭印务,九月十三日接安东县印,是月二十七日敌人渡江扑犯安东,各军不支,地方失陷,蒙前军督部宪裕奏参革职治罪,旋奉委办东边道凤岫安宽各厅州县民团,迭次进攻倭敌,克复宽甸县又克复长甸镇城及香炉沟要隘,宽甸全境肃清,并案奏请奉旨免罪。二十二年因奉省办理善后、开荒开矿、整顿税捐、清理案件,在在需人,蒙前军督部宪依、前抚尹宪松奏请留奉差遣,八月十三日奉朱批著照所请吏部知道钦此。嗣因迭次办理铁岭、开原、康平等州县民教交涉案件,并先后会营拿获巨盗拉特那西里等多名案内出力,蒙前军督部宪依加考保荐奏请偿还衔翎送部引见。二十四年闰三月二十日奉朱批著照所请吏部知道钦此。二十五年三月请咨到部，于四月初三日经吏部引见奉特旨著开复原官，发往奉天补用，钦此，遵即在部领照，于六月初八日到省缴照当差，十一月二十四日蒙前军督部宪增、前抚尹宪志檄委署宽甸县篆务，于十二月十七日接印任事。十一月蒙前军督部宪增、前抚尹宪志奏补奉化县知县，经部核准，于是年十二月二十四日具奏奉旨依议钦此。二十六年五月初六日奉督、抚宪饬知，蒙户部大堂清奏调办理西流水荒，务遵于六月初八日交卸回省，是年十一月二十五日蒙前督、前抚宪增、玉檄委署理铁岭县篆务，十二月十一日到任。二十七年五月初四日交卸回省，又于是年五月二十八日蒙前督、前抚宪增、玉檄委署理宽甸县事，于七月初六日接印任事，现供今职，须至履历者。

2. 署宽甸县知县马梦吉①

署宽甸县知县马梦吉，现年三十九岁，直隶天津府天津县人。由廪生应光绪丁酉科顺天乡试，中式举人。二十八年遵报效股票案内请奖以知县选用，是年来奉投效。历蒙前军督宪增于历次剿灭巨匪并擒获首要在事出力，案内保以直隶州知州在任候补，奉旨交部议奏在案，是年五月蒙前署军督、抚尹廷、增奏保以知县留奉补用，奉旨着照所请，钦此遵接奉行知在案，九月蒙前军督宪赵委充文案并乡镇巡警等差。三十二年四月蒙前军督宪赵委署宽甸县篆务，闰四月初八日接印任事，是年五月奉部核准俟得缺后以直隶州知州在任候补，奉旨依议，接奉行知在案，现供今职，须至履历者。

---

① 《奉天省长公署》JC10-1-15351，光绪三十三年（1907年）。在任时间为光绪三十二年（1906年）至三十三年（1907年）。

二、司法官履历

1. 奉天提法使司提法使吴钫(光绪三十三年五月)①

今开本司现年四十一岁,系江西抚州府宜黄县人。由优廪生中式,光绪十五年己丑恩科本省乡试举人,壬辰科会试中式贡士,殿试二甲,赐进士出身,朝考二等。由礼部带领引见,奉旨以部属用,钦此,籤分刑部,是年五月到部,二十年恭逢皇太后六旬庆典,加一级。二十一年派浙江司主稿兼司务厅覆看秋审。二十二年十一月学习期满奏留本部候补,二十四年九月拣派热河都统衙门理刑司办事司员,十月领咨赴热任事,派充总办热河全军营务处。二十六年恭逢皇上三旬庆典,加一级,是年于剿办热河所属马贼案内奏保赏加四品衔。二十七年经都统色楞额奏保奉旨著交军机处存记,钦此。二十八年正月奏委署理直隶承德府知府,派充督办热河等处矿务,三月于剿平建南逆匪擒获逆首李汶武案内奏保经吏部核奖,俟得员外郎后作为历俸期满并加随带一级,四月初十日交卸承德府篆,七月回京销差,由都统色楞额分案送部引见。九月初四日经吏部以差满带领引见,奉旨著遇缺即补,钦此,十九日复经吏部以明保带领引见,仰蒙召见一次,奉旨著免补主事,以本部员外郎遇缺即补,钦此,十月补授刑部福建司员外郎,派充浙江司正主稿,总办秋审。二十九年调云南司正主稿,八月奉旨记名以御史用。三十年恭逢皇太后七旬庆典加一级。三十一年三月补授广东司郎中,三十二年四月奉旨补授江南道监察御史,钦此,五月兼署福建道监察御史,十月转掌江南道监察御史,十一月奉朱笔圈出,协理京畿道事务,十二月奉旨补授掌京畿道监察御史,钦此。三十三年二月,在河南赈捐案内捐奖花翎,四月十五日奉上谕,御史吴钫著赏加三品衔,署理奉天提法使,钦

---

① 《奉天省长公署》JC10-1-16042,光绪三十三年(1907年)。

此,当于十六日谢恩,仰蒙召见,二十八日请训复蒙召见,五月十六日行抵奉天省城,二十一日奉到饬知并颁发木质关防一颗,文曰奉天提法司关防,遵于二十四日到任视事,须至履历者。

2. 营口地方审判厅厅长张务本(民国六年二月)①

张务本,年岁四十九岁,直隶大城县人。就职日期:民国三年九月一日;任命日期:民国五年十月二日,日本早稻田大学法科毕业。

于前清光绪三十年由优廪生留学日本早稻田大学法科毕业。宣统元年回国,八月应留学生试验考取法政科举人。二年廷试取列二等,以七品小京官籖分民政部行走,六月到部,旋由浙江增调赴浙江派委筹办审判厅开办事宜,并充浙江官立法政学堂教员,十月奏请免扣资俸,十二月充浙江高等审判厅民庭庭长,是月十五日到厅任事。三年兼充浙江私立法政学堂教员,五月由学部奏准免扣资俸,九月厅中停止办公回籍。民国元年五月充北洋法政学堂教员,十二月由司法部发给律师证书,在直隶及京师高等厅登录执行律师职务。二年三月二十七日由司法部呈请任命署直隶高等审判分厅推事,先于是月二十三日奉司法部令到厅任事,五月直隶高等审判分厅改为直隶第一高等审判分厅,仍接署同厅推事,嗣以直隶第一高等审判分厅裁撤,于十二月十七日开去署缺,另候任用。三年二月五日由司法部呈请任命署京师地方审判厅推事,先于一月二十九日奉司法部令到厅任事,八月十日由司法部呈请任命署营口地方审判厅长,九月一日到厅任事。五年十月二日由司法部呈请任命为营口地方审判厅长,现供斯职。

---

① 《营口地方法院》229-965,民国六年(1917年),营口市档案馆藏。

3.营口地方检察厅检察长邵邦翰(民国六年二月)①

邵邦翰,江苏武进县人,年岁三十三岁。任命日期:民国五年四月二十日;就职日期:民国四年十一月一日,京师法律学堂完全科毕业。

前清光绪三十三年考取京师法律学堂,至宣统二年经学部考试毕业,奖给副贡出身,以正七品推检分发奉省。宣统三年五月委充锦县地方检察厅学习检察官,至十二月改升行走。民国二年三月委署锦县地方检察官,二年十二月十四日由司法部呈请任命署奉天高等检察官。四年五月试署沈阳地方检察长。五年四月二十日奉策令署营口地方检察长,现供斯职,中间并无断资,须至履历者。

4.营口地方审判厅推事、代理庭长章坤(民国六年二月)②

章坤,浙江富阳县人,年岁三十四岁。就职日期:民国五年四月十二日,浙江官立法政专门学校三年毕业。

前清宣统元年由附生考职巡检,籤分浙江补用。二年六月考入浙江官立法政专门学校法律别科肄业。民国二年七月毕业,列入乙等,三年一月应司法部甄拔法官试验合格,四月奉司法部令派充京师地方审判厅实习推事,六月奉京师地方审判厅长沈派充民事执行处推事,七月奉司法部饬委代理第二分庭推事,九月奉天高等审判厅长沈详请司法部调用奉饬委代理营口地方审判厅推事,民国三年十二月十日奉饬知,蒙司法部饬派代理营口地方审判厅推事。民国四年二月五日奉饬知改为部派署理,八月十四日奉策令任命署营口地方审判厅推事,同月十日奉饬赴奉天高等审判厅刑庭清理积案,十月二十六日饬回本任。民国五年四月十二日蒙奉天高等审判厅长沈饬派代理庭长,现供斯职。

---

① 同上页注。
② 同上注。

5.署营口地方审判厅推事刘炳藻（民国六年二月）①

刘炳藻，直隶蠡县人，年岁三十八岁。就职日期：民国五年八月十七日，直隶法律专门学校别科丙班三年毕业。

前清光绪三十四年由附生考入直隶法律专门学校别科丙班肄业，宣统三年毕业。民国元年经前司法总长许传见分派天津地方审判厅练习实务。二年四月由司法部呈请任命署天津地方审判厅检察官。民国五年二月回避本籍，三月蒙奉天高等审判厅长沈委充营口地方审判厅候补推事，派往锦县地方审判厅清理积案，六月饬调奉天高等审判厅办事，七月委充辽阳地方审判厅代理推事，八月五日调署营口地方审判厅推事，十一月三十日奉司法部委署营口地方审判厅推事，现供今职。

6.署营口地方审判厅推事兼庭长苏道衡（民国六年二月）②

苏道衡，湖北沔阳县人，年岁三十四岁，日本巢鸭宏文学院暨日本法政大学专门部法律科毕业。到署日期：民国五年二月，官俸：四年九月二日着给全俸一百八十元。

前清光绪三十年由汉阳府中学堂咨送日本留学入巢鸭宏文学院，三十一年考入日本法政大学，三十四年毕业归国，应学部考试奖给法政科举人，充湖北德安府选举委员。宣统元年廷试以七品小京官录用，签分大理院充刑事一庭帮核兼充陆军部编译局编纂，宣统二年兼充陆军警察学堂教习。民国元年三月由湖北司法司委充湖北高等审判厅刑事二庭庭长兼充湖（北）官立、公立各法政学校教员，二年三月奉任命署湖北高等审判厅推事，七月复奉任命调署武昌地方审判厅长，同月由湖北高等审判厅委派代理夏口地方审判厅长，九月调回原任。三年八月奉

---

① 同上页注。
② 同上注。

策令开缺另候任用,十二月由奉天高等审判厅长派充本厅民庭办事员。四年六月奉部改为派署沈阳地方审判厅推事,后奉高等审判厅饬派兼充庭长。民国五年二月二十三日奉高等审判厅饬知,调署今职营口地方审判厅推事兼充庭长,四月十二日奉饬改调刑庭推事,现供斯职。

7. 署营口地方审判厅推事刘廷选(民国六年二月)①

刘廷选,吉林伊通县人,年岁三十四岁,奉天法政专门学校三年毕业。就职日期:民国三年十二月二十八日;任命日期:民国四年十一月三十日。

前清附生,光绪三十三年五月考入奉天法政专门学校别科肄业,宣统二年六月期满考列最优等毕业,由学部奏请给奖副贡生出身,以直隶州州判分省补用。民国元年六月二十四日蒙奉天提法司使彭派充安东地方检察厅学习检察官。民国二年三月十五日蒙奉天高等审判厅厅长程委任署理奉天初级审判厅推事,是年四月十九日蒙吉林高等审判厅厅长栾调委代理延吉地方审判厅推事兼刑庭长,是年六月九日奉大总统任命,署理延吉地方审判厅推事。民国三年十二月十六日复蒙奉天高等审判厅厅长调委代理营口地方审判厅推事。民国四年二月五日蒙奉天高等审判厅厅长详,奉司法部改为部派署理,是月又蒙奉天高等审判厅长饬知,一月三十日司法部呈请大总统任命署营口地方审判厅推事,现供斯职,中间并无断资,合并声明。

8. 署理营口地方检察厅检察官李崇实(民国六年二月)②

李崇实,湖南嘉禾县人,年岁三十五岁。就职日期:民国五年二月

---

① 同上页注。
② 同上注。

二十六日,湖南南路师范学校一年毕业,奉天法政别科三年毕业。

前清光绪三十二年由附生考入湖南南路师范官班速成科毕业,三十三年蒙前湖南提学司吴委充桂阳州中学堂教员,三十四年报捐府经历,投效奉天。宣统元年蒙前东三省总督徐考取投效人员,送入奉天法政官班别科肄业,是年八月蒙前奉天提学司卢委派兼充奉省女子师范国文教员。民国元年法政修业期满,蒙前奉天都督赵派员考试毕业,发给最优等文凭,咨部注册在案,十月旋蒙前奉天都督赵给咨送回原籍任用。民国二年一月蒙前湖南司法司盛考验委署攸县地方审判厅推事,九月蒙前湖南高等审判厅厅长刘委充代理攸县地方审判厅厅长,十二月法院裁撤,设立审检所,改充攸县帮审员,旋即因事辞职。民国三年三月充湖南私立第一法政学校及监狱养成所教员,八月到奉,十月蒙奉天高等检察厅检察长梁委充沈阳监狱第一科科长。民国五年二月蒙奉天高等检察厅检察长梁调充代理营口地方检察厅检察官,八月蒙部令改派署理,现供斯职。

9. 署营口地方审判厅检察官孙成熙(民国六年二月)①

孙成熙,京兆大兴县人,年岁二十九岁,就职日期:民国五年八月二日,奉天法政专门学校三年毕业。

于前清宣统元年五月经前东三省总督徐考送奉天法政专门学校别科肄业,民国元年七月间三年期满考试毕业,取列优等,领有凭证,十二月一日蒙前奉天东路视察使朱委充财政科科员。二年三月十五日司法改组,蒙前奉天司法筹备处长王、高等审判厅长程、高等检察长袁委署前新民初级检察厅检察官,八月三十日蒙前奉天高等审判厅长程、高等检察长袁汇案呈请任命,旋奉司法部电令,凡在民国二年十二月三十日

---

① 同上页注。

以前呈请任命到部者,应免甄拔试验,十一月一日初级检察厅奉令裁并,仍留前新民地方检察厅办理初级检察厅厅务。三年二月二十五日蒙奉天高等检察长袁调充沈阳地方检察厅学习检察官,五月一日蒙前奉天高等审判厅厅长程委任代理营口地方审判厅推事,八月十四日经奉天高等审判厅厅长沈另以委员接署交卸回省。四年五月二十五日蒙奉天高等检察长梁派充沈阳地方检察厅实习检察官,十二月十八日复蒙派充代理沈阳地方检察厅检察官,旋于八月十二日蒙部派署理,现供斯职。

10. 署辽阳地方检察厅检察长杨名椿(民国四年五月)①

杨名椿,现年三十六岁,四川三台县民籍,由京师法律学堂毕业。于前清宣统三年八月到奉,九月派充高等检察厅学习检察官,是年十月改派行走检察官。民国元年五月派充营口地方检察厅帮办检察官。二年三月十六日委署高等检察厅检察官,十一月经司法部呈请大总统任命署理高等检察厅检察官。四年五月一日调署辽阳地方检察厅检察长,现供斯职,须至履历者。

11. 署铁岭地方检察厅检察长刘觐龙(民国五年二月)②

刘觐龙,现年五十五岁,湖南长沙县人,由附贡生以知州分发直隶补用到省,后历充各项要差。光绪三十三年六月经督辕考验处考验取列超等,送入北洋审判研究所为学习员,旋改称为法官养成所,屡次前列补入正班正额,随派在天津高等厅实地练习。光绪三十四年九月委充本厅会审员。宣统元年正月委赴丰润县密查案件,访获案证僧人仙

---

① 《奉天省长公署》JC10-1-16040,民国四年(1915年)。
② 《奉天省长公署》JC10-1-1308,民国五年(1916年)。

宗到案，该案完结，积有微劳，遇本厅书记官缺，出借补二等书记官，七月委赴南皮县清查肃王地亩，会审要案无误，提补一等书记官。十月经直隶按察使何委赴丰台镇，查勘蓆捐滋事案伤弊人民及起事处所，并赴丰润、宝坻、宁河三县传提人犯，调取卷宗，旋补充承审官。宣统二年四月经直隶总督陈札委试署民庭推事。宣统三年三月部令直隶省推检人员补行考验，遵奉部令应第二次法官考试，取优等第十名，经直督陈分缮清单咨部具奏，六月部覆取录各员，准以推检补用，仍充天津高等审判厅民庭推事。反正后回湘委充湖南司法筹备科科员，民国元年四月长沙地方审判厅开厅，委充民庭推事。民国三年二月，遵章回避本籍，改委茶陵审检员，在任四月，呈请卸职。民国五年二月，经奉天高等检察厅饬署铁岭地方检察长，四月十六日到厅任事，须至履历者。

12.署铁岭地方检察厅检察长王鑑（民国六年三月）①

王鑑，广西马平县人，现年三十一岁，京师法律学堂毕业，奖给副贡生。前清宣统三年分发奉天法官，充奉天高等检察厅学习检察官。民国元年充沈阳地方检察厅行走检察官。三年九月署营口地方检察厅检察长，四年调署奉天高等检察厅检察官，五年补授斯缺。六年一月奉令调署铁岭地方检察厅检察长，现供斯职，须至履历者。

13.署铁岭地方检察厅检察长萧培身（民国七年一月）②

萧培身，现年三十六岁，浙江桐乡县人，前清监生。于顺直赈捐案内保奖州同分省补用，历充前农工商部官报局、工艺局文牍兼会计员。光绪三十一年十一月奉前顺天府府尹孙咨送出洋留学日本肄业，宏道

---

① 同上页注②。
② 同上注。

学院普通科暨法政大学专门部法律科先后毕业。光绪三十三年九月奉前驻日出使大臣李派充使馆随员，宣统二年十月三年差满，奉前驻日出使大臣汪奏保以知府分省补用并加四品衔，三年七月回国应学部游学生考试授法政科举人。民国元年回籍，历充浙江公立法政学校、私立法政专门学校、潮江法政专门学校、警监学校民法、刑法、行政法、法学通论主任教员。二年奉前江苏高等检察厅检察长陈委署江宁地方检察厅检察官，三年四月奉前江苏高等检察厅检察长徐饬委调署上海地方检察厅检察官，是年五月奉司法部前总长章荐任调署湖北夏口地方检察厅检察长。五年二月蒙司法部呈奉策令任命为湖北夏口地方检察厅检察长，三月奉策令授为少大夫，是月蒙司法部考核成绩呈奉批令给予二等金质奖章。七年一月奉司法部令调署奉天铁岭地方检察厅检察长，现供斯职，须至履历者。

14. 代理铁岭地方检察厅检察长倪文澡（民国七年六月）①

倪文澡，现年三十岁，浙江绍兴县人，由奉天法政专门学校别科三年毕业。民国二年正月蒙前高等审判厅厅长程委充高等审判厅学习推事，三月十七日蒙前奉天司法筹备处处长王、高等审判厅厅长程、高等检察厅检察长袁委任署抚顺初级检察厅检察官兼理地方分驻所事宜。八月三十日蒙前高等审判厅厅长程、高等检察厅检察长袁汇案送部呈请任命，旋奉司法部电令，凡在二年十二月三十日以前呈请任命到部者，应免甄拔考试仍旧供职。三年六月初二日蒙前高等审判厅厅长程、高等检察厅检察长袁委任代理沈阳地方检察厅检察官，旋兼首席检察官，十一月初五日，蒙高等检察厅检察长梁委任调署营口地方检察厅检察官。四年八月二十八日蒙高等检察厅检察长梁转奉司法总长章饬派

---

① 同上页注。

署营口地方检察厅检察官。五年二月二十二日蒙高等检察厅检察长梁饬委调署沈阳地方检察厅首席检察官。六年二月二十三日奉高等检察厅检察长梁饬委代理辽阳地方检察厅检察长,旋蒙司法部给二等金质奖章,六月九日奉高等检察厅检察长梁饬委调署高等检察厅检察官,七年五月三十一日奉高等检察厅检察长梁饬委代理铁岭地方检察厅检察长,现供斯职,统计在差六年,中间并无断资,合并声明。

15. 署铁岭地方检察厅检察长王维翰(民国八年三月)①

王维翰,年四十二岁,镶白旗满洲人,由附贡生中试己酉科拔贡,朝考一等,签分前清学部七品小京官。宣统二年毕业京师法政学堂,考列优等,由学部奏奖副贡生并加五品衔,仍留学部普通司办事兼充顺天府西路中学堂监督,清华学堂教务员。民国元年九月十三日奉司法部令调任京师地方检察厅办理检察官事务,是年十月奉大总统令署京师地方检察厅检察官。二年八月奉大总统令任命为京师地方检察厅检察官比照中央行政官官俸法叙五等六级。民国三年进叙五等五级,民国五年十月奉大总统令给予六等嘉禾章,六年十月晋级五等嘉禾章,七年四月一日奉大总统指令,进叙四等,复奉司法部令支四等四级俸。法官官俸法施行后仍支原俸。八年一月四日复奉大总统令晋级四等嘉禾章,同年一月二十五日,奉司法部令调署奉天铁岭地方检察厅检察长,二月二十二日到铁岭任,须至履历者。

16. 署理铁岭地方检察厅检察长祝谏(民国八年六月)②

祝谏,字果枕,年四十二岁,浙江兰溪县人。前清咨部优廪生,考职

---

① 同上页注。
② 同上注。

一等,历充金华府中学堂暨师范学堂国文、地理教员。京师法政学堂二级别科毕业。民国元年被选为临时省议会议员,充法律股股长,奉浙江都督蒋委为法制局编纂员,七月调为吴兴地方检察厅检察长。三年五月司法改组,由部呈请任命署福建高等审判厅推事兼律师惩戒委员会委员,嗣奉部呈准给予二等金质奖章并授上士。五年十月辞职,同年十二月奉部派署浙江第一高等审判分厅监督推事兼民商事习惯调查员。七年一月由部呈请任命,十月辞职,本年四月奉部呈准晋给一等金质奖章,五月奉部派署今职。

17. 署洮南地方审判厅厅长郝延钟(民国五年二月)①

郝延钟,年四十二岁,前清光绪丁酉科拔贡,庚子辛丑併科顺天乡试举人。三十年留学日本大成中学校,三十二年入早稻田大学政治经济科,宣统元年五月毕业归国。蒙前奉天交涉司邓委充界约科二等科员,八月赴学部考试及格赏给法政科举人,二年四月殿试以七品小京官用,籤分度支部会计司,八月蒙前东三省总督锡奏调东三省委用,十月蒙前奉天交涉司韩、民政司张、提法司吴札委公主岭交涉局委员兼办巡警并理民刑诉讼事宜。三年奉天防疫案内保以补缺后以同知用。民国元年十二月蒙前民政长张委署前靖安县即今洮安县知事,二年九月因办理赈务被前北路王观察使撤任。嗣经前兼民政长据情呈请大总统于三年二月十九日奉令褫职,同年禀由北京高等检察厅转请司法部核准,发给律师证书,入奉天律师公会执行职务,十一月蒙洮昌道道尹王委充道署第一科科长。四年三月蒙奉天巡按使张查明,原参曲抑,呈请开复褫职处分,同月二十八日奉大总统批令,既据查明被参冤抑,应即准予开复,交内务部查照此批等因,七月奉委充道署附设上诉机关承审员,

---

① 同上页注。

洪宪元年二月蒙钧厅委署洮南地方审判厅厅长兼推事，现供斯职，须至履历者。（民国六年八月调署复县地方审判厅长，十一月就职，四川梓潼县人，职等俸级：第四等第八级）。①

18. 复县地方审判厅推事涂丙熙（民国六年六月）②

涂丙熙，年三十四岁，江西丰城县人。系京师法政学堂别科三年毕业，由附贡生候选州同，应前清宣统二年京师法部法官考试考取优等法官，分发湖北以推检用。十二月领凭到省，蒙湖北提法使委署宜昌商埠初级审判厅推事。宣统三年三月调署武昌府地方审判厅民庭推事，是年八月光复回籍，中间断资一年零九月，至中华民国二年六月奉江西司法筹备处处长委署临江地方审判厅民庭长，是年十二月奉司法部令裁缺另候任用。三年八月奉司法部饬派奉天高等审判厅差委，十月到省委充，六年六月奉奉天高等审判、检察厅委充复县地方厅推事。

19. 复县地方审判厅代理推事赵骏（民国六年六月）③

赵骏，现年二十九岁，浙江黄岩县人，浙江公立法政专门学校毕业。民国元年七月试补金华地方法院预备推事。二年三月调署绍兴初级审判厅推事，是年十一月因地初合并裁缺，十二月派充诸暨县审检所帮审员兼办司法行政事务。三年七月卸职，是年十二月由司法部选送司法讲习所肄业，嗣经该所详部派往京师高等审判厅民一庭修习实务，本年第一学期试验成绩考取前列，援案分发。十一月二十二日由司法总长遴派赴奉，十二月六日来厅报到，蒙厅长派充奉天高等审判厅民二庭办事员。洪宪元年二月二十三日奉天高等审判厅长沈饬派沈阳地方审判

---

① 《复县公署》496，民国九年（1920年）。
② 《奉天省长公署》JC10-1-1308，民国五年（1916年）。
③ 同上注。

厅候补推事。民国六年六月奉奉天高等审判厅长委充复县地方厅代理推事。

20. 复县地方审判厅厅长王锡九（民国六年六月）①

王锡九，年三十三岁，直隶滦县人。由附生于前清光绪三十三年四月考入京师法政学堂一级别科肄业。宣统二年六月三年期满考试毕业，经前学部奏请奖给副贡出身，以九品录事分部补用，旋于是年八月应京师法官第一次试验取列中等，经前法部奏请以正七品推检用，十一月籖分直隶。宣统三年四月经直隶提法使齐委派保定地方审判厅学习推事，民国二年调充保定地方检察厅学习检察官，是年十一月经直隶提法使任派充保定地方审判厅帮办推事。二年四月法院改组，经直隶高等审判厅长沈委派保定地方审判厅清理积案推事，七月十五日经司法部呈请大总统署直隶张北地方审判厅推事。三年九月张北地方审判厅裁撤，是月二十三日经司法部呈请大总统开去署缺，另候任用，八月二十五日蒙奉天高等审判厅长沈委署辽阳地方审判厅推事，十二月九日蒙高等审判厅转详司法部奉饬代理营口地方审判厅推事，于十二月二十八日到厅任事。六年六月奉奉天高等审判、检察厅长委充复县地方审判厅厅长。

21. 复县地方检察厅厅长刘文钊（民国六年六月）②

刘文钊，年四十六岁，湖北汉阳县人，前清府学廪生。于光绪三十年由公费资送日本法政大学，于三十三年毕业回国，八月由前奉天提法使聘充奉天法律讲习所教员兼监学，办理毕业完竣。于光绪三十四年

---

① 同上页注②。
② 同上注。

由前东三省总督徐札委奉天法政专门学校教员教授宪法、监狱学、民事诉讼法、刑法诉讼法等科,讲习科、别科毕业共九班。民国二年四月由前奉天司法筹备处处长王延聘兼充考试帮审员、管狱员、主任委员,共历充法政学校教习共五年。三年一月应司法部甄拔司法人员试验及格,分发湖南,由湖南高等审判厅厅长潘饬委高等民庭办事,八月四日饬委代理长沙地方厅民庭推事,本月八日由奉天高等检察厅检察长梁电调来奉,高等审判厅厅长沈饬委代理高等审判厅民庭推事,十月初九日饬调安东地方审判推事。四年二月改为部派署理,四年六月二十五日调署沈阳地方厅首席检察官。洪宪元年二月调署高等检察厅检察官,同日(原文如此,应为月)二十三日调署高等审判厅推事,六年六月奉天高等审判、检察厅委充复县地方厅检察长。

22. 复县地方检察厅代理检察官吴鼎(民国六年六月)①

吴鼎,现年二十三岁,江苏宜兴县人。民国法律专门学校毕业,民国四年二月充安徽休宁县公署司法助理员。五年一月销差,六年奉奉天高等检察长委充复县地方厅代理检察官。

23. 署复县地方审判厅推事刘焯堂(民国九年十月)②

籍贯山东高密县,三十岁,奉天法政专门学校别科三年毕业,职等俸级:五等第十三级。任命日期:民国九年二月七日;就职日期:民国九年三月九日。

民国二年七月间呈请司法部发给律师证书,在奉天高等厅登录执行律师职务。五年六月间应司法官考试及格,八月间奉司法部令派充

---

① 同上页注。
② 《复县公署》496,民国九年(1920年)。

京师地方审判厅学习推事。六年三月间，奉部令调派京师地方检察厅学习检察官，九月间奉部令调派京师高等检察厅学习检察官。七年四月间，奉部令调派京师高等审判厅学习推事，九月间奉部令派充京师地审厅候补推事，仍暂留京师高审厅办事，十月间奉部令改派京师地检厅候补检察官。八年六月间奉厅令派在第二分庭代理检察官，十一月间奉厅令调派本厅代理检察官。九年二月七日奉司法部令派署现职，中间并无断资。

24. 代理复县地方审判厅推事郑公田（民国九年十月）①

籍贯奉天沈阳县，三十四岁，奉天法政专门学校毕业，职等俸级：大洋六十元。任命日期：民国九年九月三日；就职日期：民国九年九月九日。

历充奉天高等审检厅登记主任、书记官、检察厅统计科主任书记官、审判厅刑庭书记官、辽中县首席承审员、代理沈阳地方厅推事、调充复县地方厅代理推事，现供斯职，须至履历者。

25. 复县地方审判厅候补推事颜复礼（民国九年十月）②

籍贯山东曲阜县，寄居奉天辽中县，三十五岁，直隶法律学堂别科毕业。职等俸级：候补推事，津贴规则第二等第四级。任命日期：九年三月三十日；就职日期：九年四月八日。

民国元年十月蒙奉天提法司使彭派充新民初级检察厅学习检察官。二年三月法院改组，蒙奉天司法筹备处长王并奉天高等审判厅长程、检察长袁派署营口地方审判厅推事。三年七月裁缺，曾经报部在

---

① 同上页注②。
② 同上注。

案。八年四月蒙奉天高等审判厅厅长秋派代理铁岭地方审判厅推事，□月调充海龙地方审判厅候补推事。九年一月蒙奉天高等审判厅长吕派代理沈阳地方审判厅推事，三月派充复县地方审判厅候补推事并呈部备案。

26.署复县地方审判厅推事周盩（民国十年八月）①

籍贯天津县，三十一岁，国立北京法政专门学校法律别科三年毕业。职等俸级：五等十一级。任命日期：民国九年十二月奉部令派署；就职日期：民国十年一月四日。兼习外国语：日文及英文。

前清宣统二年至三年历充奉天昌图府师范学校、奉天省城两级师范学校、奉天府中学校教员。民国三年应司法官甄拔合格，分发山东任山东济南地方审判厅实习推事，五月代理山东福山地方审判厅推事，九月原缺改为暂行署理，十一月经司法部呈请大总统任命署理原缺。五年二月兼任山东司法编纂会福山厅总编纂员，十月调在山东高等审判厅襄办积案，旋署理山东高等审判厅推事。六年三月经司法部呈请任命为山东福山地方审判厅推事，仍继续署任职务。七年一月因病奉部令开缺，（另）候任用。九年十二月署奉天复县地方审判厅推事。十年一月调在奉天高等审判厅襄办积案，五月回复县地方审判厅推事署任，计自民国三年算起至现在中间断资二年十月，合并声明。

民国三年十一月一日荐署山东福山地方审判厅推事时，呈送成绩一次。民国六年三月九日荐补山东福山地方审判厅推事时呈送成绩一次，合并声明。

---

① 同上页注。

27. 署复县地方审判厅厅长贾振声（民国十一年一月）①

籍贯：直隶清苑县。北京法政专门学校法律本科毕业。职等俸级：四等八级。任命日期：十年十二月五日；就职日期：十年十二月八日。勋章：五等嘉禾章。兼习外国语：日文。

民国二年七月经直隶高等审判厅长沈派直隶张北地方审判厅补充推事。三年一月由厅送应司法部甄拔试验合格分发奉天，是年五月派代理沈阳地方审判厅推事。四年二月奉司法部饬改为署理。五年四月经司法部呈请大总统任命署沈阳地方审判厅推事，六年八月经奉天高等审判厅长沈呈请部派署理奉天高等审判厅推事。七年八月由司法部呈请大总统任命署奉天高等审判厅推事。九年五月经司法部呈请补授实缺。十年二月经司法部派署奉天高等审判厅庭长，同年十月经司法部呈请大总统任命署奉天高等审判厅庭长，同年十二月经司法部调署奉天复县地方审判厅长，现供斯职。

28. 署辽源地方审判厅厅长金殿选（民国六年九月）②

金殿选，号若虚，年三十一岁，安徽婺源县人。清光绪三十三年由附生入安徽官立法政学堂肄业，宣统三年毕业考取最优等第一名，奉前安徽提学使吴派充皖北法政学堂教习兼教务长。民国元年前安徽都督调委省公署财政司主计科一等课员，旋调充安徽第一地方检察厅检察官。民国二年一月调充怀宁地方审判厅推事兼民庭庭长，同年五月由前司法部转呈大总统任命署怀宁地方审判厅推事，同年六月奉前安徽高等审判厅长郝、安徽司法筹备处长李会衔呈奉司法部调委署合肥地方审判厅厅长。同年十月赣省事起，安徽因财政困难裁撤凤阳、合肥、

---

① 同上页注。
② 《奉天省长公署》JC10-1-1308，民国五年（1916年）。

歙县三地方厅,同年十二月交代到省,奉前安徽高等审判厅厅长马调委署芜湖地方审判厅推事仍兼充民庭庭长。民国三年六月因回避本省自请辞职,奉由司法部派赴奉天,同年九月到奉,蒙高等审判厅长沈委署沈阳地方审判厅推事兼充民庭庭长。民国五年五月蒙高等审判厅长沈呈请司法部转呈大总统任命署沈阳地方审判厅推事,同年十二月蒙高等审判厅长沈以办案勤劳成绩卓著呈由司法部转呈大总统给予司法部二等金质奖章。本年三月蒙高等审判厅长沈呈由司法部调署高等审判厅推事,旋兼充刑庭庭长,九月二十九日奉派署辽源地方审判厅厅长,现供斯职,须至履历者。(民国八年二月后转任京师地方审判厅推事)

29.辽源地方审判厅厅长黄国柱(民国八年三月)①

黄国柱,湖南湘乡人,现年三十八岁。于前清宣统元年考入北京国立法政专门学校法律别科肄业,宣统三年反正回湘。民国元年四月蒙湖南司法司洪委充湖南高等检察厅书记官长,是年十月回校,二年三月毕业,蒙湖南高等检察厅检察长许调充长沙地方检察厅检察官,旋蒙委充长沙地方检察厅首席检察官及湖南高等检察厅检察官。三年三月复蒙委充益阳地方检察厅检察长,是年五月奉司法部电裁缺,九月应内务部第三届知事试验考取乙等知事分发新疆,十一月蒙湖南高等审判厅厅长潘委充常德地方审判厅推事。四年复蒙湖南高等审判厅厅长潘呈请司法部转咨内务部暂缓到省,当蒙司法部派署常德地方审判厅推事。六年十一月由湖南省长程调充湖南高等审判厅推事,七年四月奉湖南督军兼省长张令准代行湖南高等审判厅厅务,六月移交清楚,蒙湖南高等审判厅厅长高呈请司法部从优擢用,奉令饬科存记,旋回常德地方审

---

① 同上页注②。

判厅推事本任。八年一月蒙司法部派署奉天辽源地方审判厅厅长,须至履历者。

30.署海龙地方检察厅检察长张元通(民国八年十月)①

张元通,江西奉新县人,年三十九岁。清壬寅乡试举人,拣选知县,日本中央大学法律专门科毕业。宣统元年正月奉邮传部尚书徐奏调充本部船政司科长兼图书局编辑,三年奉两江总督张奏保以知府分省补用。民国元年五月奉江西都督咨部派任江西高等审判厅推事,本年十月奉江西高等审判厅厅长派署刑庭长。二年一月奉江西都督咨部调任南昌地方检察厅检察长,本年五月又奉调任江西高等审判厅刑庭长。三年三月奉江西高等审判厅厅长呈部调任广信地方审判厅长,本年六月奉江西高等检察厅检察长详部改任九江地方检察厅检察长,本年十二月奉大总统策令任命署湖南高等审判厅推事,嗣因清理积案仍留九江原任。四年五月奉湖南高等审判厅厅长详部调任常德地方审判厅厅长,本年十二月交卸回湖南高等审判厅推事任。六年一月奉部调任江苏高等审判厅推事,三月奉部派江苏高等审判分厅监督推事,七月因病呈请辞江苏职仍留湖南高等审判厅推事原缺。八年一月奉大总统传觐,二月奉(令)交盐务署任用,九月奉部派署奉天海龙地方检察厅检察长。

在邮传部任内著有《各国海运政策》一卷,出版《铁道国有政策》一卷,译出《邮便储金要论》上下卷,在江西高等厅及广信厅内所著成绩,由江西高等审判厅厅长朱于三年六月加具学识俱优操行不苟八字考语呈部存记,奉部批准在案。在九江任内因厅务进行著有成绩,由江西高等检察厅检察长张于同年十二月二十二电部呈请改补九江地方检察厅

---

① 同上页注。

检察长在案。在常德任内,清结积案民事百二十起,刑事百零二起,奉部批嘉慰在案。合计接续任高等审判厅庭长、地方检察厅检察长、地方审判厅长,日期逾三年以上,均未断资,依照司法部呈请简任法官资格第二款规定,并照八年二月司法部呈准咨覆山西省长预保法官陈宝璈升用例案,充高等厅首席检察官等职任用三年毋庸预保存记升用,自可取得简任法官资格,事同一律合并说明,须至履历者。

三、书记官履历

1. 署营口地方审判检察厅书记官长王萃昌(民国六年二月)①

王萃昌,直隶大城县人,年岁三十三岁,就职日期:民国五年八月十四日,职等俸级:六等五级俸,北洋法政学堂一年半毕业。

前清光绪三十三年七月考入北洋法政学堂肄业,三十四年十二月毕业。宣统元年投效浙江,五月蒙巡抚增委官报局核对,宣统二年七月蒙劝业道董委赴天台仙居等县调查实业、土性暨度量权衡、旧器营业各事宜,九月差竣回省,仍供原差。宣统三年正月蒙劝业道董委兼理南洋下会品物差,九月停止办公回籍。民国元年八月蒙直隶劝业道董委调查员,十月奉特告裁减经费销差,十二月蒙长芦盐运使杨委官运总局书记官,民国二年十月因裁减经费销差。民国三年九月二十二日蒙奉天高等审判厅长沈委署营口地方审判厅书记官,办理会计庶务事宜。民国五年四月二十八日蒙奉天高等审判厅厅长沈、高等检察厅检察长梁委署营口地方审判检察厅会计书记官,是年八月十二日蒙奉天高等审判厅厅长沈、高等检察厅检察长梁委署营口地方审判检察厅书记官长,现供斯职。

附记:民国六年四月十三日蒙司法总长张委署营口地方审判检察

---

① 《营口地方法院》229-965,民国六年(1917年)。

厅书记官长,八年二月蒙司法部叙列六等给第五级俸,现供斯职。

2.署营口地方审判检察厅会计书记官韩振岳(民国六年二月)①

韩振岳,直隶静海县人,年岁三十七岁,就职日期:民国五年八月十四日。

前清监贡生,光绪三十四年曾充官运督销局委员。民国三年九月到营口地方审判厅,十一月由营口地方审判厅长详准派充本厅额外书记官。民国四年八月由营口地方审判厅厅长、检察厅检察长详准派充兼办登记事宜。民国五年四月十四日蒙奉天高等审判厅厅长沈、高等检察厅检察长梁饬委兼充营口地方审检厅登记主任,八月十二日又蒙奉天高等审判厅厅长沈、高等检察厅检察长梁委署营口地方审检厅会计书记官,现供斯职。

3.署营口地方审检厅书记官宋炳寰(民国六年二月)②

宋炳寰,湖南长沙人,年岁四十二岁,就职日期:五年一月十七日。职等俸级:大洋四十元。长邑师范优级毕业。

光绪二十一年十月充湖南统领亲军五营文案及支应事件。二十七年正月充广营厅文牍,宣统元年充南州厅文案。民国元年二月充江南都督府军务科二等科员,二年六月改充都督府司令部军实处金柜科科长,十月一日充本邑行政公署教育科科员,四年二月奉奉天高等检察厅检察长梁饬署沈阳地方检察厅书记官。五年一月由营口地方检察厅检察长邵详请调署营口地方审检厅书记官,现供斯职,中间并未断资,合并声明。

---

① 同上页注。
② 同上注。

4. 署奉天营口地方审判厅书记官童希旦(民国六年二月)①

童希旦,安徽望江县人,年岁三十三岁。

前清宣统元年三月投充营口地方检察厅书记,民国二年四月十六日奉高等审判厅长委署营口地方审判厅书记官,现供斯职。

5. 营口地方审判厅书记官缪澄灵(民国六年二月)②

缪澄灵,奉天沈阳人,年岁二十八岁,日本法政大学一年速成科毕业,奉天法政专门学校三年毕业。

于前清光绪三十二年赴日本留学,法政大学速成科肄业,三十四年二月毕业归国,得有文凭,复于宣统元年考入奉天法政专门学校肄业。民国元年十月三年期满毕业,领有毕业文凭,是年十二月十六日蒙提法司使彭委充奉天高等审判厅学习推事,民国二年二月法院改组,蒙前司法筹备处长王、高等审判厅厅长程、高等检察厅检察长袁委署沈阳地方审判厅推事。三年四月因回避本籍辞职。四年四月充黑龙江克山县司法办事员,是年十月因事辞职回奉,五年五月蒙奉天高等审判厅长沈派充调查西丰县司法(暨)清理积案委员,七月回省销差,八月十二日又蒙奉天高等审判厅厅长程、高等检察厅检察长袁派充营口地方审检厅登记所主任,九月二日又蒙派充营口地方审判厅书记官,现供斯职。

6. 营口地方检察厅书记官宋观光(民国六年二月)③

宋观光,直隶昌黎县人,年岁三十三岁,就职日期:民国五年五月初四日。

前清附生于宣统元年十月蒙奉天提法司使吴委署前新民地方检察

---

① 同上页注。
② 同上注。
③ 同上注。

厅录事。宣统三年三月二十日补授实缺,是年闰六月蒙奉天提法司使吴调署营口地方检察厅录事。民国二年法院改组,蒙奉天司法筹备处长王、高等审判厅厅长程、高等检察厅检察长袁委署营口地方检察厅书记官。民国四年十二月蒙奉天高等检察厅检察长梁委署营口地方检察厅书记官长。民国五年二月蒙奉天高等审判厅厅长沈、高等检察厅检察长梁调署锦县地方判检察厅书记官长,是年四月蒙司法部委任署理,五月蒙奉天高等审判厅厅长沈、高等检察厅检察长梁调充营口地方检察厅书记官,现供斯职,中间并无断资,合并声明。

7. 复县地方厅书记官王国士(民国六年六月)①

王国士,现年四十一岁,安徽英山县人,前清附生,于光绪三十三年四月蒙京师外城巡警总厅厅丞朱派充教养一局文牍员兼教养二局附设高等小学堂教席,是年九月间京师筹办审判厅,蒙厅丞徐派充地方厅筹办员,十一月开办,改派第二初级审判厅候补录事,办理民庭纪录。三十四年五月派为试署录事,是年九月奉天筹办抚顺地方审判厅,蒙厅丞许派为抚顺地方厅筹办员,十二月开办,派充刑庭录事兼办全厅统计,宣统三年十二月,抚顺地方厅裁撤,调派安东地方审判厅录事。民国元年七月蒙前提法司使彭调派锦州地方检察厅录事,二年三月司法改组,蒙司法筹备处长王,高等审判、检察厅长程、袁委署锦州初级审判厅书记官,四月调回锦县地方检察厅原任,七月兼理锦县看守所官,九月蒙高等厅长程调署锦县地方审判厅书记官,管理会计。三年六月饬署沈阳地方审判厅书记官,七月调升辽阳地方审判厅书记官长,八月蒙奉天高等审判厅长饬回沈阳地方审判厅书记官本任。四年七月,因患目疾请假赴京就医,九月返奉,旋经锦县税捐收局长何派充文案,五年七月

---

① 《奉天省长公署》JC10-1-1308,民国五年(1916年)。

差竣回省,六年六月奉奉天高等审判厅厅长、检察厅检察长委充复县地方厅书记官。

8. 复县地方厅书记官萧德本(民国六年六月)①

萧德本现年四十八岁,奉天兴京县优增生,前清宣统元年经东三省总督徐考试投效人员,蒙取列二等送入奉天法政学堂讲习科肄业,宣统二年经东三省总督锡奏准于法政学堂附设监狱专修,当蒙考取归入专科肄业。宣统三年肄业期满,经东三省总督赵派员会同法政学堂监督王、邵考试毕业得有优等文凭,八月蒙东三省屯垦总局长熊考取归入奉天屯垦职员养成所肄业,期满得优等文凭,是年十月二十三日经前奉天提法司使汪择优派赴奉天模范监狱练习以资任用。民国二年三月司法改组,经前奉天司法筹备处处长王询事考言,令委代理辽阳监狱看守长兼办第三科科长事,旋于五月遵照部章应管狱员试,经前奉天司法筹备处处长王录取第二名,委任为洮南管狱员。二年十二月奉文裁缺解职。民国四年二月十七日蒙奉天高等检察厅检察长梁饬委署安东地方检察厅书记官,六年六月奉奉天高等审判、检察厅长委充复县地方厅书记官。

9. 复县地方厅书记官张永辉(民国六年六月)②

张永辉,年三十一岁,安徽贵池县人,民国元年三月考入上海神州法政专门学校别科肄业,至四年三月三年期满,考试毕业发给证书,五年四月奉奉天高等审判、检察厅长委署安东地方审判、检察厅书记官,派在民事简易庭办理纪录事宜。六年六月奉奉天高等审判、检察厅长

---

① 同上页注。
② 同上注。

委充复县地方厅书记官。

10. 复县地方厅书记官长蔡榕森（民国六年六月）①

蔡榕森，年三十八岁，安徽怀远县人。由附生投效江苏，营次在徐州营县，剿获巨匪李中信等讯明惩办，案内出力，蒙前两江总督部堂刘奏保请以府经历归部，不论双单月选用，经部核准具奏奉旨依议，嗣奉行知赴部注册领有执照在案。复于清光绪二十九年投效吉林充长春府刑幕，三十三年三月经前长春府知府德委充巡警局书记官，是年十月经前巡警局长景委充警政官，十二月城乡巡警归并，经前巡警局总办郑委充城乡书记官。宣统元年二月蒙前吉林提法司使吴委署长春地方审判厅主簿，是年八月复蒙委任署典薄。二年七月经前长春地方审判厅长苏照会代理候补推事，是年九月蒙前吉林提法使吴委署长春审判厅刑庭推事。民国元年二月蒙前吉林提法使吴调署吉林府地方审判厅刑庭推事，二年三月司法改组，蒙前吉林司法筹备处长廖委任滨县帮审员。三年一月蒙吉林高等审判厅长栾委任德惠县帮审员，是年五月改委德惠县承审员。六年六月奉奉天高等审判、检察厅委充复县地方厅书记官长。

11. 复县地方审判厅书记官赵增年（民国九年十月）②

四川宜宾县人，四十八岁，职等俸级：大洋三十元。任命日期：九年九月一日；就职日期：九年六月九日。

由前清监生于光绪二十六年在浙江援秦晋赈捐例指分云南试用县丞，并免验看。民国六年六月充奉天洮南县行政公署技士。九年三月

---

① 同上页注。
② 《复县公署》496，民国九年（1920年）。

请假辞职□□回省。五月蒙高等审判厅长吕派署铁岭地方审判厅书记官,六月调署复县地方审判厅书记官,九年九月奉司法部任命。现供斯职,须至履历者。

12. 复县地方审判厅书记官方尚道(民国九年十月)①

安徽贵池县人,二十七岁,安徽省私立法律专门学校肄业生。职等俸级:大洋三十元。任命日期:九年九月;就职日期:八年七月十六日。

民国四年八月充湖北江汉道尹署内内务科科员。五年十一月因病辞职,八年七月蒙前代理奉天高等审判厅厅长秋派充复县地方审判厅民刑庭代理书记官,并办统计事宜。同年九月又蒙前署奉天高等审判厅厅长吕改派署理,九年九月奉司法部任命。现供斯职,须至履历者。

13. 署锦县地方审判厅书记官,调在复县地方审判厅办事黄扆端(民国九年十月)②

湖北汉阳县人,三十九岁,留学日本东京警务学堂高等警察科兼宪兵科毕业。职等俸级:八等第十四级。官秩:委任。任命日期:民国九年九月一日;就职日期:民国九年六月调署锦县地方审判厅书记官,十一年九月调署复县地方审判厅办事。

历充上海巡警总局警务课课员,湖北鱼雷厂书记长,广东宪兵司令部参谋官,广东博罗县公署民政课长。民国四年三月奉奉天高等审判厅长沈派在民二庭办理书记官事务。五年八月代理铁岭地方审判厅书记官,六年六月署铁岭地方审判厅书记官。九年六月调署锦县地方审判厅书记官,九年九月奉司法部任命,署锦县地方审判厅书记官。十年

---

① 同上页注。
② 同上注。

八月奉司法部第九五二一号指令节开书记官黄屐端应叙八等给第十四级俸。十一年九月奉奉天高等审判厅训令，调在复县地方审判厅办事，须至履历者。

后　　记

　　书中记录的是一段百年前发生的法律故事。故事的主人公身份庞杂,有知县、师爷、代书、书吏、衙役,也有推事、律师、承发吏、庭丁,还有行走于巷尾田陌的平常百姓,他们的角色各异,有唱主角的,也有跑龙套的;有唱红脸的,也有唱白脸的。他们已经物故,但因受兰台之惠,他们的故事在百年之后得以被述说。絮叨完书中的故事,在终篇之际,对书外的故事略作交代。

　　本书是在英文博士论文的基础上修订而成的。书的完成穿越了两个世纪,跨越了两个国度,经历了两种语言的切换。约在世纪之初通过博士候选人资格综合考试之后,论文的选题便提上日程,当时大致的方向是想利用司法档案对近代中国法的实践作一梳理。在那时,制定法层面对中国法的近代转型已有不少著述面世,进一步的研究当然也有价值,但更具有挑战性的工作应该是回到实践层面,解答制定法研究无法回答的深层次问题,也就是当时学术界热议的"表达"以外的"实践"问题。一次偶然的机会,在麦吉尔大学 McLennan 图书馆二楼的东亚图书专区邂逅到了一本由中国档案出版社出版的名为《明清档案通览》的工具书,其中两条清末东北地区审判厅档案的记录引起了我的兴趣,它们分别是当时奉天省营口地方审判厅档案和吉林省珲春初级审判厅档案。经过一番准备之后,于 2003 年春节后不久从蒙特利尔飞抵北京,先在北京的第一历史档案馆查阅了京师高等、地方审判厅和修订法律馆档案,随后赶赴辽宁营口,阅读了营口档案馆保存的《营口地方法院》全宗,该全宗以司法行政案卷居大多数,虽有收获,但感觉明显不够。在准备赶赴下一目的地吉林省延吉市时,营口市档案馆的王惠芳女士建议到沈阳的辽宁省档案馆去走走,兴许能找到些有用的研究资料。抱着试试看的心态,我访问了辽宁省档案馆。依据《辽宁档案通览》等工具书提供的线索,对县公署档案目录进行了抽样阅读,发现辽宁省档案馆馆藏着大量的清末民初的司法档案,而这些档案还没有引起研究者应有的重视,辽宁省档案馆的发现超出我的预料。然而,惊喜未几,非典爆发,行程被迫中止,不得已提前结束行程回到了蒙特利尔。

2004年春,在访问了位于南京的第二历史档案馆后再次来到了沈阳,这一次前后约有半年之久,一直到10月份才离开。回到蒙特利尔后便进入了紧张的博士论文撰写阶段,终于在2005年夏天完成,并在八月底向麦吉尔大学研究生院提交了博士论文,申请博士学位。几乎与此同时还成功申请到了加拿大亚洲学会的博士后基金资助,这一资助使得有机会来完善和改进刚刚提交的博士论文。因此,在2005年秋到西部的阿尔伯特大学小住并办妥博士后手续后,再次来到沈阳,搜集了一些新的资料,在这一年也同时开始了英文论文的中文版改写工作。2007年秋回国来到汕头大学法学院任教,回国后前两年,繁重的教学任务使得改写工作的速度减缓下来,直到2009年秋短学期期间才有机会再次到沈阳补充新的研究资料,并完善了部分章节,主要是书稿的第一章和第四章。在这期间还参加了在沈阳召开的全国外法史研究会第22次年会,将第四章的第一节在会上做了交流。中文版的改写工作终于在2010年春结束,随后向广东省社科办申请社科基金后期资助并获得立项。2011年春,在法学院同事聂铄博士的帮助下,忙里偷闲有机会再次来到沈阳对书稿作最后的修改和完善,其中重点修改了第二章和第五章。

屈指算来,从2003年春第一次来沈城,这一次已是第五次,不知不觉八年已转眼而逝。八年间,陵东街旁的沈阳体育学院已南迁,八十年前修建的汉卿体育场渐渐露出它的真容;八年前陵东街生意萧条,餐厅难觅,如今车水马龙,泊车之位难求。北陵公园内的高尔夫练习场已拆除,已是世界文化遗产的北陵公园,展现更多的是幽静中隐含的浩荡和大气。皇太极依然倚剑雄视,老去的只是仰视他的匆匆过客。

写作之余,在北陵公园散步,除驻足仰视、抚今追昔之外,陵寝前的百年"站班松"常使人浮想联翩。古松已有数百年之轮,如跟古松相比,呈现在读者眼前的只是仅有八年树龄的小树,小树的成长仍需时日,欲成参天大树,仍需不断汲取养分和雨露。然小树虽小,八年的成长中所汲取的养分,不能因微小而忽略。

本书的完成直接受益于博士论文指导组的三位导师,对他们的细心指导表示由衷的感谢。他们知识背景各异,跨学科的熏陶和训练使本书的研究受益匪浅。东亚系的 Kenneth Dean 教授关注大众文化和地方知识,历史系的 Robin Yates 教授对历史文献格外重视,他对中国古代法律的浓厚兴趣帮助我建立起中国法律史的知识框架,博士论文撰写期间也受惠于他万里之外从中国购买的大量法律书籍。法学院的 Patrik Glenn 教授以比较法研究而为人所知,比较法视野下的指导和提醒,帮助我拓宽视野,更多地从比较和全球的眼光来看待中国的法律,无论是过去的,还是现在的。他们在论文选题的论证、框架构建和修改等不同阶段均给予了细心指导,并提出了宝贵的修改意见。

本书还受惠于博士论文答辩委员会各成员的真知灼见,他们是答辩委员会主席 Stephen Smith 教授(法学院),Grace Fong 教授(东亚系和妇女研究中心),Margaret Kuo 博士(历史系),Hélène Piquet 博士(UQAM 政法学院)。博士论文的外审评审人美国 Loyola University Chicago 的 Mark Allee 教授对论文修改和完善也提出了宝贵意见,在此对他们致以诚挚的谢意。在加拿大阿尔伯特大学从事博士后研究和教学期间，导师 Ryan Dunch 教授给予了无微不至的照顾和指导，使在西部的学习和生活充实而有收获，在此向他表示衷心的感谢。

下列机构和个人为本书资料的搜集提供了大力帮助，没有他们的协助本书的研究将寸步难行，在此深表谢意！他们分别是：加拿大麦吉尔大学图书馆馆际互借部的 Janice Simpkins 女士、加拿大卑诗大学（UBC）东亚图书馆 Wang Qingxiang 先生、美国哈佛燕京图书馆、中国国家图书馆、辽宁省图书馆、沈阳市图书馆王志华女士、大连市图书馆、台湾大学法学院图书馆、厦门大学图书馆、辽宁大学图书馆、南京大学法学院图书馆、中国国家第一历史档案馆、国家第二历史档案馆，辽宁省档案馆赵焕林先生、里蓉女士、杨英夫先生、张欣悦女士、贾晨阳先生、马丽娟女士、孙乃伟女士、赵丽艳女士、李宝安先生、李淑娟女士、李影女士、营口市档案馆王惠芳女士、孟林先生。在北京和南京查阅档案期间，厦大同窗林黎胜博士（北京电影学院）和夏军女士（国家第二历史档案馆）慷慨相助，周到地安排了住宿，深受感动，鹭岛四年同窗之谊，将永远是前行中不息的动力。

求学和研究过程中得到了师长、同道的鞭策、启发和帮助，在此深表感谢，他们分别是：加拿大麦吉尔大学法学院 Roderick Macdonald 教授、Blaine Baker 教授、政治学系 Sam Noumoff 教授、台湾清华大学人类学系 James Wilkerson 教授、厦门大学历史系郑振满教授、黄顺力教授、陈明光教授，法学院齐树洁教授、中山大学历史系陈春生教授、刘志伟教授、法学院徐忠明教授、马作武教授，华东政法大学徐永康教授、四川大学法学院里赞教授、南开大学法学院侯欣一教授、西北政法大学张飞舟教授、辽宁大学法学院张锐智教授、王素芬教授，暨南大学法学院乔素玲教授、深圳大学法学院姚秀兰教授、华南理工大学法学院张洪林教授等。2007 年回国任教后连续三年参加了中国法律史学会年会，会上会下跟法律史学界同行的切磋和交流使我受益匪浅，得益良多，恕我在此不一一罗列，对他们谨致以诚挚的谢意。商务印书馆的王兰萍女士和责任编辑李悦先生为本书的出版费心良多，在此表示衷心的感谢。

  Deborah 阅读了书稿的初稿，指出了文字上的不足，微笑和理解给枯燥的写作生活添增了动力和乐趣。我的父母、兄长和弟弟在我的求学和研究过程中所给予的理解、支持和帮助也是无法用文字表达的，谨将此书献给我敬爱的父母。

  书稿的修改工作获得了广东省哲学社会科学"十一五"规划2010年度项目资助，李嘉诚基金会、汕头大学出版基金为本书的出版提供了资助，谨对上述机构的大力支持表示感谢。

张　勤
2011年4月于沈阳